营造和谐环境

诸光路站

东方绿舟站外立面

嘉松中路站外立面

② 装修主题——"灵秀水乡，上海之源"

青浦新城站

徐泾北城站

装修主题——"灵秀水乡,上海之源"

嘉松中路站

赵巷站

蟠龙路站

徐盈路站

4 装修主题——"灵秀水乡，上海之源"

东方绿舟站

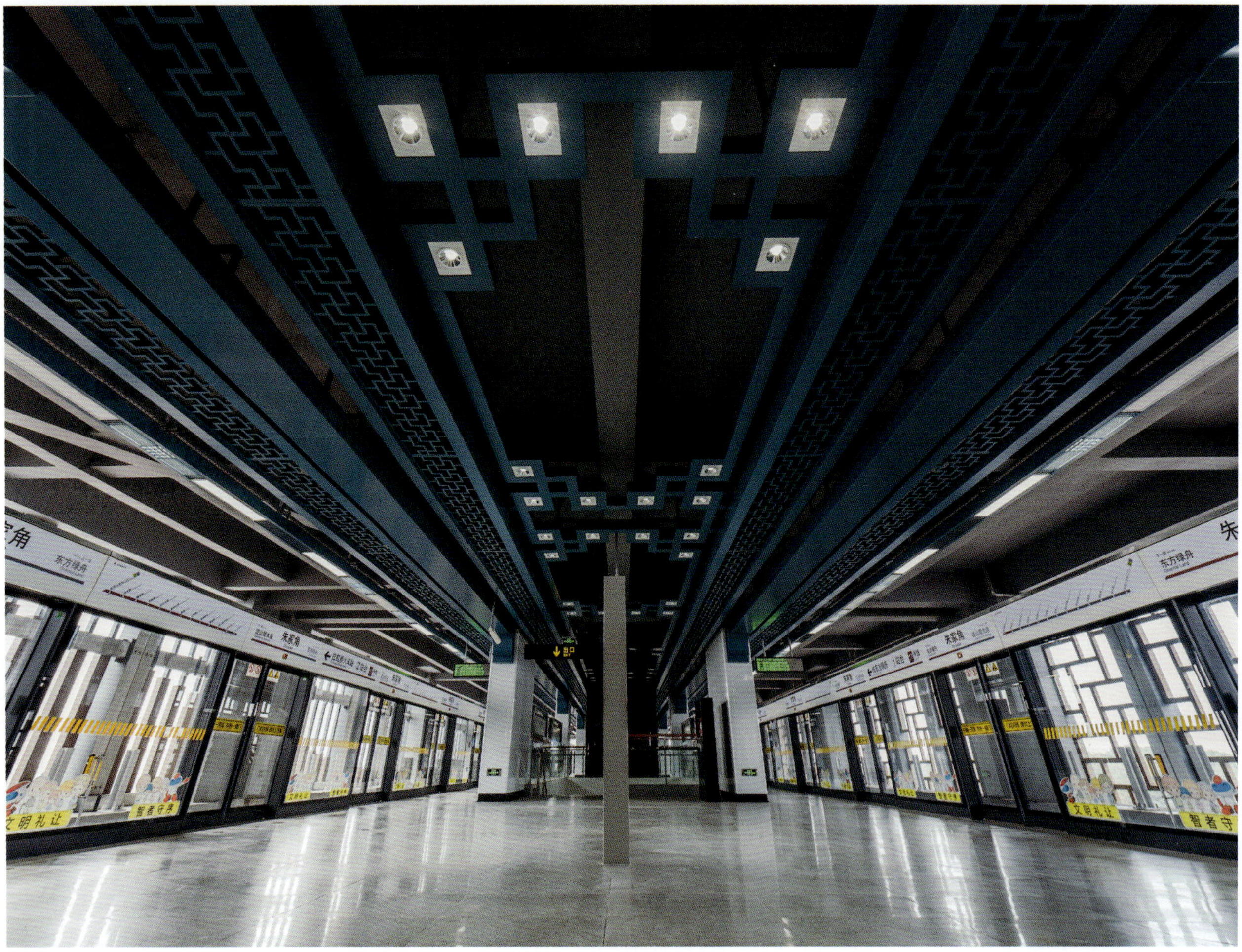

朱家角站

装修主题——"灵秀水乡，上海之源"

淀山湖大道站

漕盈路站

高架区间

公共艺术——打造文化风景线

东方绿舟站

淀山湖大道站

公共艺术 —— 打造文化风景线

漕盈路站

汇金路站

嘉松中路站

徐泾北城站

公共艺术——打造文化风景线

青浦新城站

徐盈路站

蟠龙路站

公共艺术 —— 打造文化风景线

诸光路站

机电系统

消防泵房

车控室操作台

虹桥火车站站车控室升级改造

冷冻机房

弱电机房上进线

可调通风窗屏蔽门

漕盈路站　　　　　　　　　　淀山湖大道站

汇金路站

上海轨道交通 17 号线工程设计

上海申通地铁集团有限公司　上海市隧道工程轨道交通设计研究院·编著
毕湘利　陈　鸿　杨　玲　吉茂杰·主编

上海科学技术出版社

图书在版编目（CIP）数据

上海轨道交通17号线工程设计 / 上海申通地铁集团有限公司，上海市隧道工程轨道交通设计研究院编著；毕湘利等主编. -- 上海：上海科学技术出版社，2022.1
ISBN 978-7-5478-5495-2

Ⅰ. ①上… Ⅱ. ①上… ②上… ③毕… Ⅲ. ①城市铁路－轨道交通－工程设计－上海 Ⅳ. ①U239.5

中国版本图书馆CIP数据核字(2021)第192127号

上海轨道交通17号线工程设计
上海申通地铁集团有限公司　上海市隧道工程轨道交通设计研究院　编著
毕湘利　陈　鸿　杨　玲　吉茂杰　主编

上海世纪出版（集团）有限公司　出版、发行
上海科学技术出版社
（上海市闵行区号景路159弄A座9F-10F）
邮政编码 201101　www.sstp.cn
上海雅昌艺术印刷有限公司印刷
开本 889×1194　1/16　印张 20.5
字数：550千字
2022年1月第1版　2022年1月第1次印刷
ISBN 978-7-5478-5495-2/U·118
定价：195.00元

本书如有缺页、错装或坏损等严重质量问题，请向工厂联系调换

编委会

主 编

毕湘利　陈 鸿　杨 玲　吉茂杰

编 委
（按姓氏笔画排序）

马忠政　申伟强　吉茂杰　毕湘利　吕洁华　朱蓓玲　李继栋　杨 玲
沈 蓉　宋 博　陈 鸿　金 峰　施 政　奚程磊　曾 华　蔡 蔚
蔡岳峰

编辑部

胡永良　徐 蓓

编写组
（按姓氏笔画排序）

丁 毅　于 芳　于潇源　王大龙　韦涵君　石 翔　乐云凯　冯 爽
曲 铭　吕洁华　吕培林　朱中意　朱鸿欣　朱蓓玲　刘海鹏　许名桓
孙文瑾　芦 垒　李 尧　李乐茹　李嘉旻　杨 玲　何铁峰　应伯宣
沈 蓉　沈育祥　张芳志　张国刚　张栋梁　陈 鸿　陈文曦　陈佳飞
陈柳娟　罗志兵　金 峰　周希圣　单 宁　胡 佶　胡晓燕　夏戴萍
顾正宜　徐薇娜　奚程磊　唐则昊　黄志刚　黄继成　麻少川　傅 怡
焦丽莉　颜菁霞　戴俊杰

前 言

上海城市轨道交通建设历经40多年发展，至2020年底已经达到总运营里程729 km、430座车站的网络规模。上海轨道交通17号线工程是第二轮建设规划中的一条放射线，是贯穿青浦区东西客运走廊的重要线路，沿线串联了朱家角旅游区、青浦新城、赵巷商务区、国家会展中心、虹桥枢纽等区域。线路西起东方绿舟站，东至虹桥火车站站，全长约35 km，共设站13座，总投资约173.6亿元。17号线自2014年9月开工建设，于2017年底全线开通运营，安全运营至今，客流逐年增长，在2018—2020年度的轨道交通运营服务乘客满意度测评中排名前三。17号线的通车进一步强化了中心城区向外围的交通辐射功能，提升了轨道交通网络的整体效益，为服务中国国际进口博览会、实现长三角一体化发展等国家战略提供了有力保障，对促进青浦区经济社会发展、优化城市人口布局和城镇体系布局发挥了重要作用。

本书从设计角度，系统全面地记录了17号线工程规划设计和建设的全过程，详细介绍了从主要技术标准论证到总体方案的确定，以及基于绿色生态、环境和谐、高效建造等设计理念的专业设计特点、难点和技术措施；重点介绍了诸光路站无柱、大中庭一体化建筑结构体系，践行生态自然体系理念的朱家角停车场方案，"双U形+箱形"复合变截面连续梁结构体系，国内首创的车辆综合在线检测系统、基于三维虚拟场景的车站智能运维管理平台开发等创新技术，虹桥火车站站的既有车站不停运托换改造技术，徐泾车辆段TOD开发概念方案等。本书充分反映了设计人员和参建各方在工程建设过程中不畏艰辛、勇于创新、敢于实践所取得的工作成效。同时，本书也是对17号线设计经验的回顾与总结，对关键技术方案的后评价，对存在问题的分析与反思，将为今后同类型城市轨道交通工程的设计和建设提供借鉴和参考。

本书的编写得到了有关各方的大力支持和帮助，在此表示衷心感谢！希望通过本次工程设计总结，不断提高上海城市轨道交通的总体设计、系统设计、专业设计能力，进一步提升设计成果质量和设计管理水平，助力新一轮上海城市轨道交通的工程建设和创新发展。

目 录

概 述 篇

1 工程设计背景 ······ 3
- 1.1 规划设计背景 ······ 3
- 1.2 功能定位及必要性 ······ 4
  - 1.2.1 功能定位 ······ 4
  - 1.2.2 建设必要性 ······ 4
- 1.3 工程线路概况 ······ 7

2 工程设计概要 ······ 8
- 2.1 主要设计原则和设计标准 ······ 8
  - 2.1.1 主要设计原则 ······ 8
  - 2.1.2 主要设计标准 ······ 9
- 2.2 总体设计概要 ······ 11
  - 2.2.1 线路 ······ 11
  - 2.2.2 行车 ······ 11
  - 2.2.3 车辆 ······ 11
  - 2.2.4 限界 ······ 11
  - 2.2.5 车辆基地 ······ 12
  - 2.2.6 控制中心 ······ 12
- 2.3 土建工程设计概要 ······ 12
  - 2.3.1 车站建筑 ······ 12
  - 2.3.2 车站结构 ······ 13
  - 2.3.3 区间结构 ······ 14
- 2.4 机电工程设计概要 ······ 15
  - 2.4.1 供电系统 ······ 15
  - 2.4.2 通信系统 ······ 16
  - 2.4.3 信号 ······ 16
  - 2.4.4 通风空调系统 ······ 16
  - 2.4.5 给排水与消防系统 ······ 16

		2.4.6 火灾报警系统 ···	16

- 2.4.6 火灾报警系统 ·· 16
- 2.4.7 机电设备监控系统 ··· 17
- 2.4.8 门禁系统 ·· 17
- 2.4.9 中央及车控室一体化操作系统 ·· 17
- 2.4.10 自动售检票系统 ··· 17
- 2.4.11 站台门 ·· 17
- 2.4.12 自动扶梯与垂直电梯 ··· 17
- 2.4.13 声屏障 ·· 17
- 2.5 工程概算 ·· 18

3 工程设计特色 ··· 20

- 3.1 营造和谐环境，融入水乡风景 ··· 20
  - 3.1.1 符合绿建标准的大中庭车站 ·· 20
  - 3.1.2 高架车站 PC 装配技术应用 ·· 21
  - 3.1.3 高架桥梁综合景观设计体系 ·· 21
  - 3.1.4 采用园林化设计的停车场 ··· 22
  - 3.1.5 与环境融合的声屏障造型 ··· 22
- 3.2 践行绿色理念，打造节能地铁 ··· 23
  - 3.2.1 大规模使用非晶合金变压器 ·· 23
  - 3.2.2 全线采用 LED+智能调光系统 ·· 23
  - 3.2.3 首次安装可调通风窗屏蔽门 ·· 24
- 3.3 采用先进技术，提升系统功能 ··· 24
  - 3.3.1 全面采用 DC 1 500 V 接触轨供电 ·· 24
  - 3.3.2 首次采用自主知识产权的国产信号系统 ···································· 25
  - 3.3.3 首次配备车辆综合在线检测设备系统 ······································· 25
  - 3.3.4 首次采用核心软交换技术 ··· 25
- 3.4 引入创新工艺，打造精品工程 ··· 26
  - 3.4.1 首次采用复合墙结构形式 ··· 26
  - 3.4.2 全面使用地下墙橡胶止水接头 ·· 26
  - 3.4.3 采用全断面包裹式井接头形式 ·· 27
  - 3.4.4 首次使用泡沫混凝土进洞技术 ·· 27
- 3.5 荟萃人文精神，助力区域发展 ··· 28
  - 3.5.1 打造文化风景线的公共艺术 ·· 28
  - 3.5.2 结合地域文化的装修方案 ··· 28
  - 3.5.3 全线与周边开发密切结合 ··· 28

工程设计篇

4 线路 ··· 33

4.1	设计原则和标准	33
	4.1.1　设计原则	33
	4.1.2　设计标准	33
4.2	线路总体方案	34
4.3	线路平、纵断面设计	37
	4.3.1　东方绿舟站—淀山湖大道站	37
	4.3.2　淀山湖大道站—汇金路站	37
	4.3.3　汇金路站—徐盈路站	39
	4.3.4　徐盈路站—虹桥火车站站	41
4.4	车站分布	41
4.5	配线设计	44
	4.5.1　车站配线	44
	4.5.2　联络线	44
4.6	工程设计特点与难点	44
	4.6.1　线路敷设方式优化	44
	4.6.2　线路与规划沪青平公路的关系	47
	4.6.3　油墩港段线路设计方案	48

5　行车组织　49

5.1	预测客流	49
	5.1.1　客流总量	49
	5.1.2　断面客流分布	49
	5.1.3　换乘客流量	50
	5.1.4　客流特征分析	51
5.2	行车组织	51
	5.2.1　速度目标比选	51
	5.2.2　车辆编组方案	52
	5.2.3　列车设计交路方案	52
	5.2.4　实际客流与交路情况	53
	5.2.5　车站配线与功能	54

6　车辆与限界　55

6.1	车辆	55
	6.1.1　车辆选型	55
	6.1.2　主要部件和系统设备	55
	6.1.3　准无人驾驶运行模式及功能要求	58
6.2	限界	59
	6.2.1　设计原则和设计标准	59

	6.2.2 车站段建筑限界	60
	6.2.3 区间建筑限界	61
	6.2.4 车辆基地限界	62

7 车站 … 63

7.1 车站建筑 … 63
7.1.1 设计原则和标准 … 63
7.1.2 车站组成与功能 … 64
7.1.3 典型车站建筑设计 … 65

7.2 车站装修 … 87
7.2.1 车站装修设计 … 87
7.2.2 公共艺术设计 … 91
7.2.3 材料与工艺 … 92

7.3 车站结构 … 93
7.3.1 设计原则和标准 … 93
7.3.2 车站结构设计概述 … 97
7.3.3 典型车站结构设计 … 99

7.4 车站机电设备 … 114
7.4.1 设计标准 … 114
7.4.2 车站通风空调设计方案 … 117
7.4.3 车站给排水及消防设计方案 … 121
7.4.4 车站动力照明设计方案 … 123
7.4.5 设计特点与难点 … 127

7.5 虹桥火车站站改造 … 129
7.5.1 车站功能改造 … 129
7.5.2 联络线改造 … 130
7.5.3 车控室升级改造 … 131

8 区间结构 … 136

8.1 高架区间 … 136
8.1.1 设计原则和设计标准 … 136
8.1.2 概述 … 137
8.1.3 标准段区间桥梁结构 … 141
8.1.4 特殊节点桥梁结构 … 146
8.1.5 出入线桥梁结构 … 154
8.1.6 附属结构 … 155

8.2 盾构法区间 … 160
8.2.1 设计原则和设计标准 … 160

		8.2.2 区间隧道结构	160
		8.2.3 进出洞、旁通道、泵站	163
		8.2.4 区间疏散平台及预埋滑槽	165
		8.2.5 洞口全包式并接头构造	165
	8.3	明挖法区间	167
		8.3.1 设计原则和设计标准	167
		8.3.2 明挖区间结构	167
	8.4	工程设计特点与难点	171
		8.4.1 三跨一联"双U形＋箱形"变截面连续梁桥的研究设计和施工	171
		8.4.2 诸光路站—虹桥火车站站区间下穿沪杭铁路路基段	173
		8.4.3 泡沫混凝土进出洞	174

9 轨道 … 175

9.1	设计标准	175
9.2	轨道结构设计	175
	9.2.1 钢轨	175
	9.2.2 扣件	175
	9.2.3 轨枕	176
	9.2.4 道床	177
	9.2.5 道岔与道岔道床	179
9.3	轨道减振降噪设计	180
	9.3.1 减振降噪分级标准及措施	180
	9.3.2 正线主要减振降噪措施	180
9.4	调线调坡设计	184
9.5	主要技术难点及创新	184
	9.5.1 正线主要技术难点及创新	184
	9.5.2 车场主要技术难点及创新	185

10 供电系统 … 186

10.1	设计原则和标准	186
10.2	供电系统设计	187
	10.2.1 系统构成	187
	10.2.2 系统功能	188
	10.2.3 牵引变电所分布	189
	10.2.4 系统运行方式	189
	10.2.5 主变电所容量校核	190
10.3	接触轨	192
	10.3.1 设计标准	192

10.3.2　设计方案 …… 192
　　　10.3.3　主要技术参数 …… 193
　　　10.3.4　供电分段及电连接 …… 194
　　　10.3.5　接触轨系统防护措施 …… 195
　　　10.3.6　设备选型 …… 196
　　　10.3.7　库内接触轨与建筑、结构预留及管线布置配合 …… 196
　10.4　杂散电流防护系统 …… 197
　　　10.4.1　杂散电流防护方案 …… 197
　　　10.4.2　杂散电流防护收集网的截面 …… 198
　　　10.4.3　杂散电流监测系统 …… 199
　10.5　朱家角停车场及徐泾车辆段可视化接地系统 …… 199
　　　10.5.1　系统介绍 …… 200
　　　10.5.2　系统配置 …… 201
　　　10.5.3　主要功能 …… 202
　10.6　工程设计特点与难点 …… 203

11　通信系统 …… 204

　11.1　设计原则和标准 …… 204
　　　11.1.1　设计原则 …… 204
　　　11.1.2　设计标准 …… 204
　11.2　系统构成 …… 206
　　　11.2.1　传输系统 …… 206
　　　11.2.2　公务电话系统 …… 206
　　　11.2.3　专用电话系统 …… 207
　　　11.2.4　专用无线系统 …… 207
　　　11.2.5　公安及消防无线系统 …… 208
　　　11.2.6　技术防范系统 …… 208
　　　11.2.7　乘客信息系统 …… 209
　　　11.2.8　广播系统 …… 210
　　　11.2.9　时间系统 …… 210
　　　11.2.10　信息资源接入网系统 …… 211
　　　11.2.11　列车自动记点系统 …… 212
　　　11.2.12　电源(含电源监控)系统 …… 212
　11.3　工程设计特点与难点 …… 212
　　　11.3.1　工程设计特点 …… 212
　　　11.3.2　工程难点及对策 …… 214

12 信号系统 ... 217
12.1 设计原则和标准 ... 217
12.2 系统选型及组成 ... 218
12.2.1 ATC制式选取方案 ... 218
12.2.2 无线通信技术方案 ... 218
12.2.3 车辆段/停车场方案 ... 219
12.2.4 降级系统方案 ... 219
12.2.5 试车线方案 ... 220
12.3 工程设计特点与难点 ... 220
12.3.1 工程设计特点 ... 220
12.3.2 工程难点及对策 ... 220

13 通风空调系统 ... 222
13.1 设计原则和标准 ... 222
13.1.1 设计原则 ... 222
13.1.2 设计标准 ... 222
13.2 工程设计方案 ... 225
13.2.1 地下线区间隧道通风系统设计 ... 225
13.2.2 地下车站排热系统设计 ... 225
13.2.3 地下车站公共区通风空调系统设计 ... 226
13.2.4 地下车站设备管理用房通风空调系统设计 ... 226
13.2.5 空调水系统设计 ... 226
13.2.6 地面及高架线通风空调系统设计 ... 226

14 给排水与消防系统 ... 228
14.1 设计原则和标准 ... 228
14.1.1 设计原则 ... 228
14.1.2 设计标准 ... 228
14.2 消防及给水系统设计 ... 229
14.2.1 消防系统设计 ... 229
14.2.2 生活给水系统设计 ... 229
14.3 气体灭火系统 ... 230
14.4 高压细水雾灭火系统 ... 230
14.5 工程设计特点 ... 230
14.5.1 高压细水雾灭火系统创新技术 ... 230
14.5.2 废水系统设计优化技术 ... 231
14.5.3 区间排水系统优化设计 ... 232

　　　　14.5.4　先进的虹吸雨水排水系统 ………………………………………………… 232

15 火灾报警系统 ……………………………………………………………………… 233
15.1 设计原则和标准 ………………………………………………………………… 233
15.1.1 设计原则 ……………………………………………………………… 233
15.1.2 主要设计标准 ………………………………………………………… 234
15.2 系统构成 ………………………………………………………………………… 234
15.2.1 全线系统构成 ………………………………………………………… 234
15.2.2 车站级系统构成 ……………………………………………………… 236
15.2.3 车辆基地系统构成 …………………………………………………… 236
15.2.4 主变电所系统构成 …………………………………………………… 236
15.2.5 区间变电所、区间风井与区间泵房系统构成 …………………… 238
15.3 工程设计特点与难点 …………………………………………………………… 238
15.3.1 工程设计特点 ………………………………………………………… 238
15.3.2 工程设计难点 ………………………………………………………… 238

16 机电设备监控系统 ………………………………………………………………… 240
16.1 设计原则和标准 ………………………………………………………………… 240
16.1.1 设计原则 ……………………………………………………………… 240
16.1.2 主要设计标准 ………………………………………………………… 241
16.2 车站级系统构成 ………………………………………………………………… 242
16.2.1 地下车站系统构成 …………………………………………………… 242
16.2.2 高架车站系统构成 …………………………………………………… 242
16.2.3 控制中心大楼、主变电所系统构成 ……………………………… 245
16.2.4 区间风井、区间泵房、区间变电所系统构成 …………………… 246
16.2.5 远程I/O设置 ………………………………………………………… 246
16.3 风水联动系统 …………………………………………………………………… 246
16.3.1 系统构成 ……………………………………………………………… 246
16.3.2 系统功能 ……………………………………………………………… 248
16.4 中央级车控室一体化操作系统 ………………………………………………… 249
16.4.1 集成定义 ……………………………………………………………… 249
16.4.2 集成方案 ……………………………………………………………… 249
16.5 工程设计特点与难点 …………………………………………………………… 251
16.5.1 工程设计特点 ………………………………………………………… 251
16.5.2 工程设计难点 ………………………………………………………… 251

17 门禁系统 ... 252

17.1 设计原则和标准 ... 252
17.1.1 设计原则 ... 252
17.1.2 主要设计标准 ... 253

17.2 系统构成 ... 254
17.2.1 系统架构 ... 254
17.2.2 中央管理级系统构成 ... 254
17.2.3 车站、控制中心大楼、主变电所门禁系统构成 ... 254
17.2.4 车辆基地门禁系统构成 ... 255
17.2.5 区间变电所、区间风井、区间泵房门禁系统构成 ... 255
17.2.6 现场设备 ... 255

17.3 工程设计特点与难点 ... 256

18 自动售检票系统 ... 257

18.1 设计原则和标准 ... 257
18.1.1 设计原则 ... 257
18.1.2 主要设计标准 ... 258

18.2 系统设计方案 ... 259
18.2.1 系统构架 ... 259
18.2.2 系统组成 ... 259
18.2.3 换乘车站计算机系统设置方案 ... 261
18.2.4 票制及票务管理 ... 261

18.3 工程设计特点与难点 ... 262
18.3.1 工程设计特点 ... 262
18.3.2 工程难点及对策 ... 263

19 车站设备 ... 264

19.1 站台门 ... 264
19.1.1 设备组成及选型 ... 264
19.1.2 工程设计方案 ... 264

19.2 自动扶梯与垂直电梯 ... 265
19.2.1 设备组成及选型 ... 265
19.2.2 工程设计方案 ... 265

19.3 工程设计特点与难点 ... 265
19.3.1 高架全高站台门 ... 265
19.3.2 有可调通风窗的站台门 ... 266

20 声屏障 ... 267

20.1 工程设计方案 ... 267
20.1.1 设计范围 ... 267
20.1.2 声屏障选型 ... 267
20.1.3 屏体结构设计 ... 267

20.2 工程设计特点与难点 ... 268
20.2.1 工程设计特点 ... 268
20.2.2 工程设计难点 ... 269

21 控制中心 ... 271

21.1 控制中心功能定位 ... 271
21.1.1 控制中心基本功能定位 ... 271
21.1.2 主、备控制中心功能分工及切换 ... 271

21.2 工程设计方案 ... 271
21.2.1 大楼工艺方案 ... 271
21.2.2 调度大厅工艺方案 ... 272

21.3 工程设计特点与难点 ... 274
21.3.1 工程设计特点 ... 274
21.3.2 工程设计难点 ... 274

22 车辆基地 ... 275

22.1 朱家角停车场 ... 275
22.1.1 工程概况 ... 275
22.1.2 停车场设计方案 ... 275
22.1.3 接触轨供电停车场的安全设计 ... 278
22.1.4 运营使用效果与设计特点 ... 279

22.2 徐泾车辆段 ... 280

工程设计管理篇

23 设计总体管理 ... 285

23.1 设计总体总包目标及其任务 ... 285
23.2 设计分工 ... 286
23.3 设计总体组织架构和工作流程 ... 288
23.4 设计总体总包工作流程 ... 289
23.4.1 设计总体工作流程 ... 289
23.4.2 设计总包工作流程 ... 291

23.5 各阶段总体总包技术管理重点 ·· 291
　　23.5.1 总体设计阶段设计总体总包管理工作内容 ···························· 291
　　23.5.2 初步设计阶段设计总体总包管理工作内容 ···························· 294
　　23.5.3 施工图设计阶段设计总体总包管理工作内容 ························ 297

24 设计管理特色 ·· 299
24.1 全过程BIM设计管理 ·· 299
24.2 深入的设计接口管理 ·· 300
24.3 动态设计计划管理 ··· 303

附录　大事记 ·· 304

概述篇

Chapter 1 工程设计背景

1.1 规划设计背景

上海是我国的直辖市之一,长江三角洲世界级城市群的核心城市,国际经济、金融、贸易、航运、科技创新中心和文化大都市,国家历史文化名城。上海规划至2020年建成具有全球影响力的科技创新中心基本框架,基本建成国际经济、金融、贸易、航运中心;至2035年,基本建成卓越的全球城市;至2050年,全面建成卓越的全球城市,令人向往的创新之城、人文之城、生态之城,具有世界影响力的社会主义现代化国际大都市。

根据市域内不同地区功能定位和资源环境条件,提升主城区功能等级,完善新城综合功能,促进新市镇协调发展,实施乡村振兴战略,逐步形成"一主、两轴、四翼,多廊、多核、多圈"的空间结构和"主城区—新城—新市镇—乡村"的城乡体系,重点建设嘉定、松江、青浦、奉贤、南汇等新城,培育成为在长三角城市群中具有辐射带动能力的综合性节点城市,按照大城市标准进行设施建设和服务配置,规划常住人口约2500万人。

青浦新城是上述5个新城之一,其区域功能定位为:沪湖廊道上的节点城市,以创新研发、商务贸易、旅游休闲功能为支撑,具有江南历史文化底蕴的生态型水乡都市和现代化湖滨城市。

2019年,青浦区被纳入长三角生态绿色一体化发展示范区,该示范区涵盖上海(青浦)、江苏(苏州)、浙江(嘉兴)两省一市,规划面积约2413 km^2,常住人口380万人,设置660 km^2的先行启动区及"1+3"个集中示范项目,立足于世界眼光、国际标准和中国特色,将长三角一体化示范区规划打造成为"世界级滨水人居文明的典范"。

按照国家发改委批准的《上海市城市轨道交通近期建设规划(2010—2015年)》及其调整规划,2010—2015年间上海市计划建设城市轨道交通项目共12个,线路总长约250.55 km,近期建设规划项目总投资1586.91亿元。

上海轨道交通17号线(简称"17号线")是建设规划中的重要线路之一,是中心城向青浦新城地区辐射的放射线,强化了中心城向外围的交通辐射功能,串联了朱家角、青浦新城、赵巷新镇、赵巷商业商务区、徐泾镇、华新配套商品房基地、国家会展中心、虹桥枢纽等重要地区,同时辅以地面公共交通,形成换乘枢纽,逐步和地面公交系统相连接,并配合建设规划中相关轨道线路的实施,促进轨道交通网络的完善,充分发挥轨道交通网络的整体效益。

1.2 功能定位及必要性

1.2.1 功能定位

从线路在线网中的地位和作用看,17号线是服务于青浦区的市郊线,是中心城联系青浦新城的市域快线。它起于虹桥枢纽,途经东方绿舟、朱家角等著名旅游景点,串联青浦区内大型居住区、重大工程动迁基地、市级工业园区等,形成中心城区连接青浦新城的快速客运通道。

从线网结构看,该线沿青浦区主要交通走廊布置,是中心城连接西部新城、新市镇的西向放射线,是基本线网的外围延展线。

从预测的客流量看,该线是大运量等级的线路。预测该线远期高峰单向最大断面客流量为3.0万~3.4万人次/h,对照《城市轨道交通工程项目建设标准》,属大运量等级的线路。

1.2.2 建设必要性

1) 支持城市总体规划并加速实现"五个中心""卓越的全球城市"等发展目标

上海市城市总体规划(1999—2020年)提出了建设"五个中心"(国际经济、金融、贸易、航运、科创中心)的城市发展目标,规划在2020年前形成"五个中心"的基本框架,促进社会经济持续快速发展。为实现这一目标,城市发展战略之一是加快城市轨道交通建设,即在2020年前建成运营里程达877公里的轨道交通工程,初步形成纵横交织、布局均衡、形态完善的轨道交通网络,使轨道交通成为客运交通的主体、综合交通体系的骨干,建立起与国际化大都市相适应的综合交通体系,进一步改善交通拥堵状况,以畅达的交通提高城市运转效率,增强城市活力,为各行各业发展提供交通保障;以畅达的交通支持城市重点区域建设,促进这些区域开发建设的快速健康发展,满足城市布局调控和经济发展需求;以畅达的交通支持城市郊区建设,引导中心城人口和产业的合理疏散,促进"多轴、多层、多核"城市空间布局结构的形成,促进城乡一体化发展。

17号线在青浦新城与中心城间架起了一条快速客运通道,将有效改善青浦新城的交通条件,对服务长三角区域一体化发展、促进青浦区发展、支持虹桥枢纽及虹桥商务区建设、支持国家会展中心建设运营、支持动迁及保障性住房基地建设都将发挥重要作用。因此,建设17号线是支持城市总体规划,加速实现"五个中心""卓越的全球城市"等发展目标的需要,是加速轨道交通建设战略的具体实施内容之一。

2) 强化虹桥枢纽辐射功能并支持长三角区域一体化发展

作为17号线起点的虹桥综合交通枢纽是上海最重要的对外交通枢纽,规划总用地面积26.34 km^2,汇集飞机、高速铁路、城际铁路、城市轨道交通、公路长途客运、市内公交等多种交通运输方式,形成一个集中的城市内外交通换乘中心,对内主要依托主体建筑地下空间设置的轨道交通车站、城市轨道交通线路及多种交通方式的融合以提供强有力的客运服务;对外通过飞机、高速铁路、城际铁路、公路实现与长三角地区其他城市的快捷联系。该规划实现后,将使上海市的对内、对外交通紧密衔接,大大缩短上海与长三角地区其他城市的时空距离,满足地区内不断增长的交通需求,使长三角地区的经济联系更加紧密,使上海这个长三角区域的核心城市对长三角区域经济发展的辐射带动作用得以充分发挥,从而促进长三角区域经济一体化发展。

2012年上海轨道交通基本网络建成后,虽然铁路客运站中部分对外交通枢纽已配套了较为完善的轨道交通服务,但虹桥枢纽的轨道交通配套服务尚未完成,不能完全满足客流集散需求,对枢纽开发建设支持力度尚显不足。为更好地应对长三角区域经济一体化给虹桥枢纽带来的客运压力和挑战,及时建设轨道交通相关线路是十分必要的。

17号线是引入虹桥枢纽的轨道交通线。17号线建成后,将进一步提升虹桥枢纽的配套能力,使该枢纽的建设规划得以实现,功能更加完善。17号线使虹桥枢纽的辐射范围扩展至青浦地区,不仅有效促进了青浦地区的发展,通过17号线与苏州市域线衔接,还使枢纽的辐射范围进一步向西拓展,服务江浙地区。通过17号线与虹桥枢纽内其他交通方式的紧密衔接,苏州市与青浦地区及上海中心城区、长三角其他地区的交通更加便捷,同城效应进一步凸显,对强化长三角地区的经济交流,促进地区的快速协调发展具有重要作用。

3) 支持青浦新城开发建设并促进青浦地区发展

新一轮上海市城市总体规划提出上海市逐步形成"一主、两轴、四翼,多廊、多核、多圈"的空间结构和"主城区—新城—新市镇—乡村"的城乡体系,重点建设嘉定、松江、青浦、奉贤、南汇五大新城,培育成为在长三角城市群中具有辐射带动能力的综合性节点城市。

青浦新城位于上海市西部,现有常住人口45万人(2020年),规划65万人(2035年),现状建设用地57.8 km²,规划64.9 km²(2035年),是沪湖廊道上的节点地区,以创新研发、商务贸易、旅游休闲功能为支撑,是具有江南历史文化底蕴的生态型水乡都市和现代化湖滨新城。根据区2035总体规划,未来青浦区将形成"一城两翼,一带三核"的区域总体空间结构。"一城"指青浦新城,"两翼"分别指以西虹桥商务区为核心的青东片区和以淀山湖为核心的青西片区;"一带"是指沪湖复合功能发展带,串联三大板块,"三核"是指以青浦新城、虹桥主城片区(青浦部分)、朱家角为核心,带动一城两翼的发展,提升沪湖发展带对近沪地区乃至长三角的辐射能力。

根据青浦新城"十四五"规划建设行动方案,其交通发展目标是:强化"上海之门"区位支撑,加强与示范区和虹桥商务区联动,打造"直连枢纽、站城融合"的综合交通系统;至2025年,实现30 min到达中心城,45 min到达相邻新城,60 min到达近沪城市、衔接浦东和虹桥两大门户枢纽,打造面向长三角城市群、支撑青浦独立节点城市发展的"区域辐射"综合交通枢纽。

轨道交通17号线引入青浦区,为青浦新城和徐泾、赵巷、朱家角等市镇提供了轨道交通客运服务,在青浦新城与中心城之间建立快速客运通道,满足新城及沿线客流出行需求,强化中心城对青浦地区发展的辐射带动作用,支持青浦新城开发建设,促进青浦地区发展,尽快实现城市总体规划对其发展的要求。

青浦新城作为先前尚无轨道交通线引入的新城之一,对轨道交通有迫切需求,自应成为下阶段轨道交通发展的重点区域。

4) 实现轨道交通建设规划目标并完善轨道交通网络功能

已获批的上海市2010—2015年的轨道交通建设规划及其调整规划提出在规划期内建设12个项目,总长250.55 km,17号线便是其中之一。建设17号线是实施新一轮轨道交通建设规划的具体步骤之一,是实现轨道交通2015年建设目标的实际举措。

2012年上海轨道交通基本网络建成后,规划重点发展的5个新城中尚有2个新城(青浦新城、奉贤新城)未有轨道交通引入,轨道交通网络功能尚存在较大的缺失。上海市2020年轨道交通发展的目标之一是:基本建成新城轨道交通线路,在郊区新城与中心城之间建立快速客运通道,增强新城对城市居民的吸引力,提高新城地区的人口疏解能力,促进城市空间结构合理布局。建设17号线正是实现这一发展目标的具体举措之一。建设17号线,将填补轨道交通在青浦区的空白,进一步完善轨道交通网络。

2012年建成的轨道交通基本网络虽然达到了较大规模，但相对于城市规模和交通需求而言仍显不足，人均拥有率较低，仅为0.3 km/万人；线网密度也较低，中心城仅为0.5 km/km^2，特别是中心城外围地区轨道交通的数量少，可达性不高，因此需在基本网络的基础上，进一步提升网络密度，增加网络的覆盖面，特别是加强中心城外围地区的轨道交通建设，编织外围网络，增加外围地区的线网覆盖面。

17号线的通车在线网中增加了一条中心城通向西部郊区的放射线，通过与2号线在虹桥枢纽的换乘衔接，形成了一条横贯上海市域的东西向客运主动脉，并通过与苏州吴江市域线的换乘衔接，将上海与苏州的城市轨道交通网连通，必将扩大网络的覆盖范围，改善网络形态，进一步提升轨道交通的网络化水平和整体效益。

5) 服务徐泾动迁基地并支持保障性住房建设

在青浦徐泾新市镇镇域范围内的嘉松公路和诸陆路的交汇处，设置了一处市重大工程动迁住宅基地。轨道交通17号线经过该地区，可满足动迁基地客流的出行需求，从而减少动拆迁阻力，促进该基地的开发建设，进而支持上海市重大工程建设。

另外，随着上海社会经济的快速发展，城市人口的持续增长，城市居民住房需求日益增加，上海市政府及时启动了保障性住房工程，除已大规模开工的4个老基地继续扩张面积外，全市东南西北外围地区都有新的选址，现已落实了12 km^{2}的建设基地，包括在青浦区内选定的建设基地。17号线引入青浦地区，可保证保障性住房基地的大量向心客流快速往返于基地与中心城之间，满足基地居民的出行需求，有力支持保障性住房工程的建设，有效提升保障性住房配套水平，持续改善民生。

轨道交通17号线由虹桥枢纽引出，沿途经过徐泾、赵巷、青浦工业区、青浦新城和朱家角、东方绿舟等客流密集地区，在这些地区与中心城之间搭建起一条快速客运通道，不仅将有效改善青浦地区的交通条件，同时还将促进沿线地区开发建设，使沿线环境和生活条件得以迅速改善，这将加强沿线地区对中心城人口的吸引力，有效引导中心城人口向青浦地区疏散，对优化城市人口布局和城镇体系布局具有重要作用。

6) 实现节能环保型城市发展目标

随着城市经济的发展、人民生活水平的提高，上海进入了私人机动车快速增长时期，这对本已十分拥挤的城市交通造成了更大压力，同时消耗了大量汽油资源，且对环境造成的污染日益严重，亟需采取有效措施，控制由此造成的能源消耗和环境污染，应对资源、环境问题对城市发展的挑战，保障上海市社会经济的可持续发展。加快城市轨道交通建设，正是应对这一挑战的战略之一，17号线的建设便是实施这一战略的具体措施，它将与规划期内同时建设的其他项目为上海市的节能、环保事业做出贡献，促进资源节约型、环境友好型城市发展目标的实现。

17号线除了可发挥上述普遍意义上的节能、环保作用外，其突出的作用还在于支持生态型新城的建设。17号线所服务的青浦新城，是上海市规划的市郊三个生态新城之一，是上海市重要的旅游休闲度假基地，具有江南历史文化和环境特色的生态型水乡都市、上海的水源保护地，具有浓郁地域特色的生态居住区。青浦新城以建设"绿色青浦"为发展战略，充分依托淀山湖地区的生态资源和朱家角古镇的品牌效应，将生态居住业、休闲旅游业、现代都市型生态农业作为重点发展产业之一，向着"生态新城"的建设目标而努力。17号线引入青浦新城，相比于地面公交而言，在改善青浦地区交通条件、促进地区发展的同时，资源消耗和对环境的影响都最小，与环境的协调性最好，是最适合生态新城的交通工具。

1.3 工程线路概况

17号线是中心城向青浦区辐射的放射线,是贯穿青浦区东西客运走廊的通道,沿线串联了朱家角、青浦新城、赵巷新镇、赵巷商业商务区、徐泾镇、华新配套商品房基地、国家会展中心、虹桥枢纽等重要地区。

17号线西起东方绿舟站,东至虹桥火车站站,线路自起点由西向东沿沪青平公路—淀山湖大道—盈港路—崧泽大道走行。东方绿舟站至朱家角站采用高架敷设方式,过淀浦河后逐渐转为地下线直至汇金路站,出汇金路站后,线路即逐渐过渡为高架至徐盈路站,出徐盈路站后,线路又转为地下线形式至终点虹桥火车站站。线路全长约 35.343 km,其中高架段线路长度 18.382 km,地下段线路长度 16.163 km,敞开段长度 0.798 km。共设站 13 座,其中高架车站 6 座,地下车站 6 座,既有地下车站 1 座。17号线在既有虹桥火车站站与 2 号线、10 号线形成换乘。其平均站间距 2.897 km,最大站间距为 5.840 km(朱家角站—淀山湖大道站),最小站间距为 1.208 km(徐泾北城站—徐盈路站)。

17号线设徐泾车辆段和朱家角停车场各 1 座。全线在漕盈路站和徐泾车辆段设主变电所 2 座。全线设控制中心 2 座,分别位于蒲汇塘运营指挥调度大楼和朱家角停车场内。

工程设计概要

2.1 主要设计原则和设计标准

2.1.1 主要设计原则

（1）以城市总体规划、轨道交通网络规划与近期建设规划为依据，以总结国内外轨道交通设计、建设、运营经验为基础，以实现网络化建设、运营要求和破解关键难题为导向，以理念更新、方法手段创新、技术和管理创新为手段，贯彻"科技创新型、资源节约型、环境友好型"的城市轨道交通设计理念，把17号线打造成"安全、高效、科技、绿色、可经营、人文化"的现代都市轨道交通线路。

（2）贯彻"以人为本"的理念，根据线路的功能定位和客流规模，合理确定技术标准和规模，切实做好工程预留、资源共享和综合利用。

（3）线路走向应符合上海市城市总体规划和轨道交通网络规划。线路选线及站（场）址选择应结合沿线用地规划、轨道交通线网规划，选择大型客流集散点设置，并有利于与其他交通方式衔接，最大限度地吸引客流。在满足技术标准的前提下，应尽量与市政道路改扩建工程结合；尽量与周边地块开发结合；尽量减少对道路交通的影响；尽量减少前期动拆迁、管线搬迁。

（4）线路敷设方式应结合青浦区地形地貌实际情况，并符合青浦区城市发展规划。地下线路纵断面设计应结合沿线工程地质条件，在满足乘客方便、施工、运营、节能等要求的前提下，线路区间尽可能设置在施工条件较好的地层，以减少施工难度和运营风险。

（5）车站规模应根据预测客流、设备安装、行车组织、交通功能、防灾安全等因素设计，完善车站功能，减小车站规模，优化结构体系，降低工程造价和运营成本。

（6）结构形式应与线路敷设方式协调一致，并根据工程地质、水文地质条件及周围环境，选择安全可靠、经济合理、施工方便且同时满足施工、运营、规划、防火、防水、抗震、人防等要求的施工方法和结构形式，高架区间结构还应注重桥梁结构造型，控制建筑体量、注意高度、跨度、宽度的比例谐调，满足城市规划、环境保护、城市景观等要求。

（7）轨道结构要符合行车密度大、运行速度高、维修作业时间短的特点，应坚固耐用，具有良好的弹性，施工和养护维修方便，并能满足绝缘、减振、降噪要求。

（8）限界根据车辆、设备安装、线路特征及施工方法等因素分析计算确定，正线单圆盾构隧道及高架区间、敞开段限界按设置侧向平台考虑。

（9）车辆及机电设备选型应以技术成熟、安全可靠、便于管理和维修，具有先进性、经济性和易于国产化为原则，并充分考虑统一车辆及设备制式等因素，车辆及机电设备国产化率应达到70%以上。

(10) 供电系统功能和供电质量应符合国家有关标准、部颁标准和行业标准。系统方案应技术先进、安全可靠、经济合理。

(11) 通风与空调系统按远期预测客流量进行设计。满足地铁系统正常、阻塞、火灾运行等工况对通风与空调系统的功能要求,并兼顾环境保护和节能。对于高架车站,充分利用自然风进行换气和排烟。

(12) 通信系统设置高可靠、易扩充、组网灵活和相对独立的专用综合数字通信网,并能与公用市话网连通。在功能适用、投资合理的前提下,优先采用目前技术成熟的设备,必须满足每日 24 h 连续不间断工作的要求。

(13) 信号系统应符合上海市轨道交通 CBTC 系统技术发展,并满足上海轨道交通工程技术标准的要求。系统必须以安全、可靠、技术先进实用和经济合理为宗旨,满足确保行车安全、提高运输效率和改善服务质量的要求。系统设备配置应有利于初、近、远期行车组织和运营管理,易于实现行车指挥自动化和科学化,易于远期线路延伸、运量增长的扩容。

(14) 给排水与消防系统的给水水源采用城市自来水,雨水、废水、污水采用分类集中,就近排放。消防用水量按同一时间内全线发生一次火灾考虑。

(15) 车辆基地的总体布局在满足功能要求的同时,力求用地紧凑、布局经济合理。总体布局规模应按远期功能要求确定。本线需自建带大、架修设施的车辆基地并预留网络资源共享的条件。

(16) 防灾以"预防为主、防消结合"为原则,防灾包括火灾、水淹、地震、雷击,以防火灾为主,其中火灾事故按全线同一时间发生一处考虑。

(17) 火灾报警系统采用控制中心、车站二级管理,按控制中心、车站、就地三级监控方式设置;车站防排烟系统和送排风系统共用的环控系统设备,由环境与设备监控系统控制。

(18) 机电设备监控系统采用分散控制、集中管理的基本原则,设备监控系统的网络结构和设备配置应具有通用性强、可靠性高、组网灵活、易于扩充的特点,并符合上海市轨道交通网络规划的总体要求。

(19) 控制中心按全线设置两处、一主一备控制中心为原则。控制中心工艺建设按管理和操作模式的要求实施,并支持该模式基本操作、应急处理及综合协调分析等管理;与路网、与外界相关系统的信息联系、汇集、处理、交换和转发等工作,直接服务于运营管理和乘客服务。

(20) 售检票采用自动售检票系统,系统设备应安全可靠,操作简单,便于维护。

(21) 环境保护坚持"以防为主、防治结合、综合治理、化害为利"的原则,坚持"三同时"的制度,从沿线实际出发与其他相关城市建设、环境建设同步规划、协调施工,实现经济效益、社会效益、环境效益的统一。

2.1.2 主要设计标准

设计年限:初期为 2020 年,近期为 2027 年,远期为 2042 年。

车辆:采用 DC 1 500 V 接触轨供电 A 型车,最高运行速度 100 km/h。

线路通过能力:不小于 30 对/h。

列车编组:初、近、远期均采用 6 辆编组。

车站建筑:地下车站采用地下二层岛式及地下一层侧式两种形式,高架车站采用路中侧式(高架三层)及路侧岛式(高架二层、高架三层)两种形式;站台有效长度 140 m;站台宽度应按规范要求计算侧站台宽度并满足最小宽度要求,地下二层标准岛式车站站台宽度取 12 m,高架路侧岛式车站站台宽度取 12 m 或 11.5 m；地下车站站厅层净高≥4 500 mm（高架车站≥3 300 mm），地下车站站台层净高≥4 500 mm；地铁出入口规模应以满足初、近、远期中设计客流量的最大值的疏散为依据。

车站结构：车站主体结构设计使用年限为 100 年，车辆段及停车场等地面建筑结构设计使用年限为 50 年；地下车站主体围护结构采用叠合地下墙或复合地下墙结构形式，内部结构采用钢筋混凝土框架结构，高架车站采用"建桥合一"的钢筋混凝土框架结构型式；承重构件的耐火等级为一级；结构抗震设防烈度为七级，抗震措施满足设防烈度 8 度的相关要求，抗震等级为二级；人防设防范围内地下车站人防等级为六级；根据环境等级和环境作用等级的不同，选取 0.2 mm 或 0.3 mm 作为最大裂缝宽度限制。

区间：地下区间采用内径 5 900 mm、外径 6 600 mm 单线单圆盾构隧道，衬砌采用 350 mm 厚单层装配式钢筋混凝土衬砌，环宽 1.2 m，采用通缝拼装方式，最大裂缝限制为 0.2 mm；高架区间桥跨布置以 30 m 跨径简支 U 形梁为主，同时采用 25 m、35 m 跨径简支 U 形梁配跨，当跨越较宽横向道路及河流时，采用了中跨 50～70 m 的连续梁桥。

轨道：无砟轨道主体结构及混凝土轨枕、轨道板、道岔板、预制浮置板的设计使用年限不低于 100 年，混凝土保护层厚度不小于 35 mm；地下线采用长枕埋入式整体道床，高架线采用短枕承轨台式整体道床。

供电：牵引网采用 DC1 500 V 供电，正线、停车场、车辆段均采用正极接接触轨（下部授流方式）授电。

通风与空调系统：地下车站空调通风系统采用屏蔽门系统；高架车站采用自然通风、排烟，必要时设机械通风、排烟系统；对环境条件有要求的设备和管理用房设局部空调通风系统。

给排水及消防系统：车站与地下区间均设置消火栓系统，并辅以可靠的灭火器，地下车站公共区另设自动喷水灭火系统；根据车站、区间、停车场等不同场所使用功能要求，配以生产生活用水及雨污水排放系统。

通信系统：传输系统采用增强型 MSTP 组网；公务电话系统采用基于 SIP 协议的统一通信软交换架构系统；专用无线及公安无线采用 TETRA 数字集群系统；技术防范系统采用基于 H.264 的全高清数字制式系统。

信号系统：信号系统应配置完整的列车自动控制 ATC 系统；区间追踪间隔按不大于 90 秒设计，折返站的折返能力按远期最大行车密度设计，并留有 10% 的余量，出入段/场线能力应与正线列车通过能力相适应。

火灾自动报警系统（FAS）：在车站、区间隧道、区间变电所及系统设备用房、主变电所、控制中心、车辆基地设有火灾自动报警系统。火灾报警系统主要技术指标如下：控制中心中央级控制及信息响应时间小于 2 s；车站站点控制及信息响应时间小于 1 s；火灾报警回路响应时间小于 0.85 s；系统具有延伸线的网络接口和组网扩展能力。

环境与设备监控系统（EMCS）：环境与设备监控系统的监控范围应包括车站、区间、控制中心。设备监控系统主要技术指标如下：EMCS 的响应性指标应满足 CIOS 及 SIOS 系统性能指标的要求；任意时刻，用于存放数据和程序的空间应不超过设备存储空间的 70%。

人防：本工程贯彻平时交通为主兼顾人民防空需要的原则；设计标准为甲类人防工程，防常规武器和核武器抗力等级均为 6 级，防化等级为丁级。

2.2 总体设计概要

2.2.1 线路

17号线是中心城向青浦区辐射的放射线,是贯穿青浦区东西客运走廊的通道,沿线串联了朱家角、青浦新城、赵巷新镇、赵巷商业商务区、徐泾镇、华新配套商品房基地、国家会展中心、虹桥枢纽等重要区域。

17号线西起东方绿舟站,东至虹桥火车站站,线路由西向东沿沪青平公路—淀山湖大道—盈港路—崧泽大道走行,全长约35.343 km,设站13座,平均站间距2 897 m。

东方绿舟站至朱家角站采用高架敷设方式,过淀浦河后逐渐转为地下线至汇金路站,出汇金路站后,线路即过渡为高架至徐盈路站,出徐盈路站后,线路再次转为地下线形式至终点虹桥火车站站,全线高架线长18.382 km,地下线16.163 km,敞开段长0.798 km。其中高架车站6座,地下车站6座,既有地下车站1座。

17号线在诸光路站与规划13号线西延伸段换乘;在既有虹桥火车站站与2号线、10号线换乘。全线设徐泾车辆段和朱家角停车场,分别由朱家角站和徐泾北城站接轨。

2.2.2 行车

1) 车辆制式选择范围

17号线远期高峰单向断面客流为3.40万人次/h,属大运量轨道交通系统,从轨道交通制式的统一,方便建设和运营维护管理及有利于资源的优化配置和共享利用的角度,17号线选用A型车。

2) 车辆编组方案与客流的适应性

本线初、近期高峰高断面客流分别为2.43万人次/h、3.07万人次/h。初期与近期采用4辆编组或6辆编组均能满足客流需要,采用4辆编组服务水平更高,但其近期发车密度接近30对/h,密度过大。如果近期客流波动达到3.2万人次/h,则4辆编组已经不能满足客流需求。与此相比,采用6辆编组,初期已经具备一定的服务水平;若初、近、远期均采用6辆编组,可避免由4辆编组列车扩编为6辆编组列车时给运营管理带来的一系列复杂问题。因此,本工程推荐初、近、远期均采用A型6辆编组列车。

2.2.3 车辆

本线选用A型车,6辆编组,最高持续运行速度100 km/h。车辆长度24.4 m(端车),22.8 m(中间车),基本宽度3.0 m。额定载客量为310人/辆(站立标准6人/m^2)。本线采用第三轨供电,车辆设受流靴取流。

列车表面涂装采用金属漆,并增设清漆层,外观更显靓丽;列车客室空调全面采用变频空调,并加入温湿度控制,列车室温舒适平稳;列车客室照明采用无级调光LED光源,节能环保;列车布置大量传感器,具备车辆状态远程读取功能,方便准确掌控车辆状态信息,列车更显智能便捷。

2.2.4 限界

17号线采用最高行车速度100 km/h受流靴受电A型车,限界坐标值执行《城市轨道交通工程技术规范》(DG/TJ 08—2232—2017)附录 C 的规定。

地下盾构区间采用 φ5 600 mm 建筑限界,高架线以 U 形梁为主,U 形梁为统一模板,建筑限界不加宽,通过桥梁偏心及设备管线调整满足设备限界的加宽要求。

2.2.5 车辆基地

朱家角停车场位于青浦区沪青平公路以南、A9 高速公路以北、朱枫公路与复兴路之间的地块内,占地面积 16.30 万 m^2,承担 17 号线部分车辆的双周三月检、日检及临修任务。房屋总建筑面积约 4.1 万 m^2,铺轨 9.06 km,道岔 33 组等。本工程房屋建筑主要包括:运用库、洗车库、内燃机工程车库、物资仓库、综合楼、备用控制中心、混合变电所、雨水泵房等单体。

徐泾车辆段位于青浦区崧泽大道以南、诸陆西路及上达河以北、徐乐路以东、徐盈路及新泾港以西合围的地块内,占地约 22.60 万 m^2。车辆段进行整体上盖物业开发,承担 17 号线部分车辆的双周三月检、日检及临修任务,以及全部车辆的大、架修任务。房屋总建筑面积约 8.48 万 m^2,铺轨 12.24 km,道岔 32 组。本工程房屋建筑主要包括:运用库、检修库、洗车库、镟轮库、内燃机工程车库、喷漆库、综合楼、混合变电所、雨水泵房等单体。

2.2.6 控制中心

17 号线全线设置两处一主一备控制中心,主用控制中心设置在蒲汇塘基地的"上海市轨道交通网络运营指挥调度大楼"内,备用控制中心设置在朱家角停车场。当主用控制中心发生紧急情况无法正常运营调度,备用控制中心应能独立或与主用控制中心分功能落实对全线的管理。调度大厅集中设置总调、行调、综合设备调等操作席。

2.3 土建工程设计概要

2.3.1 车站建筑

根据车站空间的功能分布将其划分为公共区、非公共区二大部分。车站公共区包括站厅、站台、出入口通道等。

站厅层按功能分区,一般中部布置站厅公共区,两端布置设备管理用房区,并按规范要求合理划分防火分区。主要管理用房集中设在一端,便于使用和集中管理。

站台长度按 6 节列车编组长度取 140 m,站台宽度根据设计客流量、站台计算长度及站台与站厅之间楼扶梯布置等因素确定,并满足最小站台宽度的要求。一般岛式站台最小宽度不小于 11 m,侧式站台最小宽度不小于 3.5 m。全线 13 座车站分别为 6 座高架车站、7 座地下车站(其中 1 座是既有车站),车站有以下 5 种形式,分别是:

(1) 地下二层岛式站台车站 5 座,分别为淀山湖大道站、漕盈路站、青浦新城站、蟠龙路站、诸光路站。

(2) 地下一层侧式站台车站 1 座,为汇金路站。

(3) 高架二层岛式车站(路侧)2 座,分别为东方绿舟站、徐泾北城站。

(4) 高架三层岛式车站(路侧)2 座,分别为朱家角站、徐盈路站。

(5) 高架三层侧式车站(路中)2座,分别为赵巷站、嘉松中路站。
(6) 地下二层三岛三线换乘枢纽站1座,为虹桥火车站站。
具体可见表2-1。

表2-1 车站建筑特征表

序号	车站名称	站中心里程	车站尺寸：长(m)×宽(m)	建筑总面积(m²)	站台宽度(m)	车站型式
1	东方绿舟站	SK0+171.700	158×21.64	7 324	11.5	高架二层岛式车站
2	朱家角站	SK2+978.375	147.25×21.64	11 100	11.5	高架三层岛式车站
3	淀山湖大道站	SK8+813.815	528×19.54	27 287	12	地下二层岛式车站
4	漕盈路站	SK12+671.015	215×19.54	14 059	12	地下二层岛式车站
5	青浦新城站	SK15+480.598	165×19.54	12 607	12	地下二层岛式车站
6	汇金路站	SK17+995.310	471×(14.70~81.06)	22 860	6.47+6.47	地下一层厅台同层侧式车站
7	赵巷站	SK21+875.075	145×26	11 088	8.5+8.5	高架三层侧式车站
8	嘉松中路站	SK24+932.412	147.63×25.44	12 255	8.5+8.5	高架三层侧式车站
9	徐泾北城站	SK27+172.427	152×23	7 412	13	高架二层岛式车站
10	徐盈路站	SK28+380.703	148×22	11 380	12	高架三层岛式车站
11	蟠龙路站	SK30+916.965	211×19.54	12 417	12	地下二层岛式车站
12	诸光路站	SK32+417.244	347×19.54	16 559	12	地下二层岛式车站
13	虹桥火车站站	SK34+940.105	807.77×84.06	68 000	22.75+17.45(与2号线共用)	地下二层多岛车站

2.3.2 车站结构

根据总体线路设计,17号线13个车站中有高架车站6座、地下车站7座(其中虹桥火车站站为既有车站改造)。

高架车站均采用站桥合一的结构形式,在"桥-建"组合结构体系中,轨道梁、支承轨道梁的横梁、支承横梁的柱等构件及基础,按现行铁路桥涵设计规范进行结构设计。其余构件,均按现行建筑结构设计规范进行结构设计。车站桥梁上部结构和墩柱整体现浇,轨道梁和车站形成一个整体现浇框架结构,站台柱支于站厅层挑梁上及由首层柱升上。

采用钢结构顶棚的车站,其钢柱采用埋入式柱脚,以保证柱底刚接。钢柱脚位置与下部轴网一致,在伸缩缝处采用双柱。天棚形式横向为单跨框架,纵向为多跨框架,梁柱节点均采用刚接。

采用PC外围护结构的车站,其PC板和主体结构通过PC板上的倒置牛腿连接,搁置在轨行区外侧的混凝土挡墙上。PC板贴临轨行区设置时,考虑到列车行驶产生的振动会对连接构件产生变幅应力,造成连接构件的疲劳破坏。据此,在设计连接构件时,所有钢筋、钢板的强度设计值,控制不超过140 MPa。

6座新建地下车站中,除汇金路站为地下一层侧式车站外,其余均为地下二层岛式车站。

根据总体线路及建筑功能设计,车站主体结构形式为一、二层多跨现浇钢筋混凝土长条形箱形框架结构，内部结构横断面为板式箱形框架，纵向设连续梁式框架。根据车站的宽度和站台形式，主体结构横断面岛式车站一般为一柱二跨、二柱三跨结构，侧式车站主要为二柱三跨结构。部分车站由于存车线等辅助线路的存在，车站结构有多种跨度的形式。

考虑地层条件及车站防水要求，蟠龙路站、青浦新城站和诸光路站侧墙采用复合墙结构形式，其余车站侧墙采用叠合双墙结构形式。

具体可见表2-2和表2-3。

表2-2 高架车站特征表

序号	车站名称	结构形式	顶部天棚结构形式	外围护结构形式
1	东方绿舟站	二层岛式框架结构	混凝土结构顶棚	PC预制混凝土外墙挂板
2	朱家角站	三层岛式框架结构	混凝土结构顶棚	PC预制混凝土外墙挂板
3	赵巷站	三层侧式框架结构	钢结构顶棚	钢筋混凝土填充墙，混凝土装饰板
4	嘉松中路站	三层侧式框架结构	钢结构顶棚	钢筋混凝土填充墙，混凝土装饰板
5	徐泾北城站	二层岛式框架结构	混凝土结构顶棚	PC预制混凝土外墙挂板
6	徐盈路站	三层岛式框架结构	钢结构顶棚	钢筋混凝土填充墙，混凝土装饰板

表2-3 地下车站特征表

序号	车站名称	内部结构形式	围护结构形式	主体围护结构形式（站中心）	结构特色
1	淀山湖大道站	二柱三跨箱形结构	叠合结构	800 mm厚、28.7 m长地下墙	—
2	漕盈路站	二柱三跨箱形结构	叠合结构	800 mm厚、28 m长地下墙	—
3	青浦新城站	二柱三跨箱形结构	复合结构	800 mm厚、27.5 m长地下墙	—
4	汇金路站	单层跨箱形结构	叠合结构	800 mm厚、25 m长地下墙	—
5	蟠龙路站	二柱三跨箱形结构	复合结构	800 mm厚、29 m长地下墙	顶板小中庭
6	诸光路站	二柱三跨箱形结构	复合结构	800 mm厚、35 m长地下墙	大中庭车站结构
7	虹桥火车站站	二柱三跨箱形结构	叠合结构	—	既有站不停运结构改造

地下车站结构的整体设计使用年限为100年，安全等级为一级。高架车站主体及重要附属结构按100年设计使用年限进行设计，其他构件的设计使用年限为50年。

车站结构抗震设防烈度为七度，设防分类属重点设防类（简称乙类），场地类别为Ⅳ类（除东方绿舟站为Ⅲ类外），抗震等级为二级，抗震措施均满足抗震设防烈度8度的相关要求。

除蟠龙路站—虹桥火车站站不设防外，其余地下结构均具有战时防护功能及平战转换功能，在规定的设防部位按六级人防的抗力标准进行结构设计，并设置了相应的防护措施。

2.3.3 区间结构

1）高架区间结构

高架区间采用跨径25 m、30 m、35 m的单线简支U形梁作为标准上部结构；当跨越大型路口、较宽横向道路及河流时,采用主跨跨径50 m、55 m、70 m的三跨一联"双U形＋箱形"变截面连续梁桥。跨越通航等级较高的油墩港和淀浦河则分别采用了主跨跨径94 m、90 m的三跨一联双线单箱单室预应力混凝土连续箱形梁桥;东方绿舟站、朱家角站、赵巷站、徐泾北城站车站前后的道岔区域则采用了多跨一联的整幅单箱多室预应力混凝土连续箱形梁变宽桥;朱家角停车场和徐泾车辆段的进出场线高架段采用了双线单箱单室预应力混凝土简支梁桥。

高架区间标准桥墩为倒T隐形盖梁加圆柱墩,盖梁为预应力混凝土构件,立柱为钢筋混凝土构件;连续梁桥墩及进出场线桥墩均为钢筋混凝土实体墩。部分斜跨地面道路处采用了双立柱框架墩,其盖梁为预应力混凝土构件,立柱为钢筋混凝土构件。全线均采用钻孔灌注桩群桩基础,桩径以0.8 m为主,部分节点桥桥墩采用的桩径为1.0～1.5 m。

高架区间桥墩采用现场立模浇筑。单线预应力混凝土简支U形梁均在梁厂预制,主要采用架桥机架设,部分区段采用了门式吊车以及吊机架设。预应力混凝土"双U形＋箱形"变截面连续梁在工厂分节段预制,现场采用桥面吊机悬臂平衡起吊拼装。跨越道路、河流等节点的预应力混凝土连续箱形梁桥均采用悬臂浇筑,预应力混凝土连续梁道岔桥及出入线简支箱形梁则采用满堂支架现浇。

2) 盾构区间结构

盾构区间隧道采用内径5.9 m、外径6.6 m的单层单圆装配式衬砌结构形式。管片环宽1.2 m,厚0.35 m,通缝拼装。衬砌环全环由1块封顶块、2块邻接块、2块标准块及1块拱底块构成。管片环面外侧设弹性密封垫槽,内侧设嵌缝槽,环面设凹凸榫、分块面设定位棒。衬砌环间以17根M30纵向直螺栓连接,块间以2根M30环向直螺栓连接。管片内表面预埋滑槽,后期设备安装及疏散平台与管片采用定型螺栓连接的方式。

上、下行线盾构区间内设置了旁通道及泵站。旁通道及泵站为冻结法加固,矿山法初衬支护下的现浇钢筋混凝土结构。旁通道处区间采用钢筋混凝土管片与钢管片组合的复合衬砌换结构。

盾构区间隧道内沿行车方向设置了疏散平台,疏散平台由三角钢架和复合平台板组成,三角钢架和管片内预埋滑槽通过T型螺栓相连。

盾构区间进、出洞井接头采用车站内部结构预留插筋,待盾构连通后再浇筑的全包式钢筋混凝土矩形结构。

3) 明挖区间结构

明挖区间由敞开段、暗埋段和盾构工作井组成。其中敞开段为U形钢筋混凝土结构,暗埋段和盾构工作井为单层、双跨或三跨箱形钢筋混凝土结构。

为了抗浮及防止不均匀沉降,明挖区间全线设置了桩基。

2.4 机电工程设计概要

2.4.1 供电系统

供电系统主要由主变电所、35 kV中压供电网络、牵引变电所系统、降压变电所系统、接触轨系统、电力监控、杂散电流防护及接地系统和区间动力照明等组成。

本工程设置漕盈路主变电所、徐泾主变电所2座主变电所。每座主变电所由城市公用电网220 kV变电所提供两回110 kV专用线路供电,内设两台110 kV/35 kV主变压器,保证供电的可靠性和供电质量,满足供电系统安全可靠、经济、运行灵活的要求。

本线全面采用DC 1500 V接触轨供电,在加强接触轨的安全防护的同时保证供电安全性和灵活性,还应综合考虑对其他专业的影响,实现接触轨电分段设置、供电分区配置与工务和行车调度的功能需求相一致。

2.4.2 通信系统

本工程包括传输系统、公务电话系统、专用电话系统、专用无线系统、公安及消防无线系统、技术防范系统、乘客信息系统、广播系统、时间系统、信息资源网接入系统、列车自动记点系统、电源(含电源监控)及接地系统、车站附属设施宽带网接入系统。

传输系统采用增强型MSTP的传输设备隔站组建2个环网;公务电话系统采用基于统一通信的IP架构软交换系统制式;专用无线系统采用基于TETRA协议的800 MHz无线数字集群系统;技术防范系统采用基于H.264的全高清数字视频监控制式系统;乘客信息系统采用基于高清数字视频的乘客信息系统。

2.4.3 信号

本工程信号系统采用基于通信的列车控制系统(CBTC)。为确保列车运行安全,满足运营需求,信号系统应配置完整的列车自动控制系统(ATC),即由列车自动监控系统(ATS)、列车自动防护系统(ATP)、列车自动运行系统(ATO)和计算机联锁子系统(CI)组成。

2.4.4 通风空调系统

通风空调系统设计要求对全线车站及相应区间隧道内温度、湿度、风速、噪声和空气质量进行全面控制,并为紧急工况下人员安全疏散和救援提供一定新风量和风速,以保证乘客安全和舒适,满足设备对室内环境的需求。系统的设计分析范围包括:地下车站公共区(包含地下车站的出入口通道)、设备管理用房及车站的车轨区域;地下车站两端的地下区间隧道;地下折返线、存车线等辅助线。

2.4.5 给排水与消防系统

给排水与消防系统是为了满足轨道交通沿线各车站及区间生产、生活及消防的需要。其中,给水系统可供各车站正常生产、生活用水;排水系统主要排除各车站、区间内产生的生活污水及生产废水、结构渗入水、消防废水及敞开部分的雨水等;各车站及地下区间隧道设消火栓系统,地下车站公共区设自动喷水灭火系统,在地下车站、地下主变电站及控制中心无人值守的重要电气设备用房设置高压细水雾灭火系统或气体灭火系统,并在车站内设手提式灭火器,以迅速可靠地扑救各类火灾,满足地铁安全运行的需要。

2.4.6 火灾报警系统

火灾报警系统采用"预防为主、防消结合"的方针,遵循国家的有关法规和规范,符合上海市消防局的有关规定。FAS系统按照全线同一时间内发生一次火灾设计。

火灾报警系统采用控制中心和车站二级管理模式。控制中心实现对全线火灾自动报警系统集中监控和管理,车站在各车站、车辆段/停车场、主变电所设火灾报警控制器,它能对其所管理范围内独立执行消防监控管理。

2.4.7 机电设备监控系统

设备监控系统采用控制中心、车站二级管理和控制中心、车站、现场三级控制的模式,监控对象主要包括通风、空调、给排水、照明、自动扶梯等设备,按功能分散、信息集中的原则,采用分层分布式结构,以车站控制为基本单位。

车站通风系统设备在正常运行模式下由机电设备监控系统控制,火灾时按 FAS 系统的控制信号运行。

2.4.8 门禁系统

门禁系统采用集中管理、分级控制模式,设中央管理级、车站管理级和现场设备三层网络架构。

2.4.9 中央及车控室一体化操作系统

中央及车控室一体化操作系统采用控制中心、车站二级管理和控制中心、车站、现场三级控制的模式。

中央及车控室一体化操作系统采用统一的运营管理平台,实现各种基础数据的统一管理及相关系统之间的数据共享,进而增强系统之间业务关联的效率,提高轨道交通监控系统的自动化程度及突发事件联动处置能力和处置速度。

2.4.10 自动售检票系统

本工程采用自动售检票系统(AFC),AFC 由多线路中央计算机系统、车站计算机系统、车站终端设备和票卡组成,实现售检票交易处理、票务管理、财务结算、客流统计分析及与上海市轨道交通票务清分系统进行票务交易清分和对账等功能。

2.4.11 站台门

17 号线线路西起于东方绿洲站,东止于虹桥火车站站,全线共设 13 座车站,其中 7 座地下站采用全高封闭型站台门(青浦新城站和汇金站设置有电动通风窗),6 座高架车站采用全高站台门。站台门主要由门体结构(包括上下部连接件和顶盒)、门机系统、控制系统和供电系统四大部门组成。

2.4.12 自动扶梯与垂直电梯

17 号线全线共设置自动扶梯 105 台,设置垂直电梯 28 台。高架车站及地下车站出入口自动扶梯均采用室外型自动扶梯,地下车站公共区采用室内型自动扶梯。车站垂直电梯井道根据要求采用钢结构井道和混凝土井道两种形式。

2.4.13 声屏障

17 号线声屏障系统设计按照铁道第三勘察设计院编写的《上海市轨道交通 17 号线工程环境影响报告书》(2013 年 11 月)及其批复要求,结合现场踏勘情况进行设计,声屏障设置范围及形式均需满足环保验收要求。

声屏障在施工设计过程中,相关专业接口设计主要涉及桥梁预埋件的接口设计及同限界专业的接口设计,17 号线地面以上区段按照环评要求全线预留声屏障埋件,包括高架岛式车站也按照环评要求预留声屏障实施条件,线路最小曲线半径处声屏障屏体靠线路侧距离设备限界的距离也满足不小于100 mm的要求。

声屏障的屏体设计参考上海申通地铁集团有限公司(简称"申通集团")发布的"高架区间桥梁直立式声屏障通用图"(STB—GQ—030001—2016),针对声屏障屏体在安装过程中常会用到的卡簧、螺栓等紧固件发生松动甚至连接件脱落及屏体在制作过程中常采用铆钉连接,整体性不强的问题,本工程综合考虑金属屏体在制造、安装、使用、养护、安全及降噪等方面的因素,金属屏体采用金属复合吸声板,金属复合吸声板由穿孔面板＋多孔吸声材料＋铝合金背板组成,屏体组装采用无铆钉扣合的方式,跟传统屏体相比,屏体面密度更小,防腐性能更佳,结构安全、降噪效果好且便于后期维护保养。

2.5 工程概算

本工程费用信息见表2-4。

表2-4 17号线工程费用详细信息

章号	工程费用及名称	概算价值（万元）	技术经济指标		
			单位	数量	单位价值（万元）
	第一部分 工程费用	919 479.88	正线公里	35.341	26 017.37
一	施工准备	23 215.69	正线公里	35.341	656.91
二	地铁车站	190 011.31	正线公里	35.341	5 376.51
三	区间	308 258.98	正线公里	35.341	8 722.42
四	轨道	47 937.43	正线公里	35.341	1 356.43
五	通信及信号	65 495.32	正线公里	35.341	1 853.24
六	供电	118 383.28	正线公里	35.341	3 349.74
七	通风、环境控制与保护	25 953.65	正线公里	35.341	734.38
八	给排水及消防	9 295.42	正线公里	35.341	263.02
九	防灾报警、设备监控及门禁系统	8 702.07	正线公里	35.341	246.23
十	自动售检票系统	7 981.82	正线公里	35.341	225.85
十一	车站设备	11 317.16	正线公里	35.341	320.23
十二	房屋建筑	1 484.21	正线公里	35.341	42.00
十三	车辆段及停车场	97 043.25	正线公里	35.341	2 745.91
十四	人防	3 073.21	正线公里	35.341	86.96
十五	工器具及生产家具购置费	1 327.08	正线公里	35.341	37.55
	第二部分 工程建设其他费用	479 595.73	正线公里	35.341	13 570.52
十六	工程建设其他费用	479 595.73	正线公里	35.341	13 570.52

(续表)

章号	工程费用及名称	概算价值（万元）	技术经济指标		
			单位	数量	单位价值（万元）
	第三部分 预备费用	51 706.10	正线公里	35.341	1 463.06
十七	基本预备费	51 706.10	正线公里	35.341	1 463.06
	第四部分 专项费用	285 389.48	正线公里	35.341	8 075.31
十八	车辆购置费	147 336.00	正线公里	35.341	4 168.98
十九	建设期利息	136 373.00	正线公里	35.341	3 858.79
二十	铺底流动资金	1 680.00	正线公里	35.341	47.54
	项目总投资	1 736 171.19	正线公里	35.341	49 126.26

Chapter 3 工程设计特色

3.1 营造和谐环境,融入水乡风景

3.1.1 符合绿建标准的大中庭车站

根据17号线顶层设计理念,诸光路车站设计时统筹考虑了车站的地理位置、环境因素、周边情况,借鉴国内外先进设计思路,将大跨度、隐柱、天窗、中庭等元素完美地融合在一起,充分体现了"大空间、大景观、大视野"的设计理念(图3-1、图3-2)。

图3-1 诸光路站采光天窗实景

图3-2 诸光路站大中庭实景

大空间:车站建筑布置形式打破原有的标准车站布置体系,在上海首次采用大跨度的无柱大空间,站厅公共区、站台公共区不设一根立柱,车站顶板开设9个11.4 m×8.6 m的天窗,车站中板开设4个18 m×10 m中庭孔洞,使站台、站厅、室外空间融为一体,整个近15 m高、20 m宽的地下空间完全释放,实现了地下建筑的高采光率和通透感,完全消除了传统地铁的封闭感和局促感,使乘客产生良好的心理感受。

紧邻车站南侧,结合规划绿地,设置了东西向长220 m,南北向宽30 m的全范围下沉式广场,将车站空间向室外拓展、延续,多层次、多元化的空间组合和空间过渡创造了轨道交通车站的全新形式。

大景观:车站地面为规划公共绿地,使整个车站隐秘于城市绿地中,同时,通过采光天窗将自然光线引入车站,使车站完全融入外界环境。

大视野:通过建筑空间的大胆创新,结构体系的精心配合,实现了大跨度的无柱车站,将外界景

观、环境状态引入车站,拓展了乘客的视野,强大的视觉冲击力,给了乘客前所未有的震撼感。

车站的设计同时考虑了大量符合美国绿建标准的节能措施,成为国内首个成功申报 LEED 认证的轨道交通车站。

3.1.2 高架车站 PC 装配技术应用

17 号线高架车站的外墙设计在上海市轨道交通领域首次成功应用了外围护体系 PC 标准化技术。结合本线工程所在青浦区水乡的自然地貌和文化特征,将世代上海人对水乡泽国的情怀提炼物化成清晰易辨的"水滴"符号,并以此为构件造型母题进行拼装组合,使车站站台层外墙在兼顾功能性的同时呈现出一幅开合有序的艺术画面,呼应并强化了"水滴"的造型主题。同时,利用板身厚度在内侧对应开孔尺寸的变化进行以"绿"为主调的色彩涂装,一方面通过建筑色彩来呼应地域风貌、文化特征,另一方面也赋予了建筑在不同视角的丰富视觉观感。

在东方绿舟站、朱家角站、徐泾北城站、赵巷站、嘉松中路站的外立面设计中,均展现了丰富多彩的效果(图 3-3、图 3-4),高架车站整体外观融入了所在地域的文化特征,体现了时代特色,做到了功能与艺术、标准化与个性化的协调统一。

图 3-3　东方绿舟站外立面实景

图 3-4　赵巷站外立面实景

3.1.3 高架桥梁综合景观设计体系

由于青浦区特殊的地理环境,17 号线高架区间在青浦区内跨越纵多河流航道或横向道路,为了使桥梁结构与水乡文化的流畅、柔美相吻合,其结构形式除了满足跨越需求外,还充分考虑了与标准结构的衔接问题。因此,全线关键节点桥梁在上海轨道交通高架区间设计中首次采用连续变截面箱形-U 形组合梁创新设计。

变截面箱形-U 形组合梁较传统箱形梁建筑高度(特别是边跨端部)显著降低,在桥梁立面上,与标准 U 形梁的衔接流畅,用流线型的抛物线替代箱形梁的阶梯形折线从而克服了传统连续箱形梁与标准 U 形梁衔接突兀的缺点,大大提升了高架区间节点桥梁的景观效果,与标准区间 U 形梁结构融为一体,使全线高架区间形成连续优美的城轨天际线。

同时,考虑到高架段途经青浦区朱家角文化古镇、淀山湖、东方绿舟等风景区,全线采用接触轨供电,相比于架空接触网系统密集的线索、成排的支柱,接触轨供电形式更有利于改善高架桥梁的景观效果,将轨道交通融入青浦江南水乡优美宜居的生态环境,成为城市一道亮丽的风景线(图 3-5)。

图 3-5　高架区间实景

3.1.4　采用园林化设计的停车场

17号线朱家角停车场首次采用园林化设计,忠实地贯彻了17号线景观设计的精神,站场中停车列检库、检修库、综合楼、宿舍、物资仓库等几乎全部建筑,均采用了朱家角江南水乡的风韵设计,形成了一片古镇式的特色民用建筑群体,基本上消降了传统站场建筑设计的工厂化、工业化的刻板氛围与形象(图3-6、图3-7)。同时,在建筑周边进行绿化园林景观设计,梳山理水,精心选植绿化,配置季相,步移景换,使停车场置于一片绿树碧水之间,宛如公园。整个设计很好地实现了车场功能与景观环境的共赢,并且基本不增加造价,为停车场设计创造了一套更人性化、更尊重环境的秀美模式。

图 3-6　朱家角停车场园林景观实景

图 3-7　朱家角停车场鸟瞰实景

3.1.5　与环境融合的声屏障造型

全线共设置声屏障约20 km,结合全线景观线的标准,声屏障在屏体及干涉器的造型上均采用了创新设计,使全线声屏障简洁、大气,与环境融为一体。

声屏障的屏体采用防撞玻璃屏体,具有防鸟撞功能,玻璃屏体粘黏性强,不会粉碎性脱落,结构简单美观,制造方便,同时具备较强的耐湿性、耐辐照性、耐热性及耐冲击性,屏体在列车车窗对应高度采用透明材料以保证司机及乘客视野开阔。

传统的声屏障顶部通过设计复杂的异型结构来达到加强降噪效果的目的,屏体往往较宽较厚且在制造加工过程中大量使用铆钉等辅件,本工程顶部屏体组装采用无铆钉扣合的方式,形式也调整为直面形式,造型简单美观,与流线型的高架桥梁相得益彰(图3-8)。

图3-8 声屏障实景

3.2 践行绿色理念,打造节能地铁

3.2.1 大规模使用非晶合金变压器

在国内首次采用35 kV非晶合金变压器,空载损耗是常规变压器的30%,有效降低地铁停运时段、轻载时段能耗,节省运营成本,达到节能减排的目的。

3.2.2 全线采用LED+智能调光系统

全线(含车站公共区、设备区及区间)采用绿色节能环保LED照明灯具,结合智能调光控制系统,可实现单灯调光和巡检功能,既节省了全线照明运营能耗,又便利了照明的运营管理和维护(图3-9)。

图3-9 公共区照明实景

3.2.3 首次安装可调通风窗屏蔽门

本工程首次安装可调通风型站台门。在过渡季及冬季,可以充分利用活塞风,满足车站公共区及隧道区间的温湿度要求,从而节约车站公共区风机能耗、隧道风机能耗,达到节约能源的目的。在车站发生火灾时,可以关闭可调通风型站台门上方的可调通风窗,配合车站大系统的排烟模式。在这样的背景下,通过技术途径,在空调季节维持全高封闭式站台门制式,在非空调季节通过一定的措施将列车活塞风引入车站,对车站进行自然通风,实现环控系统通风制式的转换,构建一种全新的节能型通风空调系统,在不同季节充分发挥各自的节能优势,具有非常显著的经济效益与社会效益。

3.3 采用先进技术,提升系统功能

3.3.1 全面采用 DC 1 500 V 接触轨供电

本工程采用接触轨供电方式,由于接触轨是轨旁安装设施,其轨道养护作业与停送电范围密切相关。接触轨的电分段和电分区设置在保证供电安全性和灵活性的同时还综合考虑了对其他专业的影响,尽可能实现接触轨电分段设置、供电分区配置与工务和行车调度的功能需求相一致,并制定完善了的安全防护措施。

1) 安全警示标识的设置

加强接触轨的安全防护,结合其他类似工程的建设和运营经验,在以下位置设置安全警示标识:

(1) 设备的防触电标识。

设备的防触电闪电标识除在隔离开关柜的外壳上设置外,还在避雷器箱及接触轨的防护罩上设置,接触轨防护罩上的标识可每隔一段距离(20～40 m)进行设置。

(2) 接触轨供电分区标识。

由于接触轨的不同供电分区可能处于不同的供电状态,因此在线路上特别是在股道密集的车辆段和停车场中,为保证工作人员的人身安全,应对各供电分区进行编号,然后通过标志贴粘贴在各供电分区相应的隔离开关柜和接触轨防护罩的明显位置上,使作业人员能够在现场找到准确位置,避免误入带电区的情况发生。

(3) 接触轨防护罩区分。

在车辆段和停车场内相邻供电分区的接触轨防护罩采用不同鲜明颜色加以区分,使运营维护人员清楚了解所在区域和邻近区域的供电分区情况。

2) 防护网栅的设置

本工程牵引供电采用接触轨方式,地面正线、车辆段出入线和车场线路的外侧设安全防护网栅,试车线封闭运行。

在不同供电分区划分位置处设置防护网。当供电一分区需要停电检修时,只需将该处馈电电源切断即可,检修人员在供电一分区内的检修不会影响供电二分区的车辆正常运行,同时也能保证在供电一分区检修区域的检修人员的人身安全。

3) 在场段内设置接触轨带电显示装置

本工程车辆段、停车场库房内采用接触轨安装方式,由于接触轨安装位置较低,在检修人员穿行

轨行区时存在一定的安全隐患，特别是在停车列检库等人员活动密集的区域设置带电显示装置是有必要的，可对运营维护人员起到警示作用。

带电显示装置接入接触轨隔离开关的辅助触点信号源，以驱动 LED 数显信号灯来显示接触轨的带电与否状态。当接触轨带电时，LED 数显信号灯亮红色；当接触轨不带电时，LED 数显信号灯亮绿色。

3.3.2 首次采用自主知识产权的国产信号系统

17 号线首次采用具有自主知识产权的 CBTC 信号系统。

17 号线采用准全自动驾驶模式(DTO)，列车出入库、正线运行、折返等作业均由信号系统自动控制完成。本工程信号系统采用基于无线通信的列车控制(CBTC)移动闭塞系统。正线区域、出入段/场线、车辆段/停车场全自动运行区域、试车线均装备 ATP/ATO 轨旁设备。除采用无线 CBTC 系统进行列车跟踪外，全线(含正线、车辆段/停车场、出入段/场线)均采用计轴设备作为辅助的列车位置检测设备。信号系统使用的数据通信系统(DCS)由信号系统自行组建，DCS 由信号系统专用的车-地无线通信系统及信号轨旁通信骨干网络组成，车-地无线通信采用自由无线和波导管混合方案。正线地下段、停车场、车辆段、试车线(部分)区段采用自由无线天线作为车地通信传输媒介；地面、高架段和试车线(部分)区段采用波导管作为车地通信传输媒介。

3.3.3 首次配备车辆综合在线检测设备系统

出入线首次配备采用了车辆轨旁综合在线检测设备系统，当列车通过相关区域时，在线检测设备会自动启动，检测车辆走行部、外观等各方面的状态，削减了人工检查的工作量，极大地提高了车辆安全与健康保障能力(图 3-10)。

图 3-10　车辆轨旁检测设备

3.3.4 首次采用核心软交换技术

本线通信系统首次采用公务电话系统核心软交换技术，该系统将上海市内所有地铁线路的通信业务接入到其核心网络中，进行语音及数据交换，为申通地铁集团管理全市地铁通信信息提供了便利，相当于整个上海市地铁线路的"信息心脏"。同时，通信系统还首次系统地采用了上走线架工艺

(图 3-11)、数字广播技术及高清网络摄像技术等数项新工艺和新技术。

图 3-11 上走线机房布置

3.4 引入创新工艺,打造精品工程

3.4.1 首次采用复合墙结构形式

17 号线在上海轨道交通中首次采用复合墙结构形式。17 号线沿线部分地下车站建于空旷地带,用地宽裕,且青浦区地层有承压水,地下车站结构设计中通过对叠合墙、复合墙、离壁墙三种围护结构形式的受力性能、费用、占地等多方面综合比较,在蟠龙路站、漕盈路站和诸光路站试点采用了复合墙结构形式,防水效果明显。

3.4.2 全面使用地下墙橡胶止水接头

地下墙橡胶止水接头是地下连续墙施工技术的一项重大突破和进步,能保证高止水效果和提高围护结构整体性。17 号线在蟠龙路站和青浦新城站首次全面使用了地下墙橡胶止水接头,形成稳定工艺,极大提高基坑施工安全与质量,基本做到了地下墙接头无渗漏,对永久结构的防渗防漏也起到保障作用,并促进了该技术在上海轨道交通后续建设线路中的广泛应用(图 3-12~图 3-14)。

图 3-12 吊装专用接头箱

图 3-13 青浦新城站地下墙橡胶止水带接头应用效果

图 3‑14 蟠龙路站地下墙橡胶止水带接头应用效果

3.4.3 采用全断面包裹式井接头形式

井接头历来是地下结构漏水的重灾区,在 17 号线井接头设计中,提出了全新的全断面包裹式井接头形式,将站台层井接头位置全部用 400 mm 厚的钢筋混凝土墙体包裹且墙体后工作井结构无缝连接,大大减少了渗漏的风险,从根本上解决了井接头渗漏的软肋(图 3‑15)。

图 3‑15 全断面包裹式井接头

3.4.4 首次使用泡沫混凝土进洞技术

17 号线 2 号、3 号中风井盾构进洞,首次在上海创新采用了泡沫混凝土盾构进洞接收技术。该技术即在接受井内,分仓填埋便于工后清理的泡沫混凝土,实行盾构泡沫混凝土中进洞,从而绝对防范了风险土层中的盾构进洞的风险,并对后续结构施工提供了极好的保障。17号线采用的该项技术,丰富了上海盾构进洞、风险防范的措施,为今后地铁盾构区间进洞安全起到了示范与借鉴作用。

3.5 荟萃人文精神,助力区域发展

3.5.1 打造文化风景线的公共艺术

17号线是全线在青浦区境内的地铁线路,为了在地铁站内展现青浦区域文化特色,青浦区政府与申通地铁集团联合,利用车站公共区域部分空间作为展示新青浦人文和自然风采的平台,将青浦的地域特色文化从车站外立面、内装修向车站公共区域延伸,使之更加直观地展示新青浦、新面貌、新发展,将17号线打造成为青浦区公共交通新格局中的一道文化风景线(图3-16和图3-17)。

图3-16 蟠龙路站公共艺术实景

图3-17 诸光路站"诸光开物"艺术墙

全线公共文化艺术创作由面及点无限延伸,结合每座车站的地理位置、历史文化,进行大量的公共文化艺术调研、艺术方案论证,最终形成节点与整体的公共艺术文化设计,精心打造独具匠心的文化艺术线路。

3.5.2 结合地域文化的装修方案

17号线车站装饰设计从现代水乡文化为切入点,以"灵秀水乡,上海之源"为概念主题,把17号线打造成一条上海最美的风景线,体现青浦文化特色,展现上海国际化都市新形象,营造"上海的""青浦的""17号线的"文化艺术长廊。

17号线建设在整体空间中追求文化艺术空间的塑造与功能,从地域特色,到车站建筑、到站内装修,由远及近由外到内整体进行考虑,通过了解青浦的政治经济文化及历史,发掘地域特色如绿色生态、古镇文化、水文化、古文化、非物质文化、现代商业文化等,从中提炼屋檐、窗格、窗花等装修元素运用其中。

3.5.3 全线与周边开发密切结合

17号线建设充分体现了轨道交通满足城市建设需求与轨道交通塑造城市形态两方面的功能。全

线12个车站均与沿线开发密切结合,在整个设计研究过程中,业主与青浦区政府充分重视车站与周边开发结合的方案,始终将此作为一项专题任务进行落实。因此,分项设计院在项目公司的组织协调下,在总体院的统一牵头下,遵循统一的原则,与青浦区相关部门及开发商进行充分对接,力求做到方案功能合理、形式最优,并形成了一套多方共同参与、共同推进、共同监督的工作机制,最终使17号线车站与周边开发紧密结合,无缝衔接,基本做到同步实施。通过下沉式广场如汇金路站、青浦新城站、诸光路站,转换空间如漕盈路站、淀山湖大道站等形式,形成地上、地下城市空间的立体化开发,见表3-1。

表3-1 车站与周边开发信息汇总表

序号	车站名称	结合设施	开发商	开发量（万 m²）
1	朱家角站	2号、3号出入口	东方国信	5.2
2	淀山湖大道站	1号、4号出入口	东渡	44
		2号、3号出入口	万达	45
3	漕盈路站	1号、3号出入口;1号、2号风亭;无障碍电梯;消防出入口;冷却塔等	吉富绅	18
4	青浦新城站	1号、4号出入口;1号、2号风亭;无障碍电梯;消防出入口;冷却塔等	绿地	32.8
5	汇金路站	1号、2号出入口、1号、2号风亭、1号无障碍电梯、1号、2号消防出入口;冷却塔等	宝隆	35
6	嘉松中路站	北侧外挂设备用房	漕河泾	25
7	徐泾北城站	2号出入口	通亮	1.2
8	徐盈路站	2号、3号出入口	万科	28
9	蟠龙路站	2号、3号出入口;1号、2号风亭;无障碍电梯;冷却塔等	江西博能	23
10	诸光路站	2号、3号出入口;无障碍电梯	联美	64

工程设计篇

线　路

4.1　设计原则和标准

4.1.1　设计原则

（1）以城市总体规划为指导，以轨道交通线网规划、建设规划为依据，以提高城市公共交通体系的运营服务水平为目标，为乘客提供"安全可靠、高效便捷、功能完善、文明舒适"的一流地铁运营服务，并进一步完善轨道交通网络形态，促进青浦新城发展。

（2）应结合沿线现状和土地利用规划、道路改扩建工程、与其他轨道交通线的换乘等多种因素综合比选，确定线位和站位方案，方案应符合国家环评要求，并注意对水源的保护。

（3）注重线路选线的可实施性。线路平面力求简单顺直、易于实施、避免风险。穿过既有轨道交通时避免和减少对运营的干扰。充分考虑现有及规划的地面建（构）筑物、地下构筑物、地下管网、工程及水文地质等因素对线路位置的影响。

（4）线路和车站应在满足功能的前提下，力求规模适当、减少拆迁、方便施工、减少对道路交通的干扰，以降低工程投资和施工期间的环境影响；同时作发展预留（包括线路延伸、换乘联络、接口预留等），适应未来发展需要。

（5）车站应尽量设在主要客流集散点、主要道路路口、公交枢纽、轨道交通线路交叉处。换乘站应"以人为本"，既方便换乘客流的疏解又尽可能缩短换乘距离，研究切实可行的方案，并充分利用已建轨道交通车站为本线的预留工程。

（6）应符合相关国家及地方规范、标准和技术规定等要求。

4.1.2　设计标准

（1）最高运行速度：100 km/h。

（2）站台有效长度：140 m。

（3）平面最小曲线半径：

① 区间正线：550 m，困难情况下 500 m。

② 车站：一般情况下为直线，曲线车站半径应≥1 000 m。

③ 辅助线：250 m，困难情况下 150 m。

（4）缓和曲线。正线及辅助线上，线路平面圆曲线与直线之间应根据圆曲线半径、超高设置及行车速度等因素按《地铁设计规范》(GB 50157—2013)表 6.2.2 选用合适的缓和曲线。困难条件下允许曲线两端采用不等长的缓和曲线。

(5) 平面圆曲线、夹直线长度。圆曲线、夹直线长度不宜小于 25 m，困难条件下不得小于一个车辆的全轴距。道岔缩短渡线的曲线间夹直线宜采用 20 m。

(6) 道岔。正线(含折返线、停车线)采用 9 号单开道岔(60 kg/m 钢轨)和 9 号三开道岔(60 kg/m 钢轨)。

(7) 折返线、停车线长度。参照《CBTC 条件下的车站配线技术规定(暂行)》，并与信号等相关专业协商确定。

(8) 线间距：

① 单圆盾构段：上、下行线隧道净距一般按不小于隧道外径(D)控制。

② 暗埋段：疏散平台设于两线之间，并设置中隔墙，直线段两线最小线间距为 5.2 m。

③ 敞开段：考虑疏散平台，直线段两线最小线间距为 4.4 m。

④ 高架段：采用 U 形梁，考虑全线统一预制及以直代曲、施工误差等因素，最小线间距采用 5.3 m。

(9) 纵断面最大坡度：

① 正线：30‰，困难条件下 35‰。

② 辅助线：35‰，困难条件下 40‰。

(10) 纵断面最小坡度。区间：3‰，困难条件下 2‰。

(11) 车站及配线坡度：

① 地下车站：2‰。

高架车站：平坡。

② 地下折返线、停车线：2‰，且布置在面向车挡的下坡道上。

③ 地面及高架折返线和停车线的坡度：不大于 1.5‰，采用排水措施后可设置为平坡。

(12) 竖曲线。相邻坡段坡度代数差等于或大于 2‰时设置；竖曲线半径的选择应符合《地铁设计规范》(GB 50157—2013)表 6.3.3 的规定。

(13) 在两条平行的单线区间隧道内，其长度大于 600 m 时，应在相邻隧道间设置横向旁通道，并结合区间排水泵站设置。高架区间跨越或穿越道路、铁路、河流、高压线时，应满足其净空安全高度，并考虑景观要求。

(14) 平面采用上海地铁坐标系统，纵断面采用吴淞高程系统。

4.2 线路总体方案

17 号线西起东方绿舟站，东至虹桥火车站站。线路由西向东沿沪青平公路—淀山湖大道—盈港路—崧泽大道走行。线路全长约 35.343 km，设站 13 座，平均站间距 2 897 m。

东方绿舟站至朱家角站采用高架敷设方式，过淀浦河后逐渐转为地下线至汇金路站，出汇金路站后，线路即过渡为高架至徐盈路站，出徐盈路站后，线路再次转为地下线形式至终点虹桥火车站站。全线高架线长 18.382 km，地下线 16.163 km，敞开段长 0.798 km。其中高架车站 6 座、地下车站 6 座、既有地下车站 1 座。

17 号线在虹桥火车站站与既有 2 号线、10 号线换乘。全线设徐泾车辆段和朱家角停车场，分别由徐泾北城站和朱家角站接轨(图 4-1 和图 4-2)。

4 线 路

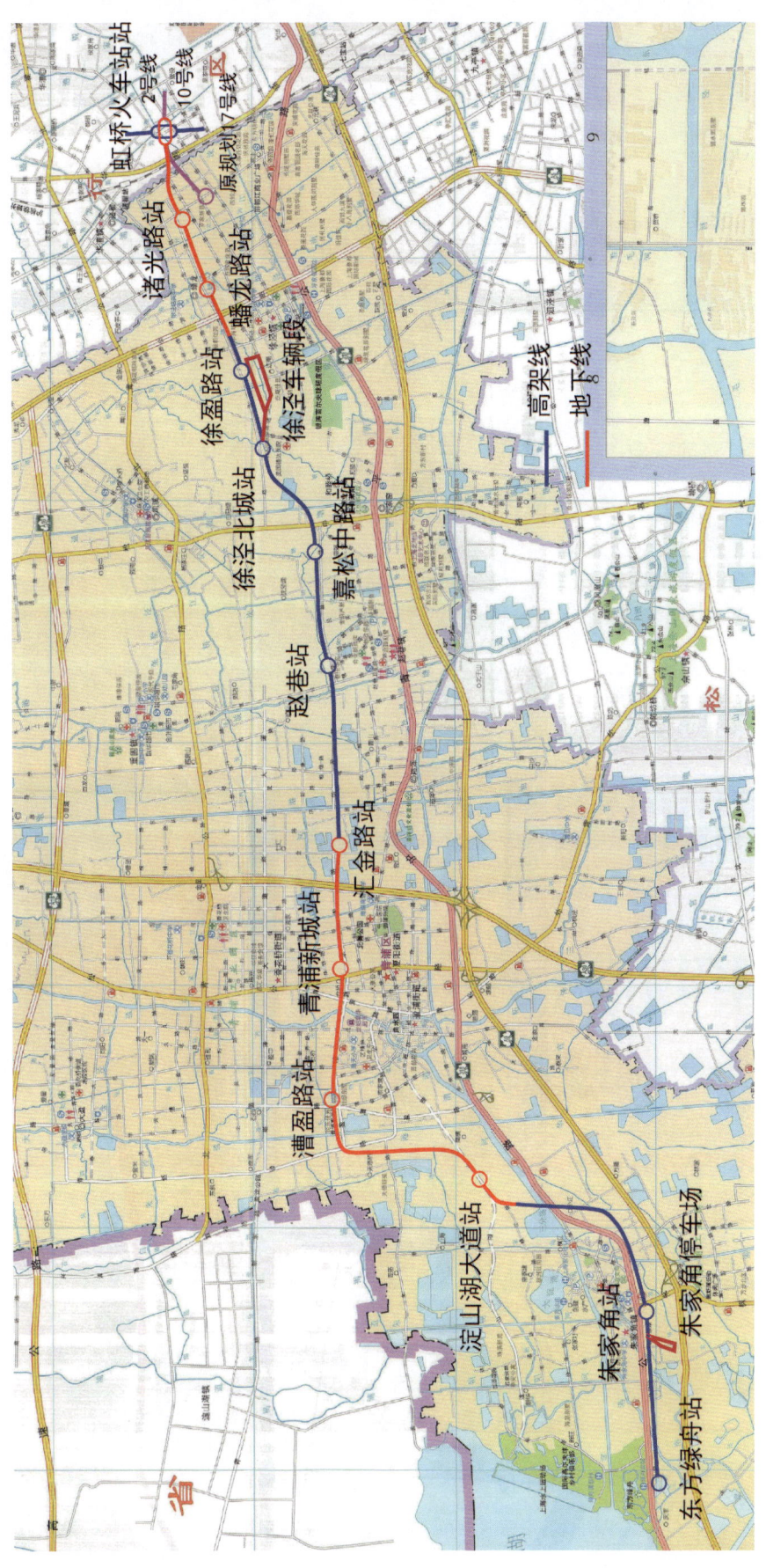

图 4-1 17 号线总体走向示意图

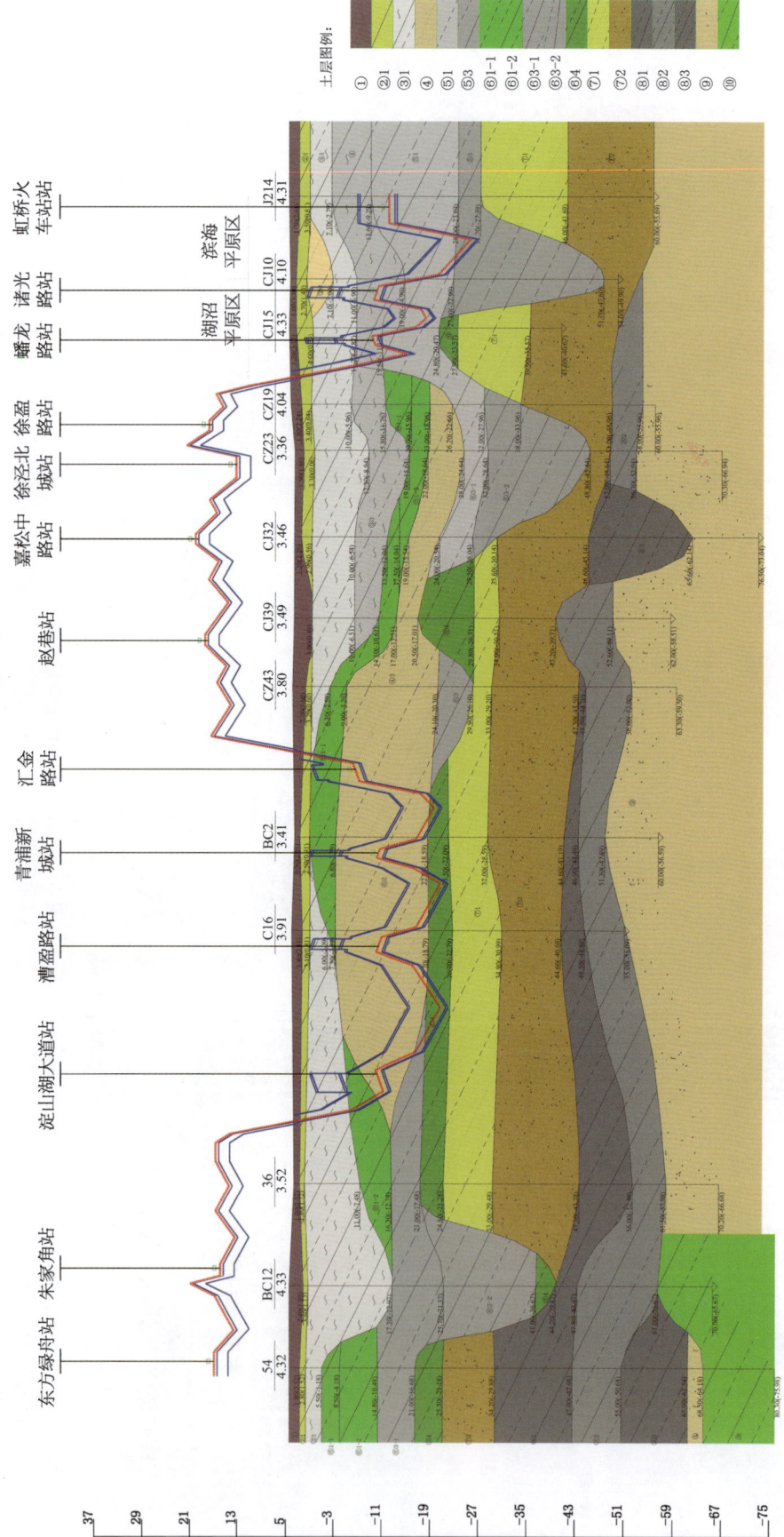

图 4-2 17号线敷设方式示意图

在本线建设过程中,上海正开展新一轮城市总体规划及轨道交通线网规划的编制工作。根据《上海市城市总体规划(2017～2035)》(2017年12月获得国务院批复)及《上海市城市轨道交通第三期建设规划(2018～2023年)》(2018年12月获得国家发改委批复),诸光路站拟新增与规划13号线西延伸段的换乘;虹桥火车站站为原规划17号线预留的站台,暂不考虑接入新线。

4.3 线路平、纵断面设计

4.3.1 东方绿舟站—淀山湖大道站

1) 控制性因素

控制性因素有沪青平公路拓宽改建工程、淀山湖变电站、沿线河道及桥梁、朱家角出入场线、道路净空要求、淀浦河六级通航要求等。

2) 平面设计

线路沿沪青平公路—跨淀浦河—朝新河西侧绿化带—淀山湖大道走行,长约8.813 km,设东方绿舟站、朱家角站和淀山湖大道站3座车站,其中朱家角站西侧设出入场线与朱家角停车场接轨。

线路起点设于东方绿舟站,之后主要沿沪青平公路南侧绿化带走行。其中,淀山港至南大港段为避让道路南侧淀山湖变电站及部分企业厂房,结合道路拓宽改建需求,沿规划道路非机动车及人行道隔离带布设。

线路上跨斜沥港后,以半径650 m曲线向北穿越规划沪青平公路后北行,过淀浦河后,沿朝新河西侧绿化带北行,并逐步过渡至地下;至淀山湖大道,以半径550 m曲线向东沿淀山湖大道路中敷设。

本段线路最小曲线半径550 m。

3) 纵断面设计

起点东方绿舟站为高架二层车站,站后设折返线,站中心轨面标高14.340 m;朱家角站为高架三层车站,朱家角停车场接轨站,站中心轨面标高15.680 m;淀山湖大道站为地下二层车站,站后设折返兼停车线,站中心轨面标高−10.503 m。

线路以高架敷设方式沿沪青平公路由西向东,先后上跨沿线道路、河道及朱家角出入场线。过淀浦河后,以720 m、27.7‰的下坡,由高架过渡至地下,于规划朝新河西侧设置洞口,以暗埋段形式下穿规划朝新河后设置盾构工作井,以单圆盾构接入淀山湖大道站。

本段线路最大坡度27.7‰,最小坡段长215 m,平面设计如图4-3所示。

4.3.2 淀山湖大道站—汇金路站

1) 控制性因素

控制性因素有沿线河道及桥梁、盈港路两侧建筑物、G1501高速、沿线地下管线(ϕ813 mm高压燃气管、规划110 kV电力排管等)。

2) 平面设计

线路沿淀山湖大道—大盈浦路—盈港路走行,长约9.18 km,设漕盈路站、青浦新城站、汇金路站3座车站,3座区间风井。

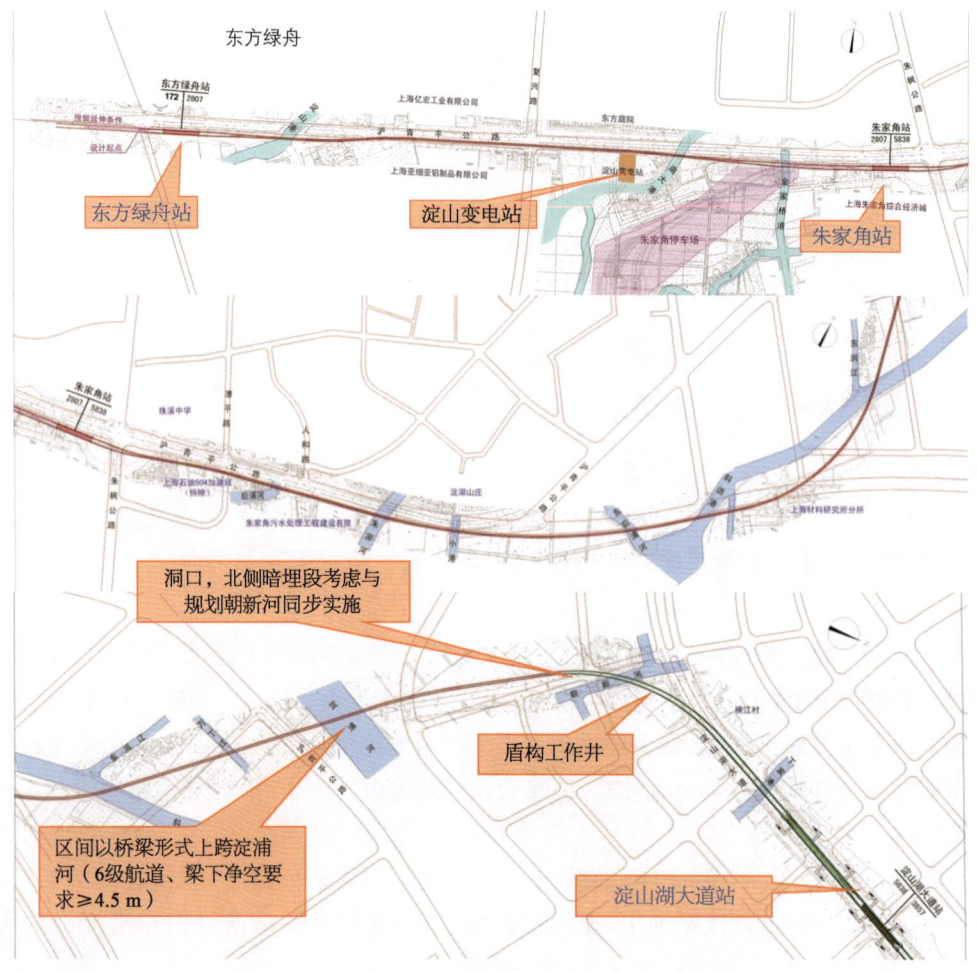

图 4-3　东方绿舟站—淀山湖大道站线路平面设计图

线路出淀山湖大道站后,以半径 850 m 曲线转入朝阳河东侧规划大盈浦路北行;过后横江后,以半径 550 m 曲线向东转入盈港路敷设。

盈港路段线路基本沿道路走行,受沿线水系影响,既有河道桥众多,区间无法避让。本线设计结合盈港路改扩建工程,对西大盈港桥、杨里泾河桥、张家塘桥、东大盈港桥、盈苑桥、中横泾桥、华盈桥、向阳河桥、夏阳河桥等桥梁进行改造。

其中,汇金路站为侧式车站,上、下行线之间设置 1 股 2 列位长度停车线;西侧区间线形通过优化设计,尽快拉大线间距,满足 G1501 高架桩基平面避让安全要求的同时,有效减少隔离桩数量,降低投资成本。

本段线路最小曲线半径 550 m。

3) 纵断面设计

本段线路基本位于青浦新城中心区域,均采用地下敷设方式。漕盈路站为地下二层车站,站中心轨面标高 −10.511 m;青浦新城站为地下二层车站,站中心轨面标高 −10.531 m;汇金路站东侧受油墩港通航净空、西侧下穿燃气管要求控制,为浅埋地下一层车站,上、下行线间设 2 列位停车线,站中心轨面标高 −6.188 m。

本段线路纵断面充分考虑下穿河道、高压燃气管安全性要求,兼顾旁通道、泵站等设置要求。其中,垂直穿越 G1501 附近一处非开挖高压燃气管处,经专题论证,按结构净距 ≥3 m 考虑。

本段线路最大坡度 27.528‰,最小坡段长 270 m,平面设计如图 4-4 所示。

4 线 路

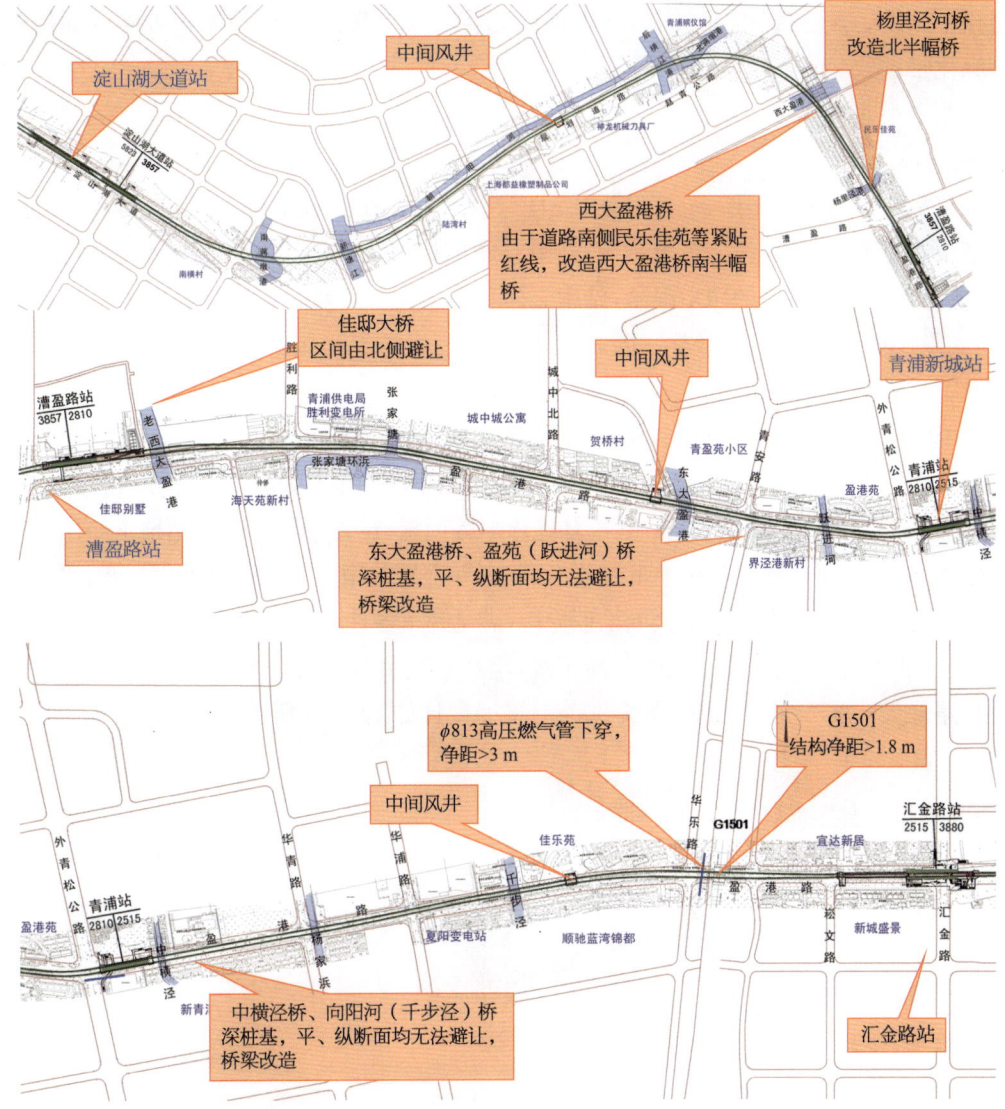

图 4-4 淀山湖大道站—汇金路站线路平面设计图

4.3.3 汇金路站—徐盈路站

1) 控制性因素

控制性因素有盈港路新改建工程、沿线河道及桥梁、高压线走廊(油墩港西侧既有 500 kV 高压线、东侧规划 1000 kV 高压线、经六路沿线既有高压线四路)、河流通航高度要求(油墩港 4 级航道)、沿线道路净空要求、徐泾车辆段出入线等。

2) 平面设计

线路沿盈港路—经六路—崧泽大道南侧走行,长约 10.39 km,设赵巷站、嘉松中路站、徐泾北城站、徐盈路站 4 座车站,其中徐泾北城站东侧设出入段线与徐泾车辆段接轨。

线路出汇金路站后,逐步由地下过渡至高架,并沿盈港路路中敷设。该段轨道交通与盈港路道路改建工程同步设计、施工,线路敷设于道路中央分隔带,道路工程为本线区间部分预留 7 m 宽的绿化带,车站范围拓宽至 11 m。

出嘉松中路站后,线路以半径505.3 m曲线向北转入经六路走行;后以半径530 m曲线转入崧泽大道南侧绿化带。

本段线路最小曲线半径505.3 m。

3) 纵断面设计

本段线路沿线多为工业用地、待开发地块,且与盈港路道路工程结合,采用高架敷设方式。赵巷站为路中高架三层车站,站后设一组单渡线,站中心轨面标高19.370 m;嘉松中路站为路中高架三层车站,受西侧跨大田泾道路桥的净空限制,站中心轨面标高20.120 m;徐泾北城站为路侧高架二层车站,徐泾车辆段接轨站,受出入段线标高限制,站中心轨面标高13.105 m;徐盈路站为路侧高架三层车站,站中心轨面标高17.320 m。

其中,油墩港节点线路条件复杂,油墩港西侧为汇金路站及大型居住区,河道两侧为有既有550 kV高压走廊及规划1 000 kV高压走廊,东侧为盈港路道路同步实施段。综合考虑景观、列车各种运行状态下的安全性分析、工程投资、可实施性、环境影响等因素,设计采用汇金路站地下一层浅埋车站方案,出站后线路以28‰、810 m坡度由地下过渡至高架,并上跨油墩港(4级通航航道,净空按大于7.5 m控制),该长大坡度经车辆和行车专业全面论证分析,满足列车各种运行状态下的安全性及运行速度。

此外,沿线油墩港、经六路等5处既有高压线,均在本线实施前完成升塔工作。

本段线路最大坡度28‰,最小坡段长300 m,平面设计如图4-5所示。

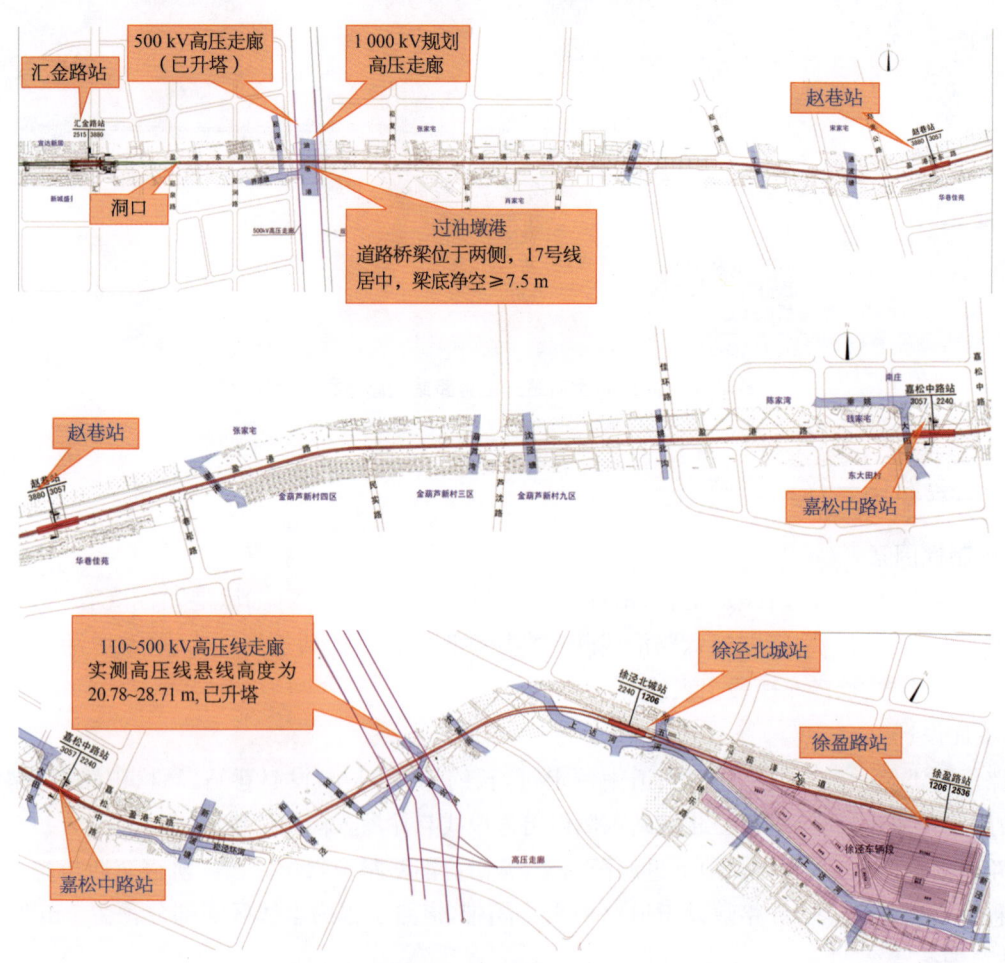

图4-5 汇金路站—徐盈路站线路平面设计图

4.3.4 徐盈路站—虹桥火车站站

1) 控制性因素

控制性因素有沿线河道及桥梁、G15崧泽大道立交群、国家会展中心及配套地块、崧泽大道新增匝道、诸光路地道、诸光路人行过街地道、嘉闵高架、沪杭铁路、既有2号线区间及虹桥火车站、沿线地下管线(两路220 kV非开挖电力管、ϕ1 000 mm的原进水管)等。

2) 平面设计

线路沿崧泽大道—小涞港走行,接入虹桥枢纽,长约6.96 km,设蟠龙路站、诸光路站、虹桥火车站站3座车站,1座区间风井。其中,虹桥火车站站为已建车站,可与既有2号线、10号线换乘。

线路出徐盈路站后,基本沿崧泽大道段南侧绿化带或地块内走行,过明珠路后,逐步由高架转入地下,并进入虹桥商务区。区域内既有控制性地下障碍物、规划新建市政工程较多。其中,蟠龙路站与博能地块结合设计,诸光路站与联美地块结合设计。

随后,线路以一组半径650 m、半径550 m反向曲线穿越规划小涞港、嘉闵高架、沪杭铁路、新角浦港、轨道交通2号线区间后,接入既有虹桥火车站站。该站为已建地下二层双岛四线车站,与2号线为同站台换乘、与10号线为平行换乘,垂直方向上预留与原规划17号线换乘。

本段线路最小曲线半径550 m。

本次设计对已预留实施的虹桥火车站节点进行了优化,将车站范围内的线间距由预留的6.1 m调整为4.6 m,并调整线形增加17号线与2号线的联络线。线间距优化后,一是增加车站北站台的宽度,减少高峰期站台换乘客流压力;二是增加折返线长度,提升终点站折返能力(通过调整道岔位置,并增加折返线有效长度,保证在交叉渡线前设置站台接车的安全防护进路,避免了道岔转换所导致的时间消耗);三是避免了非标化的交叉渡线,便于工程实施。增加联络线后,保证了17号线与轨道交通网络的联通。

3) 纵断面设计

徐盈路站至G15高架段,线路沿线以待开发地块为主,且崧泽大道红线(50 m)及南侧绿化带(63 m)较宽,采用高架敷设方式;之后,线路进入虹桥商务区,该地区是受虹桥综合枢纽强力辐射的商务、居住区,且国家会展中心也紧邻诸光路站,考虑地区发展,采用地下敷设方式。

蟠龙路站为地下二层车站,站中心轨面标高-9.866 m;诸光路站为地下二层车站,站前设一组单渡线,站中心轨面标高-10.304 m;虹桥火车站站为已建地下二层车站,站中心轨面标高-12.280 m。

徐盈路站至蟠龙路站设高架至地下过渡段,采用27.7‰、670 m及24‰、310 m大坡段,其中暗埋段位于连庵桥港下方,由于暗埋段顶板紧贴规划河床底,本段区间与河道同步实施。虹桥商务区段线路纵断面充分考虑下穿管线(220 kV非开挖电力管线、蟠龙路污水泵站进水管)、河道(东向阳河、小涞港)、市政设施(诸光路地道、诸光路过街通道)、沪杭铁路、轨道交通2号线的净距要求,兼顾旁通道、泵站等设置要求。

本段线路最大坡度28‰,最小坡段长252.191 m,平面设计如图4-6所示。

4.4 车站分布

17号线全线站点设置充分考虑了客流吸引、换乘功能及实施性等因素,具体见表4-1。

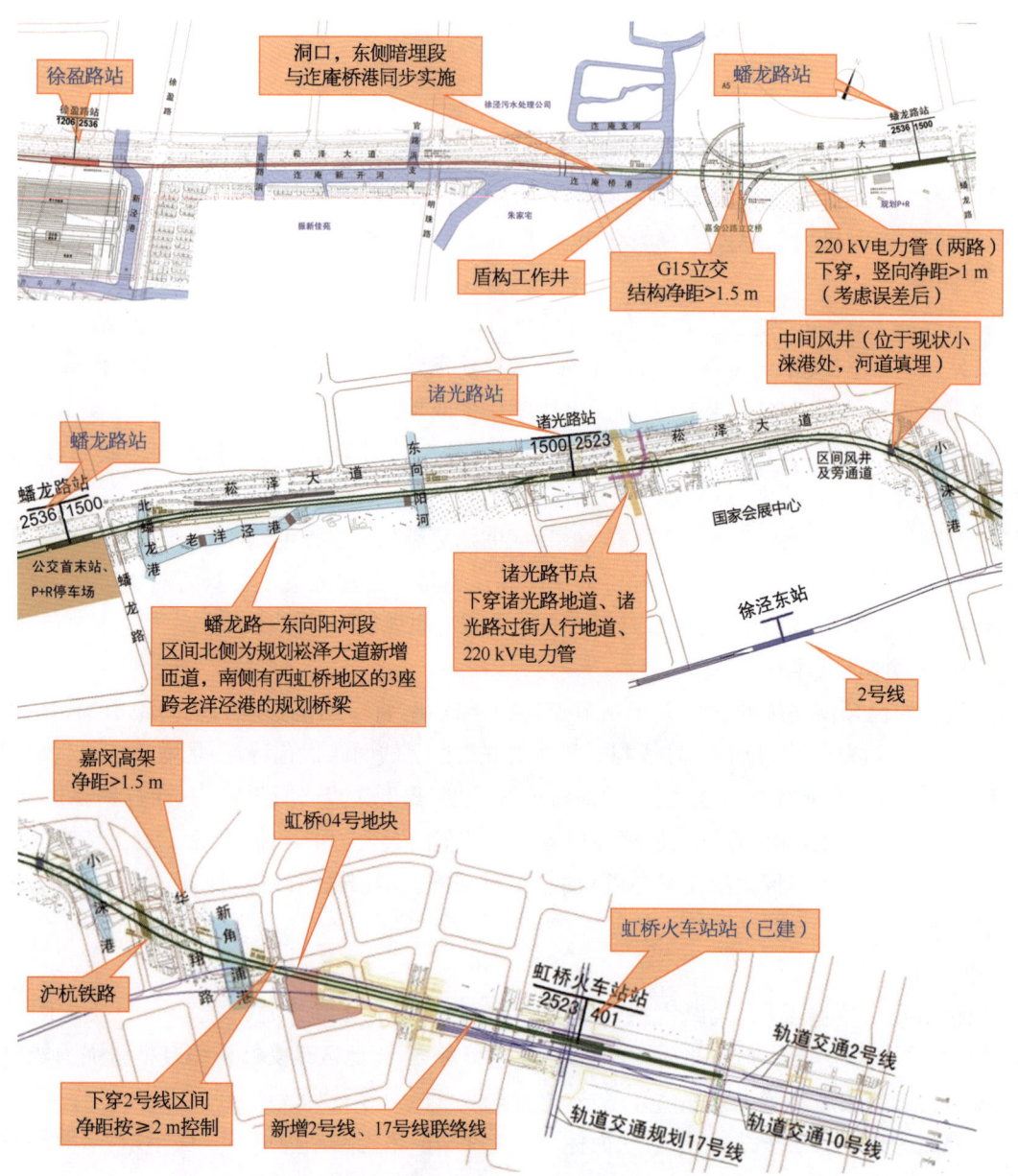

图 4-6 徐盈路站—虹桥火车站站线路平面设计图

表 4-1 17号线全线车站分布一览表

序号	车站名称	中心里程	站间距(m)	站位分布	车站形式	备注
0	设计起点	SK0+000.000		—	—	—
			171.700			
1	东方绿舟站	SK0+171.700		位于东方绿舟正门、沪青平公路南侧,主要为东方绿舟游客服务	高架二层岛式	起点站,设站后折返线;预留向西延伸的条件
			2 806.675			
2	朱家角站	SK2+978.375	5 837.905（长链 2.465 m）	位于沪青平公路、朱枫公路交叉口西南侧,与地区交通枢纽结合,同时辐射朱家角老镇	高架三层岛式	停车场接轨站

(续表)

序号	车站名称	中心里程	站间距(m)	站位分布	车站形式	备注
3	淀山湖大道站	SK8+813.815		位于青浦新城西片区,即丁家港东侧的淀山湖大道中,站点设置将引领地区发展,车站附属与两侧地块密切结合	地下二层岛式	小交路折返线,设2股停车兼折返线
4	漕盈路站	SK12+671.015	3 857.200	位于盈港路、漕盈路交叉口东北侧,与青浦客运站结合,形成区域性综合交通枢纽	地下二层岛式	—
5	青浦新城站	SK15+480.598	2 809.583	位于盈港路、外青松公路交叉口东侧,盈港路路中偏北,兼顾南侧老城居民出行,同时带动新城发展	地下二层岛式	—
6	汇金路站	SK17+995.310	2 514.737(长链0.025 m)	位于盈港路、汇金路交叉口,盈港路路中,周边均为待开发地块,站点将有效带动地区发展,附属考虑与地块结合	地下一层侧式	设2列位停车线
7	赵巷站	SK21+875.075	3 879.765	位于盈港路、赵重公路交叉口东侧,盈港路路中,主要服务于赵巷镇	高架三层侧式	设渡线
8	嘉松中路站	SK24+932.412	3 057.336	位于盈港路、嘉松中路交叉口西侧,盈港路路中,站点服务于赵巷商务核心区,带动周边地块发展	高架三层侧式	曲线车站
9	徐泾北城站	SK27+172.427	2 240.015	位于崧泽大道、徐乐路交叉口西南侧,主要服务于徐泾镇及华新配套商品房基地居民的出行	高架二层岛式	车辆段接轨站
10	徐盈路站	SK28+380.703	1 208.276	位于崧泽大道、徐盈路交叉口西南侧,兼顾车辆段开发项目及北侧大型居住社区的居民出行需求	高架三层岛式	—
11	蟠龙路站	SK30+916.965	2 536.262	位于崧泽大道、蟠龙路交叉口西南侧,与地块结合,带动西虹桥地区发展	地下二层岛式	—
12	诸光路站	SK32+417.244	1 500.360(长链0.081 m)	位于崧泽大道、诸光路交叉口西南侧,与地块结合,站点将有效带动中博会地区发展	地下二层岛式	设渡线
13	虹桥火车站站	SK34+940.105	2 522.861	位于虹桥枢纽内,为土建预留车站,与对内对外的其他交通形成了虹桥综合交通枢纽的功能核心	地下二层双岛式	终点站,设站后折返线;设与2号线联络线;与2号线、10号线,预留与原规划17号线换乘
14	设计终点	SK35+340.805	400.700	—	—	—

4.5 配线设计

本线配线设计先期征求运营维保部门意见,体现"先运营,后设计"的设计思路,结合列车交路、折返能力、线路故障排除能力、车站地形地貌、工程规模、动拆迁量及工程可实施性情况,在满足规范要求和上海已建轨道线运营中对故障处理恢复运营时间要求的前提下进行方案研究,达到方便运营,灵活调度,提高服务水平,更好地为运营服务,同时尽可能减少工程投资的目的。

4.5.1 车站配线

全线配线设计情况如图 4-7 所示。

4.5.2 联络线

本线车辆选用上海轨道交通线网中普遍采用的 A 型车。本线设计阶段时,仅在虹桥火车站站与既有 2 号线、10 号线及原规划 17 号线换乘。因此,从网络化资源共享角度出发,为确保本线通车时能顺利入网,考虑在虹桥枢纽内设置联络线,如图 4-8 所示。

鉴于虹桥枢纽土建已实施阶段,且未预留联络线设置条件,本线通过对车站局部结构改造,增设与 2 号线间联络线。由于本线采用接触轨供电,不同于 2 号线、10 号线接触网供电制式,故暂考虑工程车资源共享。

4.6 工程设计特点与难点

4.6.1 线路敷设方式优化

17 号线线路敷设方式较《建设规划》,地下线由 1.4 km 增加至 16.163 km,增加 14.763 km,主要位于青浦新城主城区段及徐泾北城站(原徐泾镇站)至虹桥枢纽。

1) 青浦新城段敷设方式优化

淀山湖大道—汇金路站,主要沿淀山湖大道—大盈浦路—盈港路走行,长约 10.8 km,设 4 座车站,途径青浦新城的成熟区,沿线居住、商业区较密集。

其中,漕盈路站—汇金路站沿盈港路走行,局部路幅较狭窄(仅为 14 m),且现状交通繁忙。若采用高架形式,不仅会造成较大环境影响,而且施工对道路交通影响也较大。

淀山湖大道站—漕盈路站段位于青浦近期将重点发展的西片区范围内,虽然目前沿线多为农田,但今后该地区将创造功能完善的滨水新城,引入商业、休闲商务、会展、休闲体育及居住等功能,是未来青浦新城的核心地区。如采用高架线,将对其产生较大环境影响,不利于该地区的发展,也影响了沿线的土地利用率及土地经济价值。

因此,将本线上述区段的敷设方式优化成调整为地下,在减少对新城环境负面影响的同时,更好地促进新城城市发展,如图 4-9 所示。

2) G15—虹桥火车站站段敷设方式优化调整

G15—虹桥火车站站段线路沿崧泽大道南侧—小涞港—虹桥枢纽走行,长约 5.4 km,设站 3 座,

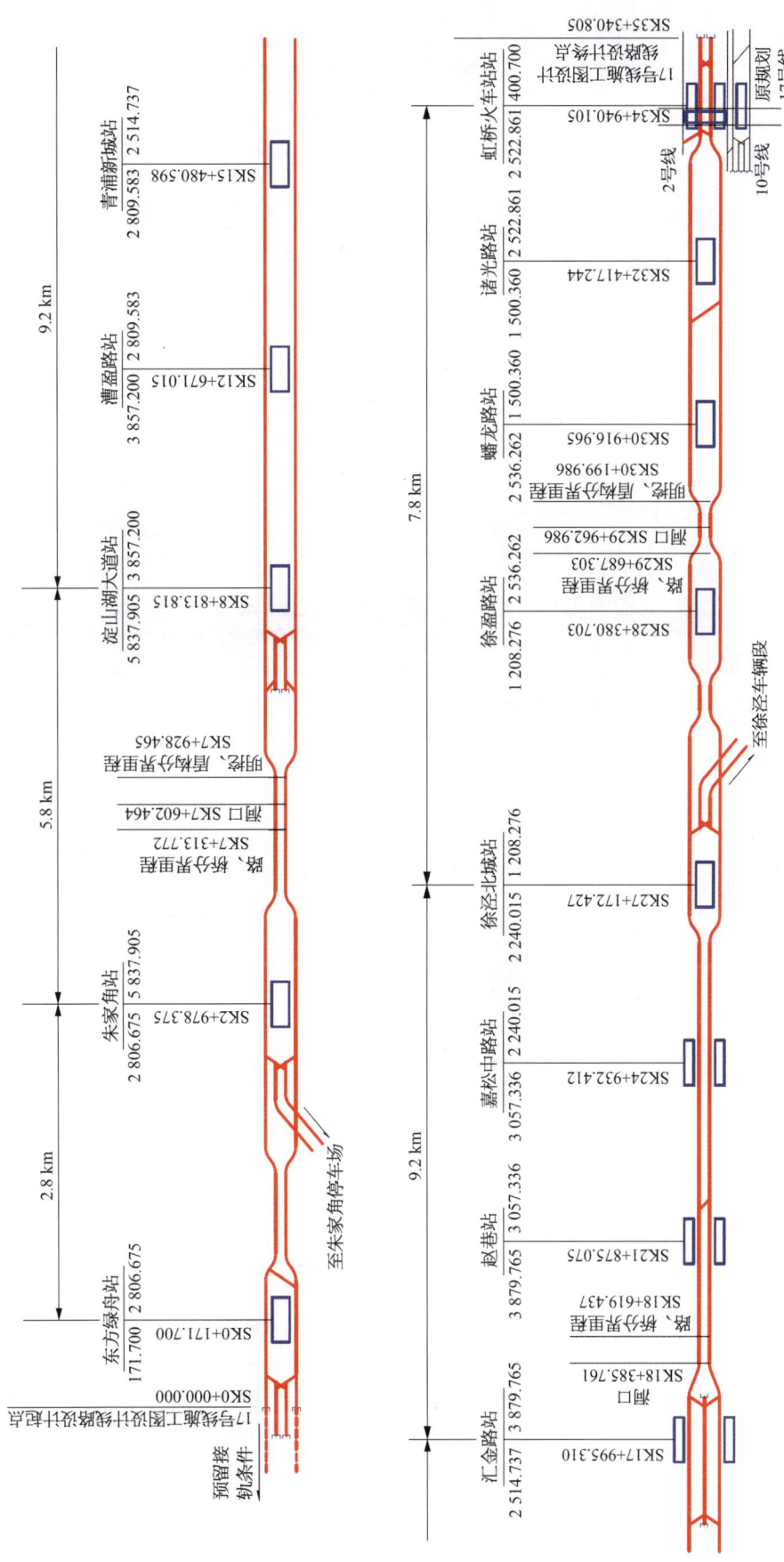

图 4-7 17号线配线设计

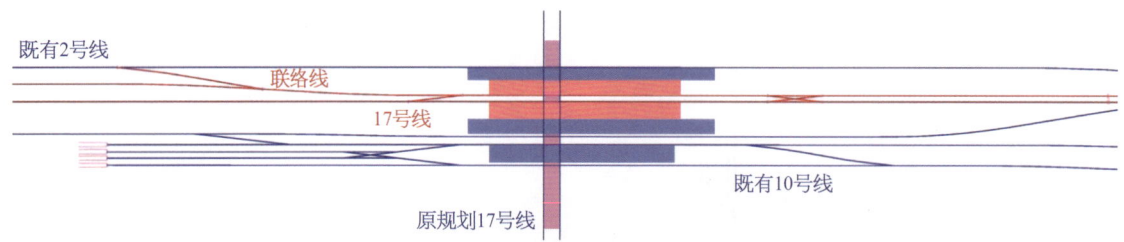

图 4-8　17号线、2号线联络线平面方案

图 4-9　青浦新城段敷设方式调整示意图

线路南侧即青浦西虹桥地区,属虹桥商务区范围,如图 4-10 所示。

图 4-10　G15—虹桥火车站站段敷设方式调整示意图

依托虹桥综合交通枢纽建设虹桥商务区是上海下一阶段城市发展的重要方略。虹桥商务区在主

功能区规划和发展基本明确后,其外围地区成为新一轮各方关注的焦点,线路沿线地区,正是受虹桥综合枢纽强力辐射的外围区域。该地区在功能配套、产业选择、交通梳理和环境建设等方面的统筹协调,已成为支撑与保障未来商务区能否健康、持续发展的关键问题。随着中国博览会综合体落户西虹桥地区,该地区又将成为上海乃至全国会展经济中的一大亮点。线路两侧除中国博览会综合体、虹桥配套商务区外,另规划有大片居住功能区,包括大量经济适用房、动拆迁安置房及普通商品房。

从规划角度分析,若该段线路采用高架形式,已无法与周边的城市发展规划相匹配,不仅会对周边的环境造成较大的影响,更是直接影响了沿线的土地利用率及土地经济价值;从工程角度分析,高架形式线路需上跨G15大型立交群,实施难度较大,而且需在虹桥商务区内实施敞开段,用地上很难协调。因此,将本线G15以东段线路优化调整为地下线敷设。

4.6.2 线路与规划沪青平公路的关系

沪青平公路规划红线50 m,两侧各有15 m绿带,尚未完全实施到位。17号线线路主要沿沪青平公路南侧走行,局部高架区间需避让道路南侧淀山湖变电站。

经与道路拓宽改造的建设及设计单位多次协调,反复论证,最终确定SK/XK1+000—SK/XK2+200(避让变电站)段高架墩柱布设于规划非机动车道和人行道分隔带上,为未来道路实施预留好条件,其余高架区间走行于道路南侧的规划绿化带内,如图4-11和图4-12所示。

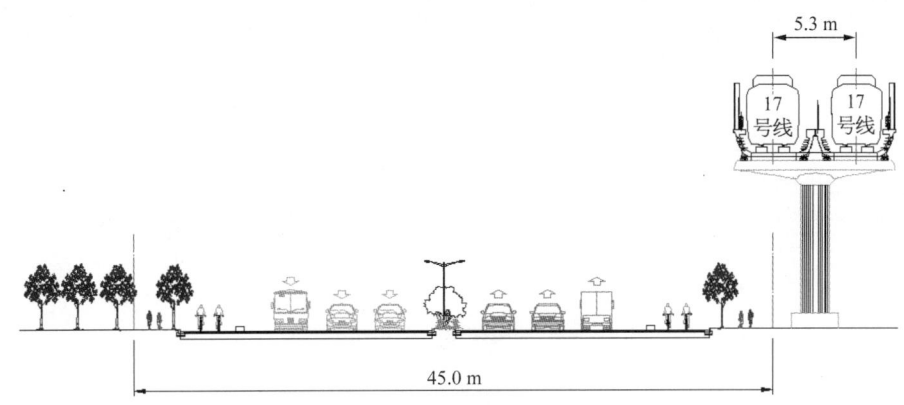

图4-11 沪青平公路段横断面图(路侧)

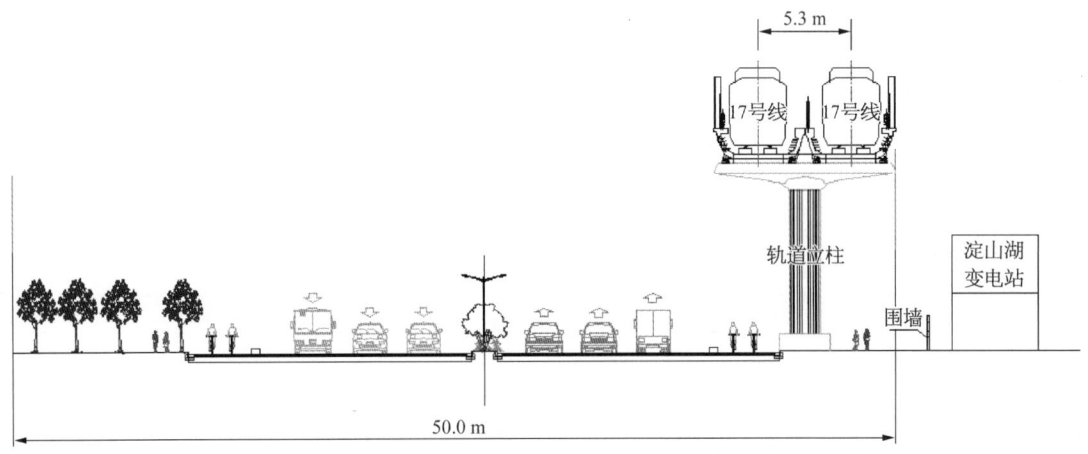

图4-12 沪青平公路段横断面图(非机动车与人行道隔离带)

4.6.3 油墩港段线路设计方案

该段线路控制性因素较多,包括油墩港通航净空要求(4级航道,通航净高7.5 m)、河道西侧现状500 kV高压线、河道东侧规划1 000 kV高压线、汇金路路口南北向 $\phi 800$ 的污水顶管(管内底为-1.05 m)、盈港路拓宽改造工程、盈港路两侧待开发地块等。

设计阶段,对该段线路高架(路中)、地下(路中、路侧)穿越油墩港的方案进行了全方位的比选论证。从经济合理、可实施性强及对周边地块影响较小的角度出发,推荐线路沿路中走行,汇金路站采用地下一层浅埋车站形式,车站局部落低为污水顶管留出通道,出站后,线路由地下转入高架敷设(坡度为28.0‰,810 m),以高架形式与两侧道路桥一同跨过油墩港。方案同时协调、稳定了与2条高压线的关系:现状高压线升塔,规划高压线以17号线标高作为未来实施的控制性边界条件,如图4-13和图4-14所示。

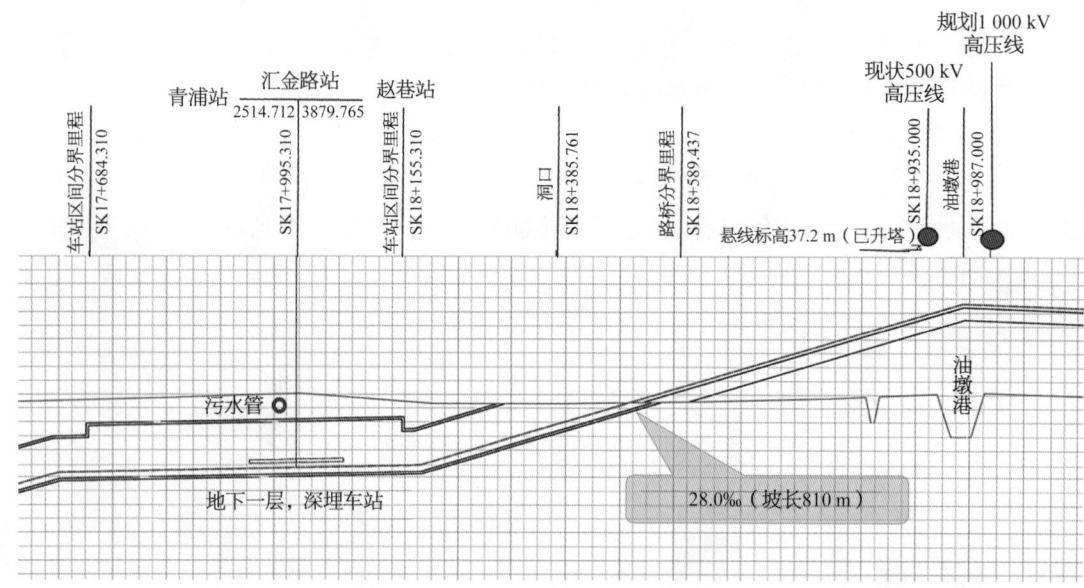

图4-13 油墩港段坡度设计示意图

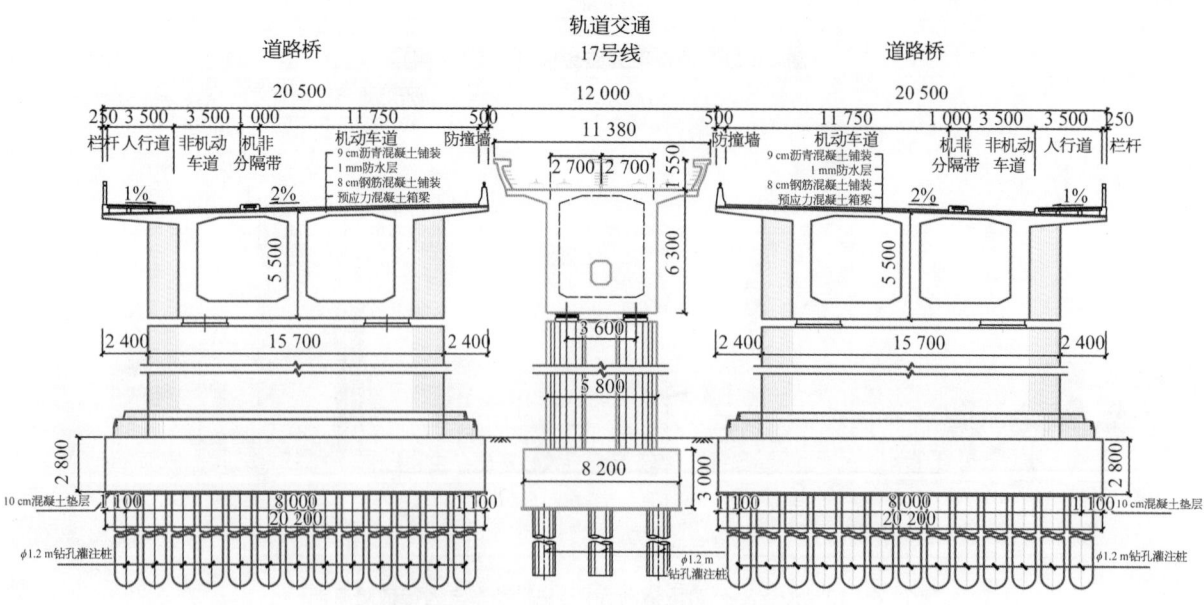

图4-14 过油墩港处横断面设计示意图

Chapter 5 行车组织

5.1 预测客流

5.1.1 客流总量

客流总量见表 5-1。

表 5-1 轨道交通 17 号线客流总量表

客流指标	2020 年(全线)	2027 年(全线)	2042 年(全线)
全日总客流量(万人次)	24.6	36.0	45.1
全日高断面客流(万人次)	10.7	14.2	17.0
全日周转量(万人次·km)	325	493	631
平均乘距(km)	13.2	13.7	14.0
客流强度(万人次/km)	0.70	1.03	1.29
高峰高断面客流(万人次/h)	2.43	3.07	3.40
高峰高断面区间	诸光路站—虹桥火车站站	诸光路站—虹桥火车站站	诸光路站—虹桥火车站站

5.1.2 断面客流分布

断面客流分布如图 5-1～图 5-3 所示。

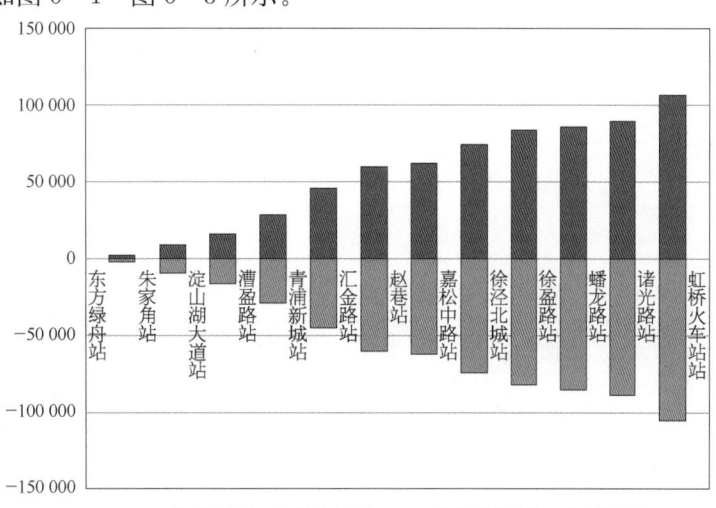

图 5-1 初期(2020 年)全日断面客流分布图

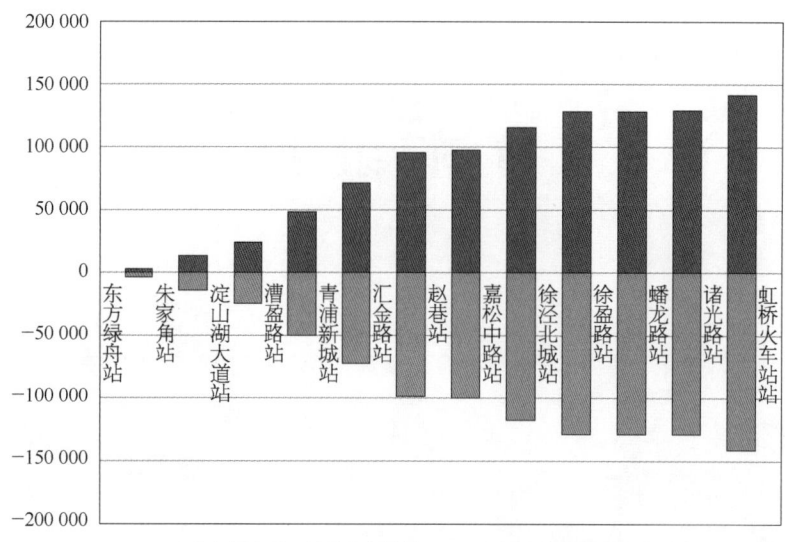

图 5-2 近期(2027年)全日断面客流分布图

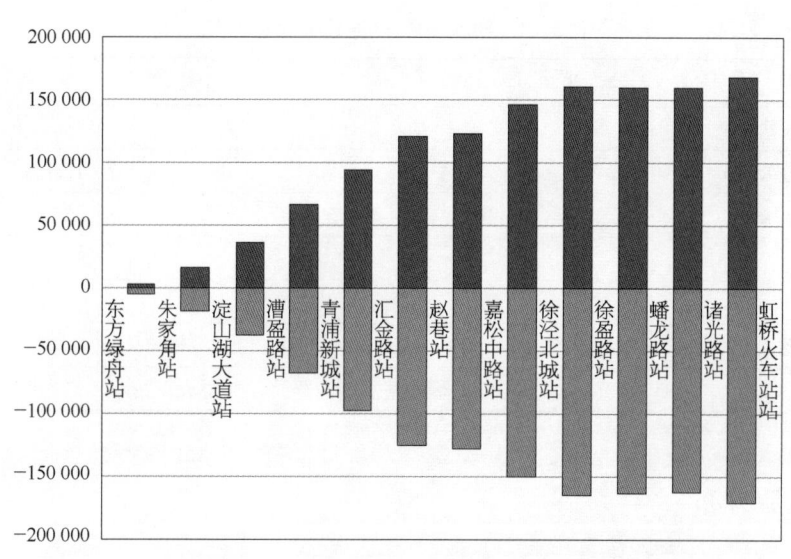

图 5-3 远期(2042年)全日断面客流分布图

5.1.3 换乘客流量

换乘客流量见表 5-2。

表 5-2 轨道交通 17 号线换乘客流量预测(单位:万人次/日)

与17号线换乘线路	2020 年		2027 年		2042 年	
—	换入17号线	17号线换出	换入17号线	17号线换出	换入17号线	17号线换出
2 号线	5.7	5.8	5.6	5.8	7.0	7.0
10 号线	1.0	1.0	1.8	1.8	2.2	2.2

5.1.4 客流特征分析

(1) 本线远期总体客流规模较大。远期全日客流量达45.1万人次,高峰小时最大断面客流量达3.40万人,客流强度为1.29万人次/km。

(2) 线路平均乘距长。由预测结果可知,远期线路的平均乘距为14.0 km,接近线路全长的40%。

(3) 断面客流呈三角形分布。此客流特征是指全日断面客流自虹桥火车站站至东方绿舟站呈逐渐下降的趋势,结合线路平均乘距约占线路长度的40%可看出,客流主要来往于虹桥区域与青浦新城之间。

(4) 客流不均衡性明显。这种不均衡性表现为早高峰由青浦区域往虹桥方向的客流大于另一个方向的客流,晚高峰客流则相反。即早上进城方向大于出城,晚上则是出城方向大于进城,呈现出客流方向的不均衡性。

(5) 青浦新城和虹桥区域组团客流占比较大。以行政区划为基础,将沿线客流分成4个组团,即虹桥会展组团、徐泾赵巷组团、青浦新城组团和朱家角、东方绿舟旅游板块组团。三个设计年限的组团客流分布显示,线路82%~84%的客流产生于虹桥会展组团与青浦区内三个组团间,其中约54%的客流来往于虹桥组团和新城组团间;青浦区内部客流占13%左右。可见,17号线的主要服务对象为来往于青浦新城和虹桥区域的客流。

5.2 行车组织

5.2.1 速度目标比选

作为联系青浦新城与中心城的一条快速通道,对运营速度和可达性都有较高的要求。为了客流服务的通达性和便利性,沿线各站点均需停靠以实现乘客的乘降。因此,要想提高全程旅行速度,加大站间距、提高车辆最高运行速度等措施非常必要。

根据以往研究,分析理想条件下列车牵引、惰行、制动三种工况,并考虑节能运行模式,有以下结果:列车最高运行速度达到120 km/h的合理站间距离大约是3.5 km,达到100 km/h的合理站间距离大约是2.0 km,80 km/h的合理站间距可以在1.6 km以下。

17号线运营里程34.76 km,设站13座,最大站间距5.84 km,最小站间距1.21 km,平均站间距2.9 km,可以考虑采用100 km/h的车辆或120 km/h的车辆。进一步的统计分析说明,全线站间距离在2 km以下的区段累计长度2.727 km,占全线长度的7.8%;全线站间距离在2 km及以上、3.5 km以下的区段累计长度18.463 km,占全线长度的53.1%;全线站间距离在3.5 km及以上的区段累计长度13.572 km,占全线长度的39.0%。也就是说,对于120 km/h速度目标值而言,合适的区段长度不足40%。

对80 km/h、100 km/h、120 km/h最高运行速度分别进行牵引计算,分别计算得出各种情况下的平均旅行速度和单程运行时间。全程运行时分总计结果显示,采用速度目标值80 km/h的列车全程需要40 min,100 km/h的列车全程需34 min,而120 km/h的列车全程需32 min。120 km/h的列车相比100 km/h的列车只快了2 min。对于长达35 km的运营线路来说,所节省的时间不明显。而且选用120 km/h速度目标值,需要从减小隧道内压力变化的角度研究合适的正线隧道盾构直径,既有盾构资源不能利用;为了减小阻塞比,需要采用流线型车头等,这些都要增加整条线的工程投资。

100 km/h 的列车相比于 80 km/h 的列车,全程节省时间 6 min,提速效果较明显。全程实际旅行速度预计可以达到 48 km/h 以上,由青浦新城中心到达中心城的时间可以控制在 30 min 左右,而且 100 km/h 的车辆与 80 km/h 的车辆购置价格差距不大,车辆主要部件技术标准比较接近,有利于网络资源共享。

综上,17 号线采用速度目标值为 100 km/h 的 A 型车。

5.2.2 车辆编组方案

1) 车辆制式选择范围

17 号线远期高峰单向断面客流为 3.40 万人/h,属大运量轨道交通系统,从轨道交通制式的统一、方便建设和运营维护管理、有利于资源的优化配置和共享利用的角度来看,17 号线宜选用 A 型车或上海小型车。

2) 车型、编组方案与客流的适应性

编组的大小应能充分满足远期输送能力的需求,并考虑一定的运能富余和车内舒适度。根据预测,本线初、近期高峰断面客流分别为 2.43 万人/h 和 3.07 万人/h,远期高峰断面客流 3.40 万人/h。

根据这一客流规模,对初、近、远期分别采用 A 型车 4 辆编组和 6 辆编组及上海小型车的 6 辆编组方案进行比选。采用上海小型车 6 辆编组时,在远期高峰期需要开行 31 对/h,超过系统设计能力,因此列车编组可在 A 型车 4/4/6 和 6/6/6 中选取。

本线初、近期高峰高断面客流分别为 2.43 万人/h、3.07 万人/h,初期与近期采用 4 辆编组或 6 辆编组均能满足客流需要,采用 4 辆编组服务水平更高,但其近期发车密度接近 30 对/h,密度过大。如果近期客流波动达到 3.2 万人次/h,则 4 辆编组已经不能满足客流需求。与此相比,采用 6 辆编组,初期已经具备一定的服务水平;若初、近、远期均采用 6 辆编组,可避免由 4 辆编组列车扩编为 6 辆编组列车时给运营管理带来的一系列复杂问题。

综上,本工程初、近、远期高峰小时均采用 A 型 6 辆编组列车。

根据客流预测敏感性分析,本线高峰期、平峰期客流规模有一定差异,列车编组如采用 3+3 灵活编组形式,可以应对初期客流较预测增长缓慢的风险。初期采用 3 辆编组,较之 6 辆编组,全日满载率可由 19.6% 上升至 30.1%。如采用日内灵活编组,列车全寿命周期内,可以降低牵引能耗,但是运营管理强度加大,建设成本略有增加,尤其是长期车辆购置费用、车载信号设备费用增加,总费用不节省,故意义不大。随着时间的推移,沿线新城开发、发展较快,采用 3 辆编组只可维持至初期过后、近期之前,持续时间不长。而一旦采用 3+3,存在列车中部不能贯通,列车采购费用上升等问题,故最终本线未采用 3+3 编组方案。

5.2.3 列车设计交路方案

本线运营长度约 34.76 km,断面客流呈现三角形分布,因此宜以虹桥火车站站为终点设置大小两个运行交路,以减少车辆配置及节能降耗、节约成本。

中间折返站的选择主要依据远期高峰断面客流的分布状态及沿线规划情况,首先必须满足输送能力的要求,采用列车按比例开行的方案,并充分考虑工程的难易和投资的大小及对周边的影响,是否方便换乘等因素。在只有大交路的区段需要预留相应的运能,以适应将来可能的客流量增长,故在小交路以外的相邻区间运能不宜过紧,避免出现进入小交路区段的大交路列车人满为患的情况,影响乘客上下车。

从地区规划与沿线情况来看,淀山湖大道站区域为新城重点发展区域,站位附近可开发发展的地块数量巨大,具有较大的居住或商业开发空间。同时,该站也具备较好的折返配线设置条件。因此,为预留沿线客流的发展空间,避免小交路相邻区间运能紧张,方便折返站的实施,将中间折返站设于淀山湖大道站,可以将整个青浦新城纳入小交路涵盖范围,支持新城的开发发展。

从符合本线客流分布特点、满足运能需求、便于均衡有序地组织运营、顾及各站点乘客的出行、扩大小交路服务范围、适应客流的变化、留有远景发展余地等方面综合考虑,17 号线行车交路方案如图 5-4 所示。

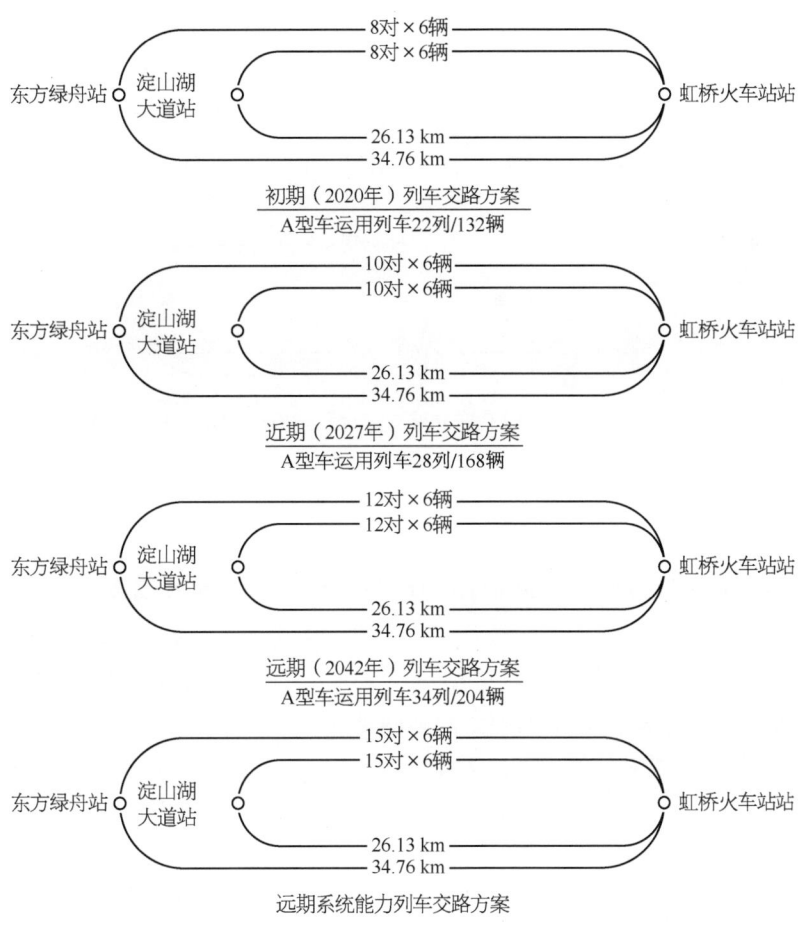

图 5-4　17 号线设计列车交路方案

5.2.4　实际客流与交路情况

实际客流情况见表 5-3。

表 5-3　17 号线实际客流情况表

客流指标	2018 年底	2019 年 12 月	2021 年 9 月
全日总客流量(万人次)	13.6	16.74	16.37
全日周转量(万人·km)	195	241.69	229.21

(续表)

客流指标	2018年底	2019年12月	2021年9月
平均乘距(km)	14.3	14.44	14
客流强度(万人次/km)	0.39	0.48	0.47
高峰高断面客流(万人次/h)	1.74	2.23	2.55
高峰高断面区间	诸光路站—虹桥火车站站	诸光路站—虹桥火车站站	诸光路站—虹桥火车站站

从实际来看,17号线开通后客流稳步提升,2018年底最大断面客流为1.74万人/h,截至2021年9月,最大断面客流为2.55万人/h,客流规模、增长速度和预测客流基本相符。平均乘距稳定在14 km左右,也和预测非常接近。由于实际断面客流形状和规模与客流预测基本相符,故实际大小交路折返站设置与设计情况相同,目前高峰开行大小交路15对/h,如图5-5所示。

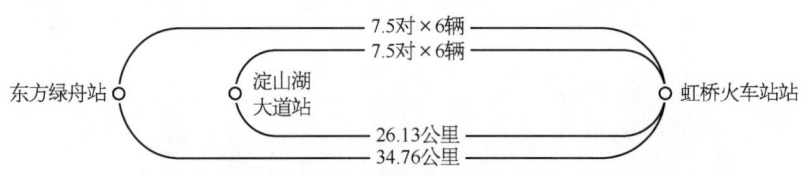

图5-5 现状列车交路方案(截至2021年年底)

5.2.5 车站配线与功能

根据《地铁设计规范》及《城市轨道交通工程项目建设标准》的要求,工程结合了可行性配置辅助线(图4-7):

(1)东方绿舟站:本站为线路西端起点折返站,设后折返线二股、站前设单渡线一组,供大交路列车折返及故障时列车运行调整,并预留远期向西延伸条件。

(2)朱家角站:本站为朱家角停车场出入场线的接轨站,站台西端与朱家角停车场接轨。

(3)淀山湖大道站:本站为西端小交路折返站,设后折返线二股,供小交路列车折返及故障时列车运行调整。

(4)汇金路站:该站位于本线中心里程位置,结合线路设站条件,设置了站中2列位停车线。

(5)赵巷站:该站站台东端设单渡线一组,供临时列车调度及故障时列车运行调整。

(6)徐泾北城站:该站为徐泾车辆段出入段线的接轨站,站台东端与徐泾车辆段接轨。

(7)诸光路站:该站站台西端设单渡线一组,供临时列车调度及故障时列车运行调整。

(8)虹桥火车站站:设后折返线二股、站前设单渡线一组,供大交路列车折返及故障时列车运行调整,并留有与2号线联络线。

车辆与限界

6.1 车辆

6.1.1 车辆选型

本线选用 A 型车,6 辆编组,最高持续运行速度 100 km/h。车辆长度 24.4 m(端车),22.8 m(中间车),基本宽度 3.0 m。额定载客量为 310 人/辆(站立标准 6 人/m²)。本线采用第三轨供电,车辆设受流器取流,如图 6-1 和图 6-2 所示。

图 6-1 列车在正线行驶

图 6-2 列车过岔

较以往线路列车,本线列车采用以下新技术:列车全面采用金属漆,并增设清漆层,外观更显靓丽;列车客室空调全面采用变频空调,并加入温湿度控制,车内室温舒适平稳;列车客室照明采用无级调光 LED 光源,节能环保;列车布置大量传感器,具备车辆状态远程读取功能,方便准确掌控车辆状态信息,列车更显智能便捷。

6.1.2 主要部件和系统设备

1) 车体

(1) 整体结构。

车体采用轻量化、底架无中梁整体承载结构,材料选用大型中空挤压铝型材,车体采用整体承载全焊接结构,车体使用寿命不低于 30 年。客室内立柱为三列布置,扶手布置在座椅上方两个立柱之间,立柱与扶手采用不锈钢管制成,外观光洁(图 6-3)。沿车体两侧设纵向座椅,如图 6-4 所示。

图6-3 立柱及扶手

图6-4 座椅

图6-5 客室门

(2) 客室门(图6-5)。

车门形式：双开式电动内藏门。

车门数量：每辆车每侧5对门扇。

(3) 车窗。

车窗玻璃采用中空安全玻璃，内层玻璃涂有防晒金属保护膜。车窗具有良好的水密性和隔音隔热性能，车窗的尺寸使坐着或站着的乘客都能很容易地看到车站标志及站台。

(4) 客室贯通道。

贯通道由渡板、折叠式风挡(风雨棚)及内饰板等组成，其通过宽度为1 500 mm，通过高度1 900 mm，能满足9人/m² 的承载要求。

2) 转向架

采用无摇枕外置式轴箱结构，H形构架由低合金钢板焊接而成。每个转向架有两根车轴，交流牵引电动机以全悬挂方式安装在构架上。一系悬挂采用钢制圆簧加减振器或橡胶金属一体化弹簧，二系悬挂为空气弹簧，采用三点或四点高度调整装置。构架两侧侧梁各安装一个受流器(包括熔断器及熔断器箱)。转向架基础制动装置采用轮盘制动，部分带停放制动功能。

3) 牵引系统

电传动系统采用微机控制的变压变频(VVVF)交流调速方式，功率模块以IGBT为主元件。

列车采用车控方式，每辆动车设置1台牵引逆变器和4台牵引电机，牵引电动机采用三相鼠笼式异步电动机，牵引电机的容量满足列车正常运行条件和故障运行条件的要求，并有一定的余量。

车辆设自牵引设备，可在区间供电故障时，正向自行至相邻最近一座车站。

在每个转向架两侧的适当位置安装了2套受流器，同一辆车的受流器全部接通，同列车的受流器全部接通。受流器如图6-6所示。

4) 辅助电源

辅助系统包括逆变器、蓄电池充电器及蓄电池组。

辅助逆变器的数量满足列车辅助系统供电的需要，选用的辅助逆变器

图6-6 受流器

宜考虑分散式并网供电布置,以减少静止逆变器故障时的供电损失。

每列车配备两组蓄电池,蓄电池符合环保要求。蓄电池单体外壳材料阻燃、低烟和无毒,并能看到液面。

在寿命期限内,蓄电池能满足 45 min 紧急负载供电要求,并保证 45 min 后能实现列车车门开关一次。

5) 制动系统

制动包括电气制动和空气制动。

电气制动由再生制动和电阻制动组成,优先采用再生制动,再生制动和电阻制动可以连续交替使用。在黏着条件许可时,独立使用电制动便能在超员负载下满足常用制动的要求,在网压上升到一定值时,再生制动平滑过渡到电阻制动。

电气制动与空气制动协调配合,以电制动优先,当不能实现电气制动时,所需总制动力由空气制动提供。紧急制动只能由空气制动提供制动力。

列车空气制动采用轮盘式制动,采用微机控制的模拟式电-空制动系统,有轮径校正、负载检测和制动力负载补偿功能。

6) 空调、采暖与通风系统

空调、采暖和通风各个单元的设计具备技术先进性、功能可靠性,并且具有可接近性和可维护性;采用变频或分级控制,以实现最大的效率和最低的能耗,并最大限度地降低噪声、减轻振动,以获得良好的运行效果。

客室空调是冷暖型。客室空调处于采暖状态时,通风系统保证持续正常工作。每个空调机组控制单元根据热负荷变化进行压缩机分级控制或采用变频压缩机式的变频控制。

每辆车厢内有两套车顶单元式空调机组和通风系统。

7) 照明

客室内照明强度一致,而且在离地板高 800 mm 处照度平均值不低于 250 lx。在同一平面(地板面上方 0.8 m)内任意两点照度偏差符合 EN 13272 标准。

司机室设天花板 LED 照明灯,驾驶台 LED 阅读灯,驾驶台所有可读信息(仪器仪表)带有夜光显示。当荧光灯/聚光灯打开,阅读灯关闭时,司机台上的照度至少为 5~10 lx,地板中央为 3~5 lx。

每一司机室端部提供两个白色头灯。在没有其他照明情况下,在列车前端 100 km/h 紧急制动距离处,头灯照度不低于 2 lx;每一司机室端部设两尾灯,采用 LED 照明,在距车辆端部 450 m 处能清晰地看到尾灯,如图 6-7 所示。

图 6-7 头灯和尾灯

各类指示灯均采用高亮度、寿命长的LED灯。

8) 车载设备

列车具有控制中心对乘客广播、列车预录信息广播和司机对乘客广播功能。

列车预录信息广播包括报站和紧急广播；报站具有ATC、列车控制系统和司机手动触发功能；紧急广播由司机通过显示器选择触发；司机室显示器能编辑显示的预录信息，能在司机室显示器设定列车运行线路、起点站、终点站和跳站信息。

列车两端司机室之间具有通信功能。

每辆车设两个客室紧急对讲装置，用以实现乘客与司机间的双向通信；紧急对讲装置的触发状态具有监控和记录；在列车两端设LED目的地显示器，在客室两端设LED乘客信息显示器，显示内容与广播报站信息一致。

图6-8 LCD显示屏

在客室内设8块17寸LCD显示屏(图6-8)，媒体播放系统具备实时直播和录播两种工作方式，能编辑录播内容和方式。

列车设视频监控系统，摄像机的监控范围能对客室和司机室全覆盖。

司机室设触摸式CCTV监视屏，司机通过点击可选择查看列车上各摄像头拍摄的图像；由列车其他系统(任一车门紧急解锁装置触发，任一紧急对讲装置触发等)联动触发的图像自动显示。

9) 列车控制与管理系统

每列车有两个列车控制系统，其中一个为主控单元，另一个为从控单元。

任何情况下，从控单元作为热备，一旦主控单元故障，从控单元立即替代其工作，列车运营不受影响。

6.1.3 准无人驾驶运行模式及功能要求

(1) 新增功能一：自动发车。司机选择DTO模式后，首次发车有人工按压ATO发车按钮，以人工按压ATO发车按钮作为进入DTO模式的最终条件。DTO模式下，整个运行过程中均无需人工按压ATO发车按钮，而由信号系统根据时刻表自动控制发车。

(2) 新增功能二：自动开/关车门。DTO模式下，当满足开/关门条件后，信号系统自动控制开/关门。

(3) 新增功能三：全自动折返。DTO模式下，信号系统自动控制列车折返，包括自动运行至折返点，自动转换运行方向并自动发车。全自动折返作为全自动驾驶的一部分，全过程无需人工干预。

(4) 新增功能四：列车自动出入库。DTO模式下，信号系统控制列车在车库和正线之间自动运行，列车在转换轨具备不停车通过的能力。

(5) 新增功能五：远程重启车载控制器。信号系统在中央ATS工作站上提供对列车的车载控制器远程重启的功能。

(6) 新增功能六：司机室侧门防护和旁路。DTO模式下，列车司机室侧门状态信号由车辆负责采集监控,不纳入信号系统监控。司机室侧门关闭后列车才可正常牵引。在司机室增加侧门监控旁路开关,当司机室关闭信息故障或因其他侧门原因干扰正常运营时,司机可根据相关运营规定旁路司机室侧门状态信号,列车可正常牵引。

(7) 新增功能七:站台门与车门间防夹探测。站台门与车门间防夹探测系统必须与站台门联动并在站台门关闭锁闭后维持探测一段时间(可调),且保证安全可靠。站台门与车门间防夹探测系统属于站台门系统的一部分,具有旁路功能。

(8) 新增功能八:站台中部增设屏蔽门控制盘(PSL)。站台门系统在站台中部增设PSL,当停站列车车门或站台门因障碍物而无法正常关闭锁闭时,可由站务员操作站台中部PSL控制站台门打开和关闭已进行处理。

(9) 新增功能九:自动驾驶区人员防护钥匙开关(SPKS)及控制范围设置。将正线和车辆基地ATC区域设置为自动驾驶区,并设置SPKS对自动驾驶区域进行安全防护,作业人员进入无人区作业前,使用该钥匙防止列车进入该区域,以保护作业人员。车库内每个SPKS的控制的列车数不超过4列,SPKS的设置位置在自动驾驶区域外方。

6.2 限界

6.2.1 设计原则和设计标准

1) 主要设计原则

(1) 轨道交通的限界是确定行车轨道周边的构筑物净空的大小和安装各种设备及管线相互位置的依据,限界尺寸应力求做到经济合理、安全可靠且能满足各种设备及管线安装的需要。

(2) 限界应根据车辆的轮廓尺寸和技术参数、轨道特性、受电方式、设备及管线安装、施工方法等因素,综合分析计算确定。

(3) 车辆限界是制定建筑限界的依据。根据车辆主要尺寸等有关参数、并考虑列车以额定速度在平直道上运行时车辆的振动等正常状态下所达到的横向、竖向偏移量及偏移角度,按可能发生的最不利的情况计算确定。

(4) 设备限界是在车辆限界的基础上,外加了未计及因素及考虑车辆在一系或二系悬挂故障状态下引起车辆的偏移和倾斜等附加偏移量,以及在设计、施工、运营中尚未预计的因素在内的安全预留量。

(5) 建筑限界是满足车辆运行和设备安装有效净空的最小尺寸,是任何沿线永久性固定建筑物,包括施工误差值、测量误差值及结构永久变形在内均不得向内侵入的界限。

(6) 限界不包括施工误差、测量误差、结构沉降、位移变形等因素。结构等相关专业在设计隧道、敞开段等断面时应充分考虑上述因素,以确保竣工后的有效净空能满足建筑限界的要求。

(7) 限界是按平直轨道的条件制定的。曲线地段应在直线段的基础上根据曲线半径和外轨超高等进行加宽和加高。

(8) 本工程在正线区间设置疏散平台。疏散平台的最小宽度不小于600 mm。矩形隧道疏散平台的宽度一般不小于600~700 mm,敞开段和高架线一般不小于800~1 000 mm(双线)或600 mm(单线)。疏散平台面的高度为轨面以上950 mm,区间U形梁地段根据桥梁翼缘调整至1 000 mm。

（9）各种设备和管线的安装位置应综合协调布置,互不干扰,管线设备安装应考虑电气绝缘要求。一旦确定,未经有关专业同意,不得随意调换和侵占其他专业设备和管线安装位置。

（10）根据《上海城市轨道交通工程技术标准（试行）》（STB/ZH—000001—2012）,最高行车速度120 km/h受流器受电A型车适用于技术标准附录C的限界值,故本次设计采用该附录的限界进行工程设计,并作为车辆采购招标的重要依据。

（11）为减小疏散平台至车辆的间隙,经项目总体组及桥梁等相关专业协调,在U形梁翼缘上增加悬挑。根据《轨道交通17号线高架区间U形梁专题会会议纪要会议（2015）23号》,全线疏散平台悬挑采用工厂整浇方法,悬挑长度全线统一,根据曲线加宽计算,悬挑采用160 mm长。

2）设计标准及主要参数

（1）站台边缘至线路中心线的水平距离：1 581 mm。

（2）站台装修完成面距轨顶面的垂直高度：1 080 mm。

（3）正线采用DC 1 500 V接触轨供电,接触轨中心线距相邻走行轨内侧面距离为832.5±5 mm,受流器端部至车体横向中心距离为1 550±5 mm。

（4）车场线采用1 500 V接触网供电,接触网的接触线底面距轨顶面的高度为5 000 mm,停车列检线为5 300 mm,洗车库、周月检线为5 700 mm。

6.2.2 车站段建筑限界

直线车站,线路中心线距外边墙内侧最小净距2 200 mm,距站台边缘净距1 581 mm,站台门限界为1 630 mm。站台面距轨顶面高度1 080 mm,轨道结构高度540 mm（一般地段）,轨顶建筑限界高度不小于4 200 mm。站台板下墙或柱子应满足车辆集电靴最小绝缘间隙,如图6-9所示。

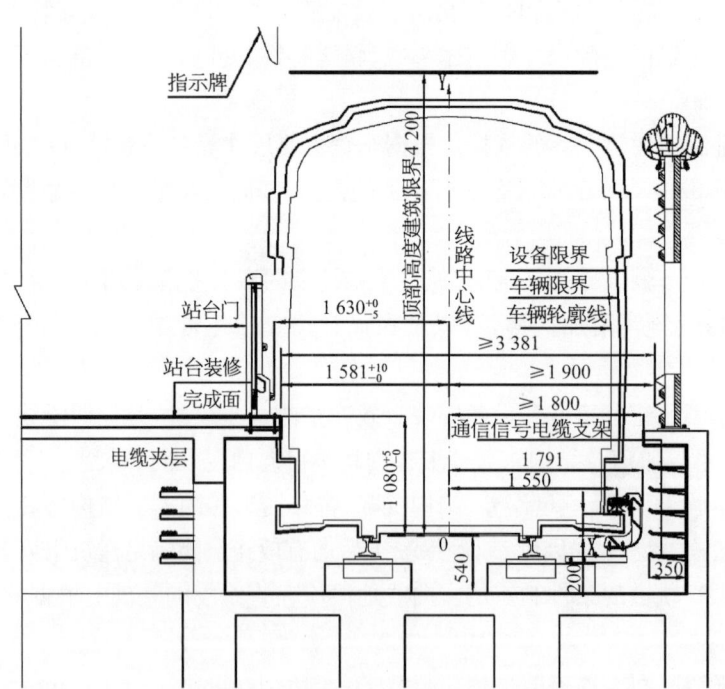

图6-9 直线段高架岛式车站建筑限界

曲线车站(或有曲线进站的直线车站)应在直线段车站建筑限界的基础上根据曲线半径和轨道超高进行限界加宽。本线赵巷站、嘉松中路站、汇金路站、漕盈路站、青浦新城站、淀山湖大道站、东方绿舟站、朱家角站、徐盈路站、徐泾北城站均受到曲线、缓和曲线或道岔导曲线影响。限界专业对相应地段的站台、屏蔽门均提出了具体要求，施工单位施工时按照站台及屏蔽门安装精度要求，在保证行车安全的前提下尽可能减小站台及屏蔽门间隙，防止人员踏空。

6.2.3 区间建筑限界

1) 正线高架桥面建筑限界

正线高架区间一般采用 U 形梁结构，通信信号电缆设于行车方向左侧电缆支架上，电力电缆设于行车方向右侧支架上。线路中心线至桥梁内、外翼缘内侧面距离分别为 2 070 mm、2 050 mm，全线小 U 形梁地段线间距均为 5 240 mm+桥梁间隙 Δ。全线 U 形梁采用的模板统一，建筑限界不加宽，通过桥梁偏心及设备管线调整满足设备限界的加宽要求(图 6-10)。

正线道岔区采用箱形梁结构，道岔区建筑限界还应根据道岔型号进行局部限界加宽。

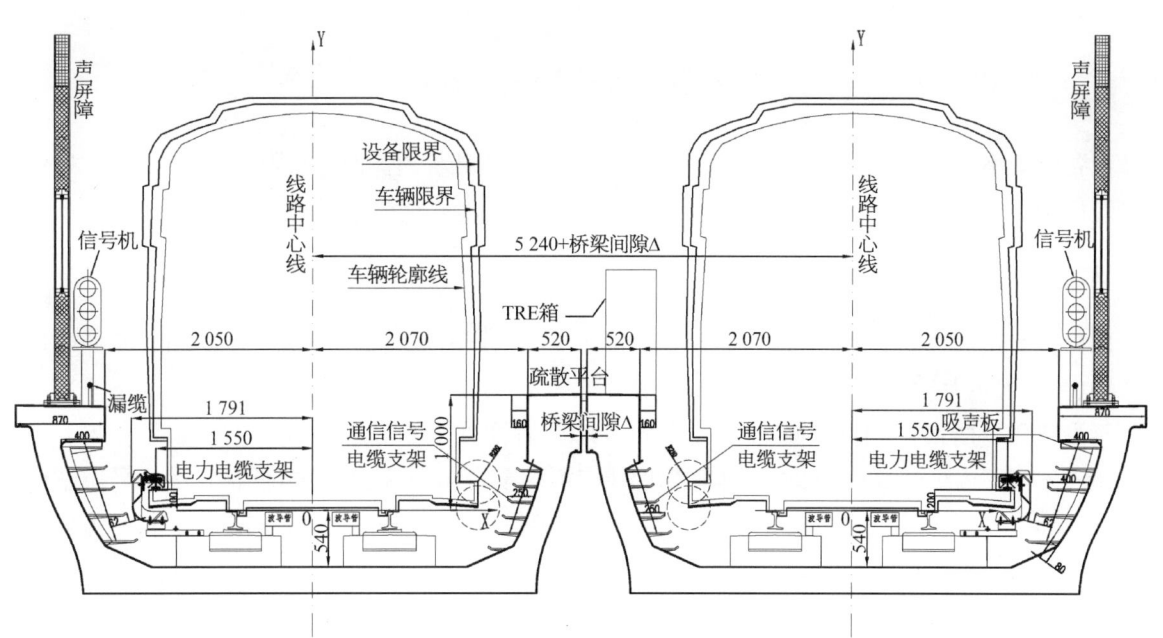

图 6-10　正线高架桥面建筑限界

2) 正线单圆隧道建筑限界

单圆盾构隧道的建筑限界应根据盾构法施工的区间最小平面曲线半径和轨道超高值来确定，本次设计依据《A 型车单圆单线隧道建筑限界通用图(调整)》(STB—XJ—030003)(试行稿)采用直径为 5 600 mm 的建筑限界。在行车方向左侧设置不小于 700 mm 宽的区间疏散平台，接触轨设在行车方向右侧。强电电缆及区间排水管设于行车方向左侧，通信信号电缆及设备箱盒、消防水管等设于行车方向右侧。集电靴接触轨等带电体还应同时满足电气设绝缘距离要求。曲线地段通过隧道偏心满足设备限界加宽要求，如图 6-11 所示。

3) 出入段/场线建筑限界

出入段/场线高架区间采用箱形梁或槽形梁结构，不设疏散平台，直线段两线间无任何建(构)筑

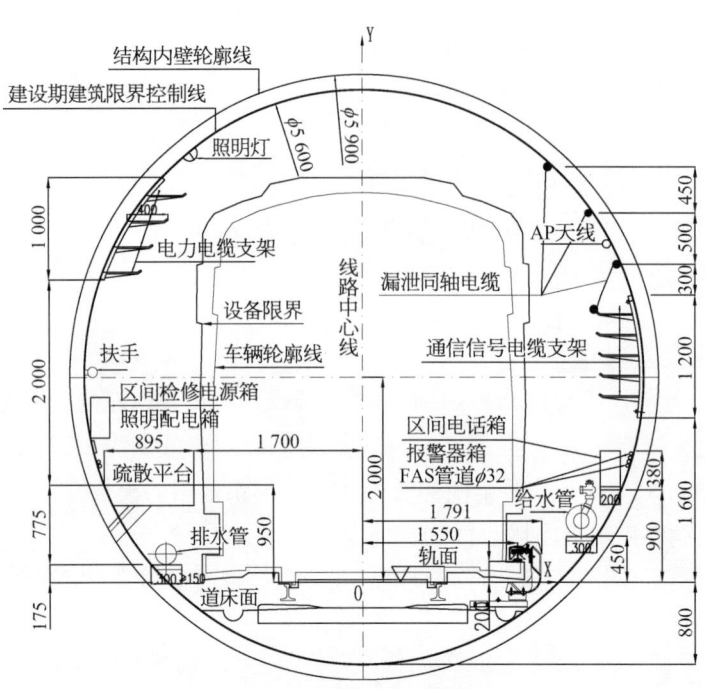

图 6-11 正线单圆隧道建筑限界

物及设备时最小线间距为 3 700 mm,线路中心线至桥梁外侧挡板内侧面建筑限界为 2 300 mm,通信信号电缆设于行车方向左侧电缆槽内,电力电缆设于行车方向右侧电缆支架上。

6.2.4 车辆基地限界

库外连续建筑物至设备限界的距离不得小于 200 mm,当有人行通道时取 1 000 mm;库外非连续建筑物(其长度不大于 2 m),至设备限界的距离不小于 200 mm,当有人行通道时取 600 mm;车库大门边框至设备限界的横向间隙不应小于 100 mm,库前有曲线时应适当加宽;车库大门高度不小于 4 200 mm。车库内高检修平台边缘距车辆轮廓线应不小于 80 mm 安全间隙,低检修平台采用站台限界 1 581 mm。徐泾车辆段上盖物业开发,上盖柱网距离线路中心线的距离统一按 2 300 mm 考虑。

Chapter 7 车 站

7.1 车站建筑

7.1.1 设计原则和标准

1) 设计原则

(1) 车站设计要与上海市的发展规划相结合,与周边环境条件相协调,方案做到功能合理、技术先进、安全可行、造价经济。

(2) 车站建筑设计应以人为本,合理吸引和组织客流,方便乘客集散、乘降和换乘其他轨道交通线路、公交线路、自行车等公共、个人交通,为乘客提供安全、便捷、舒适的乘车环境。

(3) 车站规模应根据远期预测客流的集散量和车站本身行车管理、设备用房的需要来确定。其站厅(公共区)、站台(公共区)、出入口、通道、楼梯、自动扶梯、售检票机口等均要与该站客流通过能力相适应,同时满足事故紧急疏散客流的需要。设计客流按远期高峰小时的客流量,并考虑高峰小时内客流的不均匀性,计入超高峰系数,取超高峰系数 1.1~1.4,处于突发客流较大的车站视实际情况而定。

(4) 车站应考虑防灾设计,包括消防、防淹等,应按照技术要求设置消防分区、消防疏散口、防淹设施等。

(5) 车站应考虑无障碍设计。

(6) 在满足行车组织、运营管理和设备要求的前提下,合理布置车站各部分用房,尽量减小车站规模,简化设备与运营管理模式,优化结构体系,力求降低工程造价和运营成本。

(7) 车站出入口、风亭的设置位置应根据周边环境及城市规划要求进行合理布置。其中出入口的位置应有利于客流的吸引和疏散;风亭的位置在满足功能要求的前提下,尚应满足规划、环保和城市景观的要求。

(8) 车站设计应结合周边地下空间规划,积极与地下过街通道、地下商场及物业开发结合,以便能综合疏解轨道交通客流和过街客流,加强地下空间沟通,充分发挥社会效益。车站与其他地下空间应按规范做好消防分区及防火分隔,满足消防要求。

(9) 车站环境设计应突出交通性建筑应具备的简洁明快、美观大方、易于识别等特点,建筑风格应反映地方特色,体现现代交通建筑的时代气息,与周围的城市景观相协调。

(10) 车站内应具有良好的通风、照明、卫生、防灾等条件,积极采用新技术、新工艺、新材料,以方便施工,减少干扰,降低成本。

(11) 车站设计注重节能与环保,尽量减小对周边环境的影响,考虑可持续发展,体现"绿色地铁"的设计理念。

2) 设计标准

建筑设计使用年限为100年,耐火等级为一级,抗震设防烈度按7度设防,根据初步设计技术要求中用房规模、建筑相关尺寸规定进行建筑设计。

站厅公共区根据客流流线及管理需要划分为非付费区及付费区,一般车站付费区采用"两端进,中间出"的方式布置进出站闸机;中庭车站采用"两端进、出"的方式布置进出站闸机。非付费区的总面积应大于付费区的总面积。

站台宽度:应按规范要求计算侧站台宽度并满足最小宽度要求;地下二层标准岛式车站站台宽度取12 m,高架路侧岛式车站站台宽度取11.5~13 m;侧式站台最小侧站台宽度不小于3.5 m。

3) 建筑消防设计

(1) 地铁车站主体工程(含出入口通道、风道)的耐火等级为一级,地面附属建筑、高架车站耐火等级不应低于二级;地下车站的墙顶地面、高架车站的墙顶面应采用A级不燃材料。

(2) 地下车站站台、站厅公共区为一个防火分区,面积不宜大于5 000 m²;地下车站及建筑高度大于24 m,其设备管理区每个防火分区最大允许建筑面积不应大于1 500 m²;高架站设备管理区每个防火分区最大允许建筑面积不应大于2 500 m²。

(3) 各个防火分区之间均采用耐火极限≥3 h的防火墙、甲级防火门或复合甲级防火卷帘进行分隔,防火墙上设有观察窗时,采用固定式甲级防火窗;车控室、变电所、配电室、弱电综合机房、消防泵房等重要设备管理用房应采用耐火极限不低于2.5 h的隔墙和耐火极限不低于1.5 h的楼板与其他部分隔开。

(4) 站台的楼扶梯设置能满足紧急疏散时,在6 min(含1 min反应时间)内将控制期高峰小时一列进站列车所载乘客及站台候车乘客全部撤离站台至安全区。

(5) 每个站厅公共区应至少设置2个直通室外的安全出口,且两个安全出口最小距离不应小于20 m。

(6) 有物业开发的车站,物业开发区为独立的防火分区,其分区面积按建筑设计防火规范有关规定确定。

7.1.2 车站组成与功能

1) 车站组成

车站包括站厅、站台公共区和设备、管理用房及出入口通道、风道、风亭、冷却塔等附属建筑,一方面需保证乘客使用安全、方便,另一方面应力求车站建筑布置紧凑和功能分区明确,便于运营、管理。

2) 车站功能

车站是轨道交通服务乘客的窗口,站点在保证乘客使用安全、方便乘坐的功能同时应具有良好的内、外部环境条件。车站布置紧凑,功能分区明确、合理,便于运营、管理。根据车站空间的功能分布将其划分为站厅层、站台层两大部分。

(1) 站厅层。

站厅层按功能分区,一般中部布置站厅公共区,两端布置设备管理用房区,并按规范要求合理划分防火分区,主要管理用房集中设在一端,便于使用和集中管理。

站厅根据客流流线和管理的需要,划分为非付费区和付费区,并用栅栏分隔。考虑进、出站客流流线来布置通道口、售票机、检票机、客服中心、自动充值机、ATM机、自动售货机等设施。付费区设置三组竖向联系的楼、扶梯,以确保乘客进、出站客流流线短且有序。

(2) 站台层。

站台长度:按列车6节编组考虑,站台有效长度为140 m。

站台宽度：根据设计客流量、站台站厅之间楼扶梯布置等因素设置，并满足最小站台净宽要求（岛、侧式站台净宽分别不小于 11 m、3.5 m）。

站台高度：考虑列车车体地板高度及乘客上下列车的舒适度，站台高度与车体地板高差原则上控制在 50 mm 左右。

站台间隙：考虑列车运营限界要求并满足乘客上下列车的安全、平稳、舒适度确定，直线站台与车体间隙原则上控制在 50 mm 左右。

7.1.3 典型车站建筑设计

17 号线车站设计信息见表 2-1。

1) 东方绿舟站

(1) 总平面布置。

东方绿舟站位于沪青平公路南侧用地内，车站主体沿东西向布置。基地北侧为沪青平公路及东方绿舟公园，西侧为规划 P+R 停车场，南侧为规划交通枢纽用地。

车站站型采用路侧高架二层岛式站台车站。有效站台中心里程 SK0+171.700。车站主体为三柱两跨框架结构，主体规模 158 m×21.64 m，站台宽度 11.5 m。车站轨面标高 14.340 m，车站高度 22.42 m。

根据站址情况及周边建设条件，车站总平面布置如下：

① 车站东、西两端接区间箱形梁段。

② 车站地面站厅的四个象限设 4 个出入口吸引客流。

③ 沿车站建筑周边设置 6 m 宽的消防环道，分别与车站西端的薛间路、东端的既有道路连通。

④ 利用车站用地范围内的零星场地，设置了约 100 个非机动车停车位，同时，青浦区根据车站开通后的交通接驳的需求，在车站南侧设置了一个临时 P+R 停车场，满足轨道交通与机动车、公交车接驳的功能。

⑤ 车站北侧预留了沪青平公路过街人行天桥的实施条件，由青浦区实施，满足北侧东方绿舟客流乘坐轨道交通的需求。但由于此过街天桥未与车站同步开通，因此车站在西端沪青平公路增设了人行横道线，并利用东端既有的人行横道线，加装行人信号灯，暂时解决地铁客流的过街功能。

车站总平面布置如图 7-1 所示。

(2) 站厅层布置。

车站地面一层为站厅层，采用双柱单跨双悬挑框架结构。

站厅层由中部公共区与两端管理、设备用房区组成。公共区由付费区(4~10 轴)与非付费区(3~4 轴、10~11 轴)组成。公共区北侧通道连接两端非付费区，付费区采用"两端进、中间出"的闸机布置方式，共设 6 台进站闸机(其中 2 台预留)，11 台出站闸机(其中 2 台预留、1 台为宽通道闸机)，在出站闸机处设客服中心一处，同时服务付费区和非付费区，在隔离栏杆上设 2 处疏散门(每处宽度 1400 mm)。付费区内设三组楼扶梯，其中两端采用上、下自动扶梯夹人行楼梯(宽1800 mm)的形式，中间一组为折跑人行楼梯(宽 2400 mm)加无障碍电梯的形式，如图 7-2 所示。

站厅层两端为主要设备管理用房区，其中西端主要布置弱电设备及主要管理用房，东端主要布置强电设备管理用房。

站厅层建筑面积 3 399 m²。

(3) 站台层布置。

车站地面二层为站台层，采用四柱三跨框架结构，站台宽度 11.5 m，侧站台宽度 2.55 m。站台层

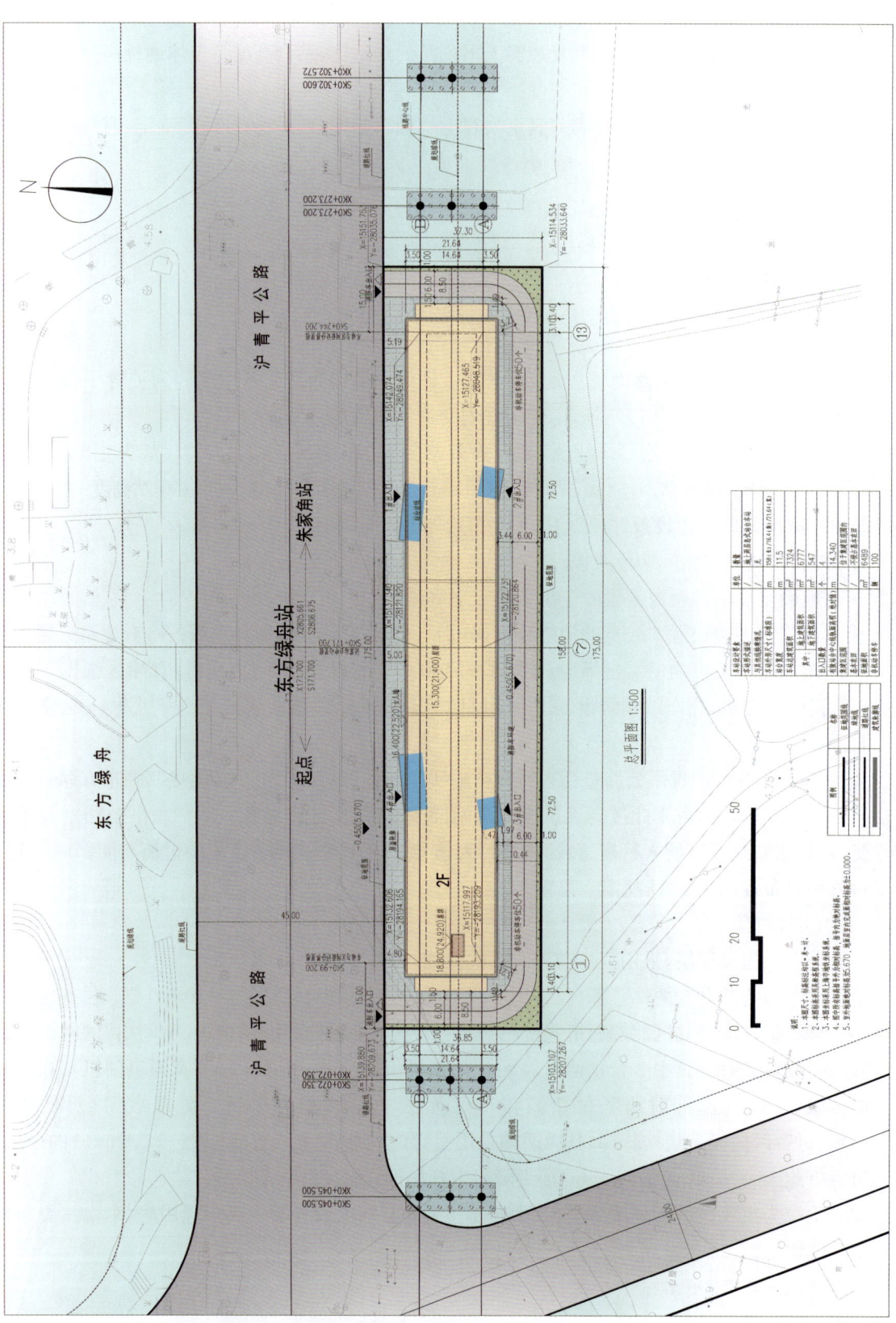

图 7-1 东方绿舟站总平面布置图

7 车 站

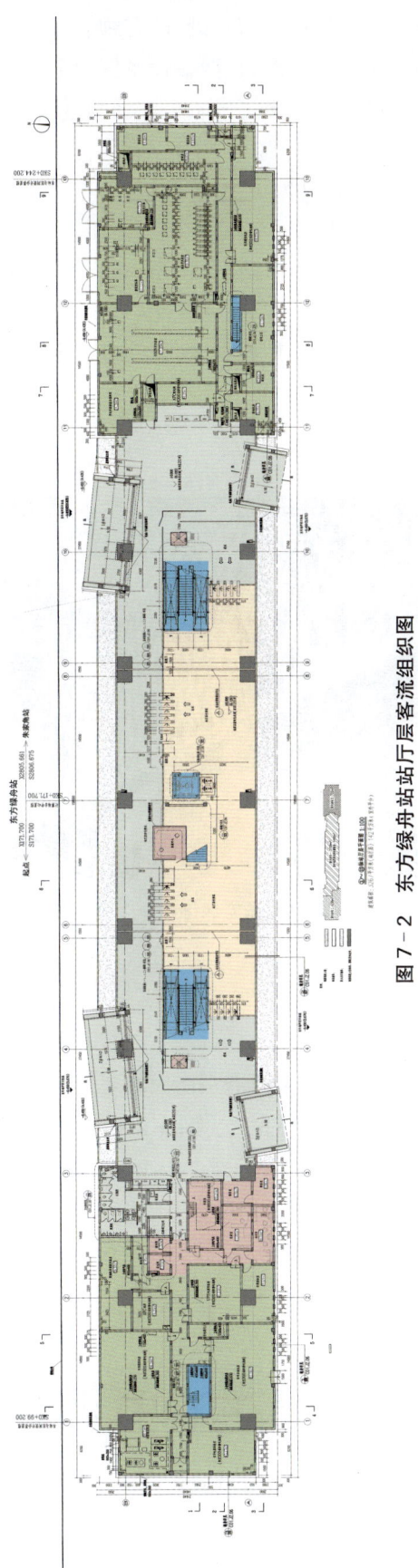

图 7-2 东方绿舟站站厅层客流组织图

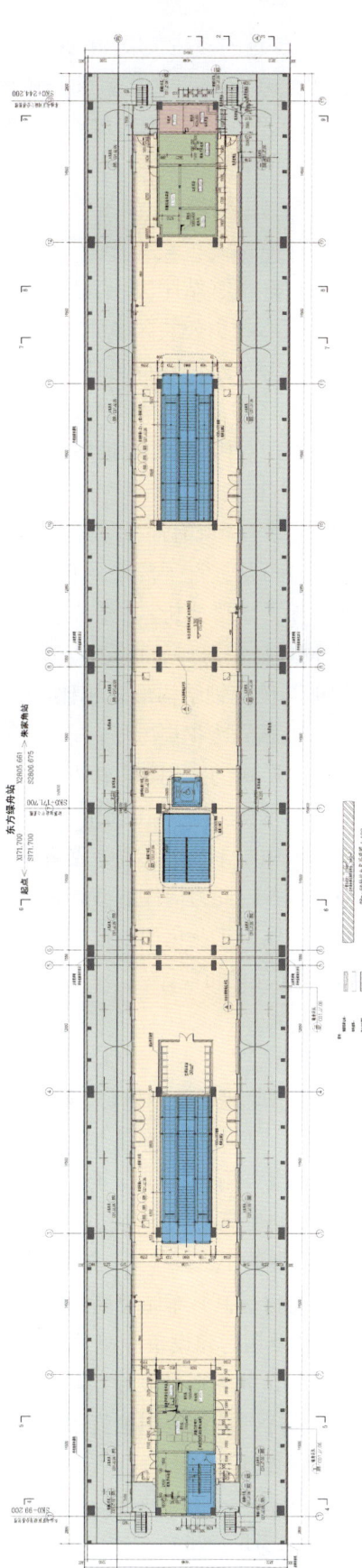

图 7-3 东方绿舟站站台层客流组织图

中部设置3组楼扶梯组连通站厅层,并在公共区设30 m²的空调候车室一处,改善乘客候车环境。站台层东、西端布置配电、隔离开关柜室、屏蔽门管理室及少量管理用房,在西端设备区设上下联系楼梯间一处,在1～2轴设置局部管理用房夹层,夹层由男、女更衣间及交接班室组成,同时使用人数不得超过100人。

东方绿舟站站台层客流组织如图7-3所示,站台层建筑面积2911 m²。

(4) 垂直布置。

车站本体由地面一层(站厅层)及地面二层(站台层)组成,乘客由地面站厅的1号、2号、3号、4号出入口直接进入车站,再由公共区中部的三层楼扶梯上至站台层。

车站4个出入口均设置坡道,同时满足特殊乘客和正常乘客使用要求,特殊乘客可由4个出入口进入车站,再由公共区中部的无障碍电梯上至站台层。

车站计算站台长度中心线处轨顶绝对标高为14.340 m。

(5) 设计特点与难点。

总体设计阶段对上海既有高架车站在运营使用期间存在的问题进行了广泛的调研,在对各类问题进行了详尽分析,并充分比选后,推荐车站采用单柱单跨(局部双柱三跨)的现浇框架结构,与传统钢结构形式相比,车站结构耐久性更高、运营维护更方便。

结合车站结构形式的选用,车站外立面首次尝试采用PC预制混凝土装配技术,将世代上海人对水乡泽国的情怀提炼物化成清晰易辨的"水滴"符号,并以此为构件造型母题进行拼装组合,深入探索了工业化预制技术与表皮机理应用于轨交车站的可能(图7-4)。

图7-4 东方绿舟站外立面实景

2) 朱家角站

(1) 总平面布置。

朱家角站位于沪青平公路南侧、朱枫公路西侧的地块内,车站主体沿东西向布置。车站所处地块现状:东部是街角景观绿地;西部是上海朱家角经济发展有限公司的办公楼;车站南侧地块规划为综合交通枢纽和商业服务用地,规划设有公交枢纽、长途汽车站及部分商业开发区域。

车站站型采用路侧高架三层岛式站台车站。有效站台中心里程SK2+978.375。车站结构形式采用三柱两跨钢筋混凝土框架体系,主体规模147.25 m×21.64 m,站台宽度11.5 m。中心里程处轨面标高15.68 m(绝对标高),车站总高度23.9 m。

根据站址情况及周边建设条件,车站总平面布置如下:

① 车站东端接区间箱形梁段,西端接区间U形梁段。

② 车站共设5个出入口吸引客流,其中1号口为过沪青平公路天桥,2号、5号口位于站本体,3号、4号口为预留南侧地块的天桥。

③ 沿车站建筑周边设4 m宽环通消防车道,车站建筑与周围建筑物的防火间距符合消防规范要求,消防车道同时作为场地机动车道路,接入沪青平公路,根据右进右出原则,西侧为机动车入口,东侧为机动车出口。

④ 车站北侧外墙与沪青平公路之间设计为地面集散广场,与既有沪青平公路路侧绿化带采用护栏隔断,并利用车站周边零星场地设置了非机动车停车位,发满足车站开通后的交通接驳的需求。

⑤ 车站北侧同步实施了沪青平公路过街人行天桥,满足北侧朱家角古镇客流乘坐轨道交通的需求。同时根据规划资料,本站南侧设有公交枢纽,西侧设有长途汽车站和 P＋R 停车场。为此车站主体一层局部架空,保留南侧地块人员出入口和公交接入可能。

⑥ 朱家角站为 17 号线中间站,与规划轨道交通线网中车站无换乘关系。

车站总平面布置及地面层流线如图 7-5 和图 7-6 所示。

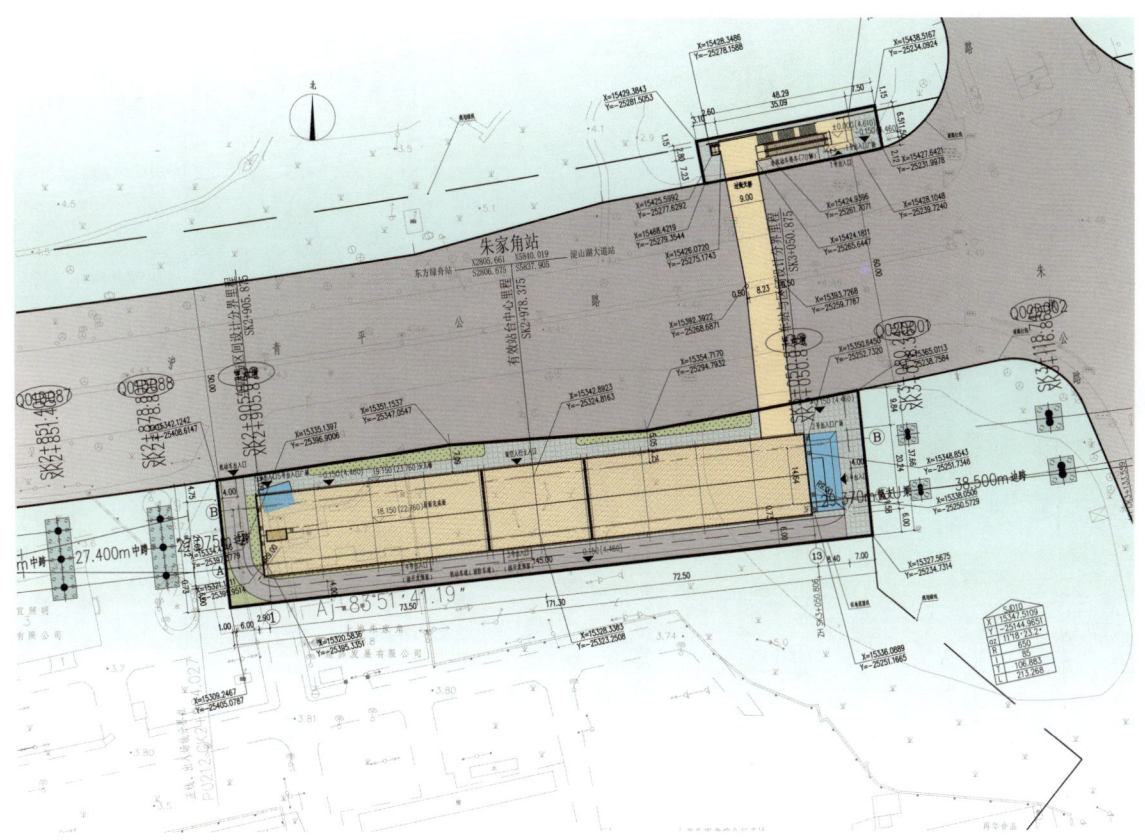

图 7-5 朱家角站总平面布置图

(2) 站厅层布置。

① 地面一层。车站主体地面一层为主要设备管理用房和地面出入口,建筑面积 3 005 m²。中部局部架空,预留南侧地块通向沪青平公路开口;西端设置地铁 5 号口及主要设备管理用房;东端为变电所用房和地铁 2 号口,变电所下部设电缆夹层,设备夹层建筑面积 787 m²。车站东西两侧各设一组楼扶梯上至站厅层,楼扶梯总宽度 9 m。

② 站厅层(地面二层)。地面二层为站厅层,建筑面积 3 019 m²。靠站中心布置车站公共区;公共区西端为设备管理用房;公共区东端结合 2 号口楼扶梯组设置平台,与过街天桥相连,公共区南侧预留与南侧地块开发的接口;站厅付费区内均匀布置 3 组楼、扶梯,上至站台层,楼扶梯总宽度 10.8 m。公共区西侧设置无障碍电梯入口,可通过独用闸机进入,并上至站台层。为方便上下行线侧区间电缆进入车站,在站厅层西端设置弱电电缆进线间,引入区间弱电;在西端设置强电电缆进线间,引入区间强电,并设置垂直通向地下电缆夹层的电缆井。地面二层站厅层布置如图 7-7 所示。

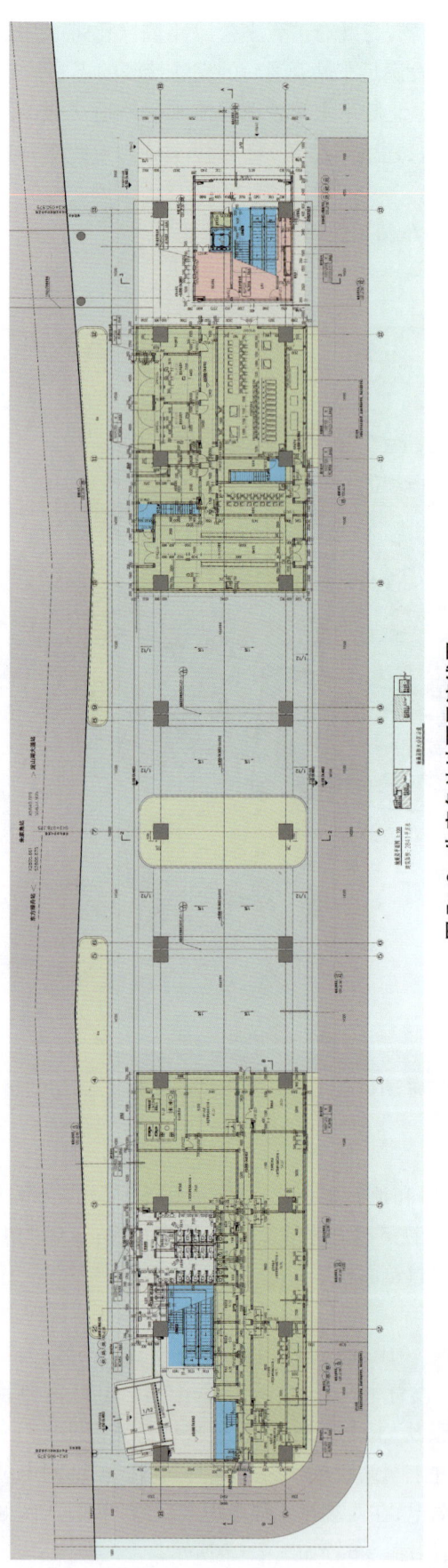

图 7-6 朱家角站地面层流线图

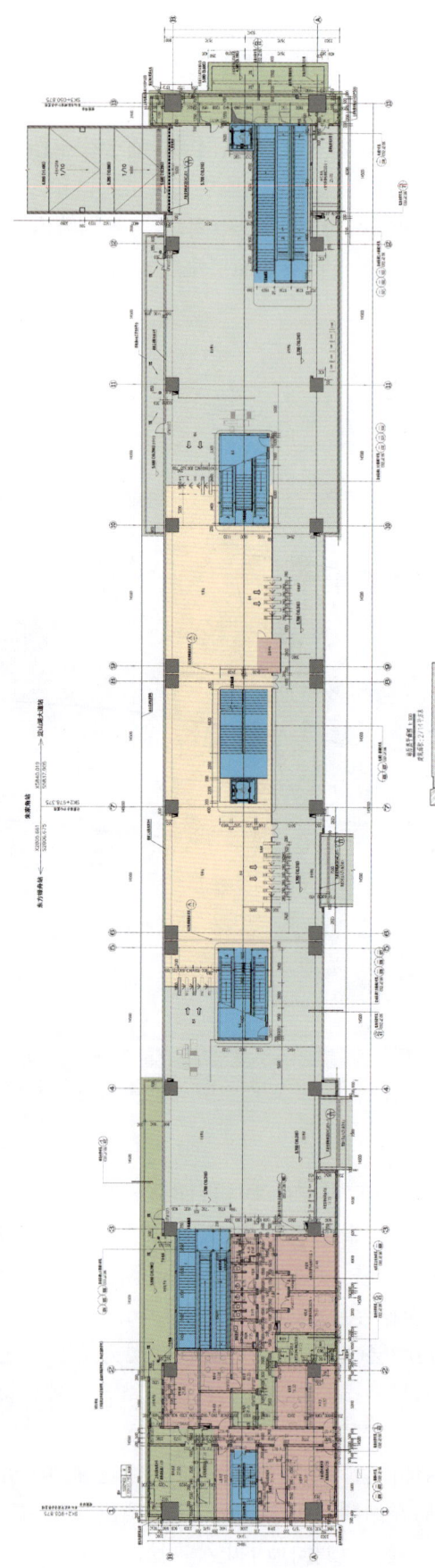

图 7-7 朱家角站地面二层图

7 车 站

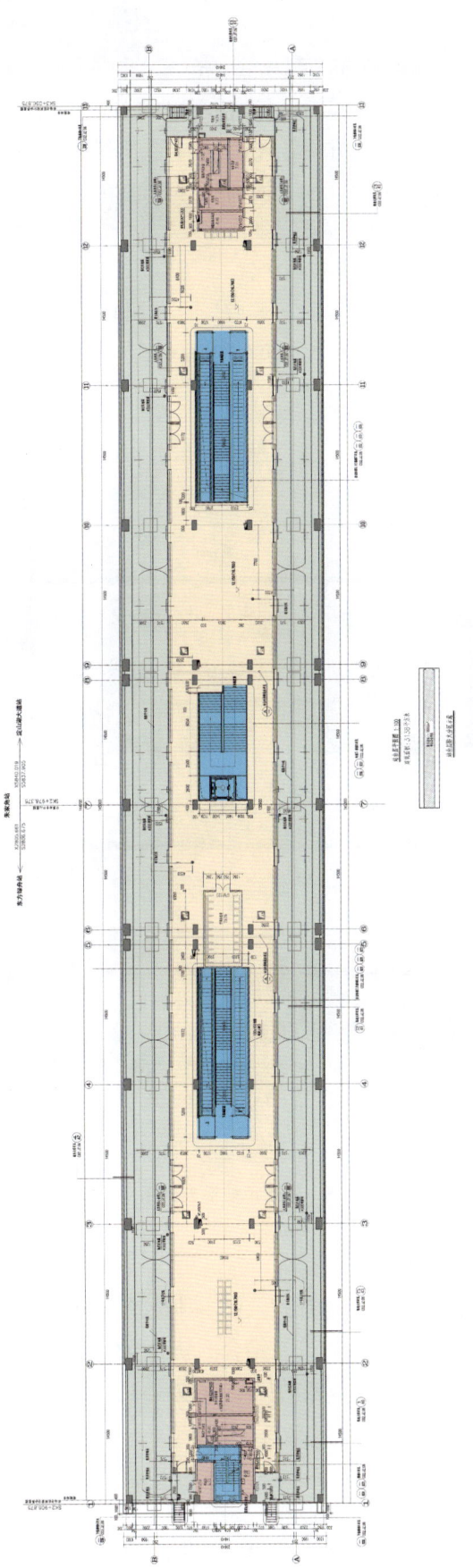

图 7-8 朱家角站地面三层图

(3) 站台层布置。

车站地面三层为站台层,建筑面积3 156 m²,岛式站台宽11.5 m。站台计算长度按大(A型)车6节车辆编组确定,车站有效站台长度为144.2 m。设备用房的布置在满足工艺要求的基础上尽量紧凑,将设备区与管理区上下对齐布置集中,方便管理,减少电缆及其通道的工程量,同时控制设备用房规模。站台上布3组楼梯,4台自动扶梯和1台无障碍电梯连通站厅层,并在中部设空调候车室,改善乘客候车环境。设计采用11.5 m站台宽度,楼扶梯总宽度10.8 m,同时楼梯洞口距离站台各点最远距离均不大于50 m,符合疏散要求,如图7-8所示。

(4) 垂直布置。

朱家角站为地上三层岛式车站。车站站中心处轨面标高15.68 m,站厅层设置在地面二层,公共区梁下净高3.00 m;站台层设置在地面三层(图7-9)。

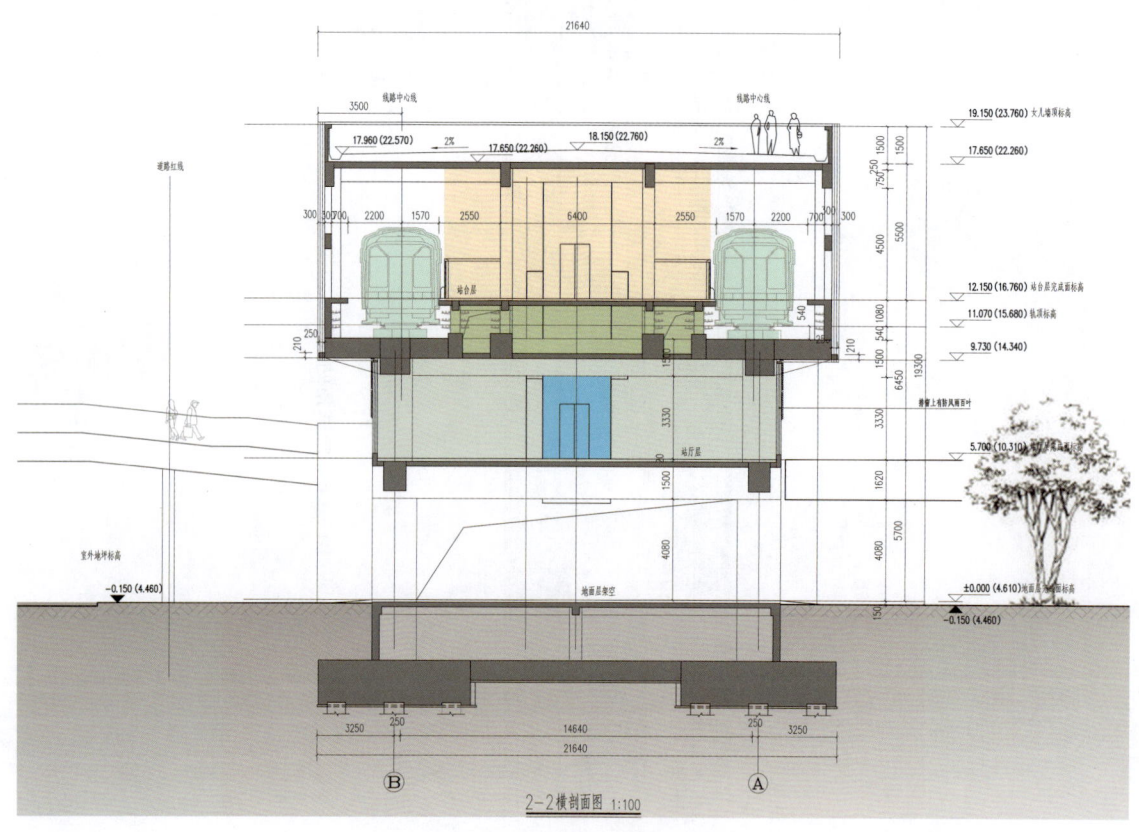

图7-9 朱家角站横剖面图

(5) 设计特点与难点。

车站主体与地块开发完全结合,车站立面形式及站本体建筑与地块建筑完全融合,并采用中式院落进行空间过渡和衔接,创造了高架站与周边开发结合的新典范(图7-10)。外立面采用PC预制混凝土装配技术,从场所感出发,表现出江南水乡的风格,极力体现了预制技术所能做到的复杂性及与周围环境的匹配性。

3) 嘉松中路站

(1) 总平面布置。

嘉松中路站主体位于嘉松中路以西,盈港路路中绿化带内,车站主体沿东西向布置。车站周边现

图 7-10　朱家角站实景

状为农田,北侧规划为商业商务办公综合用地和公共绿地,如图 7-11 所示。

车站为路中高架三层侧式站台车站,有效站台中心里程 SK24+932.412。车站主体为两柱三跨框架结构,主体规模 147.63 m×25.44 m,站台宽度 8.5 m+8.5 m。车站站中心处轨面标高 20.120 m,车站高度 22.5 m。外挂设备用房位于道路北侧,长 45.8 m,宽 22.05 m,为地上两层建筑,占地面积为 1 016 m²。

根据站址情况及周边建设条件,车站总平面布置如下:

① 车站东、西两端接区间 U 形梁段。

② 车站共设两个出入口,4 台无障碍电梯,1 号口设于道路北侧,与外挂设备用房结合布置,吸引道路北侧客流,2 号口设于道路南侧,吸引道路南侧客流。

③ 1 号、2 号口通过 7.8 m 宽天桥与车站主体连接。

④ 车站位于路中,路中绿化带宽度 11 m。

(2) 站厅层布置。

① 地面一层(架空层)。车站为两柱三跨结构形式,地面一层为架空层,地面为盈港大道路面及路中绿化带,如图 7-12 所示。

② 地面二层(站厅层)。车站地面二层为站厅层,靠站中心布置车站公共区,公共区由付费区与非付费区组成。站厅层在 5~6 轴和 8~9 轴位置为付费区,7~8 轴为站厅层非付费区,是集售票、检票、集散、连接出入口的场所。站厅层由栏杆与检票机分割为非付费区与付费区,在非付费区内设置自动售票机,在付费区中间设置客户服务中心。付费区内设 2 台电梯,8 台自动扶梯及 4 座人行楼梯,每个站台上楼扶梯总宽度 10.8 m。

(3) 站台层布置。

站台为宽度 8.5 m 的侧式站台,考虑 6 节列车编组,有效站台长度为 144.2 m,无障碍电梯布置与全线不一致,设置于站中心附近。每个站台均匀布置 3 组楼、扶梯,下至站厅层,楼、扶梯总宽度 10.8 m。同时楼梯洞口距离站台各点最远距离均不大于 50 m,符合疏散要求。站台层布置如图 7-13 所示。

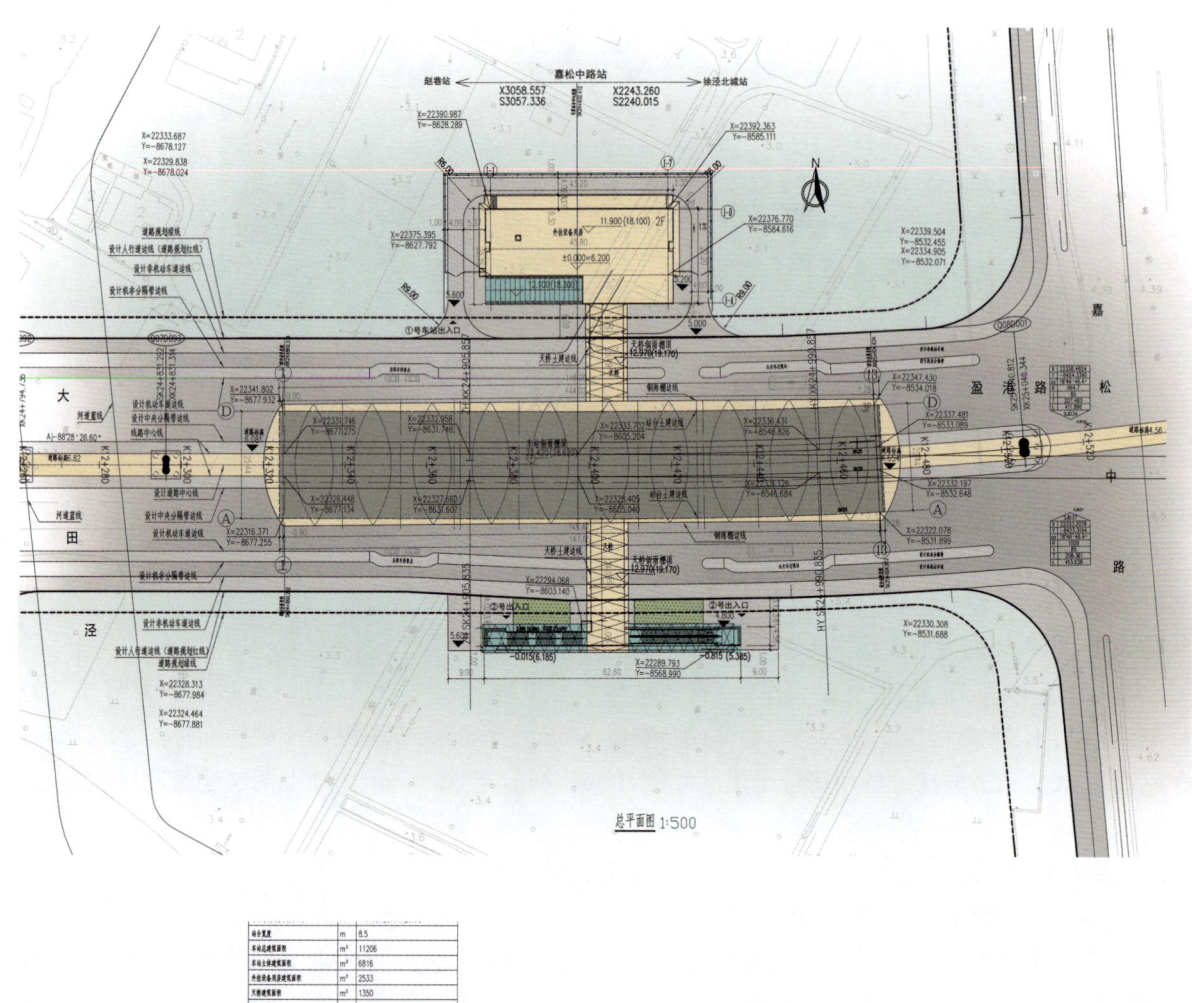

图 7-11 嘉松中路站总平面布置图

（4）设备管理用房布置。

本站为路中高架三层侧式站台车站，主要设备管理用房建筑外挂于车站北侧地块内，路侧的设备管理用房设置在三层，并设置消防楼梯直通地面，地面二层主要布置有车控室、站长室、通信设备室、通信电源室、信号设备室、交接班室、更衣室、消防泵房等房间；地面一层的设备管理用房主要布置了降压变电所、配电间、卫生间、通风机房等房间。

（5）垂直布置。

嘉松中路站为路中地上三层侧式站台车站，其垂直布置情况如图 7-14 所示。车站站中心处轨面标高 19.870 m。地面一层为架空层，道路上方梁下净高 6 m；站厅层设置在地面二层，公共区梁下净高 3.97 m；站台层设置在地面三层。

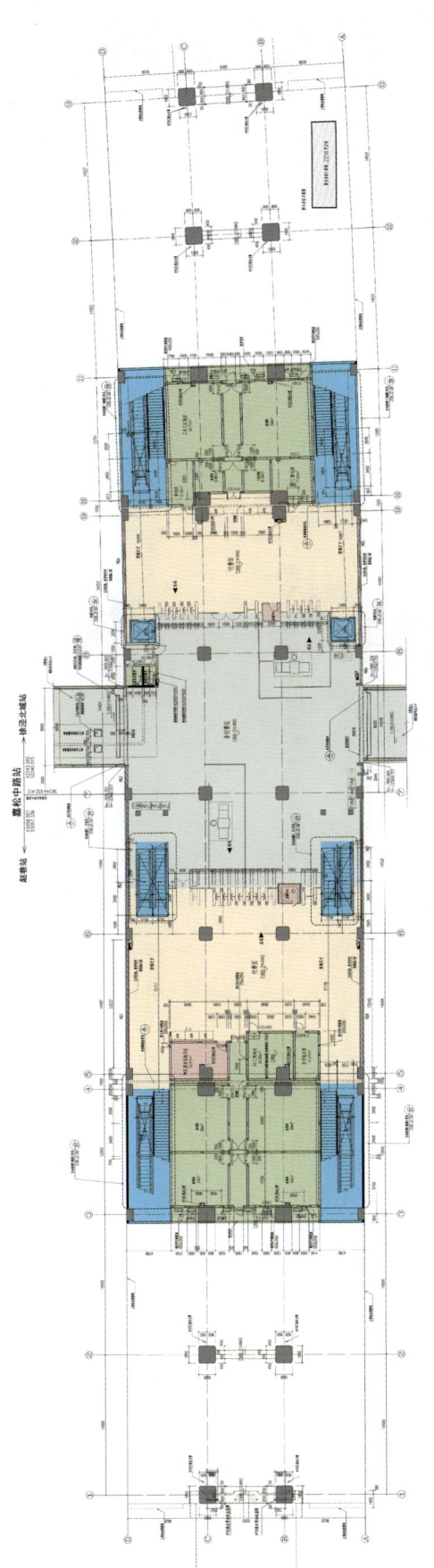

图 7-12 嘉松中路站地面一层图

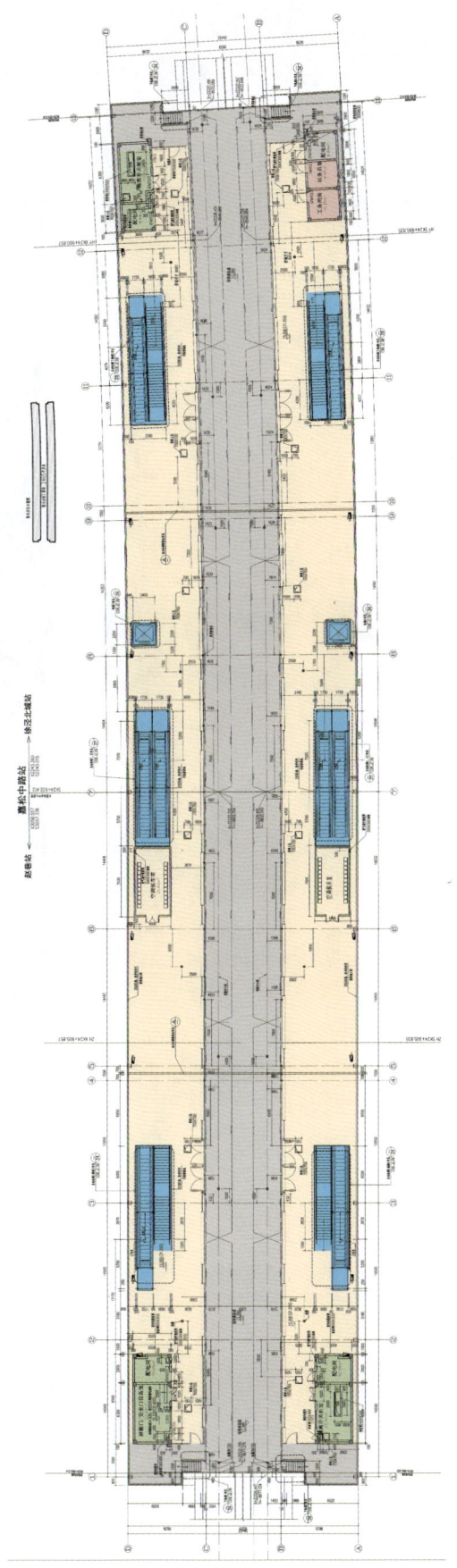

图 7-13 嘉松中路站站台层布置图

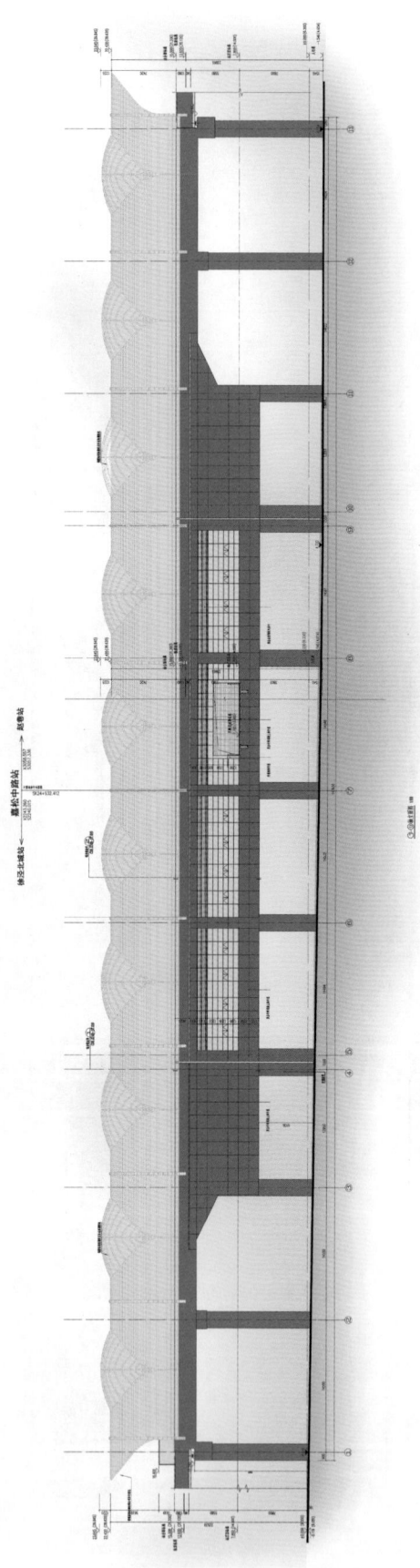

图 7-14 嘉松中路站垂直布置图

(6) 设计特点与难点。

① 总体设计阶段,对路中车站的岛侧站台的形式、设备用房与主体建筑的关系、结构形式等进行了多方案比较,并对上海既有高架车站进行了广泛的调研,考虑到路中车站的景观对道路的影响较大,因此采用路中侧式三层车站,顶棚采用钢结构与张拉膜结合的全包覆造型,在城市景观上,体现了强烈的韵律感与节奏感,创造了一个崭新的现代城市交通建筑简洁大气的形象。

② 车站方案与盈港路拓宽改建工程同步设计、同步施工,道路断面与车站形式统筹考虑,使车站景观与城市功能深度融合,多位一体。

③ 车站所处道路两侧地块均为待开发地块,规划用地性质为商业商务办公综合用地和公共绿地。车站外挂设备用房充分考虑了预留后期开发结合的条件,能有效带动周边地块的发展。

车站实景如图 7-15 所示。

图 7-15 嘉松中路站实景

4) 漕盈路站

(1) 总平面布置。

漕盈路站位于漕盈路以东,沿盈港路北半幅道路下方东西向布局(图 7-16)。车站北侧地块结合地铁建设成为多种交通模式换乘商业综合体,南侧为佳邸别墅,车站东、以西为住宅、办公等用房。

车站站型采用地下二层岛式车站,有效站台中心里程 SK12+671.015。车站内净总长 215.0 m,内净总宽 19.54 m。车站总建筑面积 14 059 m^2,其中地下建筑面积 13 493 m^2,地面建筑面积 566 m^2。车站中心轨面标高为 -10.511 m,覆土约 2.8 m。

根据站址情况及周边建设条件,车站附属设施设置如下。

① 车站共设三个人员出入口,其中 1 号出入口(含消防出入口)设置在盈港路北侧漕盈路站东北角的开发地块内,主要吸引盈港路北侧开发地块的客流;2 号出入口设置在漕盈路、盈港路路口东南角,位于佳邸别墅区外规划红线和人行道路之间,主要吸引西侧、南侧居住区的客流;3 号出入口设置在漕盈路、盈港路路口东北角的开发地块内,与地块开发结合,主要吸引盈港路北侧开发地块及西侧居住区的客流。

② 车站设两组风亭共 8 座风井,1 号风亭位于 1 号出入口东侧,包括新风井、排风井各 1 座,机械/活塞风井 2 座,排风井、活塞风井为低风井,结合北侧地块地面广场设置,新风井为高风井,结合北

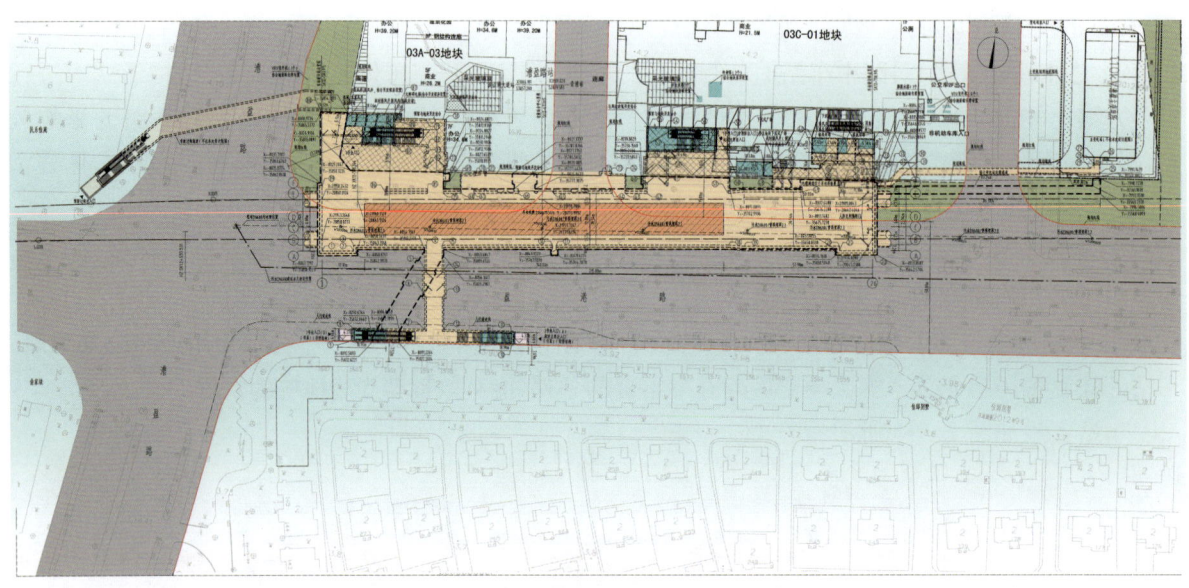

图 7‑16 漕盈路站总平面布置图

侧地块下沉式广场设置；2号风亭位于3号出入口处，包括新风井、排风井各1座，机械/活塞风井2座，与北侧地块开发建筑结合。

③ 1台无障碍电梯，与3号口结合设置，为地铁车站提供无障碍设施。

(2) 站厅层布置。

车站地下一层为站厅层，由中部公共区及两端设备管理用房区组成。公共区采用"两端进、中间出"的布置方式，共设12台进站闸机、12台出站闸机，在出站闸机处设客服中心一处，同时服务付费区和非付费区，在隔离栏杆上设4处疏散门（总宽4600 mm）。付费区内设3组楼扶梯，其中两端采用上、下自动扶梯夹人行楼梯（宽1920 mm），中间一组为L形人行楼梯（宽2500 mm）及无障碍电梯。

站厅层东端为主要设备管理用房区，内设一座工作人员使用楼梯连接站台层，并设独立的安全出口直通地面；站厅层西端为次要设备管理用房区。

站厅层建筑面积为8706 m^2，其中主体建筑面积为4787 m^2，附属建筑面积为3919 m^2，如图7‑17所示。

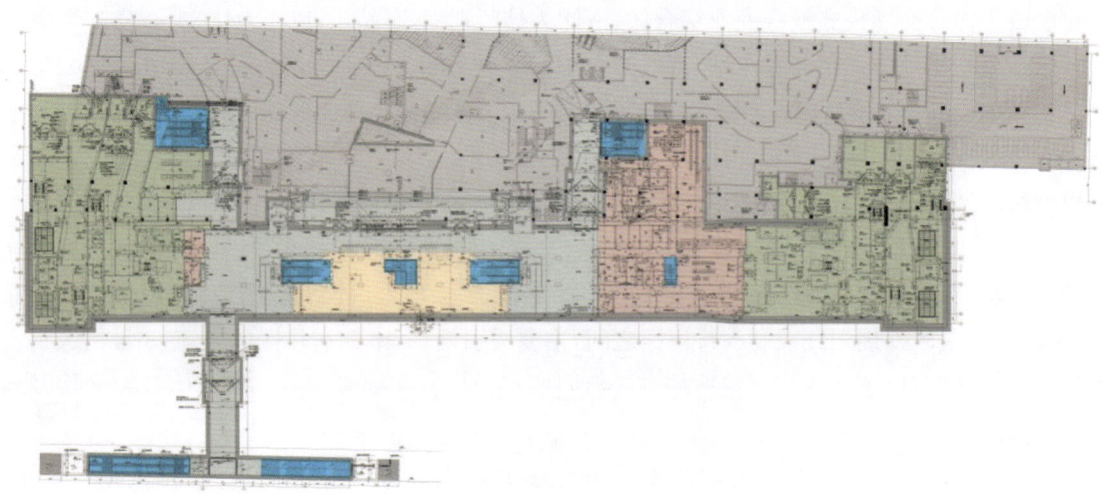

图 7‑17 漕盈路站站厅层平面图

(3) 站台层布置。

站台层采用双柱三跨结构,岛式站台宽度12m,侧站台宽度2600mm。站台层中部设置3组楼扶梯组,分布均匀,方便乘降和疏散。站台层两端布置少量设备管理用房。车站公共厕所布置在公共区西端,其中女厕5个坑位,男厕2个坑位、3个小便斗,设独立无障碍厕所一处。

站台层建筑面积为4787 m²,如图7-18所示。

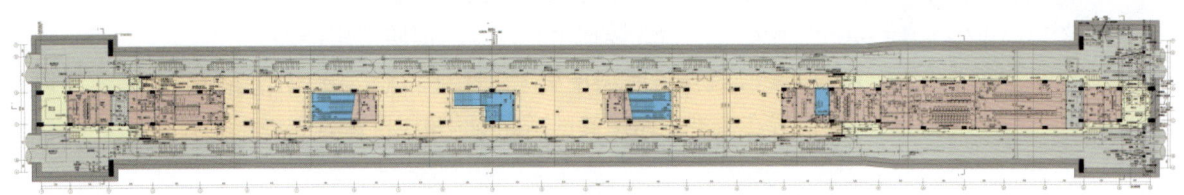

图7-18 漕盈路站站台层平面图

(4) 垂直布置。

乘客可分别由1号、2号、3号出入口进入车站非付费区,购票后由两端闸机进入付费区,经由纵列楼扶梯组下至站台层乘车。残疾乘客可通过3号口附近的无障碍电梯由地面进入站厅,再由宽通道闸机进入付费区,转乘站内的无障碍电梯下至站台。

(5) 设计特点与难点。

设计之初便开展地铁、地块综合开发对接工作,车站与周边开发紧密结合、无缝衔接,同步实施。通过与下沉广场、裙房结合布置,将地铁出入口、风井、冷却塔等功能空间及地铁设备设施整合在开发建筑内,避免常规"个头大、数量多、布局零散"地铁设施对城市景观造成的负面影响优化城市街道景观(图7-19)。

图7-19 漕盈路站周边开发实景

站厅通过出入口、扩大公共区与开发地块连接,使地块人员与地铁沟通便捷,优化客流空间缓冲条件,促进商业吸引。

5) 汇金路站

(1) 总平面布置。

汇金路站位于青浦新城大型居住社区北部中心位置,车站跨汇金路,沿盈港东路呈东西走向。

车站站型为地下一层厅台同层侧式车站,设 2 列位存车线 1 条。有效站台中心里程 SK17+995.310,车站总长 471 m,总宽 14.70～81.06 m。车站总建筑面积为 24 263 m²,其中地下建筑面积为 23 381 m²、地面建筑面积为 882 m²。车站中心轨面标高为 -6.188 m,站中心处覆土约 3.5 m,车站埋深约 12.10 m。

根据站址情况及周边建设条件,车站总平面布置如下:

① 车站西端接地下盾构区间,东接地下、高架过渡段明挖区间。

② 设 4 个出入口、4 组共 10 个风井、2 台无障碍电梯及 2 座消防专用楼梯。

其中,汇金路以东的出入口及 1 号风井与地块开发——青浦宝龙广场下沉广场结合,汇金路以西车站出入口及 3 号、4 号风井均设置在盈港东路南侧的道路绿化带内,如图 7-20 所示。

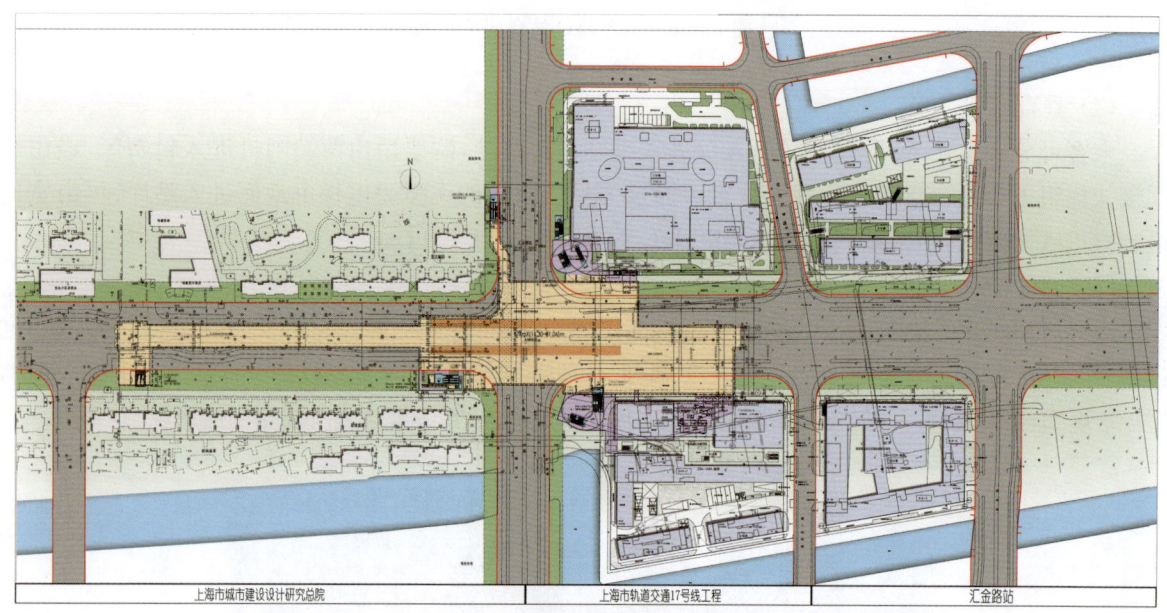

图 7-20　汇金路站总平面布置图

(2) 站厅站台同层布置。

汇金路站受线路埋深、受控管线的制约,设置为地下一层厅台同层侧式车站,车站平面呈现横向扩展的大平层形式,结构体系为 10 m×10 m 柱网纵横梁框架结构。车站公共区布置在轨行区南北两侧,站厅、站台同层平接。上、下行站台、站厅之间设置兼顾付费区和非付费区连通的过轨通道层,实现付费区内外两层次空间的过轨沟通,非付费区过轨通道还同步承担十字路口城市过街功能。

车站主要设备管理区设置在东南象限,车站东北、西南象限布置环控用房等设备用房,西北象限受现状建筑制约,仅设置少量必要的设备用房,有效控制该区域用房规模,满足建筑退界要求,避免拆迁,保障施工安全。

(3) 垂直布置。

汇金路站东侧区间受油墩港节点及线路长度制约,线路竖向设置为 28.5‰的接近极限坡度,不具备继续压深条件,车站本身又受市政排水管线制约,需避线让路。最终通过竖向精心设计,统筹多因素制约条件而实现站位落地。

车站主体纵向坡度为 2‰,东高西低,坡向小里程端。站厅、站台在地下一层同层布局,采用双向梁框架结构,公共区梁下 4.6 m,装修净高 3.2 m。为满足市政管线通行,车站顶板局部下凹形成 10 m 宽结构凹廊,保障管线通行。

为实现侧式车站过轨沟通,地下一层下方局部设置轨通道层,局部埋深加深至 16.20 m。

汇金路站横纵剖面如图 7-21 和图 7-22 所示。

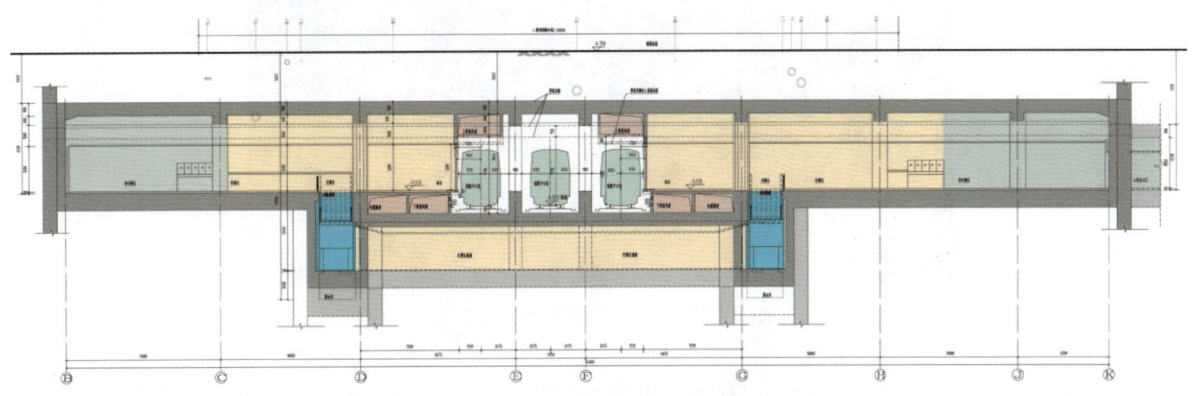

图 7-21 汇金路站横剖面图

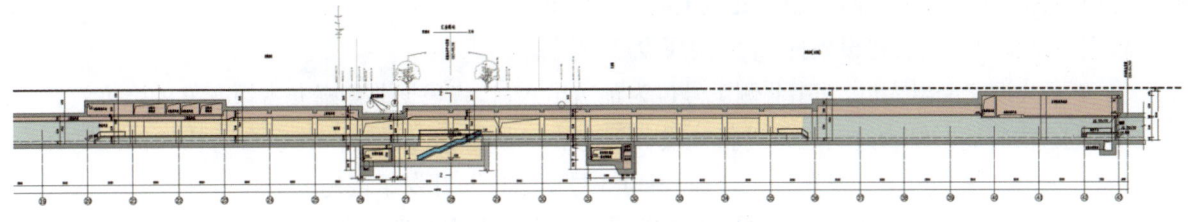

图 7-22 汇金路站纵剖面图

(4) 设计特点与难点。

基于本站诸多制约性因素,多方案比选后选择了突破常规设计的站型及布局,化解市政管线和线路竖向之间的矛盾,解决关键节点站位落地难题、减少拆迁及地块损失,并结合地块实现综合开发。

盈港路为青浦城区北部六横道路之一,为青浦区重要的东西向主干路。车站出入口均衡布置在十字路口四个象限,通过优化车站平面、竖向布局及过轨设计,统筹安排车站过轨及市政过街双重功能,使地铁车站兼而容纳环十字路口城市过街功能,一体化解决城市过街问题。同时合并过轨通道,避免多点深挖,规避施工风险。

通过方案优化,将分散布置的过轨通道合并为一,一体布置付费区、非付费区过轨通道,避免多点深挖,规避了施工风险。

车站出入口、风井等地面附属设施与周边开发通过与下沉广场、裙房结合布置,下沉广场有效衔接地面建筑、广场与地下空间,地上地下、室内室外空间互为渗透,既丰富了空间层次,又改善了地下封闭内向的空间环境(图 7-23)。

6) 蟠龙路站

(1) 总平面布置。

蟠龙路站位于蟠龙路西侧、崧泽高架南侧的规划 20 m 绿化带下。车站主体沿东西向布置,东端紧邻蟠龙路,西端紧邻规划蟠和路。车站东侧、蟠龙路东面为北蟠龙港及蟠龙路泵站,车站南侧为博万兰韵开发地块,车站北侧、崧泽大道以北为蟠龙古镇及待开发地块。

图 7-23 汇金路站周边开发实景

车站站型采用地下二层岛式车站,有效站台中心里程 SK30+916.965,站内净总长 211.0 m,内净总宽 19.54 m。车站总建筑面积 12 417 m²,其中地下建筑面积 11 506 m²,地面建筑面积 911 m²。车站站中心轨面标高为 -9.866 m,站中心处覆土约 2.536 m。

根据站址情况及周边建设条件,车站附属设施设置如下。

① 车站共设三个出入口,其中北侧 1 号口为预留出入口,将根据北侧蟠龙古镇开发的强度及客流增长的需求,由青浦区结合过街通道进行建设;东南角 2 号口与开发结合,其中自动扶梯部分与开发裙楼结合,人行楼梯部分与开发塔楼结合;西南角 3 号出入口与开发裙楼建筑结合。

② 车站共设东、西两组风亭,分别与 2 号、3 号口组合。其中东端风亭的新风井、排风井、一个活塞风井与裙楼结合,另一个活塞风井与塔楼结合;西端风亭均与开发裙房结合,沿开发裙房北立面设置。

③ 车站设备区安全出口位于西端,采用顶出形式,位于地面绿化带范围;车站无障碍电梯位于西端,与开发裙房合建。

④ 车站冷却塔、VRV 室外空调机组等目前暂设在车站主体上方的绿化带内,远期设置在开发裙房楼顶。

⑤ 车站顶板设采光天窗,与地面绿化带结合。

⑥ 由于开发东端的塔楼施工滞后,因此车站 2 号出入口的楼梯和东端的一个活塞风井采用了临时方案。待远期塔楼施工时,再接入开发建筑。

本站总平面布置如图 7-24 所示。

(2) 站厅层布置。

车站地下一层为站厅层,由中部公共区及两端设备管理用房区组成。公共区由隔离栏杆划分为付费区和非付费区,车站采用"两端进、中间出"的布置方式,共设 10 台进站闸机(其中 4 台预留)、12 台出站闸机(其中 3 台预留、1 台为宽通道闸机),在出站闸机处设客服中心一处,同时服务付费区和非付费区,在隔离栏杆上设两处疏散门(每处宽 1 400 mm)。付费区内设三组楼扶梯,其中两端采用上、下自动扶梯夹人行楼梯(宽 1 800 mm)的形式,中间一组为 L 形人行楼梯(宽 2 600 mm)加无障碍电梯的形式。站厅层西端为主要设备管理用房区,且利用 3 号出入口与风井围合区设置部分设备管理用房;站厅层东端为次要设备管理用房区。站厅层建筑面积 7 849.6 m²,其中主体建筑面积 4 695.1 m²,东端附属面积 1 302.4 m²,西端附属面积 1 852.1 m²,公共区面积为 2 088.6 m²(图 7-25)。

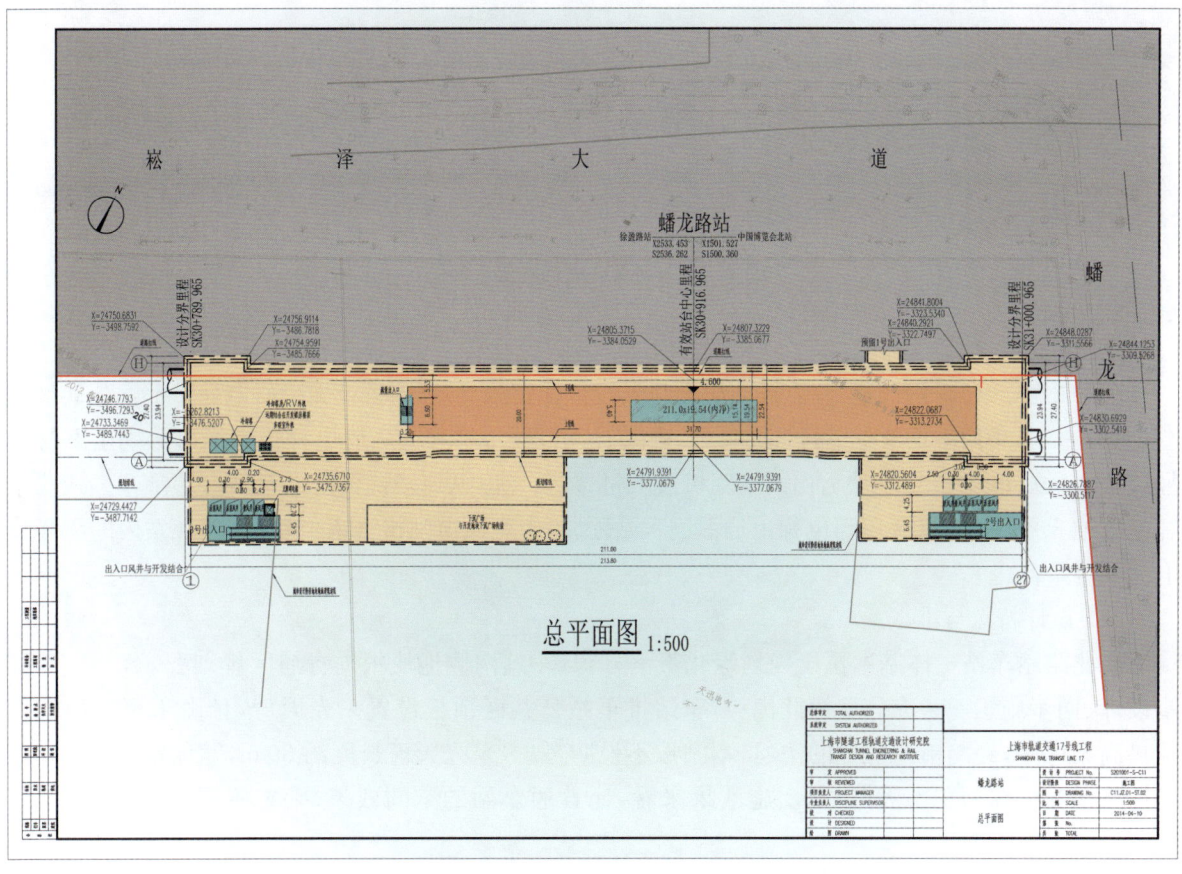

图 7-24　蟠龙路站总平面布置图

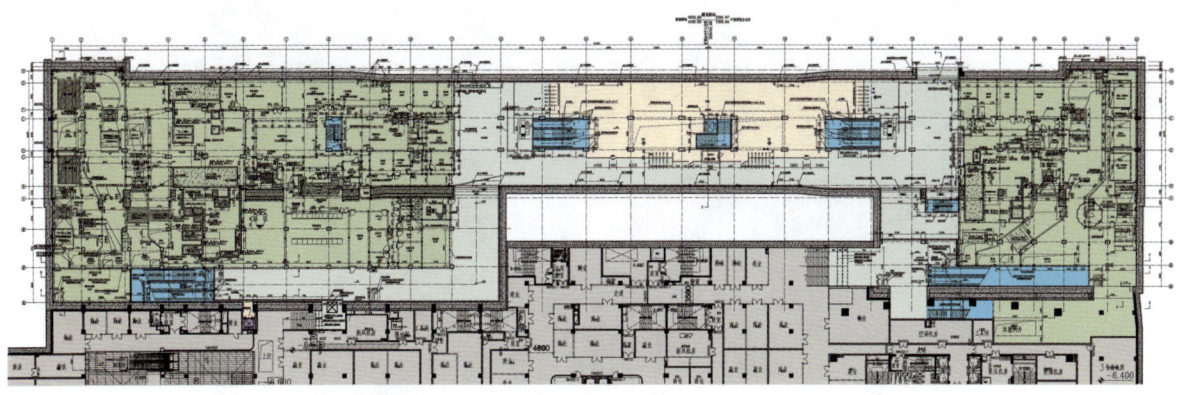

图 7-25　蟠龙路站站厅层平面图

（3）站台层布置。

站台层采用双柱三跨结构，岛式站台宽度 12 m，侧站台宽度 2600 mm。站台层中部设置 3 组楼扶梯组，分布均匀，方便乘降和疏散；站台层两端布置有少量设备管理用房。车站公共厕所临西端公共区设置，其中女厕 5 个坑位，男厕 2 个坑位、3 个小便斗，设独立无障碍厕所一处。

站台层建筑面积 2463.2 m²，其中公共区面积为 1458 m²。

站台层平面布置如图 7-26 所示。

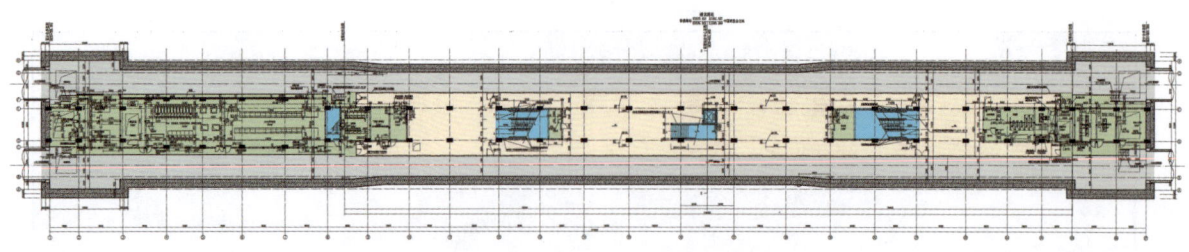

图 7‑26 蟠龙路站站台层平面图

(4) 垂直布置。

车站 2 号、3 号口均设置上、下自动扶梯与人行楼梯，在 3 号口附近设无障碍电梯 1 部。公共区设 3 组楼扶梯，其中两端均有上下行自动扶梯，中间有人行楼楼梯和无障碍电梯。乘客可分别由 2 号、3 号口进入车站非付费区，购票后由两端闸机进入付费区，经由纵列楼扶梯组下至站台层乘车。残疾乘客可通过 3 号口附近的无障碍电梯由地面进入站厅，再由宽通道闸机进入付费区，转乘站内的无障碍电梯下至站台。

(5) 设计特点与难点。

蟠龙路站车站主体基本位于规划绿化带下方，且车站南侧地块根据青浦区规划要求，与车站同步设计、同步施工。为充分发挥此优势，车站将车站公共区顶板设置采光天窗，且由于车站西端区间接高架区间，经与市人防办的沟通，本站按不设防考虑，采光天窗长度约 30 m，宽度约 5.4 m。这样虽然采光天窗面积不大，但从实施效果来看，比普通车站的空间效果、乘客感受都更加舒适（图 7‑27）。

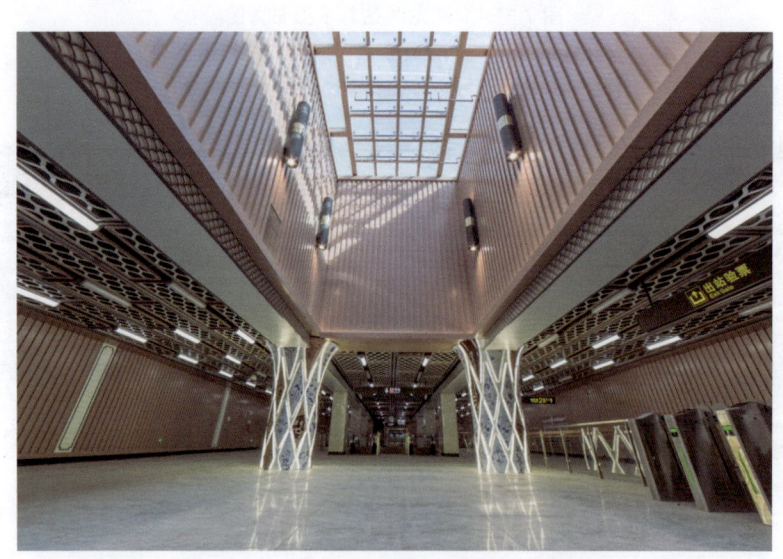

图 7‑27 蟠龙路站实景

蟠龙路站与南侧地块方案基本同步设计，青浦区从前期城市设计、控详规划、土地招拍挂等各个环节就重视车站与地块开发的结建方案，因此设计院积极配合，从结合方案到装修效果，全方位、全过程地考虑与开发方案的协调统一。设计总结了大量既有开发结合项目的经验，将车站与开发的结合方案从建筑、结构、机电各个专业进行界面划分、技术对接、方案审查，牢牢锁定规划条件。后期由于开发地块建设时序的调整,工期滞后,车站设计与开发单位进行多次沟通,在确保地铁开通运营需求的前提下,将2号口的人行楼梯、东活塞风井采用临时方案的形式,设于地面广场内,满足地铁功能,也为开发留出了施工空间和时间;车站3号口与西风井也是受开发进度滞后的影响,一度准备采用临时方案,后经设计仔细研究,提出将开发裙楼的变形缝设置进行调整,有条件将开发与车站结合部分的建筑先期建设,即保证了车站功能,也使得开发同步实施成为可能,避免了后期的改造,大大节省了工程难度和费用。

7) 诸光路站

(1) 总平面布置。

诸光路站主体位于崧泽大道与诸光路交叉路口以西地块内,车站东西向布置,紧邻联美综合开发地块,为中国国际进口博览会北部门户车站;车站附近道路以崧泽大道和诸光路为主,崧泽大道道路红线 63 m,诸光路道路红线 60 m。

车站站型采用地下二层岛式渡线车站,有效站台中心里程 SK32+417.244。车站内净总长 347.0 m,净总宽 19.54 m。车站总建筑面积 16 559.4 m²,其中地下建筑面积 15 297.4 m²,地面建筑面积 1 262 m²。车站站中心轨面标高为 −10.304 m,车站范围覆土 2.1～2.6 m。

根据站址情况及周边建设条件,车站附属设施设置如下。

① 车站共设三个出入口,其中两个出入口与南侧开发的下沉式广场相结合,另一出入口为预留,位于崧泽大道南侧。

② 车站共设东、西两组风亭。两组风亭均采用高风井,从车站主体顶出,独立设置。

③ 车站设备区安全出口共有两处,一个位于西端,采用顶出形式与西端风亭结合设置;另一个也是顶出,与地铁3号口结合设置。车站无障碍电梯位于下沉式广场内,与3号口合建。

④ 车站冷却塔、VRV 室外空调机组等目前暂设在车站主体上方的绿化带内。

⑤ 车站顶板设采光天窗,与地面绿化带结合。

⑥ 由于开发东端的下沉式广场施工滞后,因此车站2号口的部分楼扶梯和一个新风井采用了临时方案。待下沉式广场商业开发区施工时,再完成2号口出地面楼扶梯施工。

车站总平面布置如图 7-28 所示。

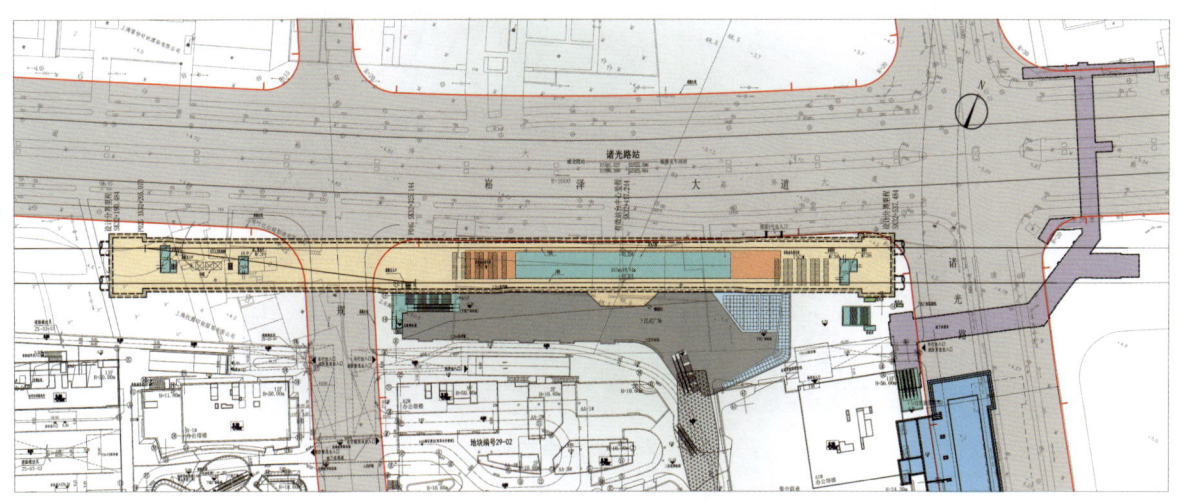

图 7-28 诸光路站总平面布置图

(2) 站厅层布置。

车站地下一层为站厅层,由中部公共区及两端设备管理用房区组成。站厅层西端为主要设备管理用房区,站厅层东端为次要设备管理用房区。

站厅层建筑面积 7 648.7 m²,其中公共区建筑面积 3 149.3 m²,东端设备用房面积 1 136.9 m²,西端设备用房面积 3 362.5 m²。

车站位于路侧绿化带下方案,建筑布局打破原有车站体系,顶板开设长 95 m×11 m 的天幕天窗,造型上用钢结构作为装饰构架,将室外阳光,室外环境引入车站内部,将以往沉闷压抑的车站环境颠覆。车站空间上创新地在上海首次采用大跨度的无柱大空间,站厅公共区、站台公共区不设置一根立柱,将整个近 7 m 高、20 m 宽站厅空间完全释放。并且考虑站台空间在有效的层高下体现无限的效果,在车站站厅中板上设置了 18 m×11 m,共 4 处中庭构造,使站台空间与站厅空间融为一体。

(3) 站台层布置。

站台层采用双柱三跨结构,岛式站台宽度 12 m,侧站台宽度 2.7 m。中部设置 3 组楼扶梯组,分布均匀,方便乘降和疏散。两端布置有少量设备管理用房。车站公共厕所临西端公共区设置,其中女厕 5 个坑位,男厕 3 个坑位、4 个小便斗,设独立无障碍厕所一处。站台层建筑面积 7 648.7 m²。

(4) 垂直布置。

乘客可分别由 2 号、3 号出入口进入车站非付费区,购票后由两端闸机进入付费区,经由纵列楼扶梯组下至站台层乘车。残疾乘客可通过 3 号口附近的无障碍电梯由地面进入站厅,再由宽通道闸机进入付费区,换乘站内的无障碍电梯下至站台。

(5) 设计特点与难点。

根据 17 号线顶层设计理念,诸光路统筹考虑车站的地理位置、环境因素、周边情况,将大跨度、无柱、天窗、中庭等元素完美地融合在一起,具备"最美车站"的情怀,充分体现了"大空间、大景观、大视野"的设计理念(图 7-29)。

图 7-29 诸光路站实景

① 建筑、结构一体化的全新建筑空间:首次创造了建筑、结构一体化的全新建筑空间形式,并获得专利,在设计过程中解决了诸多难题,如消防疏散利用站厅与开发之间的过渡区域,设计成下沉式

广场,与站厅共同作为安全区考虑,缩短乘客的疏散距离,对火灾工况客流进行模拟分析,对标国际标准;节能方面,大面积采光顶棚玻璃采用8+8+8三层夹胶Low-E安全玻璃,既保证光线可引入室内,又满足节能设计的要求。

② 与综合开发地块的无缝衔接:车站所处地块规划为城市综合体,作为重要的交通组成部分,车站以城市规划为范本,设计时考虑与开发地块之间设置下沉式广场,解决了地铁进出站客流、地铁疏散客流、地铁与开发交互客流、博览会集中突发客流、地区过街客流等多种需求。下沉式广场东西向长220 m,南北向宽30 m,不仅有利于乘客紧急状况下疏散,而且使车站空间感更强,能令乘客产生良好的心理感受。

③ 亚洲第一个获得 LEED(能源与环境设计先锋)银级认证的地铁车站:诸光路站为获得 LEED 认证采取了诸多措施,包括与周边地块共同开发,场地绿化面积为车站占地面积的37%;苗木选择无需大量灌溉维护的绿植,有效节约了灌溉用水;在公共区域设置了贯通大中庭,改善地下车站的空间效果,优化车站光环境,体现了节能环保、以人为本的理念,创造了一种自然、和谐的空间效果;环控系统方面,采用高效的以风水联调联动的空调系统,可有效降低车站的空调能耗;照明方面,所有照明设施均采用 LED 灯具,配以智能灯光控制系统,可有效降低照明能耗并减少灯具的光污染;装修装饰方面,采用节能环保的绿色建材(包括采用无辐射装饰材料、能释放负离子涂料、有海绵蓄水效应的透水砖等);设立最低的能耗基准,建筑全能耗模拟,在空调系统、供热系统、照明系统等能源用量占比较大的系统,设计中主要以节能为主为整个车站提供技术支持。

7.2 车站装修

17号线车站装饰设计从现代水乡文化为切入点,以"灵秀水乡,上海之源"为概念主题,把17号线打造成一条上海最美的风景线,体现青浦文化特色,展现上海国际化都市新形象,营造"上海的""青浦的""17号线的"文化艺术长廊。

7.2.1 车站装修设计

17号线共设13座车站,在分析了车站客流量大小及周边文化特色,地理位置的重要性等因素,选择其中8座为标准站(淀山湖大道站、漕盈路站、汇金路站、赵巷站、嘉松中路站、徐泾北城站、徐盈路站、虹桥火车站站),5座为重点站(东方绿舟站、朱家角站、青浦新城站、蟠龙路站、诸光路站)。

1) 标准站

(1) 淀山湖大道站打造成为青浦新的城市副中心,表现现代商业为主,如图7-30、图7-31所示。

(2) 漕盈路站将打造青浦首个现代化综合生态示范区,车站设计表现现代居住为主,如图7-32、图7-33所示。

(3) 汇金路站毗邻大型居住社区,青浦宝龙城市广场是汇金路站地铁上盖综合体,表现现代商业为主,如图7-34所示。

(4) 赵巷站周边有崧泽文化遗址,上海人最早的祖先在这里,"上海第一人"在这里诞生、表现历史人文为主,如图7-35、图7-36所示。

图 7-30　淀山湖大道站站厅

图 7-31　淀山湖大道站站台

图 7-32　漕盈路站站厅

图 7-33　漕盈路站站台

图 7-34　汇金路站站台

（5）嘉松中路周边有崧泽文化遗址，表现历史人文为主，如图 7-37、图 7-38 所示。

（6）徐泾北城站周边以商业住宅为主，以现代居住为主，如图 7-39、图 7-40 所示。

（7）徐盈路站周边以商业，居住生活配套为主，体现现代居住为主，如图 7-41、图 7-42 所示。

7 车　站

图 7-35　赵巷站站厅

图 7-36　赵巷站站台

图 7-37　嘉松中路站站厅

图 7-38　嘉松中路站站台

图 7-39　徐泾北城站站厅

图 7-40　徐泾北城站站台

图 7-41　徐盈路站站厅

图 7-42　徐盈路站站台

(8) 虹桥火车站为改造车站,17 号线线路位于 10 号线与 2 号线共用站台中间。

2) 重点站

(1) 东方绿舟站,周边是东方绿舟主题公园,自然环境优美,站点设计表现生态宜居为主,如图 7-43、图 7-44 所示。

(2) 朱家角站位于朱家角古镇,表现现代水乡居住为主,如图 7-45、图 7-46 所示。

(3) 青浦新城站上盖包括高约 170 m 超高层塔楼,定位青浦新地标,表现现代商业为主,如图 7-47、图 7-48 所示。

图 7-43 东方绿舟站站厅

图 7-44 东方绿舟站站台

图 7-45 朱家角站站厅

图 7-46 朱家角站站台

图 7-47 青浦新城站站厅

图 7-48 青浦新城站站台

(4) 蟠龙路站上盖是传统文化产业,以表现传统文化为主,如图 7-49、图 7-50 所示。

(5) 诸光路站周边是上海新地标——国家会展中心商业综合体,以表现现代商业为主,如图 7-51、图 7-52 所示。

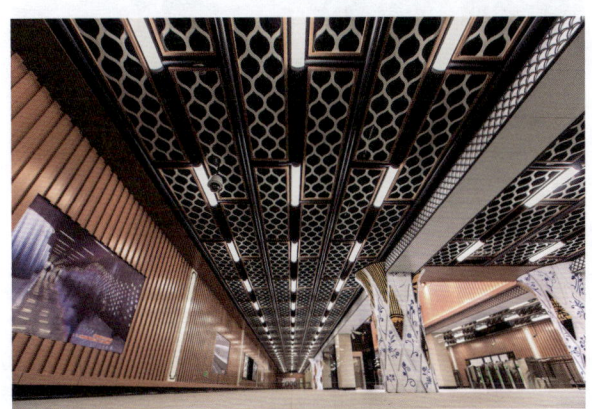

图 7-49　蟠龙路站站厅

图 7-50　蟠龙路站站台

图 7-51　诸光路站站厅

图 7-52　诸光路站站台

7.2.2　公共艺术设计

17 号线是全线在青浦区境内的地铁线路,为了在地铁站内展现青浦区域文化特色,青浦区政府与申通集团联合,利用车站公共区域部分空间作为展示新青浦人文和自然风采的平台,将青浦的地域特色文化从车站外立面、内装修向车站公共文化的精神阵地延伸,使之更加直观地展示新青浦、新面貌、新发展,将 17 号线打造成为青浦区公共交通新格局中的一道文化风景线和精神文明宣传阵地。

全线公共文化艺术创作由面及点无限延伸,结合每座车站的地理位置、历史文化,进行大量的公共文化艺术调研、艺术方案论证,最终形成了节点与整体的公共艺术文化设计,精心打造的独具匠心的文化艺术线路,如图 7-53、图 7-54 所示。

图 7-53 蟠龙路站公共艺术

图 7-54 诸光路站"诸光开物"

7.2.3 材料与工艺

轨道交通 17 号线车站装修根据设计风格及功能,在装饰材料的选择上进行了创新(表 7-1)。

(1) 地面和部分墙面选用了节能环保型陶瓷砖。随着国内陶瓷行业的不断发展创新,陶瓷砖在硬度、耐磨性、抗腐蚀性等方面都有了很大的提升,完全可以满足轨道交通大型公共设施的使用要求,17 号线在建设前期也邀请了业内领头企业及专家进行了论证分析,得到了充分的数据验证后,在业主的支持下最终将节能环保型陶瓷砖使用在站内装修当中,结合设计理念达到了预期的使用效果。

(2) 在个别车站选用了大理石墙面。如诸光路站,结合独特的站型空间,利用大理石的造型与表

表 7-1 17 号线车站装修材料汇总表

车站名称	天花板	地面	墙面	柱面	灯具
东方绿舟站	造型方通	陶瓷砖	陶瓷砖、搪瓷钢板	陶瓷砖、搪瓷钢板	造型灯带
朱家角站	造型方通	陶瓷砖	陶瓷砖、搪瓷钢板	陶瓷砖、搪瓷钢板	造型灯带
淀山湖大道站	造型方通	陶瓷砖	大理石	搪瓷钢板	造型灯带
漕盈路站	造型方通	陶瓷砖	大理石	搪瓷钢板	造型灯带
青浦新城站	阳极氧化铝板造型	陶瓷砖	陶瓷板	阳极氧化铝板	灯带
汇金路站	造型方通	陶瓷砖	大理石、陶瓷板	搪瓷钢板	造型灯带
赵巷站	造型方通	陶瓷砖	陶瓷砖	陶瓷砖	造型灯带
嘉松中路站	造型方通	陶瓷砖	陶瓷砖	陶瓷砖	造型灯带
徐泾北城站	镂空铝板	陶瓷砖	陶瓷砖	陶瓷砖、搪瓷钢板	造型灯带
徐盈路站	造型方通	陶瓷砖	陶瓷砖	陶瓷砖、搪瓷钢板	造型灯带
蟠龙路站	镂空铝板	陶瓷砖	造型铝板	搪瓷钢板	造型灯带
诸光路站	造型方通	花岗岩	大理石	大理石	造型灯
虹桥火车站站	铝方通	花岗岩	—	—	—

面的质感,整体提升了空间的艺术效果,大气磅礴,成为17号线内标志性车站,在整个上海轨道交通线网中也是独特的存在。

(3) 全线车站采用多功能涂料,释放负氧离子改善空气质量,为乘客提供健康舒适的乘车环境,并延长了车站设备的使用寿命。设备区管理用房充分进行了人性化设计,改善了办公环境,如增加功能房间供办公人员使用;采用多功能蓄光发光负氧离子涂料,改善光照质量,提高健康度与舒适性。

(4) 天花板采用大面积露空设计,有效提升了车站高度,减少了装饰造价,便于后期运营维护保养。17号线在建设前期做了大量的梳理工作,通过对车站天花板上的综合管线梳理,将众多设备终端与造型天花板进行整合,统一采用综合支吊架进行吊装,整体效果清爽简洁,施工便捷,同时也加强了天花板造型的吊装强度,节省了原有的主次龙骨,提高了车站使用的安全性。

(5) 在地面广场上采用了高性能陶瓷透水砖,与市政人行道路的材料相近,使之融为一体。高性能陶瓷透水砖具有很高的透水性,结合配套的施工工艺使之在多雨季节暴雨天气情况下的广场快速排水,避免低洼处出入口的雨水倒灌情况发生,更加美观实用。

(6) 在设备区环空机房等管线密集的功能房间,根据设备管线的不同进行颜色区分,并对流向及功能进行统一标注,一目了然,便于后期的运营维护。对地面的水沟及设备基础采用环氧树脂进行涂刷,设置警示色带避免工作人员绊倒,提高了人员使用的安全性。

(7) 钢结构防腐。

7.3 车站结构

7.3.1 设计原则和标准

1) 设计原则

(1) 车站结构设计应根据车站功能、结构特征、环境条件、工程地质、水文地质、施工工艺、盾构施工筹划等条件,遵循安全、经济、技术先进合理的原则,选择合适的结构形式及施工方法,以满足总体规划和车站的使用要求。

(2) 车站结构设计除应满足城市规划、施工、运营要求外,还应满足防火、防水、杂散电流防护等要求。结构设计应确保结构具有足够的耐久性,地下车站结构的整体设计使用年限为100年,安全等级为一级。高架车站主体及重要附属结构按100年设计使用年限进行设计。

(3) 车站结构设计采用以概率论为基础的极限状态设计法,根据车站结构的类型、施工方法和实际工况,选择合理的计算图式,分别按施工阶段和正常使用阶段,进行强度、刚度、稳定性计算和耐久性设计,并进行裂缝宽度验算。车站结构设计应具有足够的纵向刚度,满足长期运营条件下结构纵向不出现危及安全运行的差异沉降。

(4) 高架车站"桥-建"组合结构体系中,轨道梁、支承轨道梁的横梁、支承横梁的柱等构件及基础,应按现行铁路桥涵设计规范进行结构设计。当轨道梁简支于横梁布置时,内力分析可按平面刚架假定进行;当轨道梁与横梁刚结布置时,内力分析宜按空间刚架假定进行,由活载产生的内力,应根据影响线加载计算得到。除上述构件外的其余构件,均按现行建筑结构设计规范进行结构设计。

(5) 结构的净空尺寸除满足建筑限界和建筑设计、施工工艺及其他使用要求外,尚应考虑施工误差、测量误差、结构变形及后期沉降的影响。

（6）结构抗震设防烈度为7度，设防分类属重点设防类（简称乙类），场地类别为Ⅳ类（东方绿舟站为Ⅲ类），抗震等级为二级，抗震构造措施应满足抗震设防烈度8度的相关要求。

（7）结构设计中必须包括对环境保护的设计，基坑工程的设计应根据所处的具体工程位置及周围环境分段划分并确定相应的基坑安全与保护等级，以此确定合理的施工工艺，并对围护结构的构件进行承载能力、变形与稳定性计算，提出相应的技术措施和施工监测要求，高架车站地基基础设计等级为甲级。

（8）结构设计应按最不利情况进行抗浮稳定验算。在不考虑侧壁摩阻力时，其抗浮安全系数不得小于1.05；当考虑侧壁摩阻力，其抗浮安全系数不得小于1.10；当结构抗浮不能满足要求时，采取相应的工程措施。

（9）地下车站附属结构须具有战时防护功能并做好平时转换功能，在规定的设防部位结构设计按6级人防的抗力标准进行验算，并设置相应的防护措施。

（10）车站应根据《地铁杂散电流腐蚀防护技术规程》(CJJ 49—1992)，采取防止杂散电流腐蚀的措施，钢结构及钢连接件应进行防锈处理。

（11）地下结构中承重构件的耐火等级为一级，其他构件应满足相应的室内建筑防火规范要求。

2）设计标准

（1）高架车站主要荷载标准。

① 民用建筑活荷载标准值，按表7-2规定采用。

表7-2 民用建筑活荷载标准值

项次	类别	标准值	备注
1	基本风压	0.60 kN/m²	100年一遇
2	基本雪压	0.25 kN/m²	100年一遇
3	站厅、楼梯	4.0 kN/m²	—
4	站台、天桥	5.0 kN/m²	—
5	车站控制室、通信机械室、信号机械室	5.5 kN/m²	弱电综合机房远离车控室区段10 kN/m² 安全门设备室8.0 kN/m²
6	其他设备用房楼面	根据设备的实际重量、动力影响、安装运输途径及工作状态确定	不得小于5.5 kN/m²
7	厕所、盥洗室	2.5 kN/m²	—
8	不上人屋面	0.7 kN/m²	—

② 列车荷载。每列车编组六辆（6节编组）。首车车长24 400 mm，动车车长22 800 mm，宽3 000 mm，高3 800 mm，固定轴距2 500 mm，车辆定距为15 700 mm，重车轴重为160 kN，空车轴重为100 kN。列车活载图样如图7-55所示。

③ 离心力。按《地铁设计规范》计算，$C = \dfrac{v^2}{127R}$。

其中$v=100$ km/h，作用点高度为轨顶以上1.8 m。

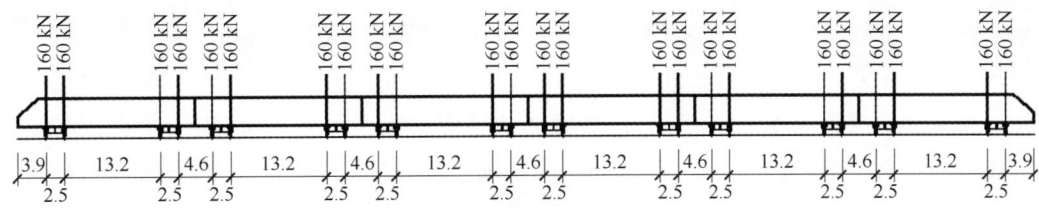

图 7-55 活载图样(单位:m)

④ 冲击力。列车竖向动力系数为 $1+\mu$,μ 宜按现行《铁路桥涵设计基本规范》规定的值乘以0.8:

$$1+\mu=1+\left(\frac{10}{30+L}\right)$$

L 以 m 计,为列车荷载影响线加载长度,但桥面行车道板计算时,为其计算跨度或悬臂长度。

⑤ 地震荷载。抗震设防烈度7度,设计基本地震加速度值为 $0.1g$,所属的设计地震分组为第一组,场地类别为Ⅳ类,结构阻尼系数为小震、中震 0.03,大震 0.05,水平地震最大影响系数为 0.08,场地特征周期 T_g 为小震、中震 0.9 s(东方绿舟小震、中震 0.65 s),大震 1.1 s。

⑥ 施工荷载:$4\,kN/m^2$。

(2) 地下车站主要荷载标准。

① 车站结构设计荷载见表 7-3。

表 7-3 车站附属结构荷载分类表

荷载类型		荷载名称
永久荷载		结构自重
		地层压力
		结构上部和破坏棱体范围的设施及建筑物压力
		静水压力及浮力
		混凝土收缩及徐变影响
		预加应力
		设备重量
		地基下沉影响力
可变荷载	基本可变荷载	地面车辆荷载及其动力作用
		地面车辆荷载引起的侧向土压力
		轨道交通车辆荷载及动力作用
		人群荷载
	其他可变荷载	温度变化影响
		施工荷载
偶然荷载		地震作用、6级人防荷载

② 地层压力。

(a) 竖向压力。车站按计算截面以上全部土柱重量作为垂直荷载。

(b) 侧向水土压力。侧向压力按朗金公式计算,c、φ取直剪固快峰值平均值;侧向水土压力在施工阶段对于黏性土地层采用水土合算,对于砂性土地层应采用水土分算,使用阶段均按水土分算计算。计算中计及地面荷载(按地面车辆荷载和周围建筑物基础的实际情况取值)及施工机械等引起的附加水平侧压力。

③ 列车荷载。

列车荷载应根据所采用的车辆轴重、排列和制动力计算,并用通过的重型设备车辆进行验算。当列车荷载直接作用在楼板时,考虑动力作用,应按允许应力法进行计算,其计算及构造应满足现行《铁路桥涵钢筋混凝土和预应力混凝土结构设计规范》(TB 10002.3—99)的相关要求。

④ 人群荷载。

站台、站厅、楼梯、车站管理人员用房等部位的人群荷载按 4 kPa 的活荷载标准值计,当管理用房有集中荷载时按实际荷载选用。

⑤ 设备荷载。

设备区一般可按 8 kPa 进行设计,重型设备区依据设备的实际重量、动力影响、安装运输途径等确定吊运荷载大小及作用范围,进行结构计算。对于自动扶梯等需要吊装的设备荷载,在结构计算时还应考虑设备起吊点所设置的位置及起吊点的荷载值。

⑥ 地面超载。

一般考虑 20 kPa 地面超载,在端头井附近应根据盾构隧道施工要求考虑,可按 30 kPa 计。对于覆土厚度小于 1 m 的车站,按照地面道路实际情况确定相应超载。还应考虑邻近建构筑物荷载的影响。

⑦ 人防荷载。

在规定需要考虑战时防护的部位,作用在结构上的等效荷载按人防规范的有关规定计算。

⑧ 地震荷载。

按抗震设防烈度 7 度,设计基本地震加速度值为 0.10 g,并按 8 度采取抗震构造措施。结构抗震等级为二级。按结构形式的不同,可选用反应位移法、反应加速度法或时程分析法进行抗震分析。

(3) 材料选用。

① 应根据其类型、受力条件、使用要求和所处工程环境等因素选用,并考虑其经济性、可靠性和耐久性。主要受力结构一般采用钢筋混凝土。

② 车站大体积浇筑的混凝土应采用低水化热水泥,并采取掺入适量外加剂,降低温差的措施,以防止发生有害裂缝和减小裂缝宽度,在必要部位设置后浇带及其他防裂抗裂措施。

③ 钢绞线:高强度低松弛钢绞线 $\Phi^s 15.2$,$f_{pk}=1\,860$ MPa,符合《预应力混凝土用钢绞线》(GB 5224)。

④ 锚具应符合《预应力筋用锚具、夹具和连接器》(GB/T 14370)中的Ⅰ类要求。

⑤ 钢筋宜优先采用延性、韧性和焊接性较好的钢筋,纵向受力钢筋宜采用符合抗震性能指标的HRB400 级热轧钢筋,箍筋宜采用 HPB300 和 HRB400 级热轧钢筋。按一级、二级、三级抗震等级设计的框架和斜撑构件,其纵向受力普通钢筋应符合下列要求。

(a) 钢筋的抗拉强度实测值与屈服强度实测值的比值不应小于 1.25。

(b) 钢筋的屈服强度实测值与强度标准值的比值不应大于 1.30。

(c) 钢筋最大拉力下的总伸长率实测值不应小于 9%。

⑥ 钢结构构件一般采用 Q235B、Q345B 钢。钢材的质量标准分别符合现行国家标准《碳素结构钢》(GB/T 700)、《低合金高强度结构钢》(GB/T 1591)和《建筑结构用钢板》(GB/T 19879)的要求。当采用其他牌号的钢材时,尚应符合有关标准的规定和要求。

⑦ 预埋件用的锚筋应采用(HPB300、HRB400)级钢筋,严禁采用冷加工钢筋;吊环必须采用未经冷加工的 HPB300 级钢筋;所有外露铁件除注明外均要求刷红丹二度、调和漆二道。同时所有外露构件宜与受力钢筋隔离,否则应采用牺牲阳极保护。

⑧ 大体积混凝土的原材料、配合比、制备、运输、施工等要求应符合现行国家标准《大体积混凝土施工规范》(GB 50496)中的规定。

7.3.2 车站结构设计概述

本工程全线共设 13 座车站,其中新建高架车站 6 座,地下车站 6 座,既有地下车站 1 座,在虹桥火车站站与 2 号线、10 号线形成换乘。

1) 高架车站

以嘉松中路站为例,纵向长 145 m,呈曲线形布置。车站桥梁上部结构和墩柱整体现浇,轨道梁和车站形成一个整体现浇框架结构。中部⑤轴~⑨轴横向为单跨三层现浇框架,其中二层框架梁悬挑 8 620 mm,端部立柱支撑站台;计算层高分别为 10.330 m、5.320 m、1.540 m。顶部钢结构顶棚层高约 7.1 m,室内外高差 0.15 m,最高点高度约 22.0 m。车站两端为二层单跨框架,墩柱中心跨度 8.2 m。纵向为三层多跨现浇框架,计算层高分别为 15.650 m、1.540 m。墩柱中心距 14.5 m,结构在纵向适当位置设置伸缩缝,形成 3 跨+4 跨+3 跨三个框架,每跨 14.5 m,保证每个单元的纵向最大长度控制在 55 m 左右,伸缩缝两侧设双柱。伸缩缝宽按要求较高的抗震缝宽度,取 150 mm。基础部分连为一体,不设伸缩缝。

考虑到钢筋保护层按 100 年取值,所以站厅层和站台层板厚取 200 mm。

顶部天棚采用钢结构,钢柱采用埋入式柱脚,埋入深度利用站厅层下层到站厅层的 1540 mm 的高度,以保证柱底刚接的计算假定。钢柱截面结合建筑立面效果,可采用圆钢管或宽翼缘工字钢。钢柱脚位置与下部轴网一致,在伸缩缝处采用双柱。天棚形式横向为单跨框架,纵向为多跨框架,梁柱节点均采用刚接。

本线高架车站特征见表 2-2。

2) 地下车站

6 座新建地下车站中,除汇金路站为地下一层侧式车站外,其余均为地下二层岛式车站。

根据总体线路及建筑功能设计,车站主体结构形式为一~二层多跨现浇钢筋混凝土长条形箱形框架结构,内部结构横断面为板式箱形框架,纵向设连续梁式框架。根据车站的宽度和站台形式,主体结构横断面岛式车站一般为一柱二跨、二柱三跨结构,侧式车站主要为二柱三跨结构。部分车站由于存车线等辅助线路的存在,车站结构有多种跨度的形式。

考虑地层条件及车站防水要求,诸光路站、蟠龙路站和青浦新城站侧墙采用复合墙结构形式,其余车站侧墙采用叠合双墙结构形式,地下墙与内衬结构共同受力,地下墙同时提供抗浮作用。附属结构一般为地下一层现浇混凝土箱形结构,通道结构暗埋部分一般为单室箱涵,出口部分为敞开结构,风井部分一般为混凝土壁式竖井结构。

根据地下车站的坑深条件、车站周边环境及上海软土地层的特点,车站主体结构围护采用 0.8 m 厚地下连续墙。附属结构为地下一层,围护结构一般选用灌注桩+搅拌桩止水帷幕或者 SMW 工法的型钢水泥土搅拌墙。内支撑采用钢筋混凝土支撑及钢支撑,第一道支撑一般为钢筋混凝土支撑,与圈梁浇为整体;钢支撑一般采用 $\phi 609$ 钢管,壁厚 16 mm,主体结构基坑采用地下墙围护,不设围檩,钢支撑直接撑于地下墙体上。

本线地下车站特征见表 7-4。

表 7-4 17 号线工程地下车站结构特征综合表

序号	车站名称	车站规模	车站形式	围护结构形式	主要施工方法	内部结构主要构件尺寸
1	淀山湖大道站	528 m × 19.54 m 均为内净尺寸	地下二层岛式	车站主体围护结构均采用 800 mm 厚地下墙标准段墙长 28.7 m（墙顶为地面下 1.3 m）	明挖顺作	顶板：800 mm 中板：400 mm 底板：900 mm 内衬墙：400 mm 柱：600 mm×1 000 mm、700 mm×1 100 mm
2	漕盈路站	215 m × 19.54 m 均为内净尺寸	地下二层岛式	车站主体围护结构均采用 800 mm 厚地下墙标准段墙深 28 m（墙顶为地面下 1 m）	明挖顺作	顶板：800 mm 中板：400 mm 底板：1 000 mm 侧墙：800 mm 柱：600 mm×1 000 mm、700 mm×1 100 mm
3	青浦新城站	165 m × 19.54 m 均为内净尺寸	地下二层岛式	车站主体均采用 800 mm 厚地下墙标准段墙深 27.5 m，端头井墙深 30.5 m	明挖顺作	顶板：800 mm 中板：400 mm 底板：900 mm 内衬墙：400 mm 柱：600 mm×1 000 mm、700 mm×1 100 mm
4	汇金路站	471 m × (14.30～81.06)m 均为内净尺寸	地下一层厅台同层侧式	车站主体：800 mm 厚地下墙，墙深 25 m（墙顶为地面下 1.0 m）存车线段：600 mm 厚地下墙，墙深 23.5 m（墙顶为地面下 0.5 m）	明挖顺作	顶板：800 mm 底板：900 mm 内衬墙：400 mm 圆柱：ϕ1 100 mm 方柱：900 mm×900 mm
5	蟠龙路站	211 m × 19.54 m	地下二层岛式	车站主体：800 mm 厚 29.0 m 深地下墙端头井：800 mm 厚 33 m 深地下墙	明挖顺作	顶板：800 mm 中板：400 mm 底板：1 000 mm 侧墙：500 mm,700 mm 柱：600 mm×1 100 mm、600 mm×1 200 mm
6	诸光路站	347 m × 19.54 m	地下二层岛式	车站主体：800 mm 厚 35 m 深地下墙东端头井：800 mm 厚 31.5 m 深地下墙西端头井：800 mm 厚 39 m 深地下墙	明挖顺作	顶板：800 mm 中板：400 mm 底板：1 000 mm 侧墙：600 mm,800 mm 柱：600 mm×1 200 mm
7	虹桥火车站站	807.77 m× 84.06 m	地下二层多岛	—	—	—

7.3.3 典型车站结构设计

1) 东方绿舟站

(1) 工程概述。

东方绿舟站主体位于沪青平公路南侧用地内,车站主体沿东西向布置。车站北侧为东方绿舟公园,车站位于沪青平公路南侧用地内。西侧为规划P+R停车场,南侧为规划公交枢纽站。车站为双柱单跨结构路侧高架二层11.5 m岛式站台车站。车站主体规模158 m×21.64 m,高度16.4 m。站台中心里程SK0+171.700。车站东、西两端接区间箱形梁段。车站本体由地面一层站厅层及地面二层站台层组成,一层和二层间设局部设备管理用房夹层。

(2) 车站结构选型。

地上二层,局部设地下室,室内外高差0.45 m,总高度为15.25 m(室外地面到主要屋面板顶)。上部结构嵌固在承台顶面。相对设计标高±0.000相当于绝对标高6.120,绝对标高为吴淞高程。

车站纵向长145 m,车站桥梁上部结构和墩柱整体现浇,轨道梁和车站形成一个整体现浇框架结构。横向为单跨三层现浇框架(包括站台下层),墩柱中心跨度14.64 m;纵向为多跨现浇框架,墩柱中心距14.5 m。结构在纵向设置二道伸缩缝(兼作抗震缝),形成4跨+2跨+4跨三个框架,每跨14.5 m,保证每个单元的纵向最大长度控制在55 m左右,伸缩缝两侧设双柱。伸缩缝宽按要求较高的抗震缝宽度,取150 mm。基础部分连为一体,不设伸缩缝。东部一跨设局部地下室作为电缆进线间。

轨道梁和车站为浇注在一起的整体框架结构。纵向轨道梁断面1 200 mm×1 550 mm,两侧设800 mm厚板,兼做轨道梁的加强翼缘。轨道梁及框架梁、大跨次梁采用现浇后张法有黏结部分预应力梁,考虑疲劳,预应力和非预应力筋的应力幅值均不超过140 MPa。

屋面结构采用现浇钢筋混凝土框架结构,底层无厕所和水泵房的位置设架空层。

工程桩采用泥浆护壁机械钻孔灌注桩,桩径800 mm的承压桩为普通泥浆护壁机械钻孔灌注桩,采用桩端后注浆,标准桩长48 m,混凝土保护层厚度为70 mm,采用混凝土滚轮护壁环一圈设四只,挡距2 000 mm。桩混凝土强度等级均为C35(水下C40),砂质粉土与粉质黏土互层为桩端持力层,桩端进入持力层平均深度约2.72 m,最小1.88 m。单桩抗压承载力特征值为4 000 kN,单桩抗压承载力极限值为8 000 kN。

外墙采用预制混凝土外墙板,工厂一次浇筑成型,现场整体吊装。

地上车站采用整体支模,其中墩柱采用定型钢模。预应力采用后张法,后灌浆。

(3) 主体结构设计。

墩台基础总沉降量不应超过40 mm,相邻墩台沉降量之差不应超过10 mm或跨度的1/1000这两者的较小值。对于外部超静定结构,考虑相邻墩台沉降量差对结构产生的附加影响,对混凝土结构徐变影响考虑0.5的折减系数;墩台基础的沉降按恒载计算。

工程桩采用泥浆护壁机械钻孔灌注桩,桩径800 mm的承压桩为普通泥浆护壁机械钻孔灌注桩,采用桩端后注浆,标准桩长48 m,混凝土保护层厚度为70 mm,桩混凝土强度等级均为C35(水下),试桩3根,试桩兼作工程桩,砂质粉土与粉质黏土互层为桩端持力层,桩端进入持力层平均深度约2.72 m,最小1.88 m。

工程抗震设防目标为:墩柱中震(475年一遇)不屈服,大震(2 450年一遇)不出现塑性铰;站台层和站厅层主框架梁中震不屈服,大震时每层框架梁不全屈服。

主体结构为建桥合一结构形式，车站桥墩及盖梁计算荷载由两部分组成：一是房建部分对桥墩产生的静载和传递的人群活载等，二是轨道交通系统部分，采用相应轨道系统的外力进行组合计算，并根据各自荷载的位置及作用力大小取最不利组合进行计算，求出墩柱和盖梁的各控制截面内力，进行结构设计。

(4) 设计特点与难点。

① 外墙PC板。

外墙PC板与主体结构连接件要确保其耐久性，免维护，具体措施是通过多层防护来提高连接件的耐久性：热镀锌＋柔性保护材料＋防火保护材料＋防水保护材料＋硬性防护材料等综合措施，对保护环境也十分有利。热浸镀锌覆量≥610 g/mm^2，锌层平均厚度≥85 μm。连接钢构件自身按100年耐久性考虑，腐蚀厚度0.01 mm/年，其腐蚀厚度为1 mm，正反面叠加后为2 mm。同时为了减少了构件的自重，PC板本身采用轻质混凝土，按照100年的设计耐久性，采用轻质混凝土LC40，这样也间接减少了PC板与主体结构连接构件的应力。

外墙PC板本身的混凝土耐久性通过在混凝土表面使用保护剂，形成一层密实的防护体系，从而保护基材，防止污渍渗入混凝土表面，减少立面水流，减少藻类、藓类和微生物的滋生，降低风化和冻融循环引起的损伤，增加混凝土表面强度，并且可长期附着在混凝土表面。同时，混凝土钢筋保护层按照100年耐久性采用40 mm。

PC板和主体结构的连接，是通过PC板上的倒置牛腿，搁置在轨行区外侧的混凝土挡墙上的，该混凝土挡墙本身设计考虑了列车脱轨的冲击荷载，所以有足够的强度，可以作为PC板的支承结构。但PC板贴临轨行区设置，考虑到列车行驶产生的振动会对连接构件产生变幅应力，造成连接构件的疲劳破坏。据此，在设计连接构件时，所有钢筋、钢板的强度设计值不超过140 MPa，从而间接控制了疲劳应力幅。

外墙PC板自重大，复核水平和竖向地震其为主的荷载组合。通过计算分析，7度区外墙PC板在板厚200～300 mm左右、不超过400 mm的情况下，地震作用不控制，但8度区需要比较，可能地震作用是控制工况。所以采用轻质混凝土减轻PC板自重至关重要。

经过计算分析可知，外墙PC板这种混凝土结构构件，下支承相比上支承可以减少配筋，更容易控制裂缝。

通过计算分析可知，外墙PC板的吊装、翻转、运输设计一般厚度都在200 mm以上，所以吸附力组合不是主要控制。这样，脱模和运输、吊装时的控制荷载组合就是一致的，简化了计算。

外墙PC板的吊点设计，参照预制构件的吊装，尽量做到正负弯矩一致，以达到减少配筋的目的。

② 建规和桥规的协调。

针对两套规范体系的不同之处，按其包络值进行设计，这个比较容易掌握，但对两套规范体系的矛盾之处，就要进行一定的取舍。主要体现在抗震设计时，建规的"强柱弱梁"和桥规的"强梁弱柱"设计准则。考虑到高架车站是多层框架就结构，与一般的桥梁单层结构有所区别，所以本工程采用建规的"强梁弱柱"准则，构造上柱箍筋全高贯通。

2) 嘉松中路站

嘉松中路站计算站台中心里程为SK24＋932.412，车站总长147.63 m，标准段宽25.44 m，为路侧高架三层、每边8.5 m宽侧式站台车站。地面一层为架空层，地面二层为站厅层，地面三层为侧式站台层。外挂设备用房位于道路北侧，长45.8 m、宽22.05 m，地上三层，无地下室。总高度为23.09 m（室外地面到主要屋面板顶），上部结构嵌固在承台顶面。

钢结构车站雨棚纵向不设缝,跨越主体结构抗震缝位置设置屈曲约束支撑,屈曲支撑型号为 TJII-E235-900T 和 TJII-E235-1100T。控制风荷载+温度作用和小震作用下支撑不屈曲,大震作用下,按阻尼比 0.05 求出屈曲支撑内力大于支撑屈服承载力,并根据支撑双折线变形曲线求出支撑拉伸长度不超过支撑变形能力的最大值,并根据将此支撑内力作用在相邻的斜柱上,叠加斜柱的竖向荷载,设计相邻的斜柱断面。

3) 漕盈路站

(1) 工程概述。

漕盈路站为 17 号线工程中间站,位于漕盈路东侧,平行布置在盈港路下方。车站现状北侧为青浦地区最大的客运枢纽站青浦客运站(需拆除重建),南侧为佳邸别墅,17 号线主变电站位于车站东北侧。漕盈路站为地下二层岛式车站,站台中心处覆土约 2.7 m,车站主体开挖深度约 15.87 m。

(2) 车站结构选型。

车站采用地下二层双柱三跨的钢筋混凝土箱形框架结构。围护结构采用复合墙结构体系,防水体系采用全包防水结构体系。

本工程场地周边现状为空地,施工条件相对较好。本车站周边无重要需保护既有建(构)筑物,施工场地涉及的城市道路交通流量不大且具备临时改道条件,综合考虑各方面因素,本车站施工方法采用明挖顺筑法。

(3) 围护结构设计。

本工程场地北侧为青浦地区最大的客运枢纽站青浦客运站;南侧为佳邸别墅,距离车站主体结构约 43.5 m;东北侧为主变电站,距离基坑约 3 m;且沿盈港路管线较多,在基坑开挖深度 H 的 1~2 倍范围内有雨水管、污水管等。在具体实施过程中,优先实施车站基坑再实施东北侧主变电站,因此拟定车站基坑保护等级为二级。二级基坑要求地面最大沉降量≤0.2%H,围护结构最大水平位移≤0.3%H,H 为基坑开挖深度。

车站主体围护结构均采用 800 mm 厚地下连续墙,地下墙深 28 m(墙顶为地面下 1 m),墙趾插入⑦₁层砂质粉土层中,插入比约为 0.81~0.75。基坑内支撑采用对撑形式,沿基坑深度方向自上而下设置 4 道支撑(端头井为 5 道),其中第一道为钢筋混凝土支撑,其余均为 ϕ609 钢支撑。

车站附属结构风道及出入口基坑最大基坑开挖深度 9.4 m,围护结构采用 ϕ850 型钢水泥土搅拌墙作为围护结构,间隔内插 H700×300×13×24 型钢(局部集水坑落低处密插),桩长 21 m,插入比约为 1.1。

(4) 内部结构设计。

根据漕盈路站的建筑规模、功能布置,借鉴以往类似工程的成功经验,主体结构采用地下二层两柱三跨现浇钢筋混凝土框架结构,其主体结构剖面如图 7-56 所示。本车站采用全包防水,地下连续墙与内衬为复合墙体系。主要构件尺寸:顶板 800 mm、中板 400 mm、底板 1000 mm;侧墙:800 mm。主体结构混凝土强度等级采用 C35,抗渗等级 P8。

经对车站各部位的明挖顺筑法各分步工况的结构受力计算分析,得出了不同跨数、不同宽度的内部结构内力图。

(5) 设计特点与难点。

复合墙全包防水围护结构形式。在 17 号线线总体设计阶段,就对本线车站围护结构方案采用叠合墙、复合墙和离壁墙进行了造价、用地、防水性能、结构受力、施工工期全方位专题对比研究,结合本站位于路侧绿化带用地且站址所处地下水丰富的情况,采用了用地稍多但防水性能更好的复合墙

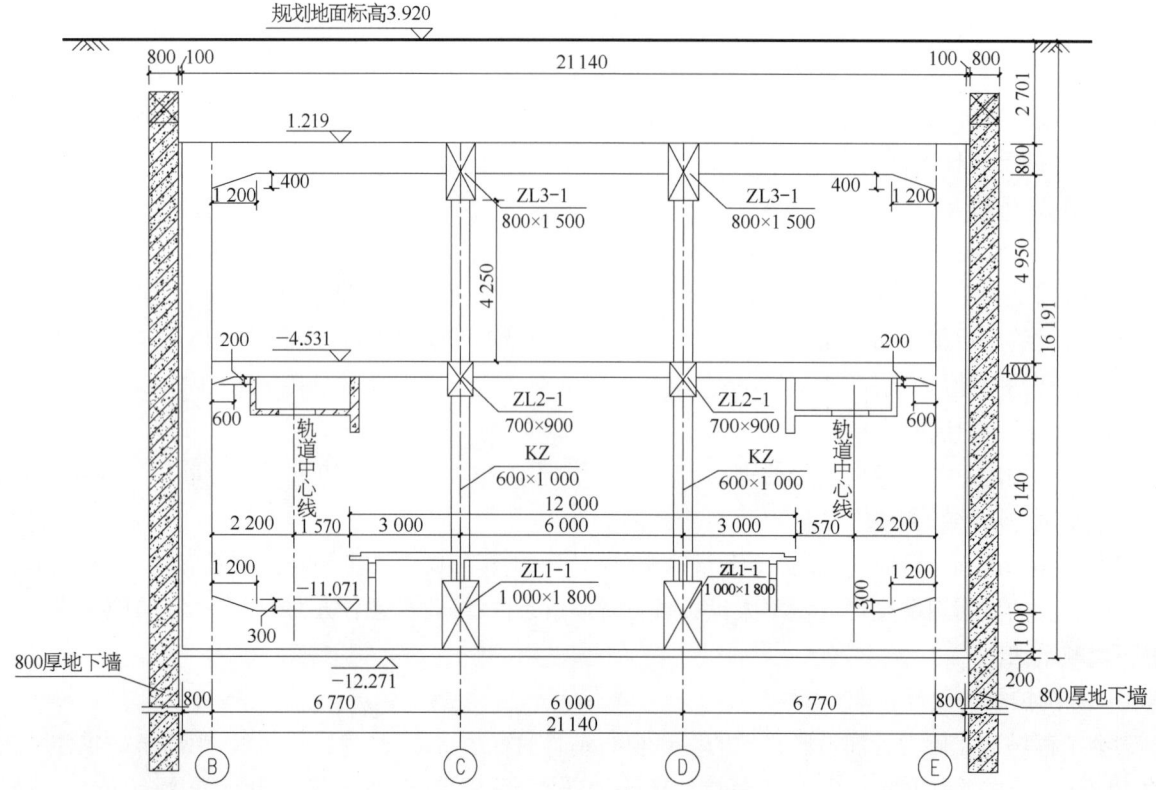

图 7-56 漕盈路站主体结构剖面图

全包防水结构形式。此次应用也是复合墙全包防水结构体系在上海地铁建设的第一次应用。

4) 汇金路站

(1) 工程概述。

汇金路站为 17 号线工程中间站,车站呈东西走向布设于盈港东路下方,骑跨盈港东路与汇金路交叉路口,紧邻青浦新城东片大社区,为地下一层侧式车站,侧站台宽度 7 m。车站的上、下行线之间设置 2 列位长度存车线 1 股,车站主体平面面积约 14 757 m²。

本站共设有 4 处风井、4 个出入口及 2 个紧急疏散口。其中,除 4 号风井、4 号出入口为独立外挂的附属结构,其余的风井、出入口、紧急疏散口均包含在车站主体内,可与车站主体同步实施。因管线搬迁及交通疏解需要,本车站主体分为三区两次实施,均采用明挖顺作法施工。

汇金路站平均覆土约 3.8 m,车站主体内除局部下穿过轨的人行通道处开挖深度约为 17.5 m 外,其余区域开挖深度均约 12.3 m;存车线段标准段开挖深度约 12.7 m,西端头井开挖深度约 14.5 m。

(2) 车站结构选型。

汇金路站为 2×6.47 m 侧式站台车站,地下一层结构,顶板覆土约 3.8 m,顶板上方为市政道路。根据本工程的建筑规模、功能布置,借鉴以往类似工程的成功经验,主体结构采用地下一层(局部有夹层)的现浇钢筋混凝土框架结构。地下连续墙与内衬为叠合墙体系。

本工程场地施工条件相对较好,汇金路东侧基本为空地,施工场地涉及的城市道路交通流量均不大且具备临时改道条件,基坑开挖范围内市政管线也均可临时改移,综合考虑各方面因素,本车站施工方法采用明挖顺筑法。

(3) 围护结构设计。

本站因管线搬迁及道路翻交的需要,除车站存车线段设置为一施工分区外,车站主体基坑大致以汇金路东侧边界以及该边界以东 30 m 为界,另分成三个区域(以下简称主体东区、中区及西区基坑)。整个主体车站分两阶段施工,一期施工主体西区、东区基坑,二期施工主体中区基坑。

车站主体含(西、中、东区)基坑开挖深度约 12.3 m,存车线段标准段开挖深度约 12.7 m,西端头井开挖深度约 14.5 m,均大于 12 m,故基坑工程安全等级均为一级。

车站主体西区基坑北侧有 6 层居民住宅楼,至基坑边界最小距离约 12.2 m;基坑南侧有 8 层住宅楼(桩基础,桩底标高 −11.3 m),至基坑边界最小距离约 18.7 m;施工期间均需要采取措施重点保护,基坑环境保护等级为一级。

车站主体中区、东区基坑周边现状为空地,至基坑边界 1H 范围内无重要管线和需保护的建(构)筑物,基坑环境保护等级为二级。

车站存车线段标准段基坑北侧的 6 层居民住宅楼,至基坑边界最小距离约 21.6 m;基坑南侧的 8 层住宅楼,至基坑边界最小距离约 15.6 m。施工期间也应采取适当的保护措施,基坑环境保护等级为二级。

车站主体区域基坑总平面面积约 14 757 m²,属大型基坑,围护结构采用 800 mm 厚地下连续墙。地下墙深 25 m(墙顶为地面下 1.0 m),墙趾插入⑥$_4$ 层暗绿~草黄色粉质黏土中(已隔断⑥$_2$ 层微承压水层),插入比约为 1.03。基坑内支撑采用对撑、角撑结合边桁架的支撑体系,沿基坑深度方向自上而下设置 2 道钢筋混凝土支撑。其中,第一道支撑截面 1 000 mm×800 mm,第二道支撑截面 1 200 mm×800 mm。

存车线段区域则为宽度约 15 m 的条形基坑,标准段基坑开挖深度约 12.7 m,围护结构采用 600 mm 厚的地下连续墙,地下墙深 23.5 m(墙顶为地面下 0.5 m),插入比约为 0.85;端头井基坑开挖深度约 14.5 m,端头井地下墙深 26.5 m(墙顶为地面下 0.5 m),插入比约为 0.83;墙趾均插入⑥$_4$ 层暗绿~草黄色粉质黏土中(已隔断⑥$_2$ 层微承压水层)。

基坑内支撑采用钢筋混凝土支撑与钢支撑相结合的对撑体系,标准段沿基坑深度方向自上而下设置 3 道支撑,端头井则设置 4 道支撑。其中,第一道均为钢筋混凝土支撑,截面 800 mm×800 mm,局部区域设置施工栈桥板,第二、三道均采用 $\phi 609, t=16$ mm 的钢支撑。

本工程中仅有主体北侧的 4 号口、存车线西端头井南侧的 4 号风井为外挂的附属结构,其余出入口、风道均结合于车站主体内部,无须设置围护结构。

4 号口为常规长条形基坑,基坑宽度约 7.2 m,最大基坑开挖深度与车站主体相同,约 12.3 m,围护结构采用 $\phi 700$ mm@900 mm 钻孔灌注桩+单排 $\phi 850$ 三轴搅拌桩止水帷幕,钻孔桩桩长为 22 m,插入比约为 1.0,止水帷幕深度为 21 m(已隔断⑥$_2$ 层微承压水层)。基坑内支撑采用钢筋混凝土支撑与钢支撑相结合的对撑体系,沿基坑深度方向自上而下设置 3 道支撑,其中,第一道为钢筋混凝土支撑,截面 800 mm×800 mm,第二、三道均采用 $\phi 609, t=16$ mm 的钢支撑。

4 号风井近似呈矩形,基坑平面尺寸 23.0 m×27.4 m,基坑开挖深度约 6.8 m,围护结构采用 $\phi 700$ mm@900 mm 钻孔灌注桩+单排 $\phi 850$ 三轴搅拌桩止水帷幕,钻孔桩桩长为 14 m(止水帷幕深度同),插入比约为 1.06。沿基坑深度方向仅在围护桩顶设置一道混凝土支撑,截面 700 mm×700 mm。

(4) 内部结构设计。

汇金路站为 2×6.47 m 侧式站台车站,地下一层结构,顶板覆土约 3.8 m,顶板上方为市政道路。

根据本工程的建筑规模、功能布置,借鉴以往类似工程的成功经验,主体结构采用地下一层(局部有夹层)的现浇钢筋混凝土框架结构(图7-57和图7-58)。其中,车站主体部分采用双向纵横梁的框架结构体系,柱网尺寸约10 m×10 m;存车线段区域则为三跨双柱箱形框架结构,纵向柱跨10 m。地下连续墙与内衬为叠合墙体系。主要构件尺寸:顶板800 mm,底板9 000 mm,内衬墙400 mm。主体结构混凝土强度等级采用C35,抗渗等级P8。

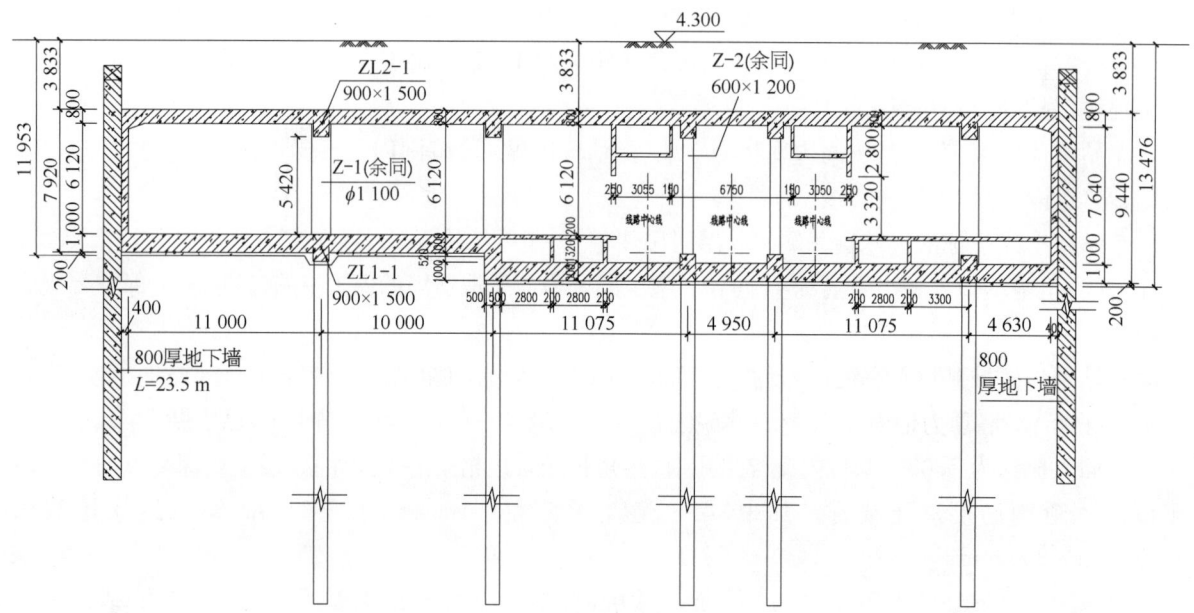

图7-57 汇金路站主体区域剖面图

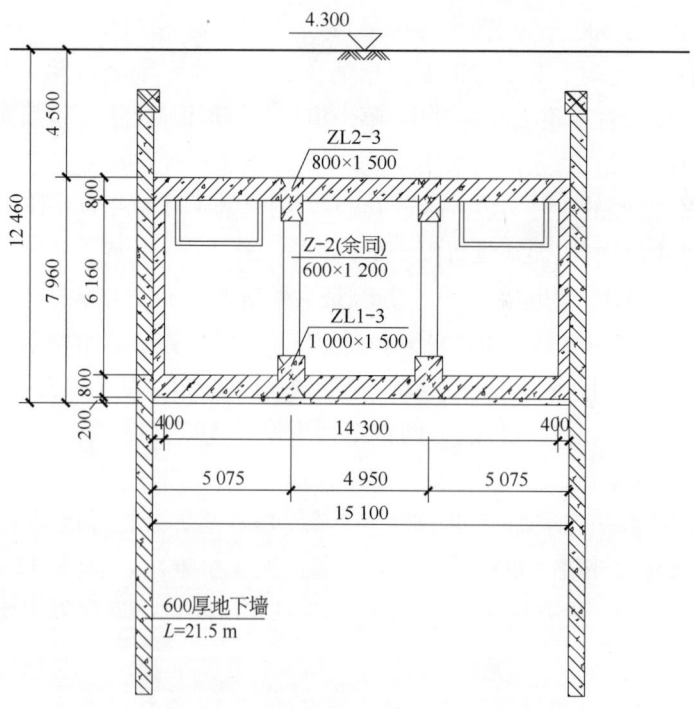

图7-58 汇金路站存车线段区域剖面图

(5) 设计特点与难点。

① 车站内部空间开阔,美观大气。与常规车站不同,结合车站空间特点,采用 10 m×10 m 柱网纵横梁框架体系,有效压缩了主梁高度,整体抗震性能好;车站内部空间开阔,美观大气,同层的布置使得人、空间、车辆在视线上直接对接,带给车站空间以灵动活泼的现代感、速度感。

② 出入口、风井与开发建筑的完美整合。汇金路东侧与车站相邻的地块均为城市待开发地块,车站与开发同步建设,车站设计在方案之初即着手考虑车站地面诸多设施与开发的衔接、整合设计,将车站出入口、风井、冷却塔等全部地面设备均有机结合至开发建筑中,解决了地铁地面设施对城市景观的负面影响,保障了城市道路沿线建筑景观的协调统一。

③ 因地制宜,合理选择宽大组合基坑的支护结构体系方案,显著压缩工期。与常规长条形地铁车站基坑不同,本工程主体区域为地下一层(局部过轨通道处为地下二层),平面长度 240.2 m,宽度约 81 m,是国内少见的宽大型地铁基坑工程,根据轨道交通 17 号线通车节点要求及总体工程筹划,本站于 2014 年 10 月开工,2016 年 12 月 31 日需完成全部土建工程,工期十分紧张。设计中结合场地地质条件、基坑特点、施工场地布置,优化支护结构体系,采用两道钢筋混凝土桁架式支撑体系+局部钢抛撑的方案,减少了土方开挖、支撑架设和拆除的施工步骤,大大加快了施工周期;同时,通过对主体基坑合理设置封堵墙,避免了关键管线的二次搬迁和重复扰民,使本站轨行区具备按时作为铺轨基地主通道的条件,为控制全线轨道贯通的关键节点作出了重要贡献。

5) 诸光路站

(1) 工程概述。

诸光路站位于崧泽大道、诸光路路口的西南象限,车站沿崧泽大道东西向布置,车站北侧为崧泽大道及高架,车站东侧为诸光路。

车站为地下二层岛式站台车站,车站中心里程 SK32+417.244,车站主体总长为 348.6 m,标准段宽度为 21.14 m。站台中心处顶板覆土约 2.6 m,底板埋深约 16.56 m。车站两端各设一端头井,两端头井内净平面尺寸均为 13.5 m×24.4 m,西端头井底板埋深约 17.91 m;东端头井底板埋深约 18.68 m。

车站公共区采用大中庭结构形式,顶板起拱并开孔,采用浅覆土大开孔结构,顶板设计七个 9.65 m×10.80 m 和两个 7.45 m×10.80 m 的敞开孔以满足建筑引进地面自然光的要求,下一层结构横向 19.54 m 跨采用无柱式结构。中板结合电梯孔设计四个 18.54 m×11.1 m 的中庭孔,板厚加至 0.80 m,孔边 5.22 m 宽度的中板作为暗梁,每个孔之间设有 3.30~3.80 m 宽中板兼做横向支撑。下二层采用隐藏于屏蔽门间的薄壁柱结构。底板下通过纵向每隔 3.8 m 设置一排 6 根直径 0.80 m 的抗拔桩抵抗浮力。

(2) 车站结构选型。

车站设备区采用地下二层双柱三跨的钢筋混凝土箱型框架结构,公共区采用大中庭结构形式。围护结构采用复合墙结构体系,防水体系采用全包防水结构体系。

根据车站所处地质情况、环境条件、道路通行要求、车站布局形式、施工条件、施工工期、工程造价等因素,设计采用了明挖顺作法的施工工艺。

由于车站主体位于路侧绿化带内,实施期间无道路翻交需求,管线迁改的工作量也较小,车站主体采用明挖顺作法施工。

(3) 围护结构设计。

诸光路站基坑变形控制保护等级为二级,地面最大沉降量≤2‰H,围护墙体最大水平位移≤

3‰H(H为基坑开挖深度)。围护结构设计时运用适合上海软土地区特性的时空效应理论,确定设计和施工参数。

围护与内衬采用双层墙体系,地下连续墙与后浇内衬,形成复合结构,按共同作用进行计算。标准段站中心基坑埋深16.66 m,采用0.8 m厚、35 m长地下墙作为车站的围护结构,东端头井基坑埋深18.78 m左右,采用0.8 m厚、31.5 m长地下墙,西端头井基坑埋深约为18.01 m,采用0.8 m厚39 m长地下墙。三者沿基坑深度方向分别设置四道及五道支撑,第一道为混凝土支撑,其余为ϕ609钢支撑。

地下墙的入土深度考虑车站所处环境条件、地质条件、围护结构的抗隆起、抗滑移、抗倾覆及稳定性等因素,并结合上海地区软土深基坑的施工经验确定:诸光站标准段地下墙的墙趾插入⑤$_3$层,墙深为35 m,入土比约为1.10;东端头井地下墙的墙趾插入⑦$_1$层,墙深为31.5 m,入土比约为0.76;西端头井地下墙的墙趾插入⑤$_3$层,墙深为39 m,入土比约为1.11。

由于车站主体是长宽型基坑,坑底又处于软弱黏土中,故坑底隆起效应十分明显,基坑采用三轴搅拌桩进行地基加固,标准段为满膛加固,加固深度4 m;西端头井为满膛加固,加固深度为4 m;东端头井为裙边加抽条加固,加固宽度为4 m,深度为3 m。

(4) 内部结构设计。

车站采用地下二层的钢筋混凝土箱形框架结构。车站标准段的纵向柱距为8 m,主要尺寸:柱600 mm×1 200 mm,顶板800 mm,中板400 mm,底板1 000 mm,内衬墙下一层600 mm、下二层800 mm。主体结构混凝土强度等级采用C35,抗渗等级P8。

标准段内部结构主要横剖面如图7-59、图7-60所示。

经对车站各部位的明挖顺筑法各分步工况的结构受力有限元计算分析,得出了不同跨数、不同宽度围护和内部结构内力图。这里以中庭段的三维计算为例,计算模型如图7-61所示。

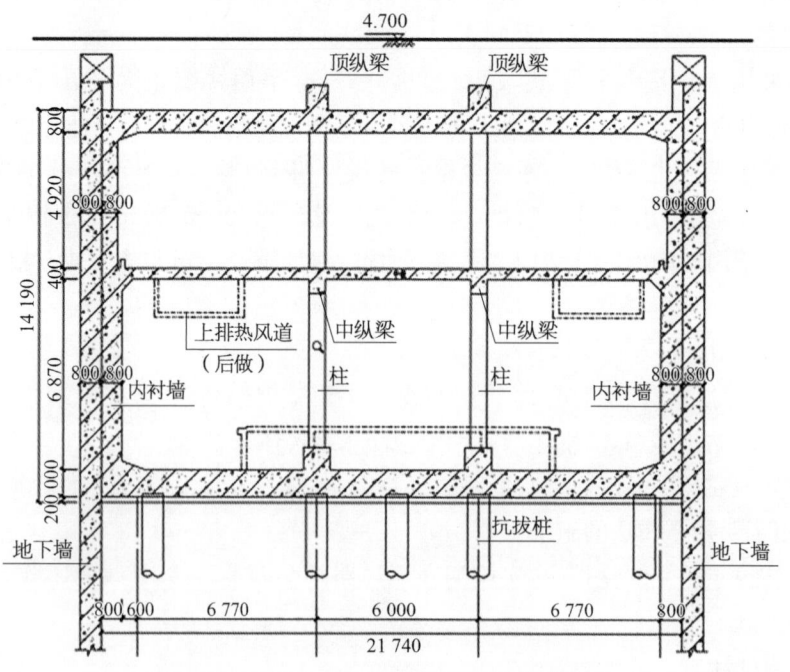

图7-59 车站标准段内部结构横剖面图

7 车　站

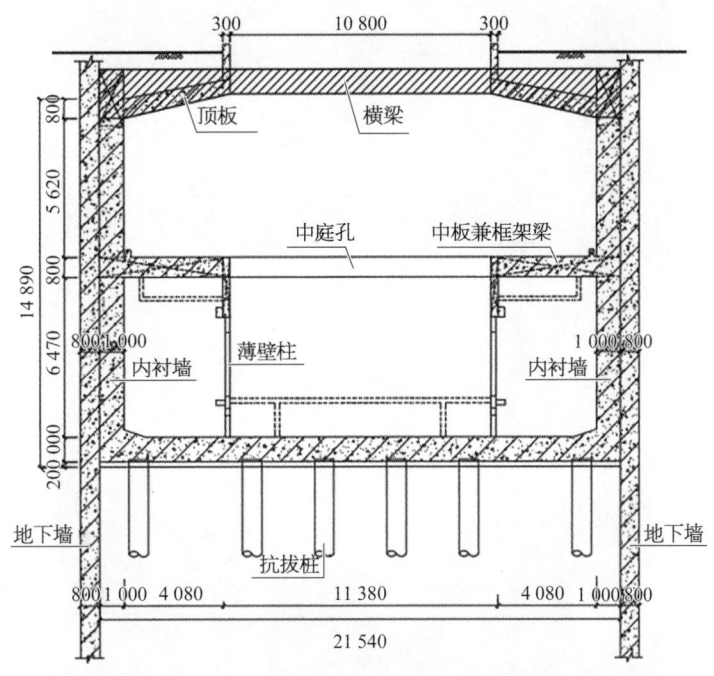

图 7-60　车站中庭段内部结构横剖面图

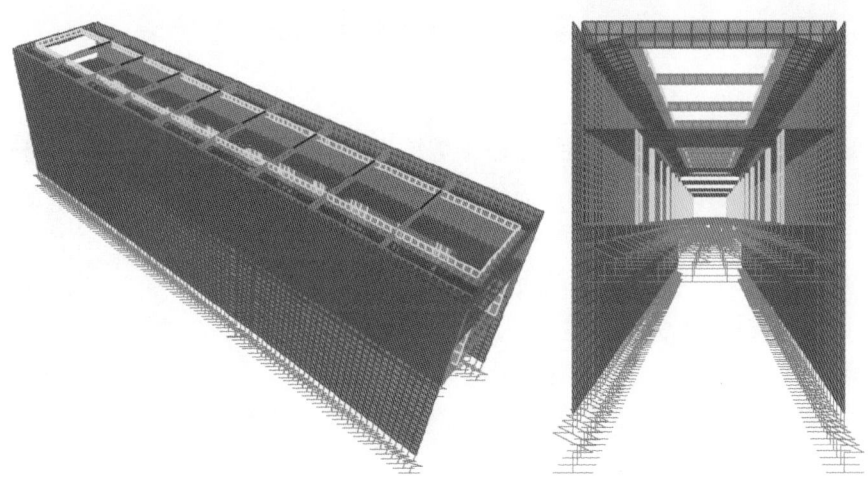

图 7-61　车站中庭段计算模型

(5) 设计特点与难点。

① 公共区采用大中庭无柱结构形式。

本工程设计的难点在于车站公共区的设计，车站公共区采用大中庭结构形式，顶板起拱并开孔，采用浅覆土大开孔结构(图 7-62)。顶板设计 7 个 9.65 m×10.80 m 和两个 8.45 m×10.80 m 的敞开孔以满足建筑引进地面自然光的要求，下一层结构横向 19.54 m 跨采用无柱式结构。中板结合电梯孔设计 4 个 18.54 m×10.82 m 的中庭孔，板厚加至 0.80 m，孔边 5.36 m 宽度的中板作为暗梁，每个孔之间设有 3.5~4.0 m 宽中板兼做横向支撑。下二层采用隐藏于屏蔽门间的薄壁柱结构，薄壁柱尺寸为 0.2 m×2.2 m，薄壁柱中心有 1 m×2.6 m 的观察窗，正对列车窗口。底板下通过纵向每隔 3.8 m 设置一排 6 根 34 m 长直径为 0.8 m 的抗拔桩抵抗浮力。

图 7‑62　诸光路站公共区

② 复合墙全包防水结构形式。

在17号线线总体设计阶段,就对本线车站围护结构方案采用叠合墙、复合墙和离壁墙进行了造价、用地、防水性能、结构受力、施工工期全方位专题对比研究,结合本站位于路侧绿化带用地的且站址所处地下水丰富的情况,采用了用地稍多但防水性能更好的复合墙全包防水结构形式,此次应用也是复合墙全包防水结构体系在上海地铁建设的第一次应用。

③ 采用地下墙橡胶止水带接头。

上海地铁建设中首次在研发并应用了后拆侧剥地下墙橡胶止水接头,通过增加墙缝的橡胶止水带,实现了砂性土质地下墙墙缝基本无渗漏,如图7‑63、图7‑64所示。

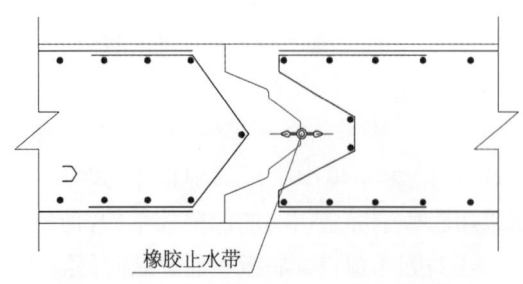

图 7‑63　地下墙橡胶止水带接头横断面图

图 7‑64　切出的带橡胶止水带接头的地下墙混凝土块体

6）虹桥火车站站

（1）联络线改造概述。

本次改造主要对已建成运营的虹桥火车站站车站内部结构及新增2号线与17号线联络线进行改造。其中,2号线与17号线联络线改造,即25/01、24/01轴、G轴间柱子托换,此部分是对既有运营枢纽车站的重要受力构件的结构改造,施工工序较为复杂,施工风险和难度较大,为本次虹桥火车站站改造的最大重难点之一。

（2）联络线改造的设计原则和标准。

① 遵循安全第一的原则,满足既有运营线路的安全、确保新建结构自身安全,以及改造施工期间原有结构的受力转换安全。

② 兼顾改建需求和既有结构特点,减小结构改造对既有车站结构和运营的影响。

③ 改建及新建结构部分按现行规范执行。

④ 改造方案应考虑已运营车站施工空间和时间的局限性及对运营设备的保护,并考虑降低噪声、振动等措施以减少对环境的影响。

⑤ 结构的净空尺寸除满足建筑限界和建筑设计、施工工艺及其他使用要求外,尚应考虑施工误差、测量误差、结构变形及后期沉降的影响。

⑥ 根据《混凝土结构加固设计规范》(GB 50367—2013),混凝土结构的设计使用年限应按下列原则确定：

（a）结构加固、改造后的使用年限,应由业主和设计单位共同确定。

（b）一般情况下,宜按30年考虑,到期后,若重新进行的可靠性鉴定认为该结构工作正常,仍可继续延长其使用年限。

（c）本工程采用植筋胶等聚合物加固的结构,应定期检查其工作状态。第一次检查时间不应迟于10年。

⑦ 根据车站结构的类型和施工方法,分别按施工阶段和正常使用阶段进行强度、刚度和稳定性计算,并进行裂缝开展宽度验算,裂缝开展宽度$\delta \leqslant 0.3$ mm。

⑧ 车站结构抗震设防烈度为7度,场地土类别为Ⅳ类,设防分类为乙类,抗震等级定为二级。

⑨ 施工前土建工程应与其他专业密切配合,仔细校核,避免往返交叉和遗漏;墙体留洞,剔槽及埋管需计算确定,精心施工。

⑩ 除本设计已作详细表述外,地面、砌体、门窗、内装修等的建筑用料、规格、施工要求尚应符合现行的国家或地方各项设计和施工验收规范。

⑪ 本工程为改造工程,施工方在操作前应对现场实际尺寸进行复验,在无较大误差的情况下方可施工。

（3）工程难点及采取的措施。

① 本工程处于上海虹桥综合交通枢纽,客流量巨大,施工时需要对进出站的部分客流进行管控,以保证施工和既有线运营的安全。

② 针对施工工序复杂,施工风险较大的情况,结构施工前,设计人员均到现场对施工单位进行设计交底,并附有交底大纲,交底及时、内容完整。根据施工现场需要,设计人员及时赶赴施工现场,解决现场问题,配合施工单位进行分项、分部及中间节点验收。

③ 为减小本车站改建开挖对已运营2号线、10号线车站和区间结构的安全影响,改造施工前根据轨道交通运营监护公司要求,制定专项监测及保护方案,施工中根据监测数据及时调整施工

方案。

④ 2号线与17号线联络线改造施工阶段和使用阶段的改造示意图如图7-65～图7-72所示。

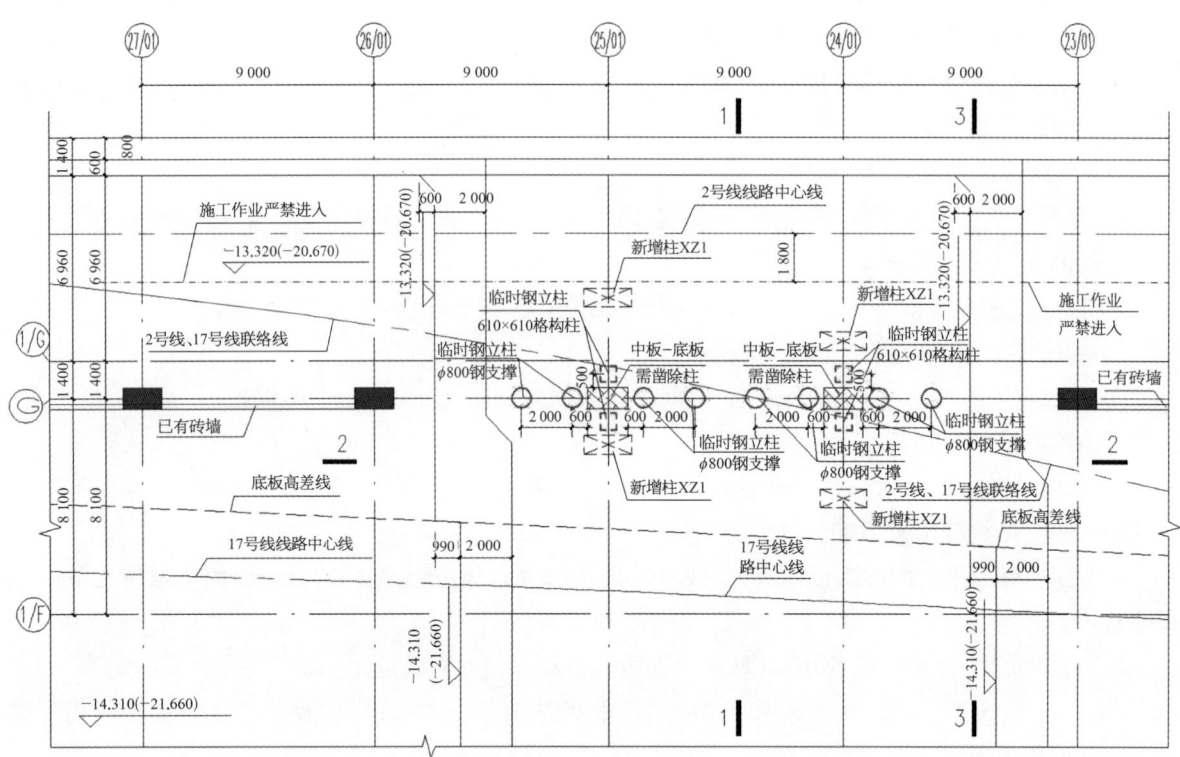

图7-65 联络线改造前底板结构图(施工阶段)

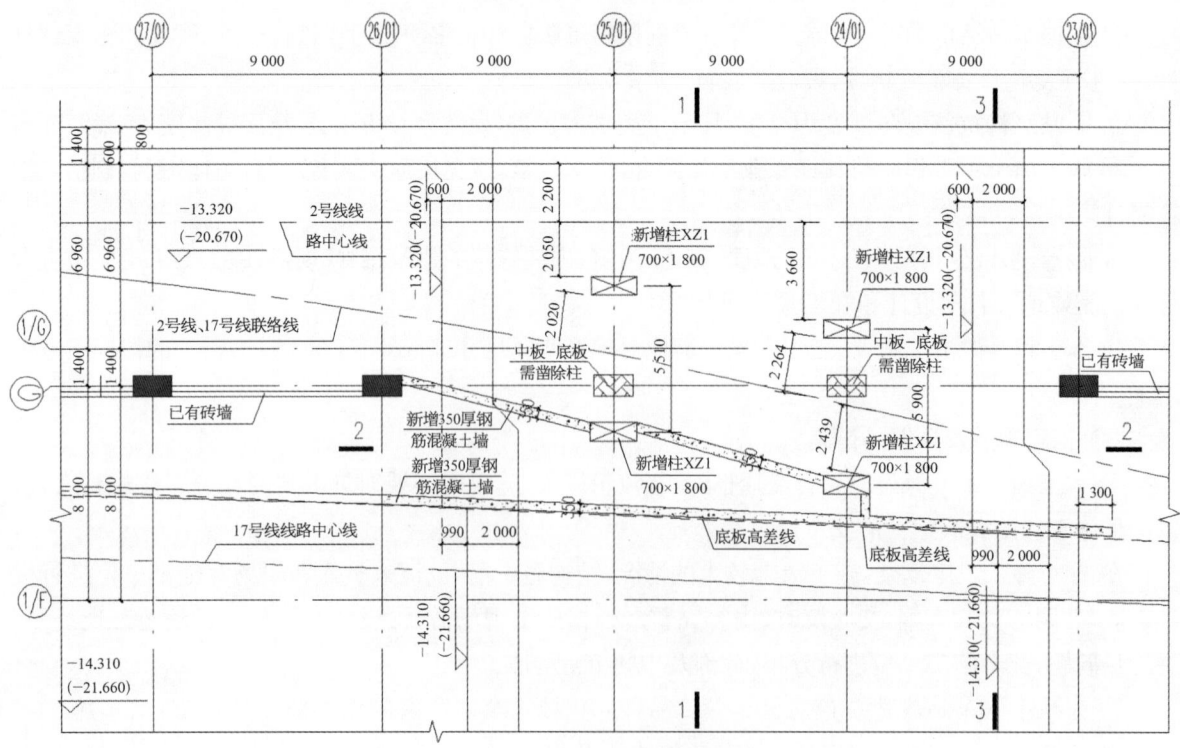

图7-66 联络线改造后底板结构图(使用阶段)

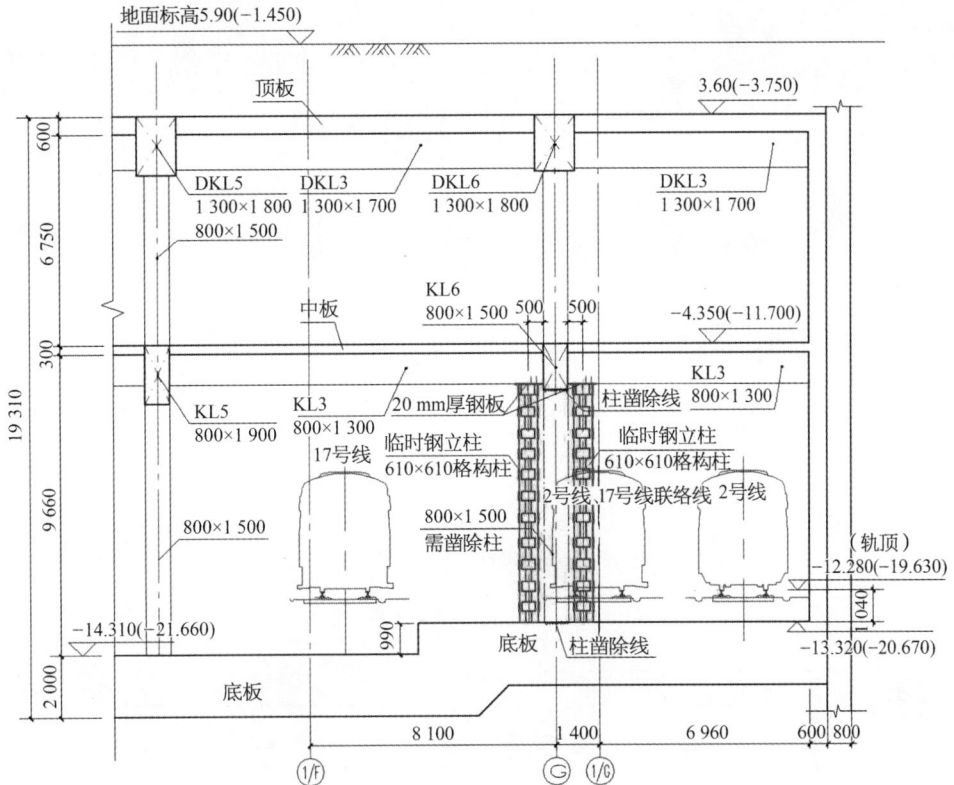

图 7‑67　1—1 剖面结构图（施工阶段）

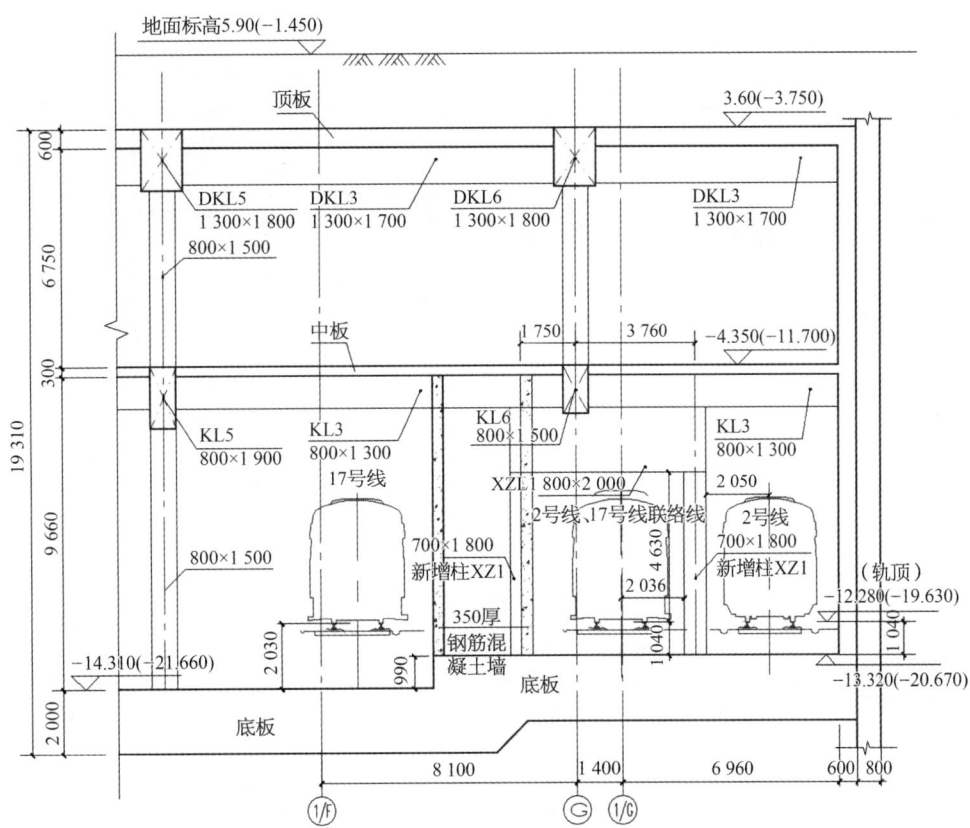

图 7‑68　1—1 剖面结构图（使用阶段）

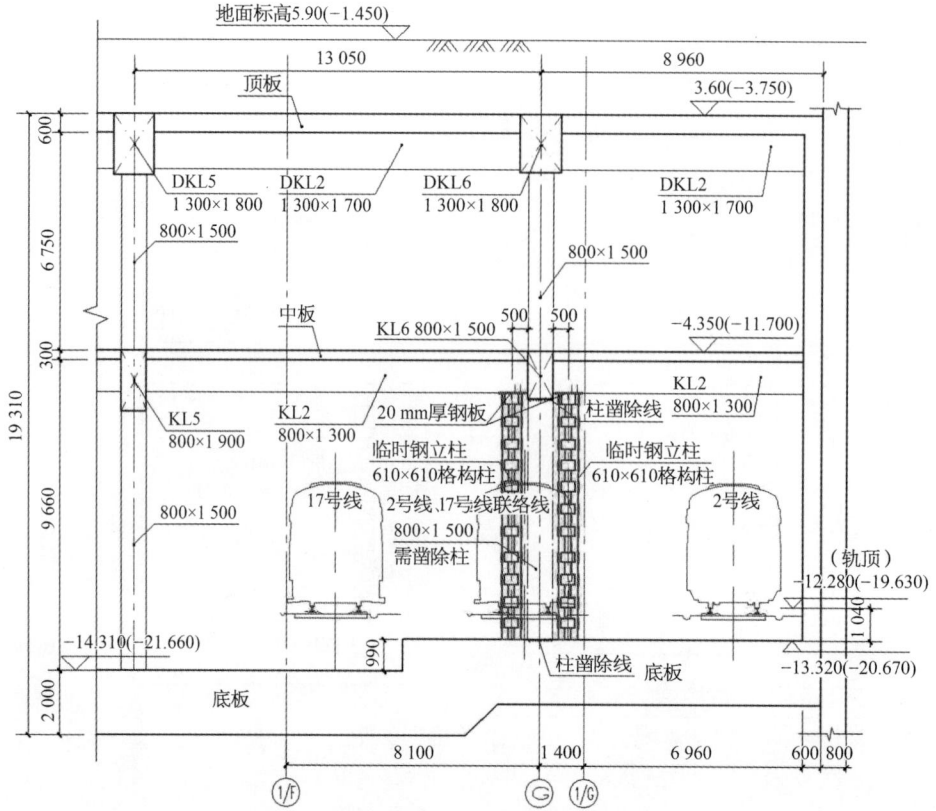

图 7-69　3—3 剖面结构图（施工阶段）

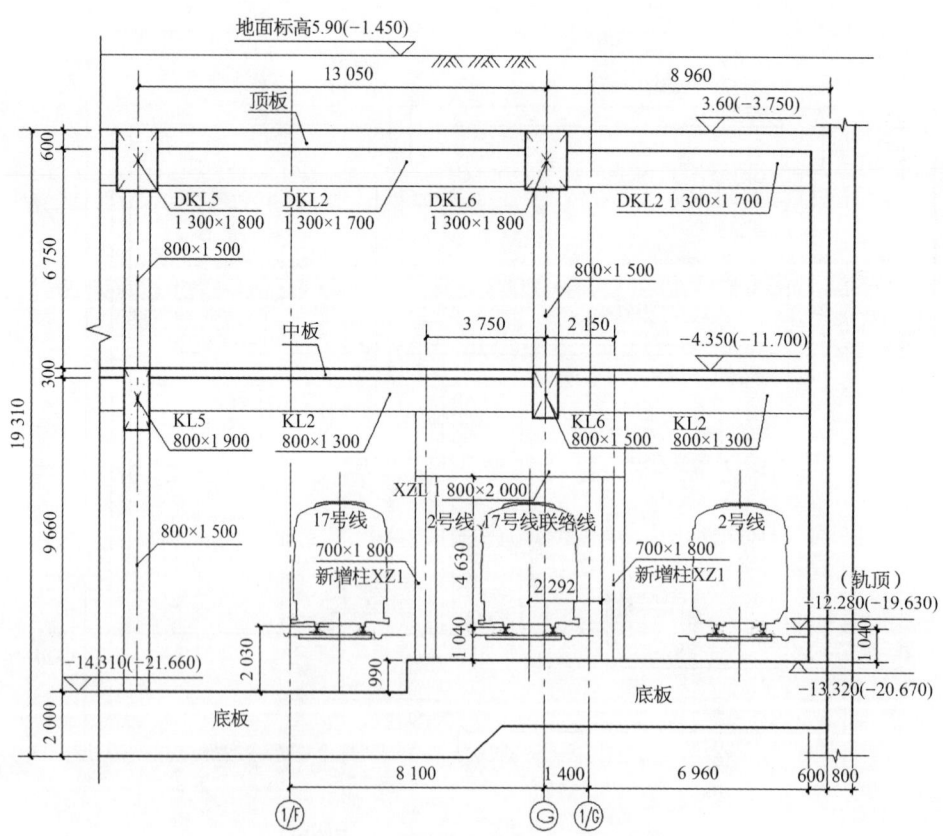

图 7-70　3—3 剖面结构图（使用阶段）

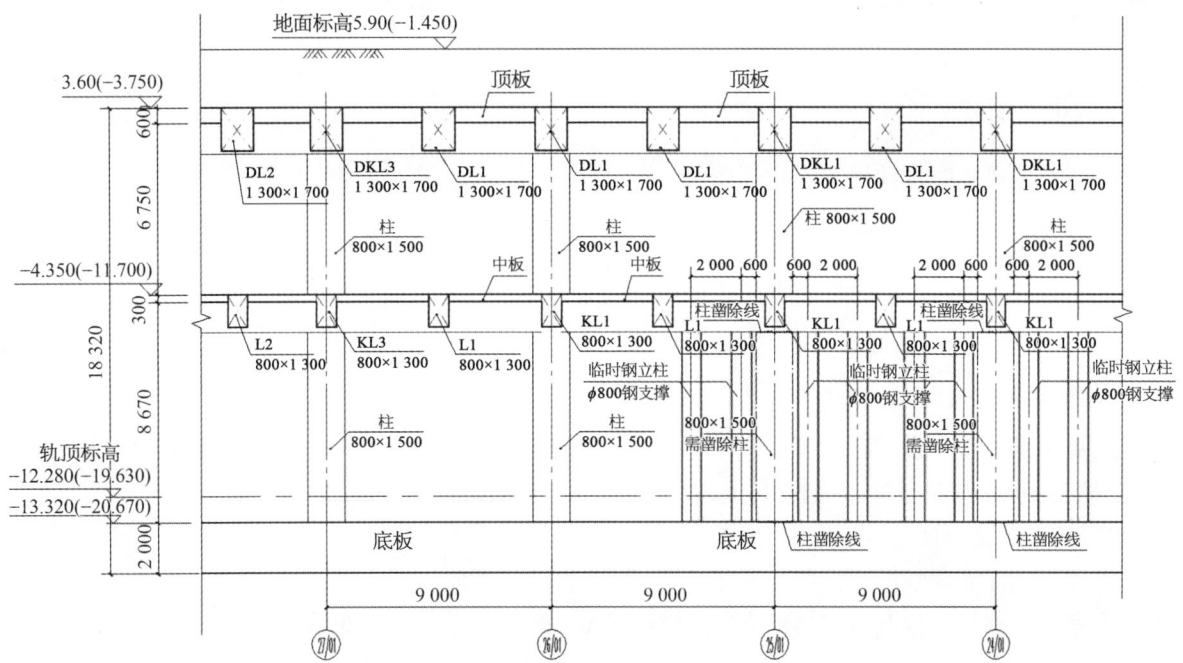

图 7-71　2—2 剖面结构图(施工阶段)

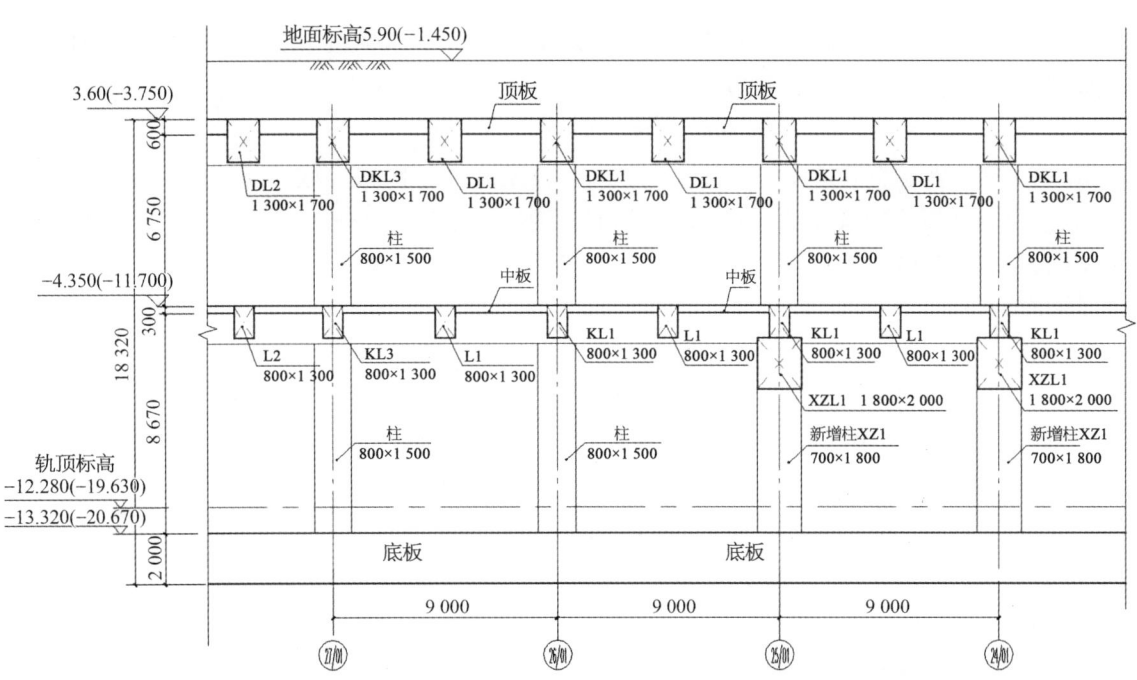

图 7-72　2—2 剖面结构图(使用阶段)

7.4 车站机电设备

7.4.1 设计标准

1) 车站通风空调设计标准
(1) 外界空气计算参数标准。
① 干球温度:
(a) 夏季空调 32.2℃(地下车站公共区晚高峰)、34℃(设备、管理用房,含地下车站、停车场及控制中心)。
(b) 夏季通风 32℃,冬季通风 3℃。
② 夏季室外计算湿球温度 27.2℃(地下车站公共区、晚高峰)、28.2℃(设备、管理用房),设备管理用房含地下车站、停车场、控制中心。
(2) 地铁内部设计参数标准。
① 地下站厅夏季空调计算参数干球温度≤30℃;相对湿度 45%～70%。
② 地下站台夏季空调计算参数干球温度≤29℃;相对湿度 45%～70%。
③ 列车内夏季空调计算参数干球温度≤27℃;相对湿度 55%～65%。
④ 区间隧道通风计算参数:
(a) 正常运行工况,夏季最热月日最高平均温度≤40℃;
(b) 阻塞运行工况,列车周围空气温度≤40℃。
⑤ 车站设备管理及办公用房设计参数按具体工艺要求确定,或参照《地铁设计规范》(GB 50157—2013)第 12.2.35 条的有关规定。
⑥ 新风量标准:
(a) 公共区空调季新风量按 12.6 m^3/h 计算,且新风量不小于空调总送风量的 10%;
(b) 公共区通风季新风量按 30 m^3/h 计算,且总通风量大于 5 次/h 换气次数;
(c) 设备管理用房新风量按 30 m^3/h 计算,且新风量不小于总送风量的 10%。
(3) 噪声标准。
① 通风空调设备传到站厅、站台公共区的噪声 A 声级≤70 dB。
② 通风空调设备传到设备、管理及办公用房的噪声 A 声级≤60 dB。
③ 通风空调机房的噪声 A 声级≤90 dB。
④ 通风空调设备传至地面风亭的噪声应符合《声环境质量标准》(GB 3096—2008)。
⑤ 事故工况,通风排烟设备传至公共区和区间隧道噪声 A 声级≤92 dB。
(4) 风道风速标准。
① 通风井内风速 3～5 m/s。
② 车行区上、下排热风道风速≤10 m/s。
③ 其余风道内风速<6 m/s。
④ 风亭格栅风速≤4 m/s。
⑤ 钢制风管主风管≤10 m/s。
⑥ 钢制风管支风管 5～7 m/s(无送、回风口)、3～5 m/s(有送、回风口)。

⑦ 消声器片间风速≤12 m/s，风口 2～5 m/s。

⑧ 事故通风工况下，非钢制排烟干管＜15 m/s，钢制排烟干管＜20 m/s，排烟口＜10 m/s。

⑨ 活塞风道和活塞风井净面积及所含的风阀净面积不得小于 16 m²，活塞风道长度原则上不宜超过 25 m，弯头不宜超过 3 个。

(5) 防排烟标准。

车站站厅、站台需划分防烟分区，每个防烟分区的建筑面积不宜大于 2 000 m²，且防烟分区不得跨越防火分区。站厅和站台的排烟量按 60 m³/(h·m²) 计算，当排烟设备负担两个防烟分区时，排烟设备按同时排除两个防烟分区的烟量配置。当车站站台发生火灾时，应保证站厅到站台的楼梯和扶梯口处具有不小于 1.5 m/s 的向下气流。

设备管理用房担负一个或两个防烟分区排烟时，应按该部分总面积 60 m³/(h·m²) 计算排烟量；担负三个或三个以上防烟分区排烟时，应按其中最大防烟分区面积不小于 120 m³/(h·m²) 计算排烟量。最小排烟量不应小于 7 200 m³/h。

车站设备区域室内长度大于 20 m 的内走道，连续长度大于 100 m 的出入口通道应设排烟设施，排烟量按不小于 13 000 m³/h 计算。

列车火灾发热量按 10.5 MW 计，列车在隧道内发生火灾时，隧道断面风速≥2 m/s。

车站范围内排烟设备耐高温要求为 250 ℃条件下保证能连续工作 1 h；区间隧道排烟设备耐高温要求为 150 ℃条件下能连续工作 1.0 h。

(6) 地下车站空气质量标准。

CO_2 浓度≤1.5‰，可吸入颗粒物的日平均浓度应小于 0.25 mg/m³。

(7) 风亭设置标准。

风口的底部距室外地坪，不宜低于 2 m；布置在绿化带时，不宜低于 1 m，并防水淹。多个风亭组合建造时在高度、方向或水平距离上应尽量错开。若两风亭位于同一高度，水平距离≥5 m，并错开口部方向。

若风亭与其他建筑物结合在一起（含地铁出入口），则风亭口部距建筑物门、窗或其他送、排风口等直线距离均＞5 m，以免污染其他建筑物内环境或交叉污染。

敞口低风井和无盖出入口之间的距离应满足消防要求。

新风亭、活塞风亭应设在空气洁净的地方，并背离交通干线，避免汽车尾气影响；周围禁止设置垃圾收集站，附近应避免设置公共厕所，并禁止排放有毒有害气体、恶臭气体及超过污染物排放标准的烟尘、粉尘等，确保地下区间内空气质量。

2) 车站给排水及消防设计标准

(1) 生产、生活给水系统。

① 用水量标准。

车站工作人员生活用水量为 50 L/(人·班)，时变化系数为 2.5。乘客用水量按卫生洁具小时用水量来设计：大便器、小便器 100 L/h·只，洗脸盆、污洗盆 50 L/h，时变化系数为 2.5。空调水系统补充水按冷却循环水量的 2%计。冷却塔及循环冷却水系统的设计按《建筑给水排水设计规范》的规定执行。车站内站厅、站台公共区清扫用水量为 2 m³/天计。生产用水量按生产工艺要求确定。各附属建筑物用水量按《建筑给水排水设计规范》确定。车站不可预见水量按最高日用水量 10%计。

② 水压。

生活用水设备及卫生器具的水压应符合《建筑给水排水设计规范》的规定。生产及冷却循环水系统的水压按工艺要求确定。

③ 水质。

生活饮用水水质按中华人民共和国国家现行《生活饮用水卫生标准》的规定执行。生产及冷却循环用水水质按工艺要求确定。

(2) 排水系统。

工作人员生活排水量按其用水量的95%计;消防及清扫废水量与用水量相同;地下车站敞口和隧道敞开引道段的雨水量按50年暴雨重现期计算;地面、高架车站的屋面雨水量按10年暴雨重现期计算,集水时间以5 min计;地下车站及地下区间结构渗漏水量为$1 L/m^2$·天计;生产废水排水量按生产工艺(设备)性质确定;结合轨道交通设置的公共厕所排水量按其用水量的95%计。

(3) 消防给水系统。

消火栓灭火系统用水量:地下车站室内消火栓用水量为20 L/s;高架车站及附属建筑消火栓用水量按照《消防给水及消火栓系统技术规范》确定。

消火栓系统火灾延续时间均为2 h,水压按最不利点消火栓的充实水柱≥10 m计。

地下车站公共区自动喷水灭火系统按中危险Ⅱ级设计,用水量按30 L/s计,高架车站及附属建筑按《自动喷水灭火系统设计规范》要求设计,火灾延续时间均为1 h。

自动喷水灭火系统最不利点喷头的工作压力不应低于0.1 MPa。

车站灭火器配置按严重危险级设计。

3) 车站动力照明设计标准

(1) 负荷类别及技术要求。

根据车站各类设备用途和重要性,电气负荷分为三级。

消防用电、火灾自动报警系统、设备监控、通信、信号、民用通信、售检票AFC、消防用风机及相关阀门、应急照明(含疏散指示照明)、废水泵、变电所操作电源、变电所维修电源、站台门系统、防淹门、兼作消防疏散用的自动扶梯及地下车站站厅、站台公共区照明等为重要负荷。其中变电所操作电源、通信、信号、火灾自动报警系统、设备监控及应急照明为特别重要负荷。

一级负荷电源引自降压变电所的两段母排各一回路,末端自切。应急照明由应急电源装置供电。公共区照明采用双电源交叉分组供电至均匀布置的灯具上,每路电源负责约50%灯具。一级负荷中特别重要的负荷,除由双电源供电外,还增设有蓄电池做应急电源。

高架车站站厅、站台公共区照明、设备管理房照明、导向照明、污水泵、局部排水泵、普通风机及相关阀门、直升电梯、区间照明、不用于疏散的自动扶梯、检修电源、重要电气设备用房的空调设备等重要负荷。二级负荷电源由降压变电所任一段母线(非三级负荷母线)供电,必要时可切换。

广告照明、值班室及候车室等的空调设备、冷水机组及配套设备、资源开发设备、电热设备、清扫电源及其他不属于一、二级负荷的用电设备,且停电后不影响轨道交通正常运行的负荷,由降压变电所的三级母线供电。

地下车站冷水机组因单机容量较大,虽然属三级负荷,但直接由降压变电所的一、二级负荷母线供,当变电所只有一路电源(或一台配电变压器退出运行)时,自动切除。

(2) 系统电压等级。

动力设备、正常照明和应急照明采用交流380/220 V电压。站台下电缆夹层、检修坑内设安全照明,安全照明电压为36 V。

(3) 系统电压偏差允许值。

动力电压偏差允许值为±5%,照明电压偏差允许值一般为±5%,区间照明为+5%~-10%。

(4) 所有LED照明灯具均应通过CQC认证,总谐波含量应不大于10%,功率因数≥0.95。除LED筒灯外,其他类型LED照明灯具的控制装置应与LED光源分开设置,LED控制装置(电源驱动器)应通过CCC认证,驱动电源寿命≥30 000 h,并应至少具有以下保护功能:短路保护、浪涌电流保护、过电压保护、过热保护功能等。

(5) 用作应急照明用的LED照明灯具,需满足《消防应急照明和疏散指示系统》规范要求,同时应有国家消防质量监督检验中心全检项目检测报告(CCCF证书)。

(6) 车站各区域的照度标准见表7-5。

表7-5 轨道交通车站各区域照度标准

序号	场所	参考平面及其高度	正常照明平均照度值(lx)	疏散照明(lx)	备用照明照度(lx)	功率密度值(W/m²)
1	站厅公共区(地下)	地面	200	≥5	—	≤7
2	站台公共区(地下)	地面	150	≥5	—	≤7
3	站厅公共区(地面)	地面	150	≥5	—	≤7
4	站台公共区(地面)	地面	100	≥5	—	≤7
5	出入口、通道、楼梯	地面	150	≥10	—	≤7
6	自动售票机、售票亭	台面	300	—	≥150	≤9
7	车站/消防控制室	台面	300	—	≥150	≤9
8	变电所、配电室、通号等设备用房	1.5 m垂直面	150	—	≥75	≤7
9	管理用房	台面	100~300	—	—	≤9
10	泵房、风机房	地面	100	—	—	≤6
11	消防泵房	地面	100	—	100	≤6

(7) 装于公共区、出入口通道处的配电箱应箱面带锁;其他安装于设备用房内的动力照明箱均壁挂明装,安装时,遵循美观、易操作原则,当箱体高度≤800 mm,箱体底边距地坪装饰完成面1 100 mm;当箱体高度>800 mm时,箱体底边距地坪装饰完成面900 mm。相邻动力照明箱水平间距50 mm。

7.4.2 车站通风空调设计方案

1) 设计范围

地下线和高架线的通风空调系统。

2) 系统形式及组成

地下线采用站台设置屏蔽门的通风空调系统,车站设空调。高架车站站厅公共区自然通风;站台层公共区设置局部空调候车室,给需要空调的乘客提供舒适环境,冷热源为分体空调机组。系统组成:

(1) 区间隧道(含辅助线)通风系统兼排烟系统(简称区间隧道通风系统)。

(2) 车站车轨区排热兼排烟系统(简称车轨区通风系统)。

(3) 车站公共区通风空调系统(简称大系统)。

（4）设备管理用房通风空调系统(简称小系统)。
（5）空调冷源及水系统(简称水系统)。

3) 车站公共区负荷计算(表7-6)

表7-6 车站公共区负荷表

站名	站厅空调计算风量(m³/h)	站台空调计算风量(m³/h)	公共区空调计算新风量(m³/h)	公共区计算冷负荷(kW)
淀山湖大道站	77 160	59 400	15 060	899.5
青浦新城站	76 680	62 460	25 940	1 028.7
漕盈路站	76 080	61 560	23 020	991
汇金路站	217 110		21 711	1 478.5
蟠龙路站	84 930	55 770	166 830	865
诸光路站	200 240	56 860	257 100	1 480
虹桥火车站站	2号线和17号线的站台公共区通风空调系统已安装运行,经复核,原有通风空调设备满足车站公共区各种工况下的使用要求			

4) 通风空调系统设计

（1）区间隧道活塞/机械通风兼排烟系统。

地下车站一般两端上下行线各设一座活塞(兼事故)通风井,风井净面积≥16 m²,整个车站共设4个活塞风井。每端设两台事故通风机,整个车站共设4台隧道事故通风机。

对于设有折返线或渡线的配线车站,区间断面发生变化,上、下行线或两条地铁线区间部分连通,事故情况下气流将相互影响。为提供有效的通风系统,一般的隧道机械通风口设于站台至隧道100 m的范围内。如隧道机械通风口与站台的距离过长(如超过一列车的长度),应考虑在站台至隧道机械通风口之间设置轨道上排热/排烟风道及上排热系统的方案,通过车站排热风机和事故风机联合运行的形式,以确保配线区域不同工况下的运作要求。

洞口至淀山湖大道站区间长约1 200 m(其中暗埋段约330 m),汇金路站至洞口区间长约400 m,洞口至蟠龙路站区间长约945 m(其中暗埋段约255 m),为保证在区间停车时断面风速符合要求以控制烟气流向或阻塞区段隧道温度,根据分析,需在每处洞口附近离洞口一定距离的暗埋段内上下行线侧面各设置2组双向射流风机,直径1 400 mm,全线共设12台。

（2）车站轨行区(含配线)排热通风兼排烟系统。

地下车站排热风道设在车行道上部和站台下部,采用结构风道。车行道上部排热风道风口正对列车空调冷凝散热器,站台下部排热风道风口正对列车制动电阻,有效排除列车停站散热。

排热风机一般选用2台,车站每端1台,风机计算风量约50 m³/s,耐高温250 ℃/1 h,功率为75 kW/台,约占车站空调通风运行费用的20%。因此需要采取有效措施降低排热运行费用,排热风机采用变频风机,根据季节和客流的变化,分季节、分时段运行。在车站隧道设温感探头,根据区间温度控制设备频率以调节风机风量,减少风机运行费用。

排热风机与站台下排热风道、屏蔽门外车行轨顶排热风道连通,通过风阀转换与地下车站区间隧道风机(TVF)通风系统联合运作以实现区间隧道正常工况、阻塞工况通风排热和火灾工况时排烟功能。站台轨行区火灾时，该系统通过上排热风口排除车轨区烟气。站台公共区发生火灾时，通过风阀转换，可通过站台集中排烟口，利用排热风机辅助站台排烟。

(3) 车站公共区通风空调系统兼排烟系统。

高架车站站厅公共区自然通风，站台层公共区设置局部空调候车室，给需要空调的乘客提供舒适环境，冷热源为分体空调机组。公共区火灾时均考虑自然排烟。

车站公共区一般设2个空调系统，每个系统负担一半站厅负荷和一半站台负荷。系统采用全空气低速系统，由组合式空调器、空调新风机、回/排风机及相应的管道、风道、新风井(亭)、排风井(亭)和各种阀门组成。

根据本线车站负荷大小特点，淀山湖大道站、青浦新城站、漕盈路站、蟠龙路站每端设1台组合式空调箱，每个车站设2台组合式空调箱，单台计算风量约为$7.5 \times 10^4 \sim 9 \times 10^4 \ m^3/h$。空调箱风机采用变频风机，以方便负荷调节，节省运行费用。每端设1台回/排风机，回排风机同样采用变频风机。车站回排风机原则上考虑兼排烟，如车站公共区空调排风风量、风压与排烟风量、风压相差较大时，应设专用的排烟风机。车站公共区通风空调系统气流组织采用上送上排形式。

特殊车站如汇金路站、诸光路站具体布置如下。

汇金路站公共区通风空调大系统采用全空气一次回风系统，双端送风。在地下一层小轴线端环控机房内设置1台35 000 m^3/h组合式空调箱(KT-Ⅰ1)，1台4#回/排风机(HPF-Ⅰ1)及1台空调新风机(KXF-Ⅰ1)，承担小轴号端站厅和站台公共区的空调通风负荷；在地下一层大轴线北端环控机房内设置1台112 000 m^3/h组合式空调箱(KT-Ⅱ1)，1台12#回/排风机(HPF-Ⅱ1)及1台空调新风机(KXF-Ⅱ1)，承担大轴号北端站厅和站台公共区的空调通风负荷；在地下一层大轴线南端环控机房内设置1台95 000 m^3/h组合式空调箱(KT-Ⅱ2)，1台10#回/排风机(HPF-Ⅱ2)及1台空调新风机(KXF-Ⅱ2)，承担大轴号南端站厅和站台公共区的空调通风负荷；采用全空气低速系统。

诸光路站公共区选用4台组合式空调箱，每台风量为70 703 m^3/h，冷量为426 kW；选用4台回排风机，每台风量为63 632 m^3/h；选用2台小新风机，每台风量为14 141 m^3/h。站厅的气流组织为上送、站台公共区的气流组织为上回。在站厅27~37轴设置喷口，利用喷口对27~37轴中庭区域大空间进行送风；站厅21~25轴，37~41轴设送风支管；站台20~23轴，39~43轴设排风管集中回风。

公共区空调排风管兼作排烟风管。两端环控机房内各设置的回/排风兼排烟风机用于车站公共区火灾工况排烟。站台火灾时，同时利用排热风机通过站台集中排烟管对站台辅助排烟，以保证站厅到站台的楼梯和扶梯口处具有不小于1.5 m/s的向下气流。

(4) 车站设备及管理房间通风空调系统兼排烟系统。

高架车站设备管理用房采用多联空调系统(VRF)、分体空调机组和自然通风与机械通风相结合的通风系统，空调室外机布置于同层室外或屋顶。

地下车站设备管理用房需考虑夏季排热、过渡季及冬季通风。当采用通风夏季室内温度标准不能达标或通风量过大时，应设制冷空调系统。

设备管理用房排烟宜由通风系统兼容。

各站根据车站建筑布局和房间环境要求，划分通风空调和防排烟系统，系统在满足功能前提下，应力求简洁。根据VRV系统在上海地铁多个车站的试点运行所取得的较好节能效果，本工程对小系统提出24 h全天候运行房间设备用VRV系统的优化方案，以便于夜间运行管理，节省运营费用，达到节能的目的。

地下车站变电所(包括降压变电所、牵引变电所的整流变压器室、直流开关柜室、10 kV开关柜室、0.4 kV开关柜室等房间)全天候运营,变电所内发热量较大,一般采用全空气空调系统,本工程增设夜间VRV备用空调系统。

弱电设备用房室内空气温度要求较严,夏季24 ℃,冬季12 ℃。因此,仅靠机械通风不能保证室内温度标准,须设置空调系统,采用全空气集中空调系统,并设置夜间VRV备用空调系统。

管理人员房间采用全空气集中空调系统,满足温度要求和新风需求。

通风空调机房、泵房、车站备品库、茶水间、清扫工具间等房间室内温度要求不太高,设置机械通风系统即可,排风系统兼容排烟。厕所、污水泵房设独立排风系统。

(5) 车站空调冷源及冷冻水系统。

大小系统合设冷源,空调冷源采用螺杆式水冷冷水机组。冷量调节范围在15%～100%范围,可以适应该冷量区段的负荷变化。在车站的一端设置冷冻机房,采用两台容量相等的可相互备用的冷水机组,并一一对应配置相应的冷冻水泵、冷却水泵和冷却塔。

冷冻水进出水温度12 ℃/7 ℃,冷却水进出水温度32 ℃/37 ℃。车站冷冻水系统采用一次泵变流量闭式循环系统,大、小系统合并设置一组分水器、集水器,由分水器分别供给公共区组合式空调机组和设备管理用房空气处理机组。

冷水机组负责大小系统的日间负荷,此外,车站设备管理用房加设全覆盖式的风冷多联机系统。车站设备及管理用房根据房间性质和布置,室内机采用天花板嵌入式(四向出风、双向出风)、导管内藏式和内藏风管式,管路配置、安装、调试应由专业技术人员承担,以确保系统可靠安全运行。应根据室外机与室内机之间的高度差和配管长度计算夏季供冷量修正系数,该修正系数不应小于0.85。冷凝水集中就近间接排放,以1‰坡度坡向排放点,采用不燃型材料保温。室外机设在车站室外平台上,采用C20钢筋混凝土做基础,基础高出地面200 mm。

5) 地面风亭布置

淀山湖大道站西端设活塞/机械通风亭,对应上、下行线各1座,共2座。上行线另设1座活塞通风亭。淀山湖大道站每端公共区空调通风系统和设备管理用房空调通风系统共用1座新风亭。淀山湖大道站每端公共区空调通风系统,设备管理用房空调通风系统及排热系统共用1座排风亭。

漕盈路站两端设活塞/机械通风亭,对应上、下行线各1座,共4座。车站每端公共区空调通风系统和设备管理用房空调通风系统共用1座新风亭、1座排风亭。

青浦新城站两端设活塞/机械通风亭,对应上、下行线各1座,共4座。4座风亭均与开发结合,在商业开发裙房内与大气相通。车站每端公共区空调通风系统和设备管理用房空调通风系统共用1座新风亭、1座排风亭。

汇金路站东、西端地面上分设有2座活塞/机械通风亭、1座新风亭和1座排风亭,东端北部设置了1座新风井和1座排风井;车站冷却塔和膨胀水箱设在车站东端地面上。多联机室外机布置在车站东、西端地面上。

蟠龙路站在车站东、西端各设4个风亭,均采用高风井和冷却塔一起与物业开发结合。多联体空调放置于疏散出入口旁。

诸光路站在车站小轴端、大轴端地面上分设有2座活塞/机械通风亭;1座新风亭和1座排风亭;车站中部设有1座排烟风井;车站冷却塔和膨胀水箱设在车站小轴端地面上。多联机室外机布置在车站大小轴端地面上。

虹桥火车站站风亭均由原设计设计完成,本次改造将风管接入原风道。

7.4.3 车站给排水及消防设计方案

1) 设计范围

地下及高架车站的生产、生活给水系统、排水系统及消防给水系统。

2) 生产生活给水系统

(1) 系统组成。

车站生活、生产给水水源接自市政给水管,与消防给水系统分开设置,并单独设置水表井计量。

(2) 系统功能。

车站内的生产、生活给水系统主要是供给站内工作人员的生活用水、冷却循环系统补充水、站台层、站厅层及泵房等处的清扫用水,保证了轨道交通的正常运营。

(3) 系统方案。

全线车站均采用生产、生活合用的给水管网系统,在站内呈枝状布置。地下车站的生产、生活给水系统一般可直接利用市政给水管网压力供给;高架车站及附属建筑,当市政给水管网压力不能满足生产、生活用水压力要求时,采用变频供水方式,以节约能耗。生产、生活给水系统的水泵,设置备用泵。

生产、生活给水系统采用枝状供水,车站的站厅和站台公共区两端各设一只清扫栓箱,内设一只DN25的清扫栓,供车站清扫用水。

地下车站内设有冷却循环水系统,其主要功能是通过设在地面的冷却设备使循环冷却水降温后,再通过冷冻机组的冷凝器对冷凝介质进行降温冷却,从而达到车站空调的技术要求。

冷却循环水选择以冷却塔为主的冷却水循环系统,冷却塔数量与冷水机组、冷却循环泵均一一对应,不考虑备用。自生产、生活给水管引出一根支管到冷却塔作为冷却循环补充用水及膨胀水箱补水。

为了更好地解决冷却循环水系统的腐蚀、结垢现象及抑制致病微生物的繁殖,需对循环冷却水系统采取一定的水处理措施,本次设计采用AOP高级氧化水处理系统,实现具有过滤、缓蚀、阻垢、杀菌和灭藻等功能,以改善水质并减少对环境造成的二次污染。

3) 排水系统

(1) 系统组成。

排水系统由雨水系统、废水系统和污水系统组成。

(2) 系统功能。

排水系统的主要功能是及时收集车站的雨水、消防废水、冲洗废水、生活污水及少量渗漏水,就近纳入市政排水管道或水质达标后排入规划保留河道,保证车站的正常运营。

(3) 雨水系统。

① 雨水量的计算。

上海市暴雨强度公式计算:

$$q=\frac{1\,600(1+0.846\lg P)}{(t+7.0)^{0.656}}(\mathrm{L/s \cdot hm^2})$$

式中:P——设计暴雨重现期(年);

t——降雨历时(min)。

敞开段雨水设计流量 Q_R：

$$Q_R = \Psi \times q \times F (\text{L/s} \cdot \text{h} \cdot \text{m}^2)$$

式中：Ψ——径流系数；
$\quad\quad F$——汇水面积(公顷)。

雨水泵房设计流量以 1.2 倍雨水量计，即：雨水泵房设计流量 $Q_泵 = 1.2 Q_R$。

② 地下车站局部雨水系统。

建筑专业为了协调与轨道交通周边的环境，在地下车站设置了敞开式出入口和地面风亭，此时须在出入口自动扶梯下和风亭下设置集水坑，内置雨水泵，水泵性能经计算确定。雨水泵平时互为备用，超标暴雨时可同时使用。

设计重现期 $P=50$ 年，径流系数 $\Psi=0.9$，集流时间 $t=5$ min。

③ 高架车站雨水。

高架车站屋面雨水设计采用虹吸式屋面雨水排放系统。设计重现期 $P=10$ 年，集流时间 $t=5$ min。屋面设置溢流措施，虹吸雨水系统和溢流设施的总排水能力应不小于 50 年暴雨重现期的雨水量。

(4) 废水系统。

① 地下车站主废水系统及泵房。

在车站最低点(一般为端头井处)设置主废水泵房，车站消防废水，结构渗漏水，冲洗水由每层地漏收集，经排水立管汇至道床纵向排水沟后流入车站废水泵房集水池。废水经水泵提升后就近纳入市政污水管道。废水泵房内设潜污泵二台，平时互为备用，消防或必要时同时使用，废水泵房集水池的有效容积$\geqslant 30$ m³。

② 高架车站废水系统。

高架车站废水由每层地漏收集后以重力流方式就近纳入市政污水管道。

③ 地下车站局部废水系统。

在折返线车辆检修坑端部，过轨电缆通道及水量较多且不能自流排水的低洼地点，设小型排污泵，一般设两台泵，互为备用。

(5) 污水系统。

① 地下车站污水系统。

在车站紧靠卫生间或对应的下层设污水泵房，泵房内设污水密闭提升设备；污水集水罐的有效容积按最大日污水量和污水密闭提升设备运行要求确定，污水密闭提升设备采用水泵外置型。污水经泵提升后，经污水监测井后纳入市政污水管道。

② 高架及地面车站。

污水经收集后以重力流方式经污水监测井后纳入市政污水管道。

4) 消防给水系统

(1) 系统组成。

车站均设置消防给水系统，包括消火栓系统和自动喷水灭火系统。

(2) 系统功能。

车站内的消防给水系统可及时、可靠地扑灭各类火灾，为工程安全可靠运行、人员生命财产安全及减小火灾风险提供了必要、有力的保障。

(3) 消火栓系统。

车站内设消火栓灭火系统,该系统主要供给车站的消火栓用水。车站内消火栓尽可能采用单口单阀型,在确有困难的场所,如岛式站台层公共区等可设置双口双阀消火栓。消火栓箱内应配置 DN65 消火栓栓口、喷嘴口径为 19 mm 的水枪,长度为 25 m、直径为 65 mm 的水带、消防软管卷盘和消防启泵按钮,车站的消火栓箱结合装修内嵌式安装。在地下车站站台层端部两侧各放置一套消防器材箱。在消火栓管网上,每隔五个消火栓设蝶阀一只,在车站两端与区间连通管处设手电两用蝶阀。

车站消火栓旁设水泵启动按钮和报警按钮。

车站消火栓给水系统在地面适当地点设水泵接合器。水泵接合器设置在出入口或风亭附近,其数量根据室内消防水量确定,并在 15～40 m 范围内设置配套的室外消火栓。

除设置供水泵接合器使用的室外消火栓外,配备室外消火栓的出入口不少于 2 个,其中一个为消防疏散口,室外消火栓距离出入口的距离为 5～40 m,室外消火栓保护范围覆盖车站所有出入口。若在车站出入口 5～40 m 范围内或在水泵接合器 15～40 m 范围内有市政消火栓,可利用市政消火栓。室外消火栓需设置暗杆式底阀。

(4) 自动喷水灭火系统。

地下车站在站厅和站台层公共区、长度大于 100 m 的出入口通道设置自动喷水灭火系统。高架车站中,嘉松中路站在车站主体外单独建造的设备用房,其建筑面积和环控设施条件符合《建筑设计防火规范》的相关条件,按规范设置自动喷水灭火系统。自喷系统总管由车站消防泵房引出,经过湿式报警阀、信号蝶阀、水流指示器接至保护区域。喷头布置在顶板或吊顶下易于接触到火灾热气流并有利于均匀布水的位置,吊顶内喷头采用直立型标准喷头,吊顶下采用吊顶型喷头。每个报警阀组控制的最不利点喷头处应设末端试水装置,其他防火分区、楼层均应设 DN25 试水阀。在地面适当地点设自动喷水灭火系统水泵接合器,并在 15～40 m 范围内设置配套的室外消火栓。

(5) 灭火器的配置。

灭火器按 A 类火灾严重危险级配置,每具灭火器的最小配置灭火级别为 3A。最大保护面积 50 m²/A,选用磷酸铵盐干粉灭火器,灭火器的最大保护距离为 15 m。

7.4.4 车站动力照明设计方案

1) 设计范围

车站范围内的动力与照明设计包括车站的低压电缆选型与敷设(自车站降压变电所 400 V 出线)、车站动力设备的配电及控制设计、车站照明设计、防雷接地及安全设计、与其他相关专业的接口配合设计。

(1) 降压变电所专业。

降压变电所内 0.4 kV 开关柜馈出开关出线端(交直流屏与车站另一端蓄电池屏及 UPS 电源回路除外)、馈线电缆属车站动力照明专业,开关柜馈出断路器与馈线电缆配合由变电所专业负责。

变电所投影范围内及站台下电缆通道内的电缆桥、支架由变电所专业设计;电缆竖井内的电缆桥架由动力照明专业设计。

(2) 综合接地专业。

车站接地母排由变电所专业设计,强电接地母排至各接地点(变电所内除外)的电缆及敷设属车站动力照明专业,弱电接地母排至弱电专业自带的弱电通信接地总母排间的电缆及敷设属车站动力照明专业。

高架车站防雷接地设计由车站动力照明专业负责完成，动力照明专业在结构柱引下线距室外规划地面以上0.5m处预留人工接地连接板，并向变电所专业提出需连接人工接地的具体位置、数量等要求。

(3) 区间动力照明专业。

在区间工作照明配电总箱、区间动力检修总箱、区间应急照明配电总箱出线端、进线电缆及总箱属车站动力照明专业，总箱馈出电缆及以下属区间动力照明专业。

(4) 电梯、自动扶梯专业。

在电梯、自动扶梯自带控制箱的进线端，配电箱、进线电缆及馈线电缆属车站动力照明专业，电梯、扶梯控制箱由设备厂家自带。

(5) 弱电专业[通信、信号、EMCS(FAS)、AFC等专业]。

在各专业配电箱的进线端，进线电缆属车站动力照明专业，配电箱由各专业自带。

弱电通信接地总母排处，变电所弱电接地母排至弱电专业自带的弱电通信接地总母排间的电缆及敷设属车站动力照明专业；弱电通信接地总母排至各个弱电设备间接地母排端子箱间的连接电缆（或扁钢）的选择及敷设属通信专业。

(6) 站台门、气体灭火等专业。

在配电箱馈出开关出线端。进线电缆和配电箱属车站动力照明专业。

(7) 给排水专业。

消防泵、废水泵、集水泵等水泵在电机的一、二次接线端子上，控制箱及一、二次电缆由车站动力照明专业设计，水泵由给排水专业提供。

污水泵和生活变频泵在水泵控制箱进线电源端，控制箱由设备厂家自带，至控制箱的进线电缆由车站动力照明专业设计。潜水泵自带水泵供电电缆。

(8) 环控专业。

除机电一体化的设备（冷水机组等）外，均在各设备的电机接线端子上。

(9) EMCS、FAS专业。

地下车站软启设备在软启柜内二次接线端子处。地下车站水变频柜在变频柜的通信口及二次接线端子处。地下车站风变频柜在环控控制屏（继电器屏）通信口及变频柜二次接线端子处，电能监测在变频柜仪表通信口处。其余环控设备在环控控制屏（继电器屏）、进线柜内的通信口或二次接线端子排处。

高架车站风机类设备在控制箱的二次接线端子排处。

水泵类设备在就地控制箱（柜）内通信口或二次接线端子排处。

照明设备在配电间照明配电箱内二次接线端子排处或智能照明控制器的通信接口处。

双电源切换箱的监控在其配电箱内的通信口处。

2) 车站动力配电设计

地下车站在站厅层或设备层环控负荷中心附近设环控电控室，环控设备由环控电控室集中配电（冷水机组等特大负荷直接由降变直配）。环控电控室设备采用智能化低压配电装置。环控配电系统的一次主要元件力求统一，二次控制按通用图要求设计。

地下车站环控设备一般采用二级配电方式。将环控设备一、二级负荷分成若干组，每组容量控制在200 kW左右，每组为一段母线。采用单母线不分段的接线方式，两路电源一主一备自动切换运行方式。三级负荷为单母线不分段，个别远离环控电控室的一、二级环控设备可由降压变电所直接供电。

高架车站环控设备由小动力箱配电，对于同一防火分区内的、相同负荷等级的小容量动力设备可共用双电源切换箱或配电箱。

车站动力设备的起动应满足规范规定。当单机容量较大，在启动时产生电压降影响其他供电负荷或启动电压不能满足要求时，采用软启动方式（一般单机容量≥75 kW 时采用软起动方式）。

车站内检修插座箱均按 15 kW 考虑，主要设置在通风空调机房、冷冻站、变电所及其他有要求的设备房间内或道岔附近。变电所内检修箱由交流屏供电。

地下车站电线采用低烟、无卤、B 级阻燃铜芯线，电缆选用低烟、无卤、B 级阻燃型铠装电缆；高架车站电线采用低烟、无卤、C 级阻燃铜芯线，电缆选用低烟、无卤、C 级阻燃型铠装电缆；在火灾时仍需供电的电缆应采用矿物绝缘电缆或满足敷设条件的耐火电缆；变频设备采用变频专用电缆。

车站内所有电缆应沿电缆竖井、吊顶内电缆梯式桥架及站台板下电缆托架敷设，所有电线穿保护管或线槽敷设。管线过变形缝时要进行相应补偿处理，电缆穿越楼板、不同的防火分区时均应按照相关规范要求实施防火封堵。电缆敷设弯曲半径原则上不应小于 15D，特殊情况下不能小于电缆厂家要求的最小弯曲半径。消防、应急设备相关电缆、管件敷设时需要刷防火涂料。

3）车站动力控制设计

动力设备控制方式应根据设备各系统控制要求进行设计。

环控设备设就地控制和集中控制，地下车站集中控制由环控电控室或通过 EMCS 系统实现，高架车站集中控制由车控室或通过 EMCS 系统实现，就地控制具有优先级。

地下车站环控电控室设备采用智能化低压配电装置，采取软启动装置、变频控制装置、智能马达控制器及风阀风门的可编程逻辑控制器（PLC）通过通信网络在控制屏处以通信口方式与 EMCS、FAS 专业进行连通。

TVF 采用软启动方式，当遇到软启动器发生故障，可通过操作紧急启动按钮后并按原操作流程直接启动风机。

TVF 和排热风机（U/O）采用巡回检测方式测量绕组轴承温度，并根据温度动作于报警或跳闸。

TVF、U/O、大系统回排风机、组合式空调箱等（按工艺提资要求进行）与相应风阀需进行闭锁控制，闭锁运行要求风阀开，风机开。

配合工艺要求，TVF、U/O、组合式空调箱、冷冻及冷却水泵采用变频控制，实现节能运行。

变风量空调器、新风机、排风机等主要的环控设备采用智能马达控制器进行保护和控制。单机容量≤3 kW 的风机与专用排烟风机（无论功率大小）选用热继电器作为热备保护。单机容量＞3 kW 的风机设置就地手操箱。

消防回路电动机装设过载保护，只动作于信号，不动作于跳闸。

废水泵、集水泵采用现场手动及液位自动控制，并可通过 BAS 系统集中监视控制；集水泵的自动控制和监视功能采用 PLC 完成，废水泵的保护采用电动机保护器完成，其控制采用 PLC 完成；污水泵、生活泵控制箱由泵厂自带。

根据工艺要求，消火栓泵和水喷淋泵平时采用自动低频巡检控制，接收到消防命令后切换到工频正常运行。消火栓泵采用就地手动控制，并可通过 FAS 系统集中控制和监视，按防灾要求设 IBP 控制。

4）车站照明配电设计

车站照明由站台、站厅一般照明、设备房、管理房照明、导向照明、应急照明（包括备用照明和疏散照明)、出入口照明、安全电压照明(包括变电所电缆夹层照明和站台板下照明)、广告照明和区间照明组成。

地下车站公共区照明为一级负荷,高架车站公共区照明为二级负荷,均由车站降压变电所两段母排各带50%的灯具交叉供电,照明配电箱控制的公共区照明范围以车站中心线为界;变电所照明为一级负荷,由交流屏供电。

应急照明(包括备用照明和疏散照明)为特别重要的负荷,平时由二路交流电自切后供电,当二路交流电全失去时,由第三电源(由应急电源装置)DC 220 V 逆变为交流电供电,应急时间不小于90 min。

广告照明及便民服务设施为三级负荷,由一路电源供电,当变电所失去一路电源时,退出运行。其他照明负荷均为二级负荷。

车站内变电所及其相关控制室、环控电控室、配电间、通信机房、信号机房、弱电设备集中室、蓄电池室内应急照明的照度水平是正常照明照度的50%,照明灯具均匀嵌于正常照明中;消防泵房内应急照明照度是正常照明照度的100%。

站台板下及变电所夹层采用 AC 36 V 安全电压,其余各类照明均采用 AC 380/220 V 供电。

各管理用房、设备用房内设置单相安全插座;站厅、站台公共区每隔约30 m 设单相安全插座,插座回路均采用漏电开关保护。管理用房内插座每个按100 W 计,每个清扫插座回路共计2 kW。

风道及出入口人防段里外的照明如不是单独配电回路,应根据人防要求加装熔断器保护。

从照明总箱内配出独立回路,供客服中心内局部照明及插座使用,以便控制。

地面出入口照明与车站公共区照明以车站出入口楼梯的第一阶休息平台为界进行分别配电及控制。

站台层靠轨道侧(屏蔽门处)的灯具由2个回路交叉间隔配电,并可单独控制。

广告照明设电能计量及单独控制装置。

5) 车站照明控制设计

车站公共区一般照明、客服中心照明、地面出入口照明、导向照明、站台下照明及区间一般照明均纳入车站智能照明控制系统,公共区照明、客服中心照明及地面出入口照明设调光模块,配合照度传感器,使车站在运营初期地面照度维持在略高于规范要求水平,同时可根据运营需求分别设置场景及时间控制(高峰、低峰小时)。导向照明、站台下照明及区间一般照明设开关控制器,根据运营需求进行时间控制。

设备房一般照明设就地控制按钮,设备房应急照明采用平时点燃(开、关单灯可控),停电(应急)时强启控制。

地下车站公共区的应急照明不设控制,这部分可作为长明灯,在夜间列车停运后,供内部人员通行和巡视时使用,同时在车站发生火灾时为乘客提供疏散照明;地面车站公共区的应急照明设控制,在夜间列车停运后,可关闭,在火灾时接收 FAS 信号强制启动。

广告照明设两级控制,在车站车控室由 EMCS 集中控制和在照明配电室就地控制,平时采用时间控制。

车站出入口(或过街天桥)照明采用光控或时间控制方式。

诸光路站和蟠龙路站站厅层天窗区域内的 LED 照明灯具组成一个控制群组,并单独设置一个照度传感器,根据该区域地面自然光照度值实时调整 LED 照明灯具群组的光输出,使地面平均照度值维持在略高于规范要求值的水平。

6) 防雷接地及安全

车站动力照明配电系统采用 TN-S 接地系统。电气设备基础槽钢及各箱(柜)不带电金属外壳均应与 PE 线相连接。

凡正常不带电,而当绝缘破坏有可能呈现电压的一切电气设备金属外壳均应可靠接地。安全特低电压馈出回路不设 PE 线,其用电设备的外露可导电部分严禁直接或间接与任何保护导体联结。其配电回路采用阻燃 PVC 管保护。

插座回路、插座箱及广告照明回路设保护人身安全的漏电断路器。

地下车站馈线回路中含地面出入口照明的站厅层照明总箱的配电母排上需加装浪涌保护器。三级负荷环控进线柜配电母排上需加装电涌保护器。VRV 空调室外机配电箱内需加装电涌保护器。至地面的垂直电梯配电箱内需加装电涌保护器。

高架车站根据建筑物防雷等级进行相应的防雷设计。并应符合《建筑物防雷设计规范》(GB 50057—2010)的相关要求。屋面上所有金属构件均应与接闪带可靠焊接。车站内各配电箱根据规范要求需加装浪涌保护器。

车站照明配电间、小通风机房、消防泵房、环控电控室、卫生间等均设置局部等电位接地端子箱(LEB),局部等电位接地端子箱应与局部等电位联结预埋件可靠连接。

(1) 局部等电位接地端子箱与房间内的设备(所有配电箱/电控箱/插座箱的 PE、公共设施的金属管道及建筑金属结构)连接线采用低烟无卤阻燃交联聚乙烯绝缘电线,在有机械保护时的截面要求不小于 PE 线截面的一半(最小截面 6 mm^2),详见《等电位联结安装》02D501-2。

(2) 在伸臂范围内的某些外露可导电部分与装置外可导电部分之间,再用导线附加连接,以使其间的电位相等或更接近,作为辅助等电位连接。

(3) 局部等电位接地端子箱设置在靠墙处,底部距装饰面 500 mm^2。

7.4.5 设计特点与难点

1) 注重节能设计

公共区空调送、排风机,轨行区排热风机均采用变频控制,实现节能运行。传统的地铁车站空调水系统输配能耗比例高,能源浪费,集成能力较弱。为了更好地贯彻和实行"节能""减排"的理念,本工程首次采用"风水联动"的控制系统,冷冻泵、冷却循环泵也采用变频控制,冷却塔选用双速电机,不仅实现了节能还提高了控制的可靠性和先进性。

2) 合理划分通风空调系统

轨道交通 17 号线采用的隧道通风系统的布置方式,在满足系统工艺要求同时结合了车站的不同的布置方式,如车站风井的位置、车站的长度、站厅站台的空间等因素,展现了隧道通风系统布置的灵活性。

淀山湖大道站考虑车站长度的限制,将隧道通风机布置在站台层,风井配合地面道路规划仍设置在城市道路中间的绿化带内,上、下行线机械活塞风气流通过合设的 1 个机械风孔,到合设的地面机械/活塞通风亭排出室外,下行线活塞风通过活塞风孔到站厅的机械/活塞通风亭排出室外,上行线则通过站台轨行区上方的活塞风孔到地面的活塞通风亭排出室外。该方式占用面积最小,活塞风路最短,风机安装检修方便,风井结合道路中部绿化设置。

地下车站根据建筑布局和环境设计标准、空调负荷特性、使用时间(全天运行、运营时段运行)划分通风空调和防排烟系统,进行管路设计。系统在满足功能前提下,应力求简洁。原则上强电机房、弱电机房、管理用房及各类通风机房等应分设系统。

漕盈路站与青浦新城站车站两端附属均与地块商业结合,车站站厅层公共区直接与地块商业联通。在车站通风空调系统设计时,由于站厅层公共区与地块直接连通,充分考虑商业开发和车站的室内设计参数的差异对通风空调负荷计算的影响;明确地铁公共区以及商业开发各自通风空调系统的负担范围。

汇金路站为厅台同层的地下一层侧式车站。车站公共区共划分为7个防烟分区,火灾时分别开启相应防烟分区的排烟风口及设备,由出入口自然补风。控制灵活,安全性高,满足火灾时的排烟需求。根据建筑布局和环境设计标准、空调负荷特性、使用时间(全天运行、运营时段运行)划分通风空调和防排烟系统,进行管路设计。系统在满足功能前提下,应力求简洁。

诸光路站为中庭车站,多次现场勘查后确定方案。由于国内中庭车站极为少见,可供借鉴的经验也不多,设计过程中最大限度地实现了建筑空间的综合利用,并满足了通风空调以及其他相关专业的使用要求,为以后同类地铁工程的设计提供了很好的参考样本。

虹桥火车站站为已运营车站,改造范围均位于已运营区域,改造方案结合在尽可能不影响原车站方案布置的前提下,增设相关设备和风管等。特别是考虑到综合管线的影响,采用尽可能采用原风管的改造方式,减少对现场运营的影响。

3) 合理设计排水系统

针对地下车站暴雨积水及地下渗漏水对车站结构的影响,进行了防排水专题研究,在车站地下一层设置疏水层,配置排水泵,防止地下水的积存,提高安全性和美观性。

因冷水机组在冬季进行保养时,需将冷却水、冷媒水全部排放,为消除冷却水集中大量排放至轨行区可能产生的安全隐患,本线采取在冷却循环系统管网上分段增设放空点的方式分散排水。例如冷却塔集水盘存水可就近地面排放,从风井进入的立管可在底端排入风井的集水坑,泵房内管道余水仍通过地漏排入线路明沟。系统放空时可按室外地面—风井—泵房的顺序依次分段放水,减少最终通过区间排放的水量。

(1) 蟠龙路站设计特点及难点:站厅层公共区中央顶部设有玻璃天窗($29.2\ m \times 5.4\ m$,面积$157.68\ m^2$),净高$9.2\ m$,根据《自动配水灭火系统设计规范》(GB 50084—2001)(2005年版)5.0.1A要求,按净空高度$8 \sim 12\ m$中庭设计,喷水强度$6\ L/(min \cdot m^2)$,喷头类型$K=80$,喷头最大间距$3\ m$,经核算,车站喷淋泵流量、扬程均满足要求。玻璃天窗采用钢结构加方形玻璃窗形式,喷淋配水支管于装修龙骨下方横向布置,纵向间距$2 \sim 3\ m$,共设置11排,每排设两个喷头,喷头横向间距$3\ m$,满足规范要求下尽量保证装饰美观。玻璃天窗下采用$K=80$快速响应喷头,为避免暴晒引起喷头误动作,采用公称动作温度为$79\ ℃$的闭式喷头。

(2) 诸光路站设计特点及难点:诸光路站为地下二层车站,因本站设置了采光天窗,站厅层和站台层公共区呈挑空设计,挑空处高度约$15\ m$,故按《民用建筑水灭火系统设计规程》(DGJ 08—2007)高大净空场所系统设置,喷水强度为$6\ L/min \cdot m^2$,作用面积$350\ m^2$,水喷淋系统设计流量为$47\ L/s$,喷淋主泵流量参数为:$Q=50\ L/s$。本站因喷淋系统流量增大,消防总水量较大,为$100\ L/s$,故本站市政引入管管径大于其他普通车站,为两路 DN300 引入管。玻璃天窗采用钢结构加方形玻璃窗形式,为满足整体装修效果,在满足规范要求前提下,该范围内喷淋配水支管结合钢结构布置,且喷淋管外涂色也结合装修设计,尽量保证装饰美观。采光天窗范围内设置的喷头,考虑温度较高(如夏季)太阳直射下,玻璃天窗下喷头因温度过高,可能出现误喷情况,故该规范喷头的作用温度由$68\ ℃$调整至$79\ ℃$。本站为达到LEED标准要求,各卫生器具用水量需达LEED评分标准,具体为:

① 大便器(女卫)设双冲,用水量分别为≤6 L/次、≤3 L/次;
② 大便器(男卫)用水量为≤4.8 L/次;
③ 小便器用水量为≤1.9 L/次;
④ 盥洗龙头用水量为≤1.9 L/min。

4) 绿色智能的照明系统

全线车站统一选用新型绿色节能 LED 照明灯具,并首次运用了智能照明 DALI 调光控制系统。DALI 调光控制系统既可实现车站公共区照明、地面出入口照明的恒照度控制,还可对所控制的照明灯具进行单灯巡检,提高运维效率。

17 号线工程将车站公共区一般照明、客服中心照明、地面出入口照明、导向照明、站台下照明及区间一般照明均纳入车站智能照明调光控制系统,公共区照明、客服中心照明及地面出入口照明设 DALI 调光模块,配合照度传感器,使车站在运营初期地面照度维持在略高于规范要求水平,同时可根据运营需求分别设置场景及时间控制(高峰、低峰小时)。导向照明、站台下照明及区间一般照明设开关控制器,根据运营需求进行时间控制。车站配电间内的箱体布置美观整齐,易于操作。安装原则为:当箱体高度≤800 mm,箱体底边距地坪装饰完成面 1 100 mm;当箱体高度＞800 mm 时,箱体底边距地坪装饰完成面 900 mm。相邻动力照明箱水平间距 50 mm。

7.5 虹桥火车站站改造

7.5.1 车站功能改造

1) 总体概况

本站为既有车站,地面为高速铁路站房,地下部分原计划引入五条轨道交通线路: 2 号线、10 号线、17 号线和原规划 5 号线、原规划 17 号线,形成"3+2"线站布局,其中 2 号线、10 号线已于 2011 年开通运营。原规划 5 号线、原规划 17 号线由于线网的调整,目前不接入本枢纽。17 号线接入枢纽预留主体工程。

2) 功能改造

地铁虹桥火车站站地下一层为站厅层,有大小两个站厅,大站厅面积约 9 700 m^2,小站厅面积约 790 m^2(图 7-73)。此二站厅均为付费区,非付费区与高铁虹桥站、客运站等共用,共用部分即疏散大

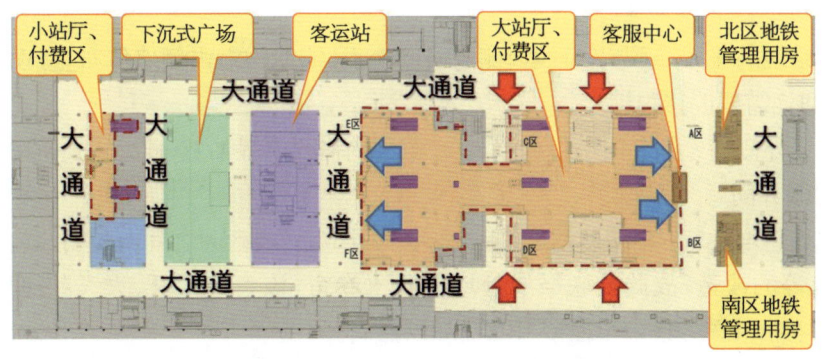

图 7-73 虹桥火车站站站厅层平面图

通道。目前开通的大站厅,进站乘客可通过 C、D 区 4 组安检经由闸机进站,通过 9 组楼扶梯下至站台候车,出站乘客可由 A、B、E、F 区经过闸机出站。在东侧还零星布置有车控室、票务室、站务、交接班室等房间。

地下二层为 10 号线、2 号线、17 号线的站台层(图 7-74),地下二层中 10 号线为独立的 12 m 宽岛式站台,即南侧站台。2 号线在 17 号线未开通前将 17 号线轨行区做钢板临时封堵,形成宽约 48 m 的超宽岛式站台,17 号线在开通后恢复原设计,超宽岛式站台分隔为宽约 17 m 的北侧站台及宽约 22 m 的中间站台。开通后 17 号线可与 2 号线形成同站台换乘,17 号线、2 号线与 10 号线间的换乘需通过站厅进行。在北侧站台、中间站台西侧均预留有长通道可至站厅层小站厅。站台公共区两侧布置有设备管理用房。

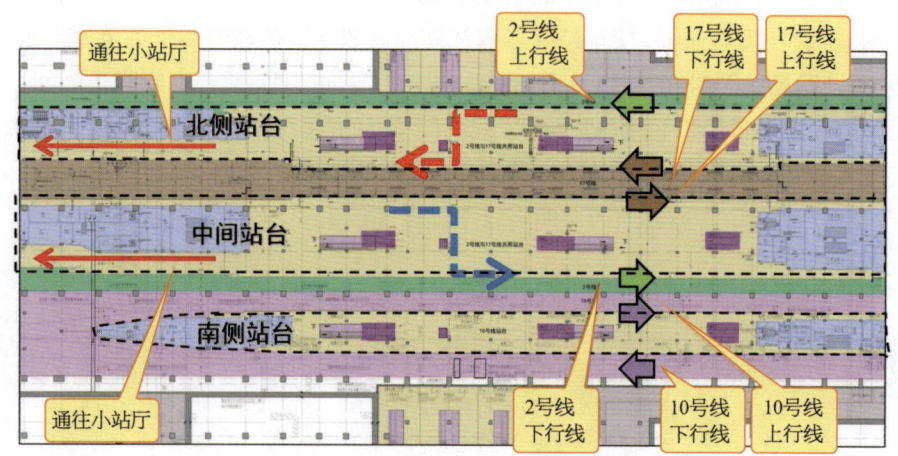

图 7-74 虹桥火车站站站台层平面图

地下三层为原规划 17 号线、原规划 5 号线的站层,与 2 号线、10 号线、17 号线站台呈垂直立体相交的关系。目前由于线网的调整,地下三层原规划线路目前不接入枢纽,故仍为土建预留。

7.5.2 联络线改造

1) 土建改造

考虑到 17 号线与路网衔接条件、工程检修车的资源共享,在 17 号线、2 号线线路之间新增一根联络线。此新增联络线带来的改造如下。

(1) 需要对原车站站台西端轨行区的 2 根柱子凿除,新增 4 颗柱子及横梁进行托换改造[详见 7.3.3 节第 6)]。

(2) 由于联络线的接入,原先 2 号线内侧的墙壁连贯,线缆均沿内侧墙体布置,现在联络线接入,墙体被打开,线缆均需要改移割接。

(3) 且 2 号线外侧墙壁岔芯向小里程端 28 m 范围内需要限界加宽,此处采用拆除原支架,替换短支架的方式满足限界问题。

(4) 联络线处新增卷帘:由于新增联络线,2 号线与 17 号线区间之间由封闭改为连通,为避免对 2 号线环控系统等的改造,故此处联络线处增设防火卷帘,该卷帘常开、火灾状况下卷帘落下,由 EMCS 系统负责卷帘开关并接入车控室 IBP 盘加以控制。

改造示意如图 7-75 所示。

7 车 站

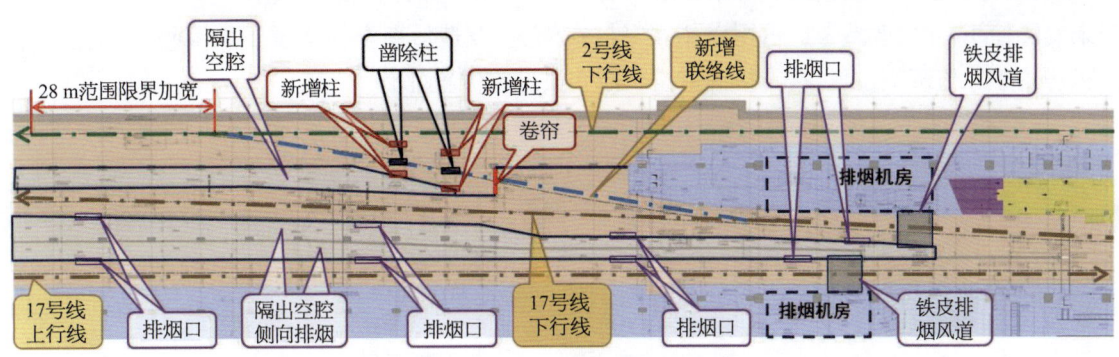

图 7-75 虹桥火车站站台层联络线及环控系统改造平面图

2) 轨道改造

原先将 17 号线按照磁浮预留,目前 17 号线采用 6 节 A 型车编组,因此对线间距进行优化,将线路线间距由原来的 6.1 m 缩小为 4.2 m,同时北侧站台可加宽约 1.43 m,满足限界的同时增加了北侧站台蓄客能力。同时原先车站按照磁浮标准,底板落低约 1.23 m,现根据 A 型车限界需求,将落低的轨行区用素混凝土回填,回填高度约 1.23 m。

改造示意如图 7-76 所示。

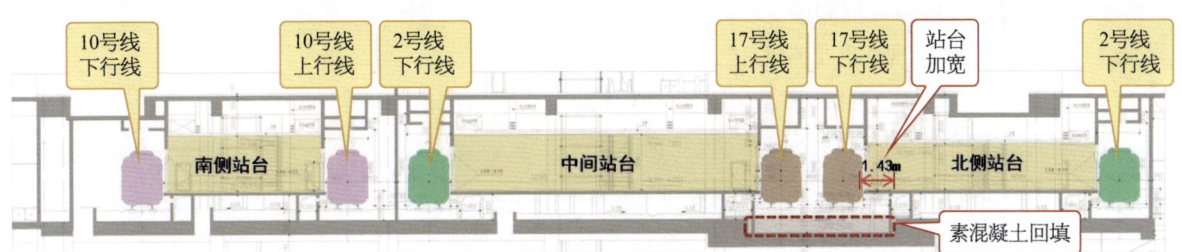

图 7-76 虹桥火车站站台层横剖面图

3) 其他改造

北侧站台预留用房改造:由于原来 2 号线、10 号线设计时已考虑预留 17 号线设备用房,部分设备考虑采用三线共用机房,部分不能共用的设备系统均已预留位置,且砌筑隔墙但未装修安装。本次主要将原小轴端预留变电所用房进行装修启用,大轴端预留用房内部砌筑隔墙,并装修启用。

7.5.3 车控室升级改造

1) 建筑

虹桥火车站为三线换乘的大型车站,其中既有的轨道交通线路为 2 号线和 10 号线,该站车控室用房面积在 135 m²,该车控室位于站厅层北区地铁管理区域。由于 17 号线需接入,同时考虑到提升虹桥火车站三线车控室的整体功能及格调,决定新建南区车控室,体现对多线车站新管理模式的尝试,对大客流车站新功能定位的实践,并需具备贵宾参观考察功能。

首先将南区地铁管理用房功能进行梳理,按保留、搬迁、占用三个层面对原房间进行分类。既有疏散楼梯间主要为虹桥火车站站台疏散使用,需保留;AFC 机房与车控室关系密且面积较小,考虑保留;值班室、储藏室、男更衣室、交接班室考虑搬迁至站台管理人员用房区域,腾出空间给车控室附属机房；编码室考虑就近搬迁至既有客服中心，拟新建客服票亭代替客服中心功能；TVM预留室为预留空间未实际使用，此次改造考虑占用以拓宽车控室面宽，改造后新车控室位于原编码室位置，车控室附属机房位于原值班室位置，贵宾接待室位于原交接班室位置(图7-77)。

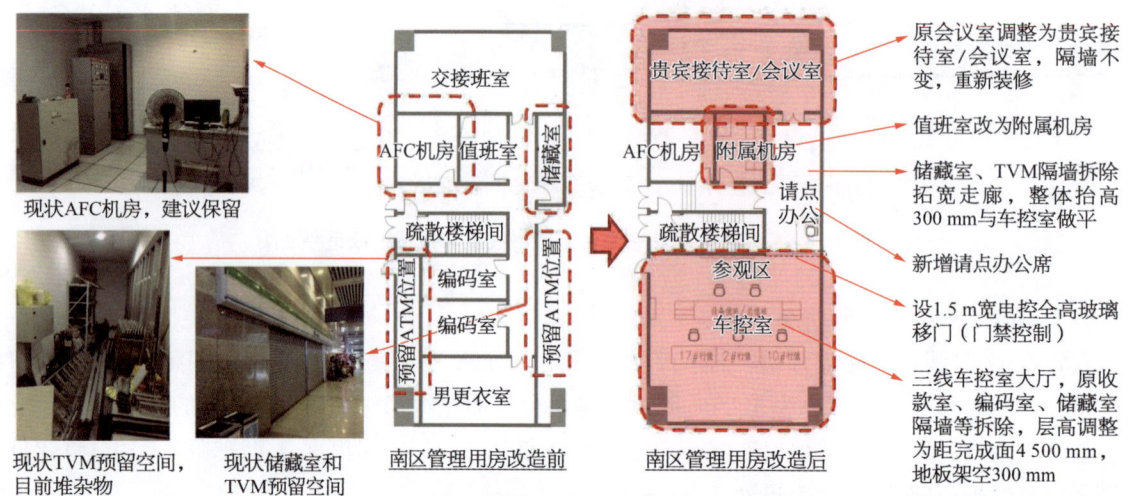

图7-77 虹桥火车站站南区车控室改造平面图

改造步骤如下，具体流程如图7-78所示。
(1) 编码室拟搬至现状客服中心位置，拆除既有安装装修。
(2) 南区设备管理用房建筑改造，保留AFC机房，其余房间腾空，拆除安装装修。
(3) 将原北区车控室线缆在吊顶内敷设至南区车控室。
(4) 车控室关键设备、大屏、台体、装修饰面、家具选型。
(5) 综合监控系统、通信系统若干关键软件系统调整集成。
(6) 环控、门禁、消防等用房配套措施完善。

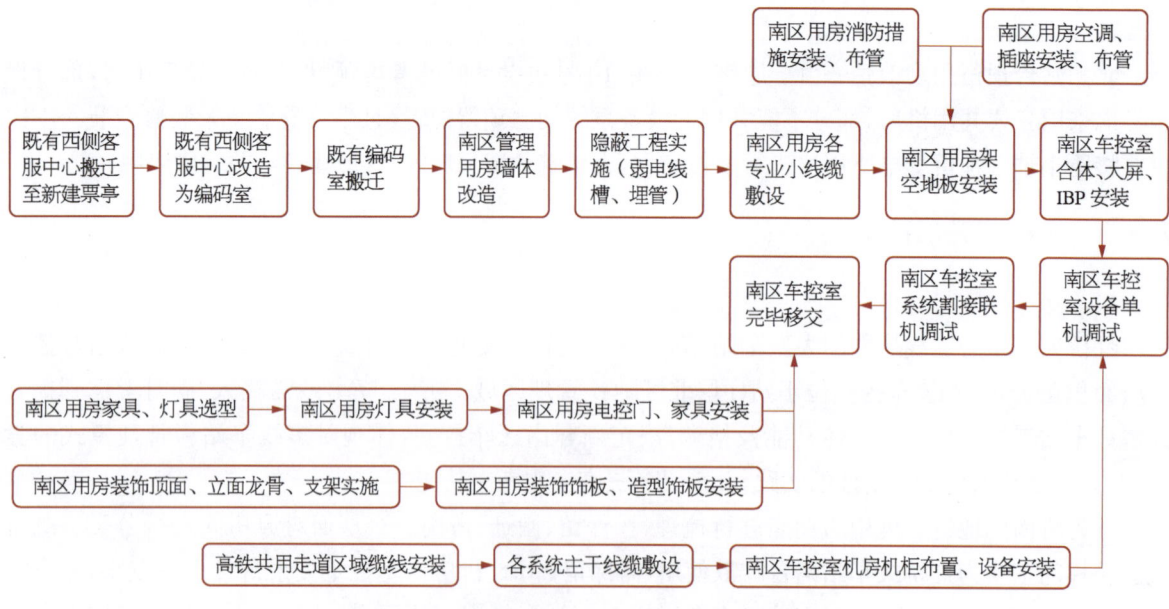

图7-78 虹桥火车站站南区车控室改造流程图

(7) 南北区车控室割接倒换。

2) 通信

在2号线、10号线、17号线的行车值班席上分别设置三线利旧广播播控盒,能够实现对各自线路的人工广播、设备操作。在总值班席上设置三线整合广播操作终端1套,话筒1个,实现的功能为能对虹桥火车站轨道交通范围的任意区域进行人工广播。

10号线乘客信息操作由综合监控系统终端整合,纳入综合监控方案实施。17号线乘客信息操作由SIOS系统终端整合,纳入SIOS方案实施。2号线没有乘客信息操作功能,本次工程维持现状。

在车控室附属用房新设1套屏体拼接控制器,负责输出至车控室LED显示大屏、条头显示屏、贵宾室液晶拼接屏,以及车控室值班席位上的液晶监视器。2号线、10号线、17号线分别设置视频监控键盘。17号线在南区车控室新设1套安防操作终端,对大屏布局进行编辑。

在2号线、10号线、17号线的站厅公共区、站台公共区设置若干全景数字高清摄像机,全数接入17号线视频监控系统内,并在17号线机房内设置拼接融合服务器组,通过BIM建模方式将图像与数字地图进行融合,实现对全站客流的监控。最终在车控室LED显示大屏和贵宾室拼接大屏上进行显示。本套系统为全新建设。

3) 信号

根据虹桥火车站站集中控制室的建设需求,2号线、10号线、17号线车控室信号设备需搬迁至集中控制室实现集中运营管理,2号线、10号线、17号线信号ATS信息需在综合显示屏集中显示。

4) FAS

按照换乘站"资源共享"实施原则的要求,本次工程站本体内FAS系统新增设备应接入2号线主机(新普利斯);因2号线主机容量使用已接近其最大限度,故新设一台主机(新普利斯,容量1 000点),将站本体内17号线新增设备接入该主机;新设主机与原2号线主机联网,共同作为虹桥火车站FAS系统控制器,新设主机中相关信息也需上传至2号线控制中心。新设主机应提供两个数据通信口,用于与SIOS系统进行连接;原2号线FAS主机新增数据通信口,与SIOS系统连接,实现SIOS对2号线、17号线FAS系统深度集成。

17号线另新设一台区间FAS主机(容量500点,含消防电话),用于管理虹桥火车站17号线区间隧道内相关设备(手动报警按钮、消防电话插孔、消火栓启泵按钮等),该主机与17号线FAS系统联网;该新设主机需提供两个数据通信口,用于与17号线SIOS系统进行连接;同时,新设一台与区间FAS主机配套的打印机。

2号线FAS主机与17号线区间FAS主机间通过设置输入/输出模块实现互传火灾信息,信息内容参照2号线-10号线信息互传方案(站本体内13个火灾信息点,区间隧道4个火灾信息点)。

17号线区间隧道内消火栓共享虹桥火车站消火栓系统(水泵、水源),17号线区间消火栓启泵按钮的信息需通过17号线区间FAS主机传送至车站FAS主机,由车站FAS系统联动启动消火栓泵。

5) EMCS

按照换乘站"资源共享"实施原则的要求,17号线新设一套冗余PLC,接入虹桥火车站EMCS系统,即对车站EMCS系统进行扩容改造。

17号线新增的设备(如17号线的隧道通风系统、轨行区排热系统、区间照明、站台门以及新增的垂直电梯、自动扶梯等)由新设的冗余PLC及配套I/O进行监控。新增被监控对象一方面应整合纳入车站EMCS系统,即需对车站EMCS系统和2号线EMCS系统中央级进行改造;另一方面,根据车站一体化管理的需要,2号线、17号线EMCS系统通过各自的冗余PLC通信接口与车站SIOS系统相连,实现 SIOS 对 2 号线、17 号线所有设备的监控管理。虹桥火车站 17 号线相邻区间隧道中发生列车火灾或阻塞情况时,由 17 号线控制中心发出指令至车站 EMCS 系统,实现对 17 号线隧道通风系统的控制。

17 号线工程取消原车控室内各线 IBP 盘,新设一套三线 IBP 盘,通过整合设计,分别设置 2 号线、10 号线、17 号线行车 IBP 盘及设备 IBP 盘,行车 IBP 盘上设有车站站台门及信号设备的按钮及显示灯,设备 IBP 盘设有车站消防专用风机及消防水泵等的直启按钮及显示灯,行车 IBP 盘与设备 IBP 盘均采用挂墙设置,盘面离地高度 800 mm,周围采用装修包封,设备维护方式采用前维护。

6) ACS

17 号线车站新增 ACS 设备均接入 2 号线既有门禁主控制器,2 号线 ACS 主控制器新增 2 个以太网通信接口接入虹桥火车站 SIOS 系统,实现三线 ACS 系统统一集成监控。

7) SIOS

虹桥火车站站设有 SIOS 系统,为便于车站一体化管理,SIOS 系统除集成本线车站级机电系统外,同时也将 2 号线既有车站级机电系统纳入一体化平台统一管理。

虹桥火车站站三线车控室(图 7-79)进行升级改造,原车控室内工作台按线路建设先后顺序进行布置,每条线均设有操作工作台及设备系统工作站,工作台及设备布置较为杂乱,车站及调度管理无法做到三线统筹管理,升级改造后对工作站进行职责划分,按行调、设备调、总调进行设置,每个工作台职责岗位明确,同时兼顾三线的调度管理(图 7-80)。

图 7-79 虹桥火车站站原车控室

图 7-80 虹桥火车站站改造后车控室

SIOS 集成范围包括 2/17 号线机电设备监控系统(EMCS)、火灾报警系统(FAS)、门禁系统(ACS)、自动售检票系统(AFC)、智能照明系统(ILS)及 17 号线屏蔽门系统(PSD)、乘客信息系统(PIS),其中对 EMCS、FAS、ACS 实施深度集成,对 AFC、PSD、PIS、ILS 等实施顶层集成。

集成后 SIOS 工作站(一套单机双屏工作站、一套单机单屏工作站)设于三线设备调度台上,并在 17 号线行调调度台上设一台复示工作站,用于显示 17 号线 PIS 及 PSD 内容。

8) AFC

AFC 系统主要为根据新要求对原站厅层 AFC 闸机做增加、调整。考虑到高铁换乘客流的攀升,故在原地铁区域内将 AFC 闸机等隔离栏杆内凹,留出空间给安检,同时新增蛇形栏杆,引导大客流安全有序通过安检、闸机,进入付费区。

9) 站台门

根据虹桥火车站站集中控制室的建设需求,2 号线、10 号线、17 号线车控室站台门设备需搬迁至集中控制室实现集中运营管理。新设虹桥火车站集中控制室的 IBP 盘三线共用,由 CIOP 专业负责实施。

10) 装修

17 号线虹桥火车站站位于虹桥枢纽内与 2 号线及 10 号线中间,三线共用站台。主要装饰以恢复为主,与 2 号线、10 号线整体装饰风格统一(图 7-81)。

另外,虹桥火车站站根据使用功能对车控室进行了改造,设立了轨道交通虹桥枢纽指挥控制中心。

图 7-81 虹桥火车站站装修方案

Chapter 8 区 间 结 构

8.1 高架区间

8.1.1 设计原则和设计标准

1) 设计原则

(1) 立足桥梁结构的建筑设计理念进行突破与创新,从城市景观的角度把握结构的总体设计,力求新颖美观、与沿线环境相协调。

(2) 重视"以人为本、节能环保"的设计理念,采用集成化的技术创新与新技术,针对轨道交通高架的特点,采取综合措施减少施工对环境的影响、减少运营对环境的不利影响。

(3) 桥梁结构设计应因地制宜,吸收国内外的先进技术,结合本地区的场地、设备等条件,力求采用先进的、成熟的结构形式,并尽可能选择成熟的施工工艺。

(4) 桥梁结构应根据其功能及使用要求,结合城市规划、沿线道路交通、周边环境、地下管线和地质条件等因素进行优化比选,选择合适的桥跨结构、桥梁形式及基础类型。

(5) 在满足本工程总体要求的同时,对施工阶段、使用阶段和特殊工况进行强度、刚度、稳定性、耐久性等方面的检算,满足国家和地方规范、规程,并综合考虑结构后期沉降和徐变的影响。

(6) 桥梁结构设计应注意满足限界、轨道、杂散电流防护、声屏障等专业的技术接口及要求,同时应有利于结构减振和方便施工。

(7) 桥梁结构的设计应考虑日常养护维修和事故情况下的人员疏散需要。

(8) 高架桥梁区间结构的布置,应力求标准化、模数化、系列化,便于施工和养护维修,充分利用既有的施工设备,降低造价。

(9) 充分注意协调结构与环境、规划、建筑物、地下障碍物及管线的关系,避免矛盾出现。桥跨布置应利于减少施工难度,缩短施工周期,并尽可能减少施工期间对交通、环境的影响。

(10) 桥梁结构上跨公路、铁路或河流时,其桥下净空须满足相应的行车、排洪、通航的要求。

2) 设计标准

(1) 本线设计行车速度为 100 km/h。

(2) 高架区间主体结构设计使用年限为 100 年。

(3) 高架区间结构抗震按《铁路工程抗震设计规范》(GB 50111)要求进行验算。抗震设防烈度为 7 度,设计基本地震峰值加速度值为 $0.10g$,设计地震分组为第一组。

(4) 高架区间梁式桥跨结构在列车静活载(即不计入列车竖向动力作用)作用下,其竖向挠度不应超过表 8-1 规定的容许值。

表8-1 梁式桥跨结构竖向挠度容许值

跨度	挠度容许值	跨度	挠度容许值
$L \leqslant 30\ m$	$L/2\,000$	$60\ m < L \leqslant 80\ m$	$L/1\,200$
$30\ m < L \leqslant 60\ m$	$L/1\,500$	$80\ m < L \leqslant 100\ m$	$L/1\,000$

注：L为简支梁或连续梁检算跨的跨度(m)。

(5) 高架区间梁式桥跨结构的横桥向自振频率不应小于$90/L$(Hz)。

(6) 墩台顶顺桥向水平线刚度应根据工程条件经钢轨动弯应力、温度应力、制动应力和制动附加应力的计算后确定。若不做计算，双线及多线简支梁桥墩墩顶纵向水平线刚度应符合表8-2要求。单线桥梁桥墩水平线刚度取用表8-2值的1/2。

表8-2 桥墩纵向水平线刚度(双线)

跨度	最小水平线刚度(kN/cm)	附注
$L \leqslant 20\ m$	190	不设钢轨伸缩调节器
$20\ m < L \leqslant 30\ m$	260	不设钢轨伸缩调节器
$30\ m < L \leqslant 40\ m$	320	不设钢轨伸缩调节器

注：大于40 m的简支结构，其桥墩水平线刚度可按跨度与30 m的比值相应增大。

8.1.2 概述

1) 高架区间概况

17号线高架区间主要位于青浦区境内，总长约17.9 km，自西向东可分为两段：第一段为东方绿舟—淀浦河北岸桥路分界点，长度约7.3 km，该段主要沿既有和规划的沪青平公路南侧走行，在斜沥港附近转向北，跨越淀浦河后，高架区间落地；第二段为汇金路以东桥路分界点—A5公路以西桥路分界点，长度约10.6 km，该段主要在盈港东路路中分隔带内走行，跨过新通波塘后转向北至崧泽大道南侧，沿崧泽大道向东走行，在A5公路西侧落地。

高架区间采用跨径25 m、30 m、35 m的单线简支U形梁作为标准结构；当跨越大型路口、较宽横向道路及河流时，采用主跨跨径50 m、55 m、70 m的三跨一联"双U形＋箱形"变截面连续梁桥；跨越通航等级较高的油墩港和淀浦河则分别采用了主跨跨径94 m、90 m的三跨一联双线单箱单室预应力混凝土连续箱形梁桥；东方绿舟站、朱家角站、赵巷站、徐泾北城站车站前后的道岔区域则采用了多跨一联的整幅单箱多室预应力混凝土连续箱形梁宽桥；朱家角停车场和徐泾车辆段的进出场线高架段采用了双线单箱单室预应力混凝土简支梁。具体设计如图8-1～图8-5所示。

高架区间标准桥墩为配合简支U形梁的圆柱倒T隐形盖梁墩，其盖梁为预应力混凝土构件，立柱为钢筋混凝土构件。其余配合连续梁桥的桥墩及进出场线的桥墩均为钢筋混凝土实体墩。部分斜跨地面道路处采用了双立柱框架墩，其盖梁为预应力混凝土构件，立柱为钢筋混凝土构件。全线桥墩均采用钻孔灌注桩群桩基础，桩径以0.8 m为主，部分节点桥桥墩采用的桩径为1～1.5 m。

高架区间桥墩基本采用现场立模浇筑，上部结构的施工方法则根据结构特点及场地条件等不同而变化：单线预应力混凝土简支U形梁均在梁厂预制整榀梁，其架设主要采用架桥机，部分区段采用

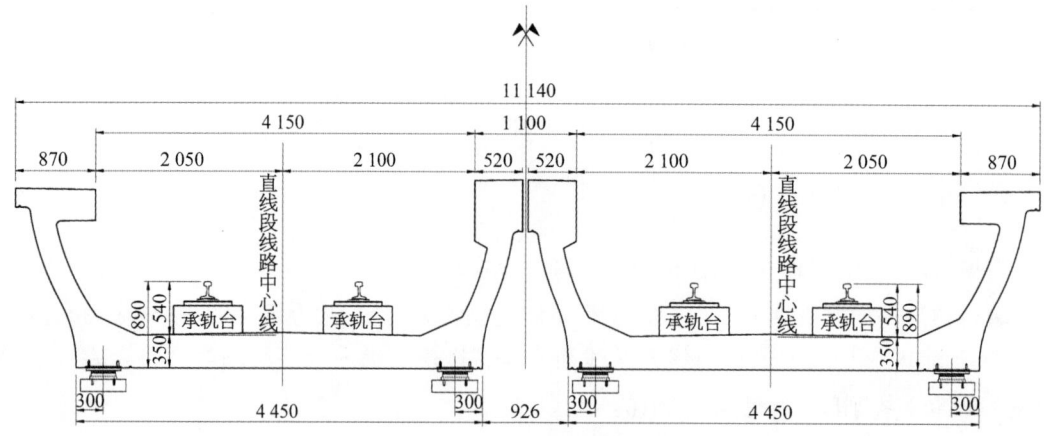

图 8-1 单线简支 U 形梁

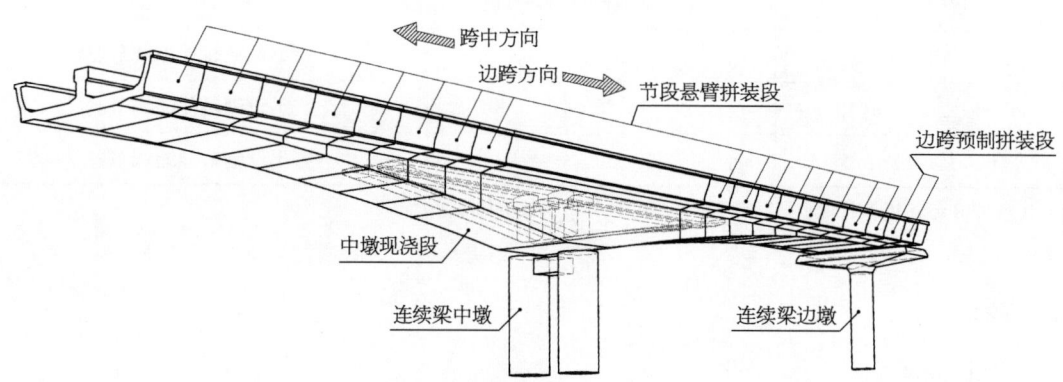

图 8-2 "双 U 形+箱形"变截面连续梁

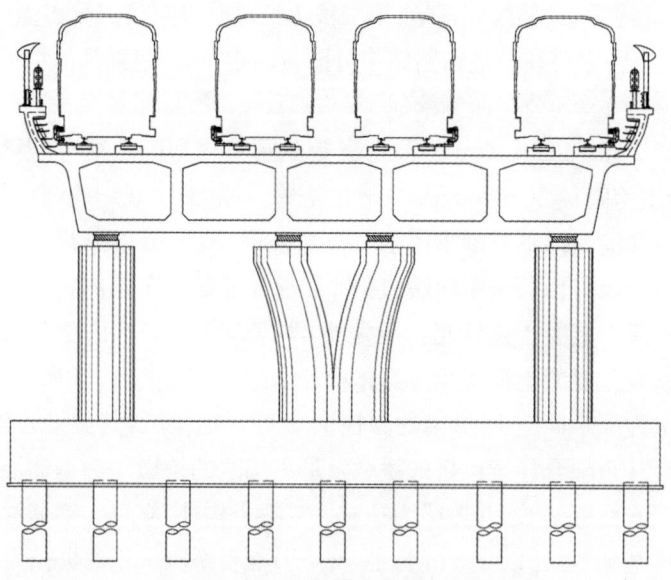

图 8-3 车站道岔桥单箱多室箱形梁

8 区间结构

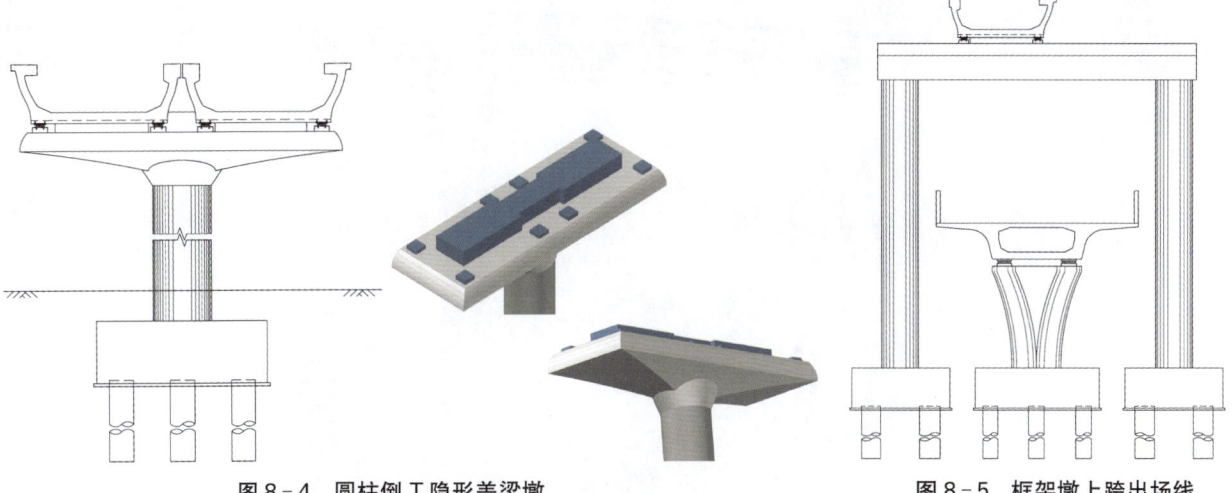

图 8-4 圆柱倒 T 隐形盖梁墩　　　　　　　　　　　图 8-5 框架墩上跨出场线

了门式吊车及吊机架设;预应力混凝土"双 U 形＋箱形"变截面连续梁在工厂预制节段,现场采用桥面吊机悬臂平衡拼装;跨越道路、河流等节点的预应力混凝土连续箱形梁桥均采用悬臂浇筑,而大体量的预应力混凝土连续梁道岔桥及出入线简支箱形梁均采用满堂支架现浇,如图 8-6～图 8-11 所示。

图 8-6 架桥机吊装简支 U 形梁

图 8-7 双机抬吊简支 U 形梁

图8-8 龙门吊吊装简支U形梁

图8-9 节段拼装"双U形+箱形"变截面连续梁

图8-10 支架现浇道岔桥箱形梁

8 区间结构

图 8-11 悬臂浇筑连续箱形梁

2) 工程规模与主要工程内容

高架区间工程规模见表 8-3。

表 8-3 17 号线高架区间工程规模汇总表

序号	区间名称	起始里程	线路长度(m)
1	东方绿舟站—朱家角站 （含东方绿舟折返线、朱家角停车场出入场线）	SK0+278.600—SK0+096.900 SK0+241.900—SK2+903.627	3 037.23
2	朱家角站—桥路分界点	SK3+048.627—SK7+336.307	4 287.68
3	桥路分界点—赵巷站	SK18+569.437—SK21+802.955	3 233.52
4	赵巷站—嘉松中路站	SK21+947.325—SK24+860.292	2 912.97
5	嘉松中路站—徐泾北城站	SK25+004.912—SK27+099.927	2 095.02
6	徐泾北城站—徐盈路站 （含徐泾车辆段出入段线）	SK27+244.927—SK28+308.203	1 063.28
7	徐盈路站—桥路分界点	SK28+453.203—SK29+712.303	1 259.10

8.1.3 标准段区间桥梁结构

1) 概述

标准段上部结构采用单线简支 U 形梁，主要跨径 30 m，配合跨径 25 m、35 m，梁高（底板底到外腹板顶）均为 1.8 m，梁宽（外腹板外缘到内腹板外缘）均为 11.14 m。其中跨径 25 m、30 m 的 U 形梁采用先张法预应力设计，而 35 m 的 U 形梁采用先后张结合预应力设计。该梁采用工厂制造，现场吊装。工厂制造出整榀梁（最大重量 200 t），通过特种运梁车辆运至区间集中上梁点，再通过梁上运梁小车运至架桥机作业点，通过架桥机向前架设。对于特殊区段，如岛式车站前后"喇叭段"，因上下行线线间距大，无法采用架桥机作业时，则采用大吨位吊机将 U 形梁吊装到位。

标准段桥墩采用隐形盖梁圆柱墩,其中圆柱为钢筋混凝土结构,其直径根据立柱高度分为1.9 m、2.3 m、2.7 m三档,盖梁为预应力混凝土结构。桥墩的施工采用支架现浇。

标准段的桥梁基础形式为φ0.8 m钻孔灌注桩群桩基础,桩基持力层为⑦、⑧、⑨层,桩底均考虑注浆以利于沉降控制。

2) 结构布置

标准区段一跨内并列布置两榀单线U形梁,分别供上、下行线使用。两榀U形梁的底板用于布置轨道结构及部分轨旁设备,内腹板侧壁作为通信信号电缆敷设通道,内腹板顶缘形成区间疏散平台,外腹板侧壁作为供电电缆敷设通道,外腹板顶缘可以放置声屏障、漏缆、信号指示灯(牌)。具体布置如图8-12所示。

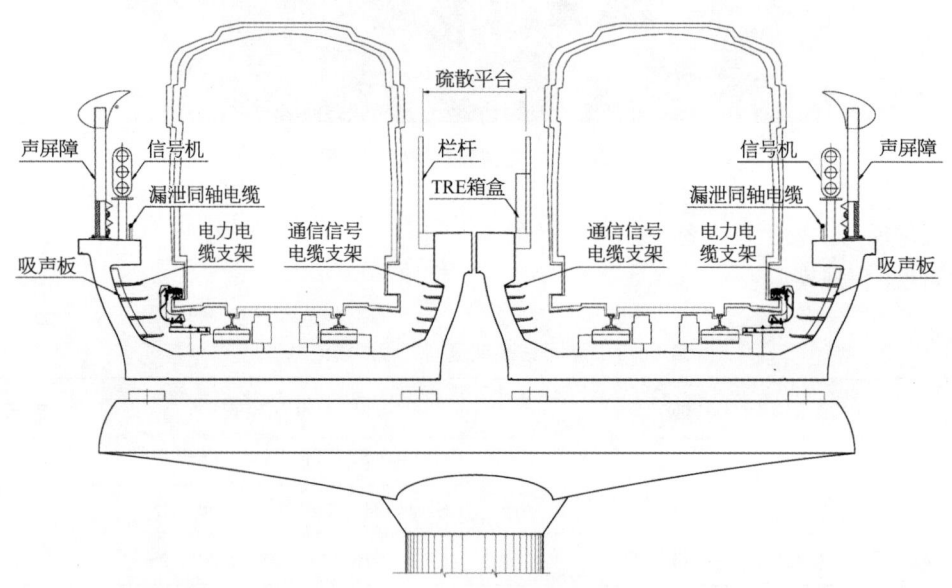

图8-12 17号线桥面布置

标准区段的U形梁均为直线梁,意味着在平曲线路段,线路中心线与U形梁轴线既不重合也不平行,而是基本符合"平分中矢"的布置,同时桥墩横桥向轴线采用径向布置,当上下行线不为同心圆时,该径向为相对上行线而言(图8-13)。

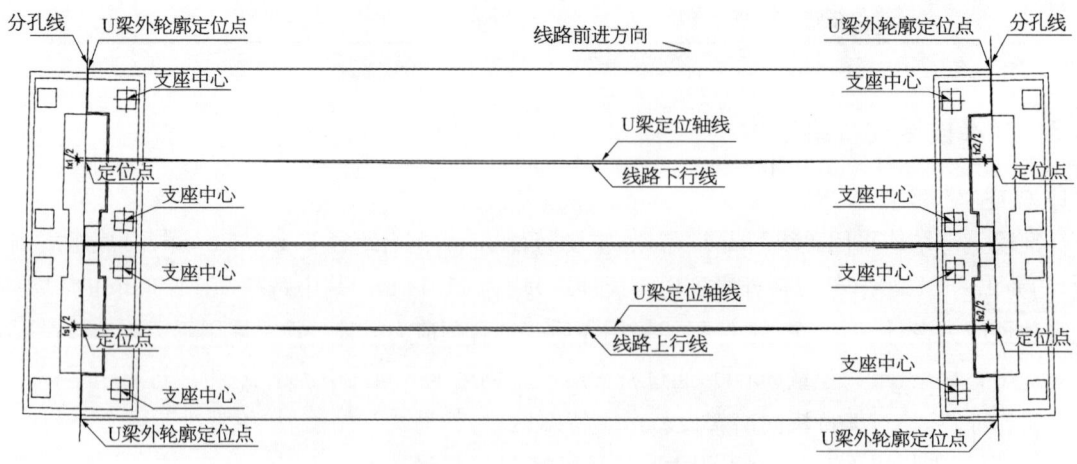

图8-13 U形梁定位平面图

跨径30 m的U形梁梁端之间长度29.94 m，支座中心距离27.4 m(图8-14)。

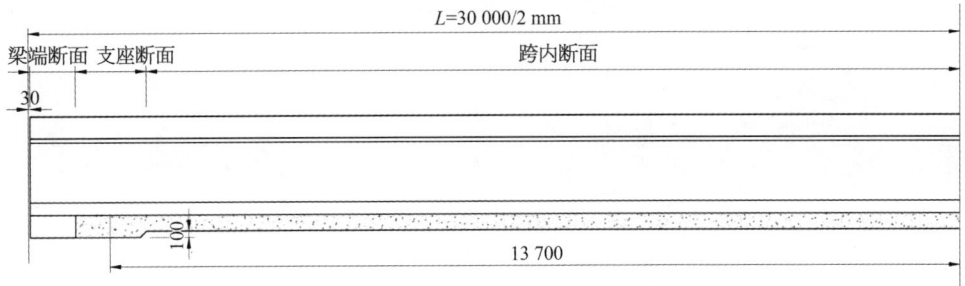

图8-14 半U形梁立面图

U形梁的断面形状顺梁长方向略有变化：大部分跨内断面均为U形，外腹板高1.8 m、厚0.25 m，顶宽0.87 m；内腹板高1.9 m，厚0.25 m，顶宽0.52 m；底板厚0.25~0.28 m；支座处断面与跨内断面相比，底板厚度增加了0.1 m，提升了该处底板刚度；而U形梁梁端仅内、外腹板外伸，底板在桥墩隐形盖梁顶部的凸块外侧即截断(图8-15~图8-17)。

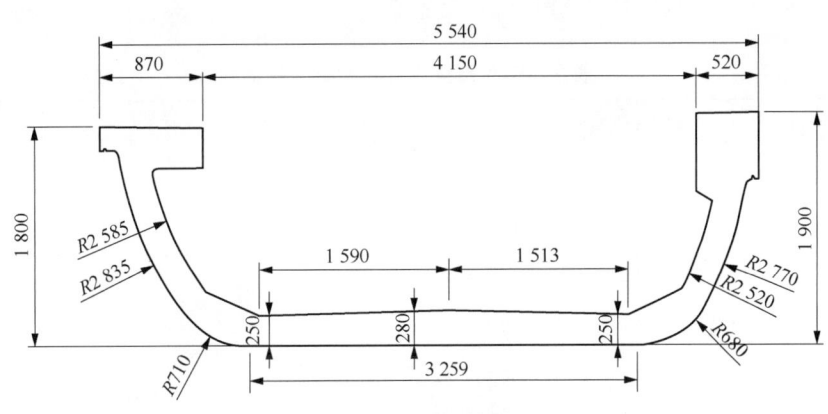

图8-15 跨内断面

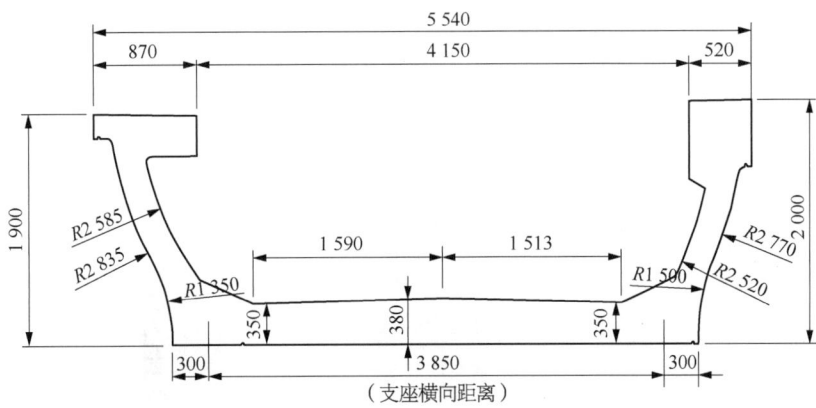

图8-16 支座断面

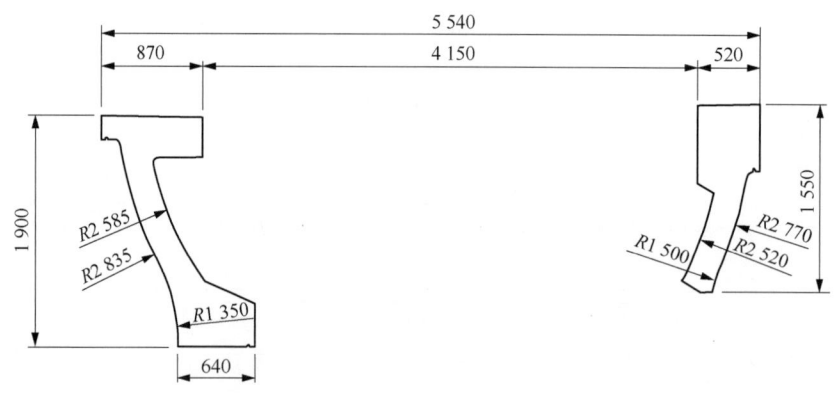

图 8-17 梁端断面

3) 结构计算

U形梁的纵向整体计算按照单梁进行,承载能力、抗裂、挠度验算均遵守铁路钢筋混凝土和预应力混凝土结构设计规范中相关规定,各项指标应满足设计规范限值要求。

U形梁设计时考虑的荷载包括主力(CP)、附加力(CA)、特殊荷载(CS),荷载组合类型包括主力组合、主力+附加力组合及主力+特殊荷载组合,见表8-4。

表8-4 U形梁设计时考虑的荷载

荷载组合		荷载名称
CP	恒载	结构构件自重
		土压力
		设备自重
		预加力
		混凝土的收缩和徐变的影响
		基础变位的影响
		水压力
	活载	列车竖向活载
		离心力
		动力影响荷载
		活载土压力
		横向摇摆力
		轮轨结构交互作用
		接触网立柱荷载
		人行道人行荷载
CA		列车制动/牵引力
		风力
		流水压力
		温度变化的作用

(续表)

荷载组合	荷载名称
CS	地震力
	长钢轨断轨力
	施工荷载
	车辆或船只的撞击力
	列车脱轨荷载

U形梁在进行纵向整体计算时,列车荷载动力系数取1.20;在进行构件横向计算时,列车荷载动力系数取1.45。其纵向计算主要结果见表8-5。

表8-5 U形梁纵向计算结果

项目		规范限值	计算数值
预应力系数		≥0.7	1.0
安全系数	纵向钢筋达到抗拉计算强度,受压区混凝土达到抗压极限强度 K	≥2.0(主力)	2.3
	抗裂安全系数 K_f	≥1.2	1.4
预应力钢绞线应力值	最大张拉应力	≤$0.75f_{pk}$	$0.7f_{pk}$
	初始张拉应力	≤$0.65f_{pk}$	$0.64f_{pk}$
	最大运营应力	≤$0.60f_{pk}$	$0.58f_{pk}$
	疲劳应力幅	≤140 MPa	40 MPa
混凝土结构应力值	运营期间(压应力)	≤$0.5f_c$	$0.38f_c$
	运营期间(拉应力)	0	0
	剪应力	≤$0.17f_c$	$0.08f_c$
	主应力(压应力)	≤$0.6f_c$	$0.12f_c$
	主应力(拉应力)	≤f_{ct}	$0.88f_{ct}$

U形梁的横向按照钢筋混凝土构件进行计算,对整梁用板壳单元建模,以准确分析各种荷载工况下开口截面梁的应力分布,并据此合理确定底板内横向钢筋以及腹板内箍筋的配置。

恒载按照桥面各种设备的重量及其布置位置相应施加,对于列车活载,主要考虑了以下两种控制加载工况:在U形梁跨内布置4组轮轴荷载,且布置在跨中附近;在U形梁跨内布置6组轮轴荷载,其中2组布置在梁端支座附近。

对于风荷载,考虑了在有/无列车的情况下风吹向外腹板,以及在有/无列车的情况下风吹向内腹板的情况。另外根据《地铁设计规范》10.3.20条在模型中布置了列车脱轨荷载以检算桥面板强度。

为了准确计算梁截面横向内力以及合理布置横向钢筋,将沿梁纵向的各主要控制截面再沿横向切分16个断面进行分析,结果表明梁跨中截面的桥面板跨中点的裂缝宽度最大,达到0.10 mm(图8-18)。

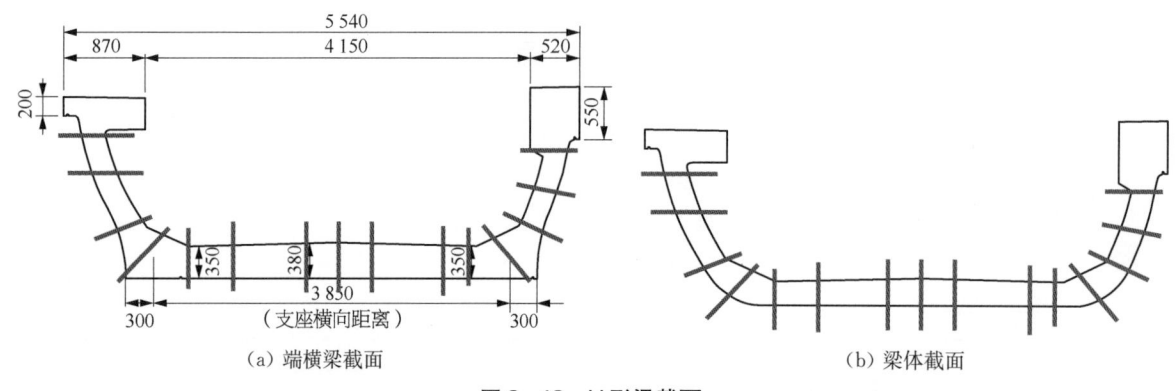

图 8-18 U形梁截面

4) 构造设计

U形梁的构造设计主要包含两方面的内容：一方面是通过优化细部构造提高结构强度、刚度，改善局部受力；另一方面是根据系统设备布置、列车安全运营要求进行相关桥面布置和预埋件设计。

U形梁作为下承式的开口梁，其底板的厚度主要与腹板间距有关，而受梁的跨径变化影响较小。但梁端部的底板厚度相对于跨中加大了10 cm，有利于提高梁结构的局部刚度。梁腹板的宽度、高度及腹板顶缘尺寸对梁截面特性的影响相当大，并直接影响到结构边缘最大应力，因此通过三维有限元计算分析来进行确定。

U形梁截面的内缘形状是在充分考虑了设备布置及检修空间、行车安全乃至特殊紧急情况下的人员疏散要求而确定的。不同于以前的高架区间桥梁采用预埋钢板或预留螺孔等措施，本工程第一次在预制U形梁上采用槽式预埋件，更便于后期线缆支架及轻型设备的现场安装。

8.1.4 特殊节点桥梁结构

1) "双U形＋箱形"变截面连续梁

(1) 梁型特点。

本工程中的三跨一联"双U形＋箱形"变截面连续梁桥是首次在国内轨道交通工程使用。设计综合了U形梁、箱形梁的外形、构造及力学性能特点，并结合轨道交通桥梁的桥面布置要求，创造性地提出了"双U形＋箱形"变截面连续梁桥方案。该桥型的基本结构体系为连续梁桥，其截面形式为：在连续梁中支点处，梁截面形状为上下两部分组成，上部为三道腹板与底板组成的开口双U形梁，其高度沿梁长方向不变，下部为箱形梁，其高度沿梁长方向变化，在中支点处最高，接近中跨跨中及边跨端部处，高度缩减到零。在连续梁中跨跨中及边跨端部，梁截面形状为三道腹板与底板组成的双U形截面。

"双U形＋箱形"变截面连续梁桥成桥后，梁底线按二次抛物线变化，节段梁截面形式在双U形和箱形上下复合截面和双U形截面之间变化，此梁型大幅提高了开口截面梁型的跨越能力，改善了开口截面连续梁桥中支点附近的力学性能。

"双U形＋箱形"变截面连续梁桥相较于连续箱形梁桥有效地降低了结构建筑高度（桥面至梁底高差），桥梁强度、刚度、动力特性等方面均满足要求，在施工便易性、工程造价、运营维护工作量等方面优于传统连续箱形梁桥和U形梁桥。该连续梁桥与邻近U形梁连接处，其梁高及外立面完全统一，使得高架区间中的节点桥不再是整体景观中的突兀、瑕疵，而成为消除审美疲劳的亮点。因此该连续梁桥与U形梁桥配合使用，特别适用于景观要求高的城市轨道交通高架区间。该连续梁桥采用了节段预制悬臂拼装的施工工艺,提升了混凝土结构外观质量、缩短了施工工期,减少了对周边环境的影响。

(2) 结构布置。

"双U形+箱形"变截面连续梁为整体式双线梁,整体梁高从中墩处最高值变化到跨中处最小值,其中中跨50 m、55 m的连续梁中墩处梁高4.5 m,跨中处1.95 m。中跨70 m的连续梁中墩处梁高5.4 m,跨中处1.95 m。梁复合截面中上部双U形截面全桥不变:其顶宽11.44 m(适用于线间距5.3 m),底宽10.13 m,中腹板高2.05~2.25 m、厚0.8 m,边腹板高1.95 m、厚0.4 m,底板厚0.4~0.6 m。下部箱形截面沿桥长变化:其顶宽10.13 m,底宽5.95 m,中腹板厚0.8 m,边腹板厚0.4 m。

该连续梁各断面如图8-19~图8-24所示。

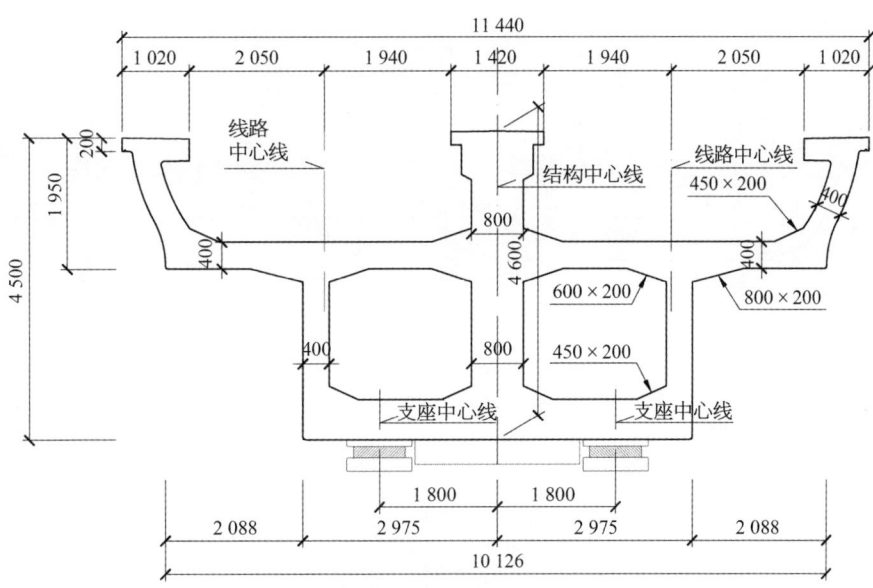

图8-19 中支点处断面(中跨50 m、55 m梁)

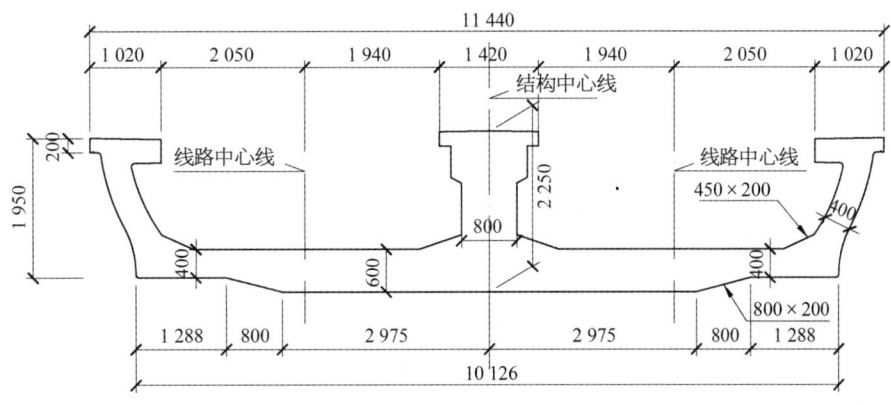

图8-20 中跨跨中处断面(中跨50 m、55 m梁)

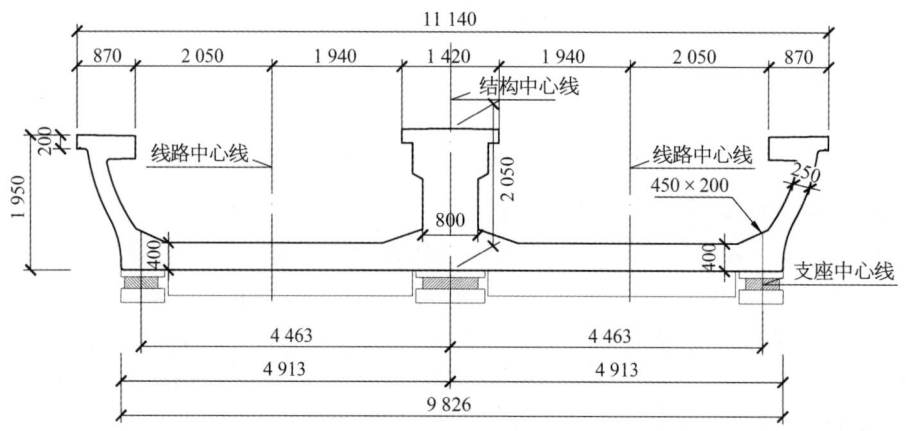

图 8-21 边支点处断面(中跨 50 m、55 m 梁)

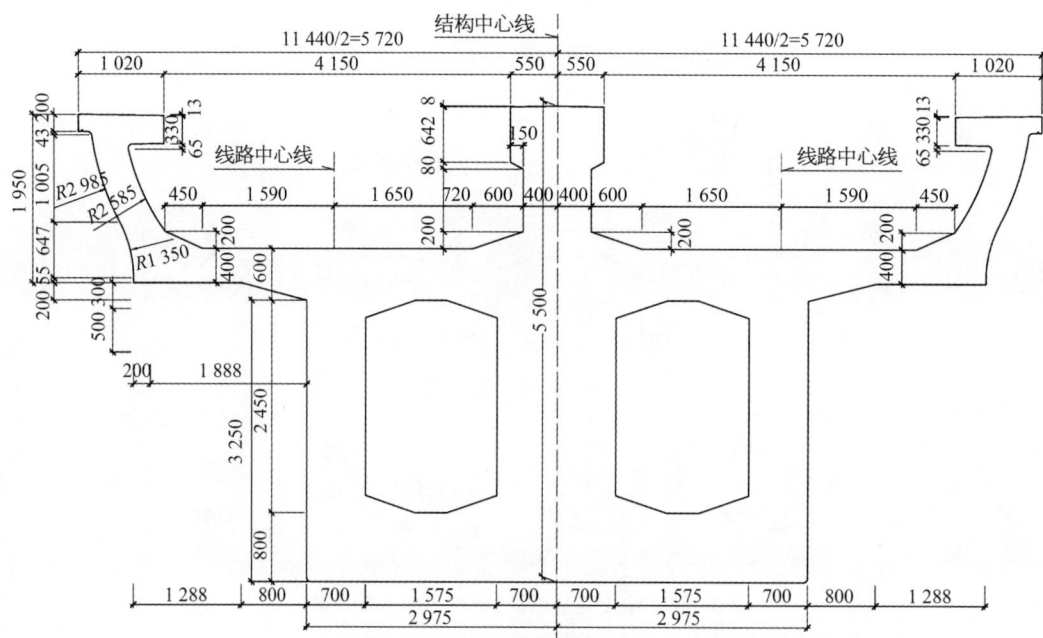

图 8-22 中支点处断面(中跨 70 m 梁)

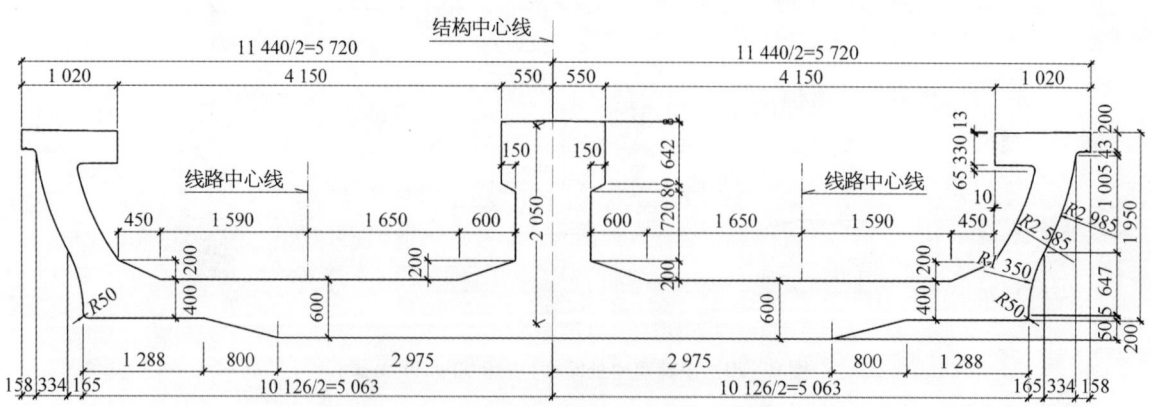

图 8-23 中跨跨中处断面(中跨 70 m 梁)

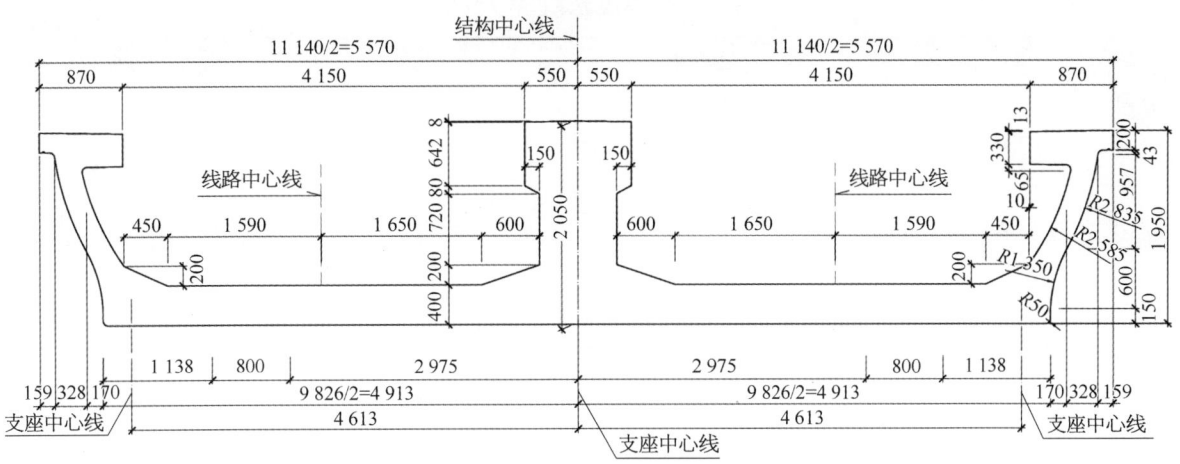

图 8-24　边支点处断面(中跨 70 m 梁)

该桥采用节段预制悬臂拼装的施工工艺,工厂预制节段的最大高度 4.115 m,最大长度 3.5 m,最大重量 104 t。

(3) 结构计算。

"双 U 形＋箱形"变截面连续梁的截面形状复杂,因此如何合理地计算确定其强度、抗裂、刚度等性能指标并继而判断是否满足相关设计规范要求就成为需要解决的问题。

为解决该问题,将复杂截面连续梁的内力空间分布特点及传力路径的分析作为研究重点,并根据分析结果合理确定梁截面的构造尺寸及受力构件布置,同时明确该特殊截面梁的设计方法及标准。

分析方法上,采用空间有限元和平面杆系有限元相互对照分析,充分考虑材料的非线性及荷载作用的空间效应,研究截面的剪力滞效应、扭转效应、纵横向正应力分布的规律及剪力在截面各部分的分配及传递等,如图 8-25 所示。研究结果表明:"双 U 形＋箱形"变截面连续梁各截面的纵向正应力沿梁高方向基本呈线性分布;竖向剪力主要由截面中腹板及箱室的边腹板承担,且不同位置处截面的中腹板、边腹板承担剪力的比例不同(表 8-6);随梁截面在桥跨中的位置变化,桥面板的横向受力近似于两跨连续板或悬臂板。

该梁的纵向预应力设计按照单梁模型进行,并结合考虑节段悬臂拼装的施工荷载,结构体系变换等因素,确保各施工及使用工况下梁整体强度、抗裂、刚度等性能指标满足要求。整梁按照不允许出现拉应力的预应力混凝土结构进行设计,且保证在使用荷载作用下,节段接缝处截面边缘最小压应力≥1.0 MPa。

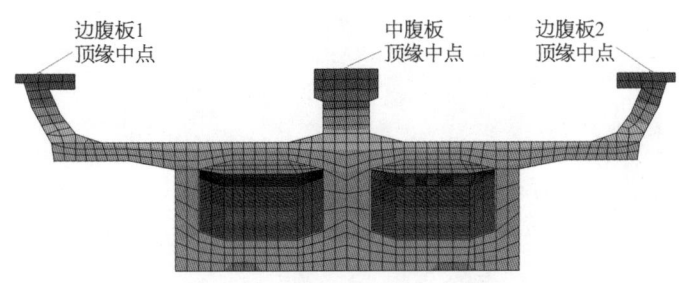

图 8-25　梁截面纵向正应力分布

表8-6 各腹板承担剪力比例

截面位置（距中墩）(m)	截面总剪力(kN)	中腹板		上边腹		下边腹	
		剪力(kN)	比例	剪力(kN)	比例	剪力(kN)	比例
1.0	7300	2022	27.70%	64	0.87%	985	13.50%
3.2	6484	1901	29.31%	54	0.83%	919	14.18%
6.4	5396	1569	29.07%	75	1.38%	774	14.35%
9.4	4464	1413	31.67%	161	3.60%	567	12.70%
12.4	3349	1079	32.23%	264	7.89%	—	—
15.4	2761	1030	37.30%	335	12.12%	—	—
18.4	2034	928	45.61%	331	16.27%	—	—
21.4	1359	636	46.80%	252	18.56%	—	—
24.9	566	234	41.34%	118	20.85%	—	—

对于梁的横向计算采用三维有限元模型进行，结合恒、活载大小及最不利作用位置确定验算工况，计算各工况下截面应力及内力，并据此配置钢筋。

(4) 构造设计。

"双U形＋箱形"变截面连续梁的构造设计较有特点，例如其截面上部为三腹板双U形梁，而截面下部为单箱双室箱形梁，中腹板上下对齐，而考虑到列车荷载的竖向直接传力及景观因素，U形梁边腹板与箱形梁边腹板并未上下对齐，而是通过一段水平板过渡。通过三维有限元分析，合理确定该部分构造细部尺寸以满足传力要求。由于该型梁采用节段预制、悬臂拼装施工，各节段间的接缝构造决定了预制节段之间能否匹配连接及接缝面上剪应力和正应力能否平顺传递。通常的接缝类型为干接缝、胶接缝、湿接缝三种，该型梁采用了胶接缝及湿接缝（主要用于现浇节段和预制节段间接缝、梁跨合拢处接缝），同时在胶接缝两侧的节段端面设置了密布的腹板、顶板、底板剪力键（图8-26、图8-27）。

图8-26 节段湿接缝表面

图 8-27 节段胶接缝表面(图中左侧节段表面)

该型梁还采用了一些特殊构造措施,以满足施工期间的需求,例如预制节段临时吊点、节段拼装临时预应力锚固、0♯块与墩顶的临时固接、湿接缝的临时锁定等,如图 8-28～图 8-30 所示,这些构

图 8-28 0♯块临时支撑

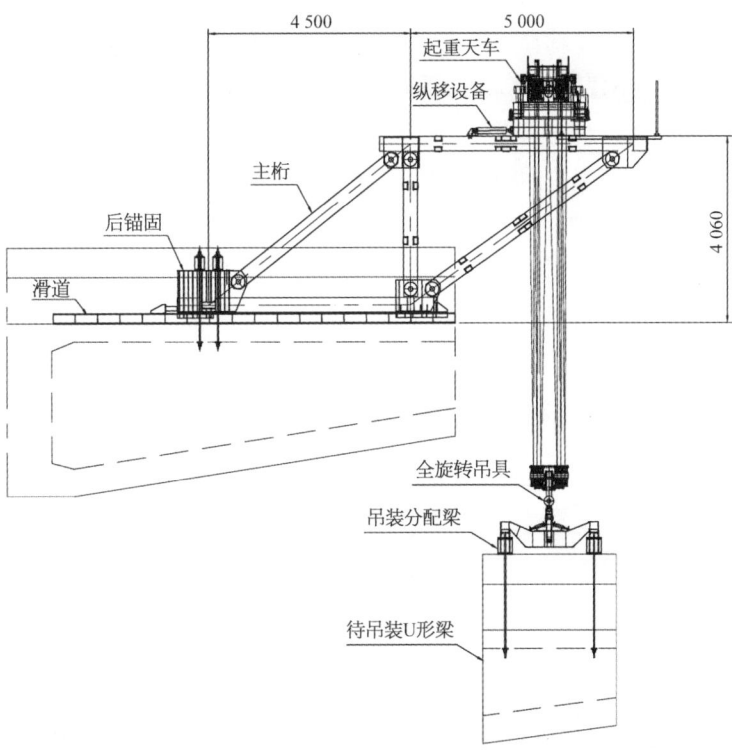

图 8-29 桥面悬臂吊机临时固定点

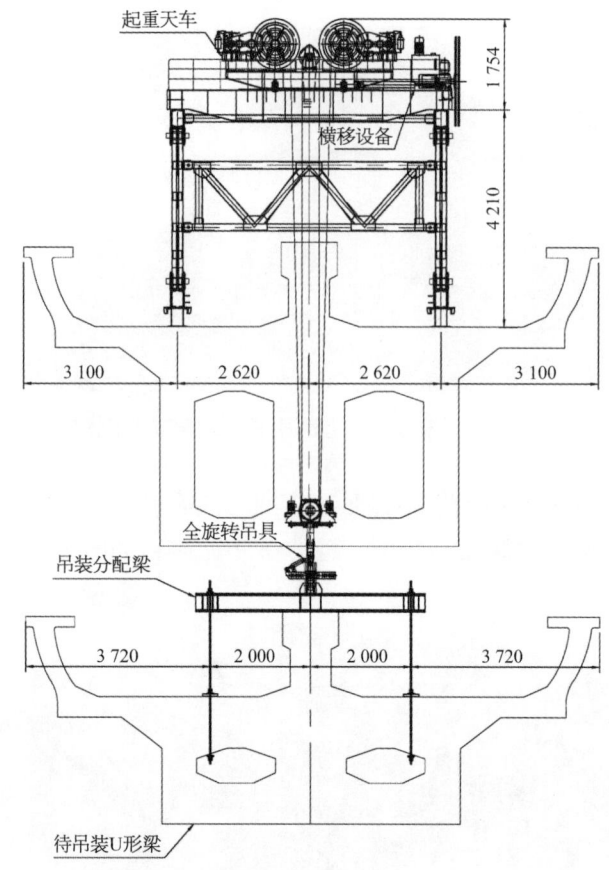

图 8-30 节段吊点布置

造的设置会对已施工节段的整体及局部受力带来影响,需通过计算确保其满足结构安全要求。

2) 单线槽形梁

本工程在徐泾北城站后设置了徐泾车辆段,其出入段线上跨徐乐路及本场进场路时,由于受线路标高限制,采用了槽形梁以降低轨下建筑高度,确保桥下净空。同U形梁一样,该梁为简支梁,并且一跨内横向两榀梁并列放置,但由于出、入场线线间距和正线线间距不同,同时桥面布置也有差别,因此梁截面未采用U形而是采用槽形。由于槽形梁上跨的均为道路,因此采用桥位旁选择空地制作后,再用吊车吊装到位。

出入线所采用的单线槽形梁跨径包括 26.8 m、30 m,顶宽 5.09 m,底宽 4.87 m,底板厚 0.28~0.38 m,腹板高 1.9 m、厚 0.25 m,外腹板顶缘宽度 0.52 m,内腹板顶缘宽度 0.42 m。该型梁为后张法预应力混凝土梁,底板横向不配置预应力。由于所跨越道路交通繁忙,且该型梁两端均支承于邻跨箱形梁牛腿上,梁端施工作业空间狭窄,因此该梁在桥位附近空地制作,然后采用吊机吊装就位,最大梁重 188 t。槽形梁断面布置如图 8-31~图 8-33 所示。

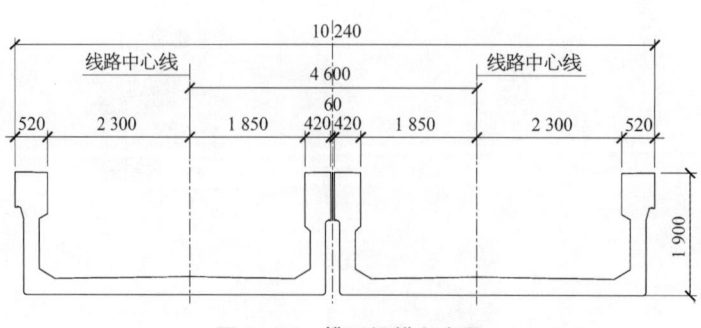

图 8-31 槽形梁横向布置

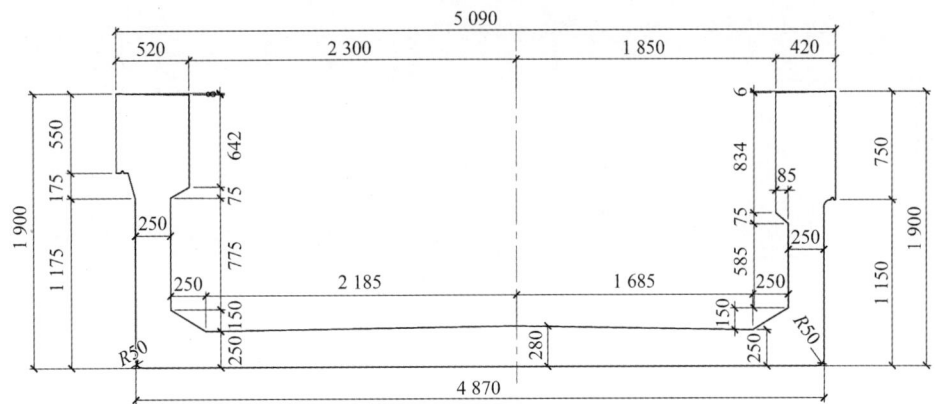

图 8-32 槽形梁跨中断面

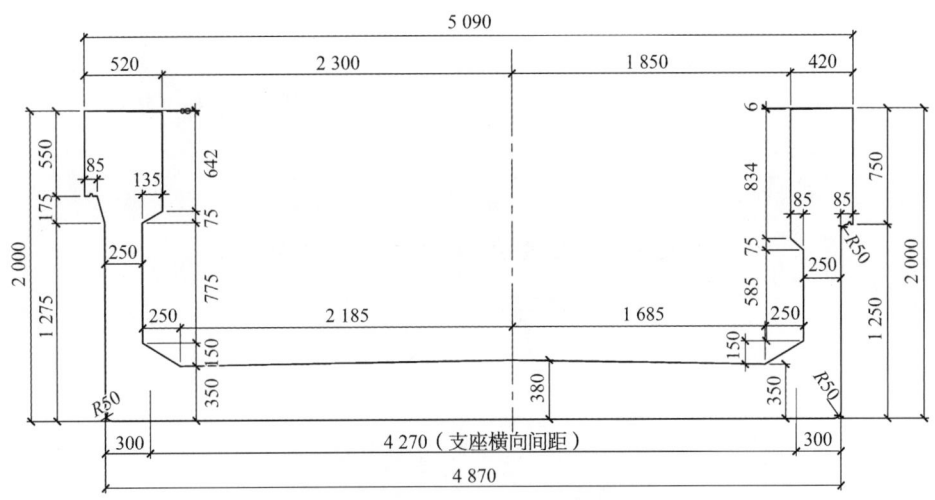

图 8-33 槽形梁支座处断面

出入线采用的槽形梁按照纵向全预应力构件设计，采用单梁模型验算结构强度、刚度、抗裂性能等各项指标。槽形梁底板不配置横向预应力，按照钢筋混凝土构件设计，根据单位宽度横向构件在不利工况下的控制截面内力值进行钢筋配置。

3）大跨度预应力混凝土连续箱形梁

本工程在跨越通航要求较高的淀浦河、油墩港时，分别采用 49 m+90 m+49 m、60.5 m+94 m+60.5 m 三跨一联预应力混凝土变梁高连续梁，施工方法为挂篮悬臂浇筑。其中淀浦河桥在河道中布置了连续梁的两个中墩，而油墩港桥直接一跨过河。

淀浦河桥为一联 49 m+90 m+49 m 预应力混凝土变梁高连续梁，单箱单室截面，顶宽 9.9 m，底宽 5.8 m。中墩处梁高 6 m，腹板厚 0.7 m，底板厚 0.8 m，顶板厚 0.28 m；中跨跨中处梁高 3 m，腹板厚 0.4 m，底板厚 0.3 m，顶板厚 0.28 m。该梁采用悬臂浇筑法施工，悬浇的节段共计 47 段，最大节段长度 4 m，最大节段重量 111.4 t，梁跨合拢顺序为先边跨后中跨。

油墩港桥为一联 60.5 m+94 m+60.5 m 预应力混凝土变梁高连续梁，单箱单室截面，顶宽 9.9 m，底宽 5.8 m。中墩处梁高 6.2 m，腹板厚 0.7 m，底板厚 0.8 m，顶板厚 0.3 m；中跨跨中处梁高 3.2 m，腹板厚 0.4 m，底板厚 0.3 m，顶板厚 0.3 m。该梁采用悬臂浇筑法施工，悬浇的节段共计 47 段，最大节段长度 4 m，最大节段重量 136 t，梁跨合拢顺序为先边跨后中跨，如图 8-34～图 8-37 所示。

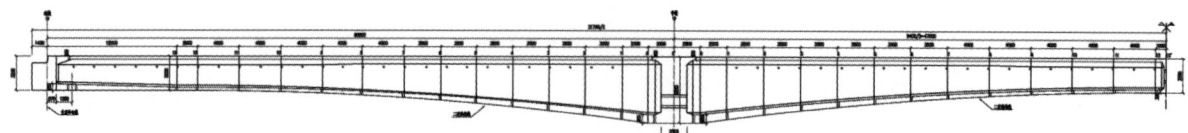

图 8‑34 油墩港桥 1/2 连续梁立面

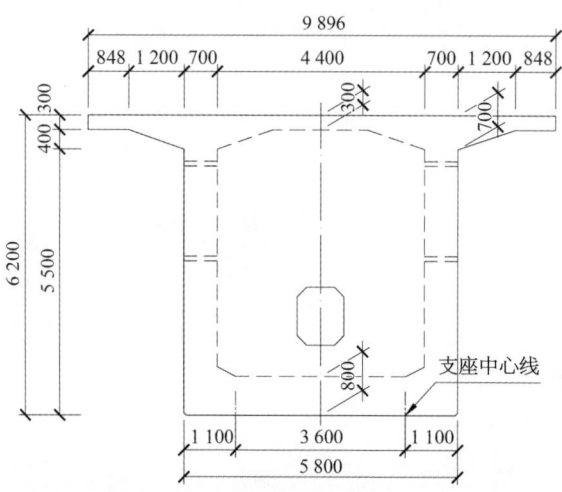

图 8‑35 油墩港桥连续梁中支点处断面

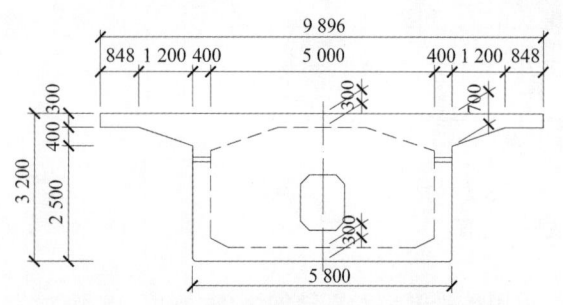

图 8‑36 油墩港桥连续梁中跨跨中处断面

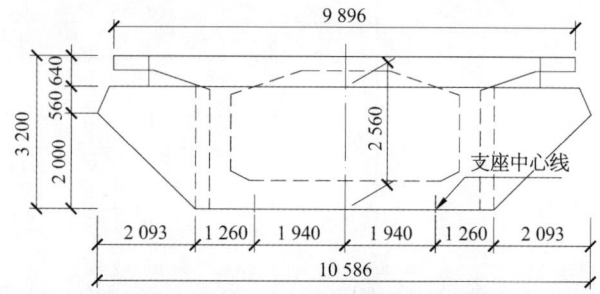

图 8‑37 油墩港桥连续梁边支点处断面

淀浦河桥及油墩港桥均为连续箱形梁,均采用单梁模型,并结合其施工期间 T 构、悬臂梁、连续梁的结构体系变化特点,考虑包括挂篮在内的施工及使用荷载,验算结构各项指标是否满足规范要求。全桥纵向按允许出现拉应力但不允许开裂的预应力构件设计,中墩顶及其附近的部分节段由于腹板内正应力、剪应力均较大,配置了竖向预应力钢筋;中墩及边墩支座处横梁则根据横梁计算成果设置了横向预应力钢绞线。

8.1.5 出入线桥梁结构

1) 概述

朱家角停车场及徐泾车辆段出入线的高架区段均采用了单箱单室双线箱形梁,桥墩采用圆端矩形实体墩,基础为 $\phi 0.8\,\mathrm{m}$ 钻孔灌注桩基础,梁及桥墩均采用现浇法施工。

2) 结构布置

出入线箱形梁包含 25 m、30 m、35 m 三种跨径,除 35 m 梁梁高 2 m,其余跨径梁梁高均为 1.8 m。箱形梁顶宽 9.5 m(对应线间距 4.6 m)、9.9 m(对应线间距 5.0 m);腹板为斜腹板,斜率 1∶3.7,厚度

0.46(跨中)～0.6 m(支点);顶板厚 0.25 m,底板厚 0.25(跨中)～0.35 m(支点)。桥墩正立面为上宽下窄杯形,顶(横桥向)宽 5 m,底(横桥向)宽 2.5 m。桥墩顺桥向宽度为 2 m,截面的圆端半径为 1 m。桥墩基础采用 9 根直径 0.8 m 钻孔灌注桩群桩基础,布置形式为 3×3。

出入线桥梁结构如图 8-38 所示。

3) 结构计算

箱形梁按照允许出现拉应力但不允许开裂的预应力构件设计,全桥纵向配置预应力钢绞线及普通钢筋,桥面板横向及支点处横梁均根据计算结果只配置普通钢筋,不设置预应力筋。

4) 构造设计

出入线箱形梁与正线 U 形梁的桥面布置不同:不设置两线间疏散平台,需设置外侧栏板,通信信号电缆排布于桥面中央的电缆槽中,雨水管沿箱形梁梁端腹板及桥墩外侧下行至墩底集水井中。

8.1.6 附属结构

1) 桥面排水

本工程高架区间的桥面防水层均采用喷涂聚脲层,并上覆 C40 聚丙烯纤维混凝土。每片 U 形梁均设置 4 个排水孔,分别位于梁的四角,梁端设置勒脚以防雨水流过梁缝。为防止排水孔堵塞,U 形梁底板正中沿梁长方向还设置了若干应急排水孔,梁表面的雨水通过排水孔流入预埋在桥墩盖梁内的排水管,并汇聚于埋设在桥墩立柱中的立管中,最终排入墩底的集水井中。具体布置如图 8-39、图 8-40 所示。

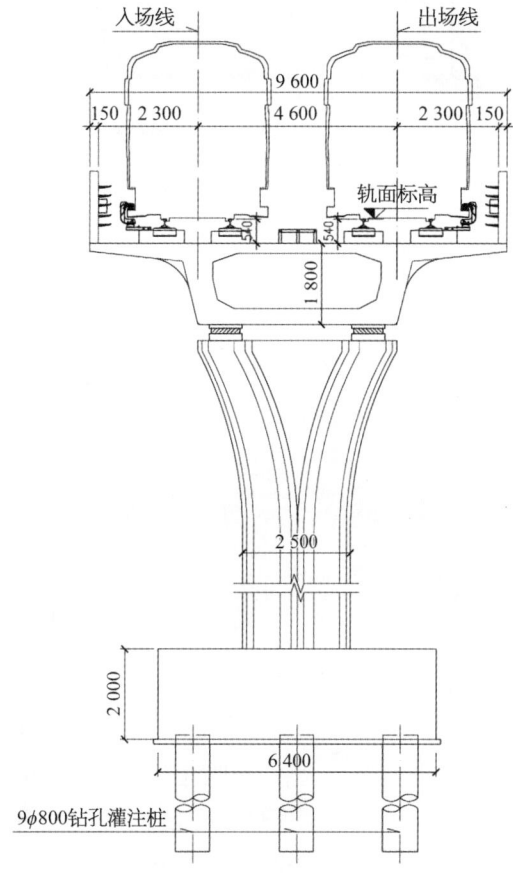

图 8-38 出入线桥梁结构

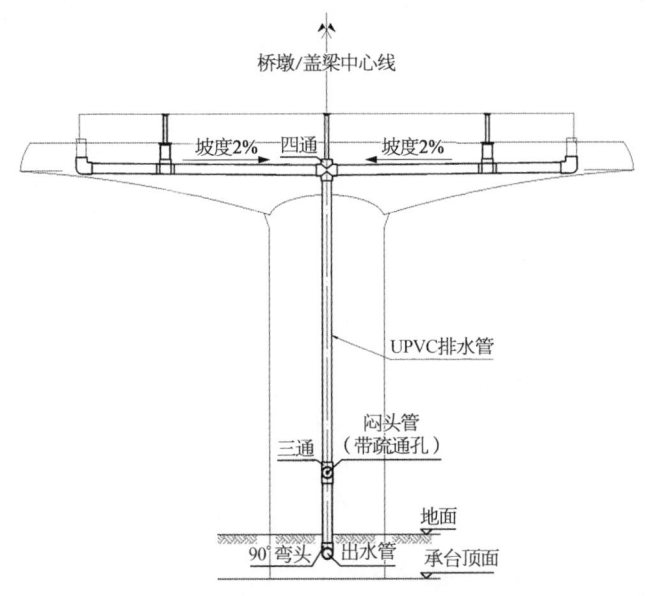
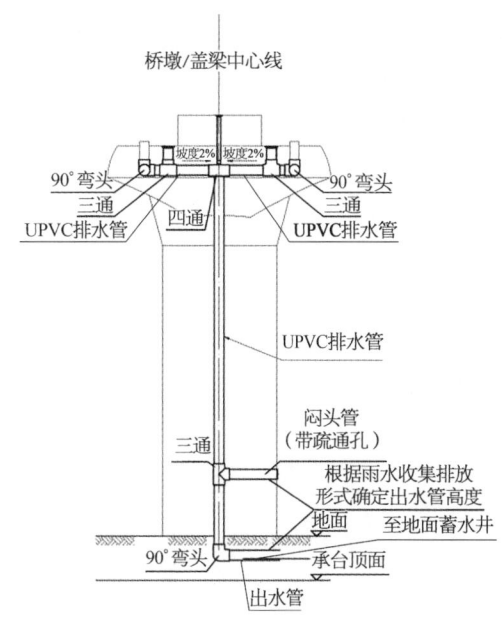

图 8-39 桥墩内雨水管布置示意图

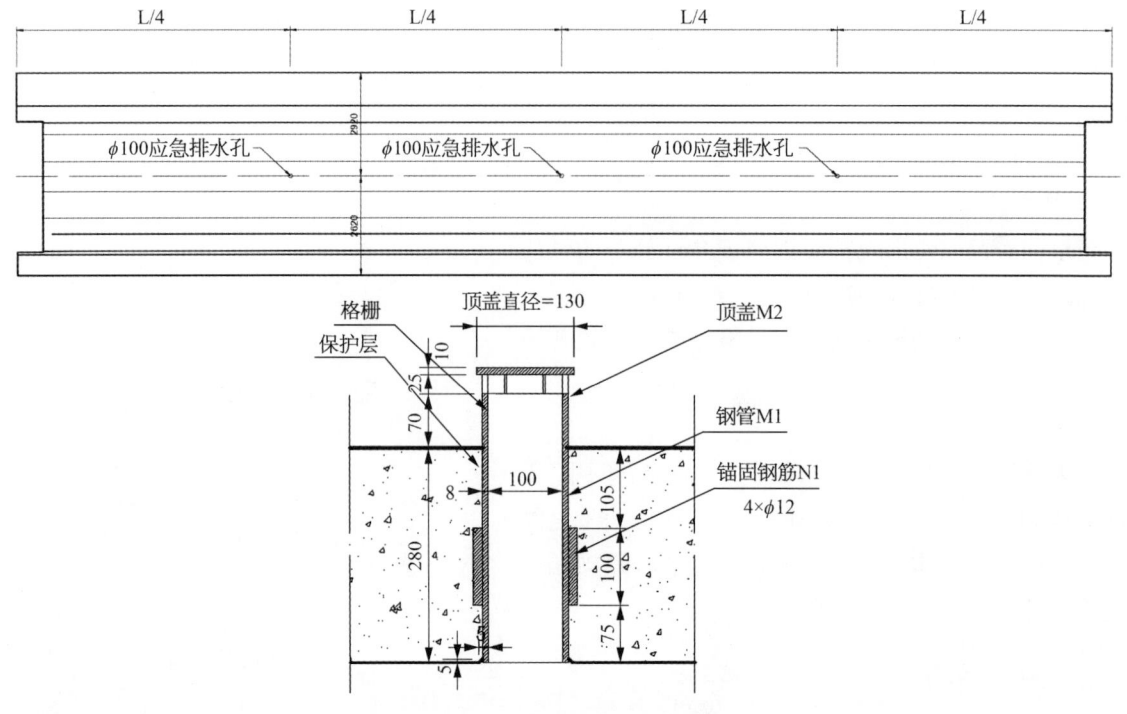

图 8-40 应急排水管布置示意图

2) 疏散平台

高架区间全线设置了疏散平台。标准区段疏散平台设置在上、下行线之间,利用了左右两榀单线U形梁内腹板顶面宽度(或"双U形+箱形"连续梁中腹板顶面宽度),平台宽1420 mm,距轨顶高差1110 mm。车站前后"喇叭线"区段,线间距较大,则利用一榀U形梁内腹板顶面形成单线疏散平台,其宽度为680 mm,距轨顶高差1110 mm,平台外侧设置1100 mm高不锈钢栏杆。对于区间内采用了箱形梁的区段,则直接在箱形梁顶面上浇筑钢筋混凝土疏散平台,或者利用箱形梁外侧栏板顶面作为疏散平台。当进入车站前后道岔桥区段,疏散平台通过下轨楼梯过渡到道岔桥桥面的疏散通道,楼梯采用不锈钢材质,宽度为611 mm(单线疏散)、866 mm(双线疏散),楼梯竖向倾斜角为34°。标准区段疏散平台布置如图8-41~图8-48所示。

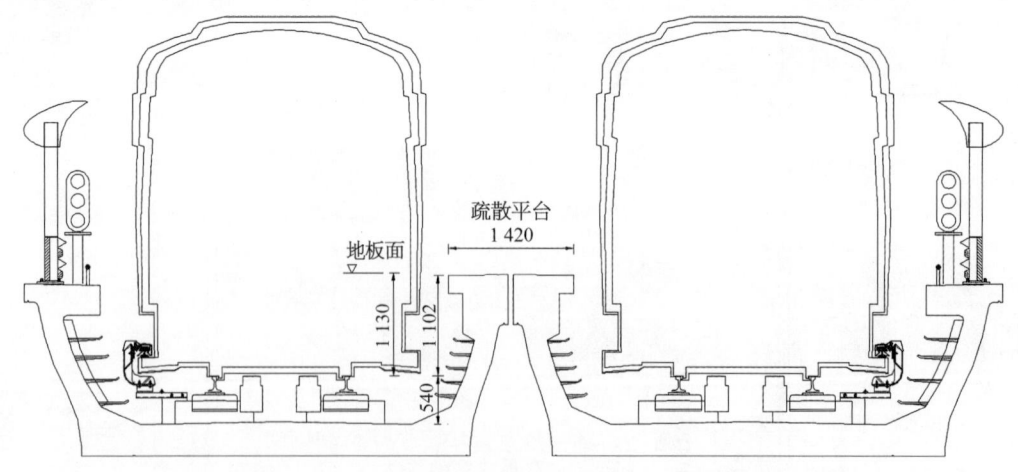

图 8-41 标准区段双线疏散平台(简支U形梁区段)

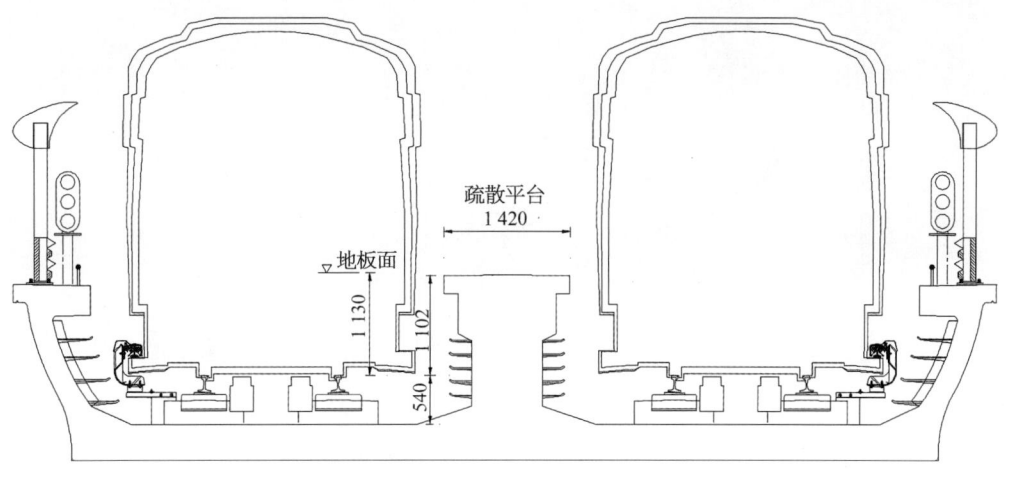

图 8-42　标准区段双线疏散平台("双U形+箱形"连续梁区段)

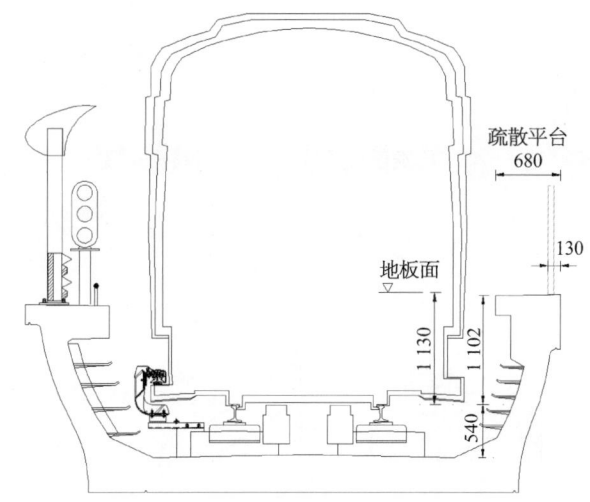

图 8-43　标准区段单线疏散平台(简支U形梁区段)

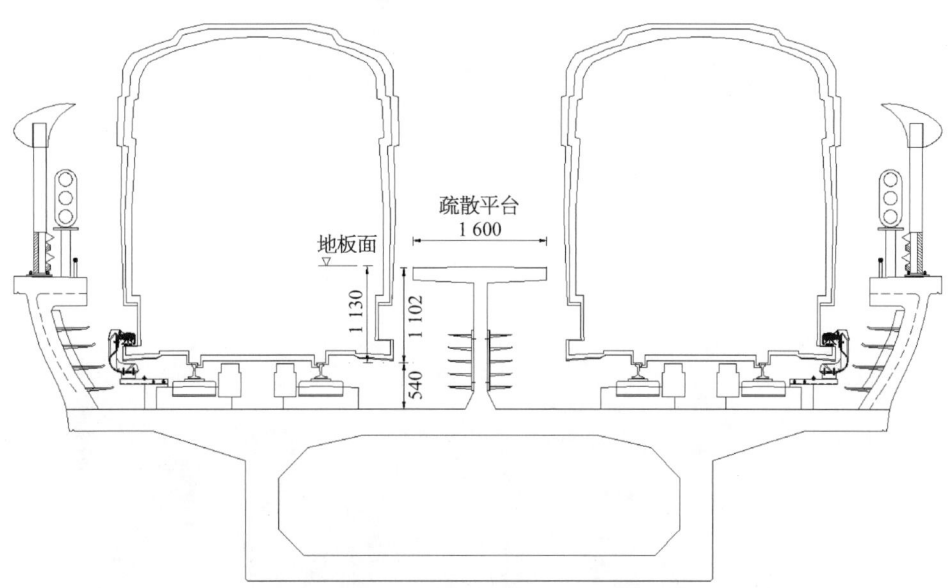

图 8-44　标准区段双线疏散平台(箱形梁区段)

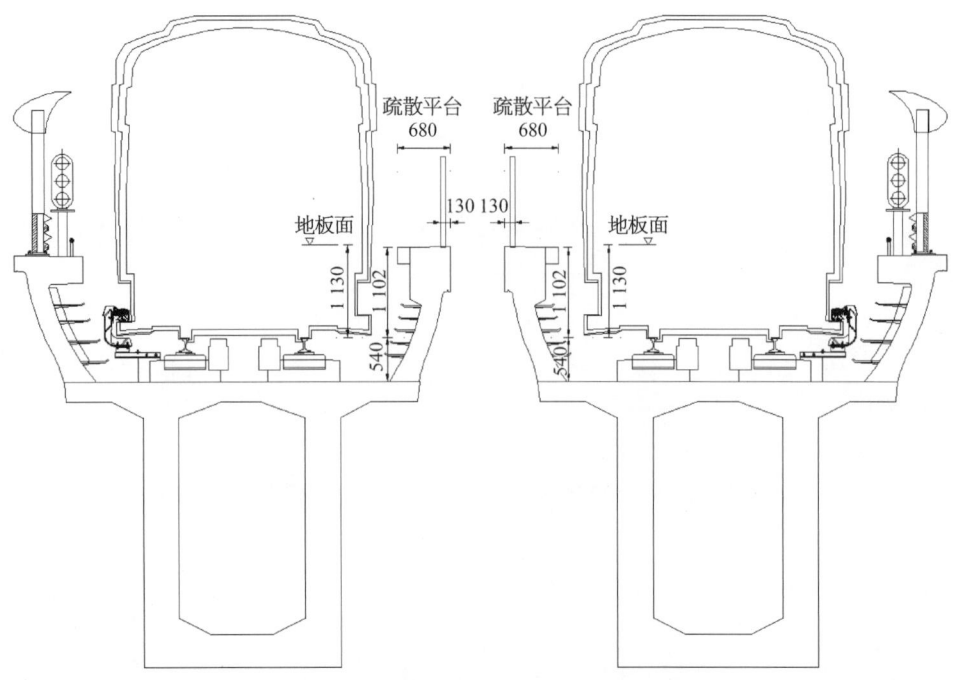

图 8-45 标准区段单线疏散平台(箱形梁区段)

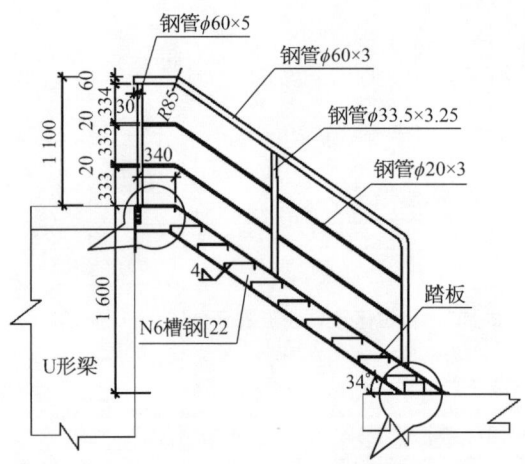

图 8-46 疏散平台下轨楼梯

图 8-47 单线疏散平台外侧栏杆实景

图 8-48 双线疏散平台实景

3) 桥面电缆支架及预埋件

桥面上主要需布置供电电缆、通信信号电缆等缆线,这些缆线均通过金属支架固定于 U 形梁的腹板侧面。为了便于施工,通常采用在混凝土结构内预埋钢板、螺栓或内螺母的措施,待后期通过焊接或螺栓来固定金属支架。本工程中为了便于金属支架后期安装时调整位置,采用了槽式预埋件,如图 8-49、图 8-50 所示。

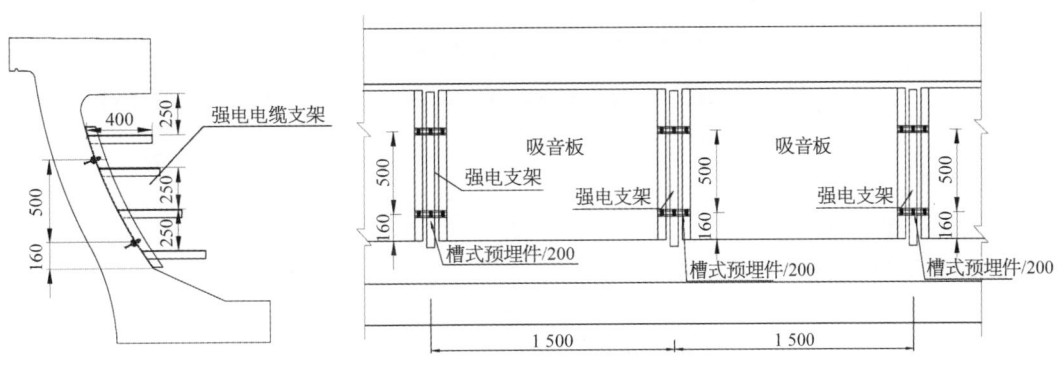

图 8-49 供电电缆支架槽式预埋件

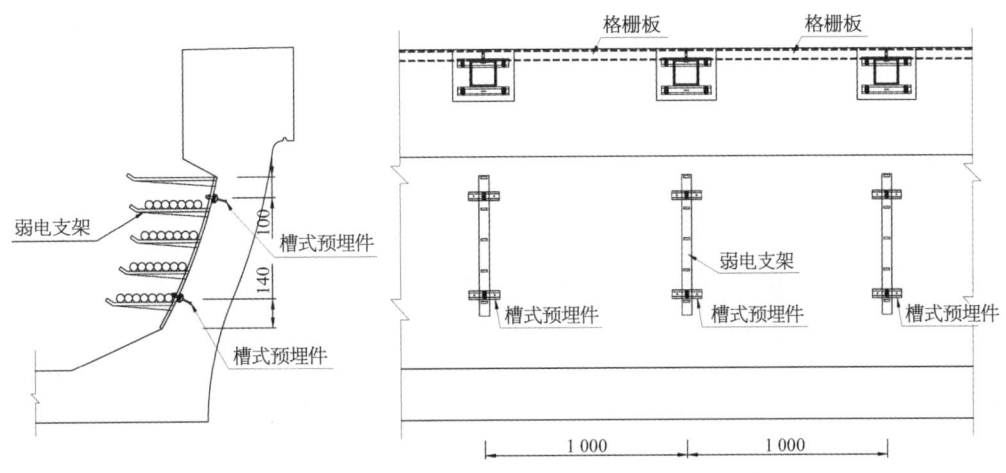

图 8-50 通信信号电缆支架槽式预埋件

8.2 盾构法区间

8.2.1 设计原则和设计标准

1) 设计原则

(1) 地下区间结构设计应满足施工、运营、城市规划、防水、防腐蚀、防迷流的要求。应保证结构在施工及使用期间具有足够的强度、刚度、稳定性,并根据环境类别,按设计使用年限为 100 年的要求进行耐久性设计。

(2) 圆形区间隧道采用盾构法施工,其内净尺寸在满足限界的基础上再考虑适当的富裕量,以满足施工误差、测量误差、不均匀沉降、结构变形的需要。

(3) 区间结构设计中应严格控制地下隧道施工中引起的地面隆沉量。应对由于土体位移可能引起的周围建筑、构筑物、地下管线产生的危害进行分析,并根据沿线不同地面建筑及地下构筑物的地面变形允许数值,提出安全、经济、技术合理的隧道施工方法。

(4) 隧道衬砌采用具有一定刚度的柔性结构,并限制其变形和接头张开量,满足结构受力和防水要求。

(5) 隧道结构应对施工和使用阶段不同工况进行结构强度、变形计算。结构构件裂缝宽度≤0.2 mm。

(6) 考虑到本工程线路长,沿线覆土厚度变化较大,工程地质、水文地质情况有较大差异,故设计中采用统一标准,按荷载及地质条件不同,分段计算、综合处理,使设计系列化、规范化,以取得较好的技术、经济效益。

2) 设计标准

(1) 设计使用年限为 100 年。

(2) 工程结构的安全等级按一级考虑。

(3) 抗震设防烈度为 7 度。

(4) 衬砌结构变形验算:计算直径变形≤2‰D(D 为隧道外径)。

(5) 管片混凝土结构允许裂缝开展,但裂缝宽度≤0.2 mm。

(6) 地下结构主要构件的耐火等级为一级,其他构件应满足相应的室内建筑防火规范要求。

(7) 结构抗浮安全系数满足规范要求。

8.2.2 区间隧道结构

1) 概述

17 号线盾构法区间隧道自东向西分为两段:第一段为虹桥火车站站—诸光站—蟠龙路站—东段盾构工作井,长度约为 4.3 km,从虹桥火车站站出发后主要沿着崧泽大道走行;第二段为汇金路站—青浦新城站—漕盈路站—淀山湖大道站—西段盾构工作井,长度约为 9.7 km,主要沿盈港东路、盈港路、淀山湖大道走行,见表 8-7。

表 8-7 盾构区间概况表

区间隧道		起终点里程	区间长度(m)	最小平曲线半径(m)	最大纵坡(‰)	顶覆土厚度(m)
虹桥火车站站—东段盾构工作井	上行右线	SK34+514.484—SK30+199.986	4314.498	550	28	7.4~23.8
	下行左线	XK34+514.292—XK30+199.368	4314.924	550	28	
汇金路站—西段盾构工作井	上行右线	SK17+684.310—SK7+928.465	9755.845	550	27.528	5.4~21.4
	下行左线	XK17+684.310—XK7+925.782	9758.528	550	27.34	

隧道主要穿越第③$_3$层、第④$_1$层、第⑤$_1$层、第⑥层、第⑥$_1$层、第⑥$_2$层、第⑥$_3$层、第⑥$_4$层、第⑦$_1$层土。

2) 结构布置

盾构区间隧道采用盾构法施工，其内净尺寸满足地铁建筑限界、设备布置、施工工艺等要求，并考虑施工误差、结构变形、位移、测量误差等影响，其结构具有足够的强度、刚度和耐久性，以满足100年使用期的需要。

本工程采用土压平衡式盾构进行区间隧道的施工推进，要求一般地层损失率控制在5‰范围内，局部敏感地段(穿越运营2号线区间段)地层损失率控制在1‰~2‰范围内以满足轨道交通较高的环境保护要求。

盾构区间隧道采用内径5.9m，外径6.6m的单层单圆装配式衬砌结构形式。管片环宽1.2m，厚0.35m，通缝拼装。衬砌环全环由1块封顶块、2块邻接块、2块标准块及1块拱底块构成。管片环面外侧设弹性密封垫槽，内侧设嵌缝槽，环面设凹凸榫、分块面设定位棒。衬砌环间以17根M30纵向直螺栓连接，块间以2根M30环向直螺栓连接。管片内表面预埋滑槽，后期设备安装及疏散平台与管片采用定型螺栓连接的方式。具体情况如图8-51~图8-53所示。

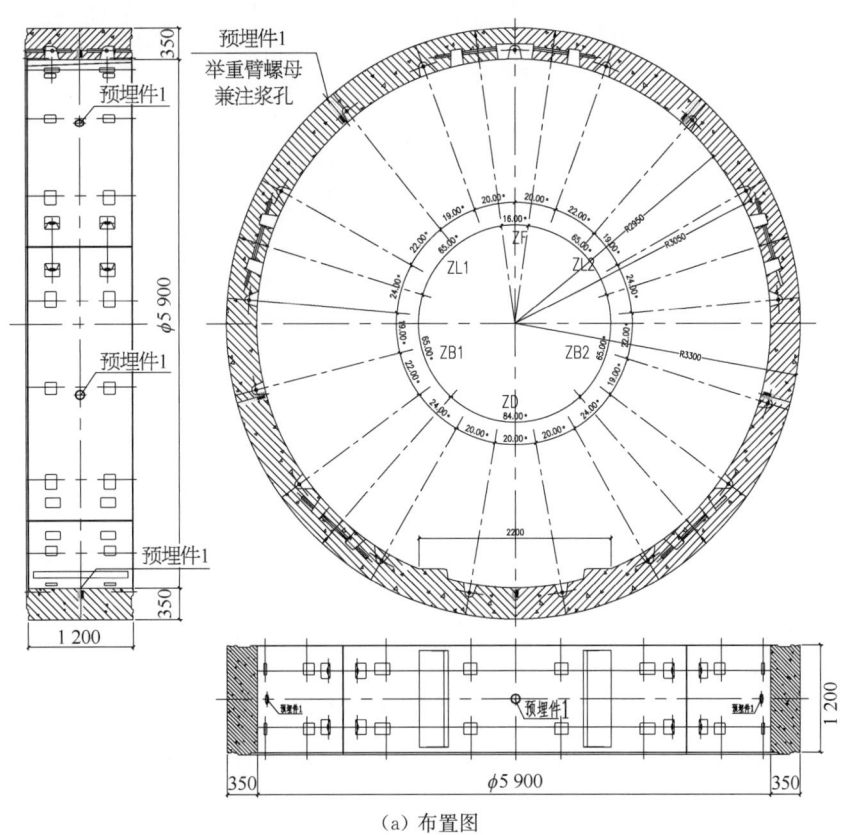

(a) 布置图

(b) 实景图

图 8-51 衬砌圆环结构

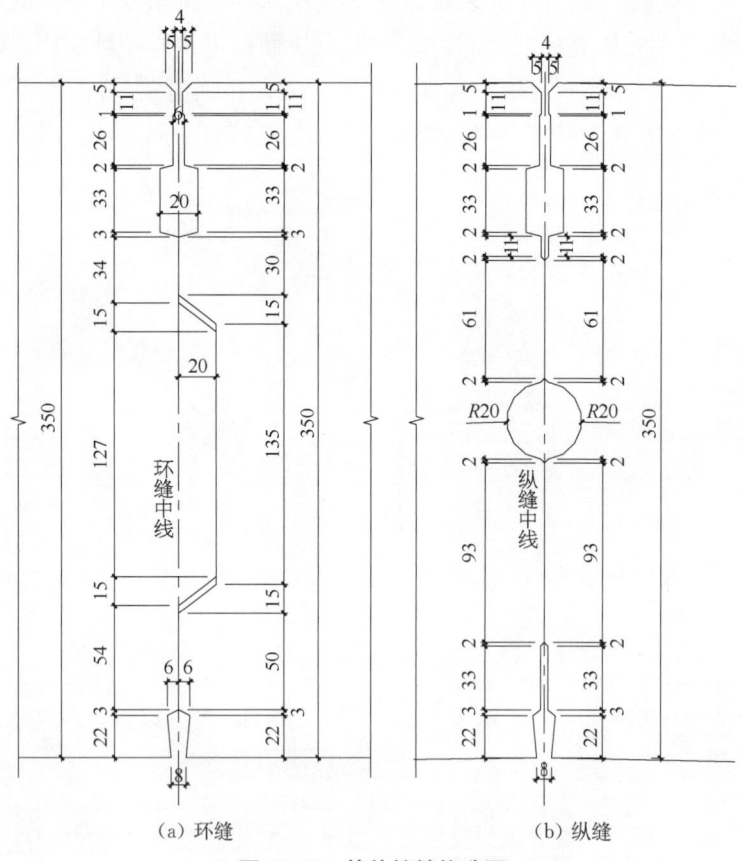

(a) 环缝　　　　　　　　　(b) 纵缝

图 8-52 管片接缝构造图

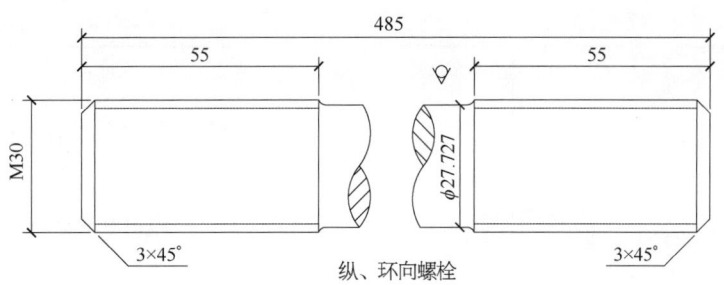

图 8-53 管片螺栓图

本标段共设置12座旁通道及泵站。旁通道及泵站为冻结法加固,矿山法初衬支护下的现浇钢筋混凝土结构。旁通道处区间采用钢筋混凝土管片与钢管片组合的复合衬砌换结构。

区间隧道内沿行车方向设置了疏散平台。疏散平台由三角钢架和复合平台板组成。三角钢架和管片内预埋滑槽通过T型螺栓相连。

8.2.3 进出洞、旁通道、泵站

1) 进出洞加固设计

盾构始发、到达时洞门处地层较软弱,需进行端头加固。本区间盾构始发按洞口外6m,盾构到达洞口外3.5m长考虑,隧道位于承压水砂性地层中,则考虑盾构始发和到达加固长度均为洞口外10m,并结合设置降水井或冻结等辅助措施。

加固后土体强度需达到以下指标:无侧限抗压强度 $q_u \geqslant 0.8$ MPa,渗透系数 $K \leqslant 1 \times 10^{-7}$ cm/s。同时由于加固区与非加固区土体软硬程度有差异,为避免端头井、加固区与非加固区间的不均匀沉降,在其间设置变形缝。

2) 旁通道、泵站设计

根据地铁运营防灾与消防要求,两条单线区间隧道之间,当隧道连贯长度大于600 m时,根据规范要求,应设旁通道。同时当区间隧道纵坡为V形坡时,需在区间隧道最低点位置设置区间排水泵房,排水泵房宜与旁通道一并设置。

旁通道顶板厚450 mm,侧墙和底板厚450~550 mm(图8-54、图8-55),其与泵站概况见表8-8。

表 8-8 旁通道、泵站概况表

序号	名称	长度(m)	埋深(m)	地层及承压水情况
1	淀—漕区间1号旁通道	15.27	14.4	开挖范围内分布⑥₃t粘质粉土、⑥₃粉质粘土层,无承压水层
2	淀—漕区间2号旁通道	14.56	17.1	开挖范围内分布⑥₃粉质粘土层、⑥₃t粘质粉土、⑥₄粉质粘土,无承压水层
3	淀—漕区间3号旁通道	13.00	18.1	开挖范围内分布⑥₃粉质粘土层、⑥₃t粘质粉土、⑥₄粉质粘土、⑥₂层为承压含水层
4	淀—漕区间4号旁通道	13.00	18.4	开挖范围内分布⑥₃、⑥₄粉质粘土层,无承压水层

(续表)

序号	名称	长度(m)	埋深(m)	地层及承压水情况
5	淀—漕区间5号旁通道	17.52	17.0	开挖范围内分布⑥$_2$砂质粉土层、⑥$_3$、⑥$_4$粉质粘土层,⑥$_2$层为承压含水层
6	淀—漕区间6号旁通道	13.00	15.6	开挖范围内分布⑥$_2$砂质粉土层,⑥$_2$层为承压含水层
7	漕—青区间1号旁通道	13.00	17.0	开挖范围内分布⑥$_{2-2}$砂质粉土层,⑥$_{2-2}$为承压含水层
8	漕—青区间1号旁通道	13.00	18.7	开挖范围内分布⑥$_{2-2}$砂质粉土层、⑥$_4$粉质粘土层,⑥$_{2-2}$为承压含水层
9	漕—青区间1号旁通道	13.00	17.1	开挖范围内分布⑥$_{2-1}$、⑥$_{2-2}$砂质粉土层,为承压含水层
10	青—汇区间1号旁通道	15.14	16.6	开挖范围内分布⑥$_{2-2}$砂质粉土层,⑥$_{2-2}$为承压含水层
11	青—汇区间2号旁通道	15.14	17.9	开挖范围内分布⑥$_{2-2}$砂质粉土层,底板位于⑥$_{2-2}$为承压含水层
12	青—汇区间3号旁通道	16.94	17.2	开挖范围内分布⑥$_{2-2}$砂质粉土层,⑥$_{2-2}$为承压含水层
13	徐—蟠区间旁通道(含泵站)	17.20	14.46	开挖范围内分布③$_3$淤泥质粉质粘土、⑤$_1$粉质粘土,无承压水层
14	蟠—诸区间1号旁通道(含泵站)	13.00	19.36	开挖范围内分布⑤$_1$粉质粘土中,无承压水层
15	蟠—诸区间2号旁通道	13.00	20.96	开挖范围内分布⑤$_1$粉质粘土中,无承压水层
16	诸—虹区间旁通道(含泵站)	19.40	25.66	开挖范围内分布⑤$_1$粉质粘土、⑥粉质粘土、⑦$_1$砂质粉土中,⑦$_1$为承压水层

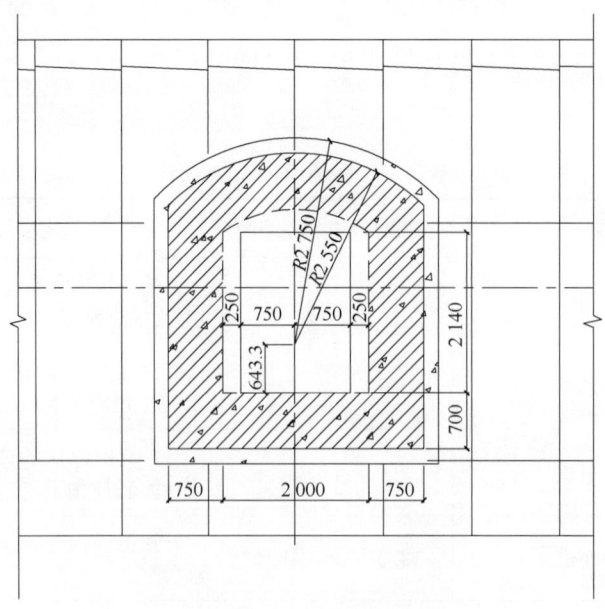

图8-54 旁通道横剖面图

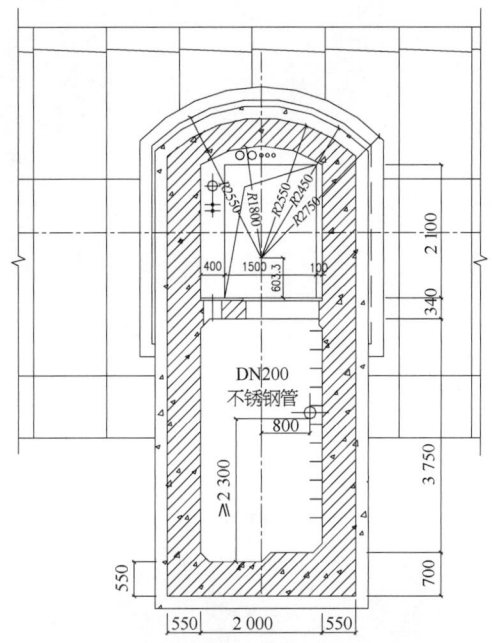

图 8-55 旁通道兼泵站横剖面图

旁通道及泵站采用隧道内水平冻结加固土体后开挖构筑内衬结构的施工方法，即：在隧道内利用水平冻结法加固地层，使旁通道外围土体冻结，形成强度高、封闭性好的冻土帷幕，再采用矿山法进行旁通道的开挖构筑施工。

依据旁通道的埋置深度和所处地层情况，设计冻结壁厚度取 1.7～2.4 m，冻结壁平均温度≤$-10\ ℃$（冻土帷幕与管片交界面温度≤$-5\ ℃$），采用以低温盐水作为冷媒剂的制冷系统，设计最低盐水温度-28～$-30\ ℃$，设计积极冻结时间 40～55 天。

冷冻管布置采用"冷冻站一侧隧道为主、另一侧为辅"的总体设计方案，冻结孔最大实际成孔控制间距 1.05（通道两侧墙处）～1.3 m（泵站两侧墙处）；依据旁通道处两隧道线间距和冻结壁厚度不同，布置冻结管数量 40～64 根；每个旁通道均设置泄压孔 4 个，以判断冻结壁交圈情况；设计 8～18 个测温孔，布置在预计冻结薄弱面，判断冻土帷幕的形成状况。

8.2.4 区间疏散平台及预埋滑槽

为满足区间消防、救援、疏散的要求，根据限界布置及总体要求，盾构区间设置纵向疏散平台。疏散平台在靠近车站处落地，从轨行区进入车站。

疏散平台设置在区间隧道上下行线靠近旁通道一侧，平台宽度 700～850 mm，距离设备限界 50 mm。扶手设置于管片上，靠近车辆侧不设栏杆。

疏散平台板采用 50 mm 厚高分子复合材料结构；平台梁采用 $120×6\ m^3$ 钢管，沿纵向每 1.2 m 设置一根，因平台宽度较宽，平台梁下设置槽钢斜撑，平台梁、斜撑通过连接钢板和混凝土管片内预埋的滑槽及配套螺栓固定在混凝土管片上。在钢管片及旁通道处，连接钢板直接和钢管片及预埋钢板焊接。具体情况如图 8-56 所示。

8.2.5 洞口全包式井接头构造

全线进、出洞井接头采用壁柱、内衬、底板和中板横框架预留插筋，待盾构进洞后在壁柱、内衬、底板和中板横框架构成的矩形断面内浇筑全包式钢筋混凝土结构，以承受结构外部的水压力。在新旧

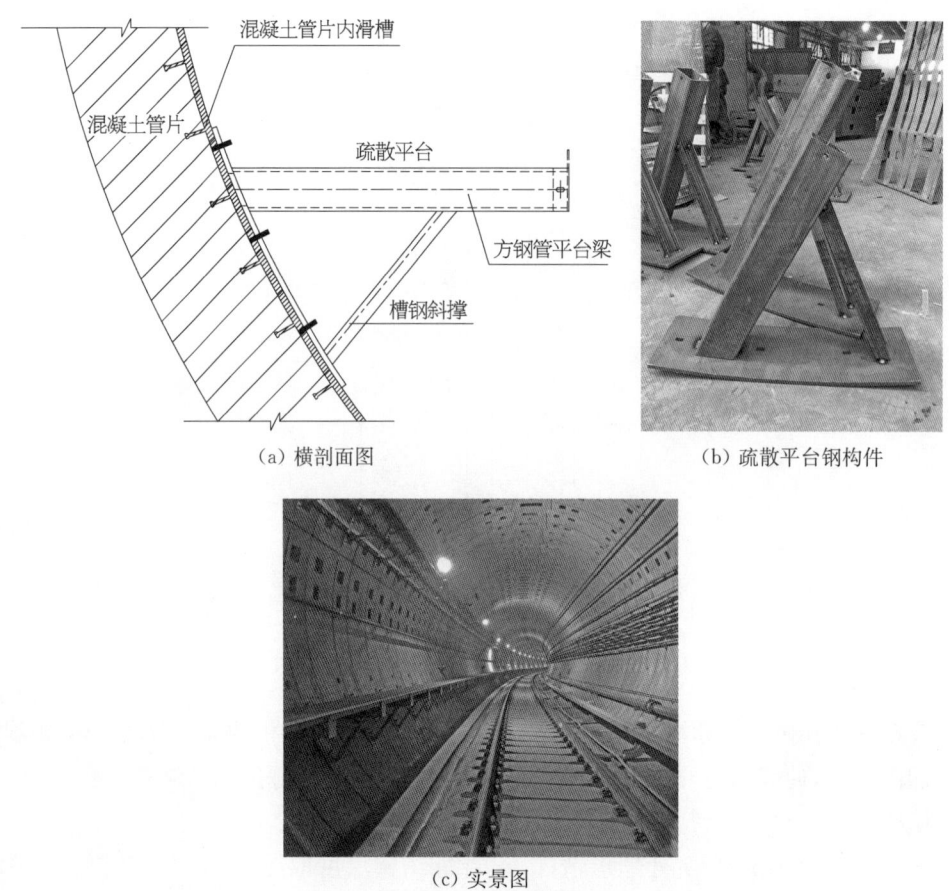

(a) 横剖面图　　(b) 疏散平台钢构件

(c) 实景图

图 8-56　疏散平台

混凝土界面间设两圈环形的遇水膨胀止水胶和一圈环形全断面出浆的注浆管及一道方形全断面出浆的注浆管,利用混凝土的自防水和新老混凝土界面处预先安装的遇水膨胀止水胶和注浆管堵住地下水渗水,按照本井接头构造可做到井接头基本不渗漏。将区间人防隔断门与内衬墙之间的净距扩大至1500m,以便于该处电缆的敷设。具体情况如图 8-57 所示。

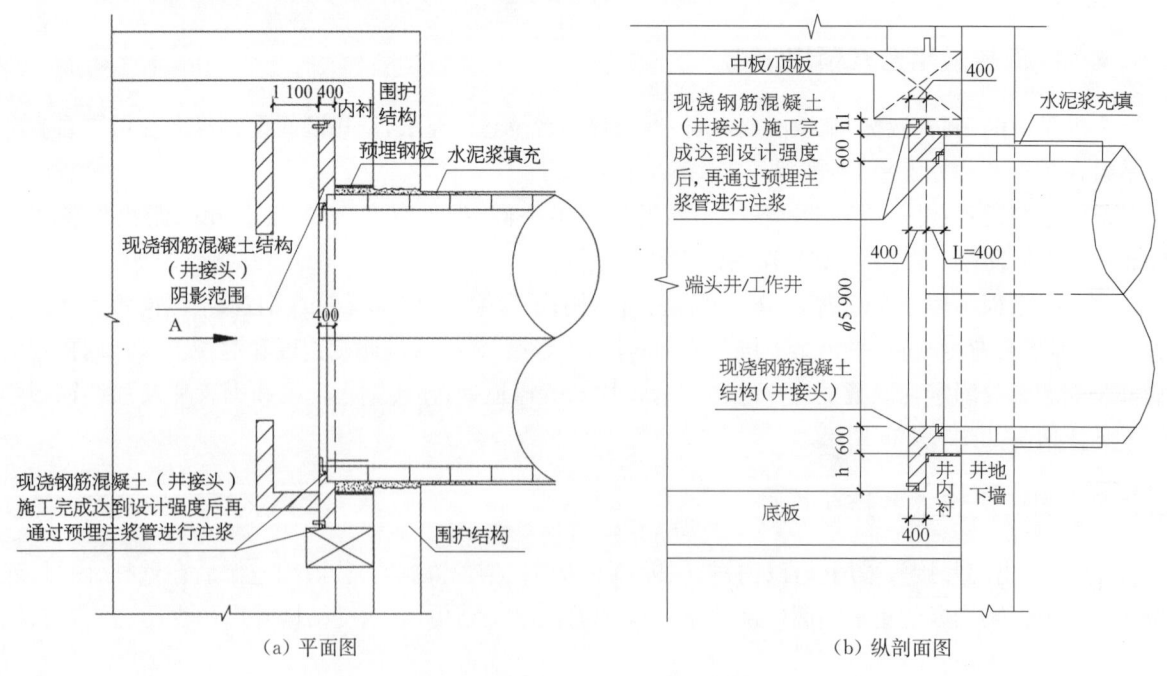

(a) 平面图　　(b) 纵剖面图

8 区间结构

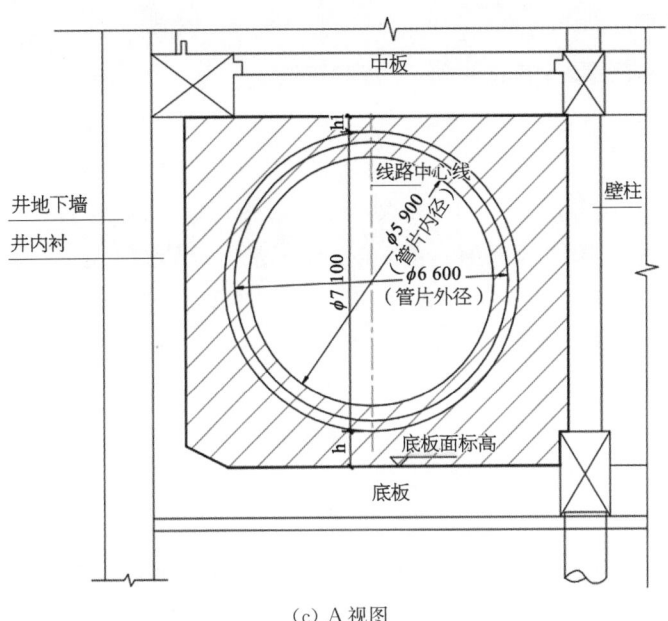

(c) A视图　　　　　　　　　　　(d) 实景图

图 8-57　全包式井接头

8.3　明挖法区间

8.3.1　设计原则和设计标准

同地下车站。

8.3.2　明挖区间结构

1) 区间工程概况

17号线明挖区间三段,分别为桥路分界点—东段盾构工作井长512 m、路桥分界点—西段盾构工作井长614 m及汇金路站—路桥分界点长935 m,中间风井四个,均为地下三层结构,具体情况详见表8-9。

表 8-9　中间风井概况表

项目	虹桥火车站站—诸光路站中间风井	淀山湖大道站—漕盈路站中间风井	漕盈路站—青浦新城站中间风井	青浦新城站—汇金路站中间风井
中心里程	SK33+382.666	SK10+833.649	SK14+549.082	SK16+849.992
外包尺寸(m)	26.6×34.9	27.6×32.4	26.6×44.1	26.6×33.7
埋深(m)	31.71	28.3	29.9	27.3
总建筑面积(m²)	3169	2448	2601	2410
地下建筑面积(m²)	3074	2352	2481	2313
地面建筑面积(m²)	95	96	120	97

2) 围护结构设计

明挖区间根据其基坑开挖深度不同,分别所属安全等级一级、二级和三级。

根据明挖区间周边环境条件,基坑环境保护等级为二级,地面最大沉降量≤2‰H,围护墙体最大水平位移≤3‰H(H为基坑开挖深度)。

基坑开挖深度小于 3 m 且周边无控制建构筑物的,采用 1:2 人工放坡开挖;基坑开挖深度小于 7 m,围护采用 ϕ650SMW 水泥土搅拌桩挡墙,支撑体系采用一道 800 mm×700 mm 混凝土支撑及一~二道钢支撑;基坑开挖深度小于 11.0 m,围护采用 ϕ850SMW 水泥土搅拌桩挡墙,支撑体系采用一道 800 mm×700 mm 混凝土支撑+多道 ϕ609 钢支撑;基坑开挖深度小于 13 m,围护采用 0.6 m 厚地下墙,支撑体系采用一道 800 mm×700 mm 混凝土支撑+多道 ϕ609 钢支撑;基坑开挖深度小于 18 m,采用 0.8 m 厚地下墙作为围护,支撑体系采用一道 800 mm×900 mm 混凝土支撑+多道 ϕ609 钢支撑。

地下连续墙之间接缝采用橡胶止水带接头,使用阶段地墙又作为永久结构的一部分与内衬墙组成叠合墙共同受力。

为了控制变形和防止坑底土体的隆起,基坑底下 3 m 范围内土体采用三轴搅拌桩抽条加固,宽度 3 m,间距 3 m,加固后土体无侧限抗压强度≥0.8 MPa,渗透系数 $K \leqslant 1 \times 10^{-7}$ cm/s。车站基坑开挖实景如图 8-58 所示。

图 8-58 基坑开挖实景

四个中间风井主体及附属结构根据其基坑开挖深度不同,基坑安全等级分属一、二级。按不同的周边环境条件,基坑环境保护等级分属一、二级。

虹桥火车站站—诸光路站中间风井基坑开挖深度约 30.9 m,采用厚 1.2 m、深 50 m 的地下连续墙(锁口管接头)作为围护,墙址插入⑦$_2$层灰黄~灰色粉砂中;沿基坑深度方向设置五道钢筋混凝土支撑、围檩(其中第二道、第三道、第四道围檩与内部结构框架合二为一)+三道钢支撑。

漕盈路站—青浦新城站中间风井基坑深 30.2 m,采用厚 1.2 m、深 54 m 的地下连续墙(十字钢板接),墙址插入⑨层粉砂中;沿基坑深度方向设置五道混凝土支撑(其中第二道、第四道、第六道围檩与内部结构框架合二为一)+三道钢支撑。

青浦新城站—汇金路站中间风井基坑深 27.6 m,采用厚 1.2 m、深 49 m 的地下连续墙(十字钢板接),墙址插入⑧层粉质黏土夹粉土中;沿基坑深度方向设置五道混凝土支撑(其中第二道、第四道、第六道围檩与内部结构框架合二为一)+三道钢支撑。中间风井基坑开挖实景如图 8-59 所示。

淀山湖大道站—漕盈路站中间风井基坑开挖深度约 27.5 m,采用厚 1.2 m、深 48 m 的地下连续墙

8 区间结构

图 8-59 中间风井基坑开挖实景

(锁口管接头)作为围护;沿基坑深度方向设置五道混凝土支撑(其中第二道、第四道、第六道围檩与内部结构框架合二为一)+三道钢支撑。

使用阶段围护地下墙又作为永久结构的一部分与内衬墙组成叠合墙共同受力。

3) 内部结构设计

明挖区间盾构工作井和暗埋段为现浇的单层、多跨箱形钢筋混凝土结构,敞开段为现浇的U形结构。结构底板厚500~1100mm、顶板厚700~1000mm。为了防止不均匀沉降及抗浮,明挖区间全线设置了桩基。明挖区间内部结构横断面如图8-60~图8-62所示。

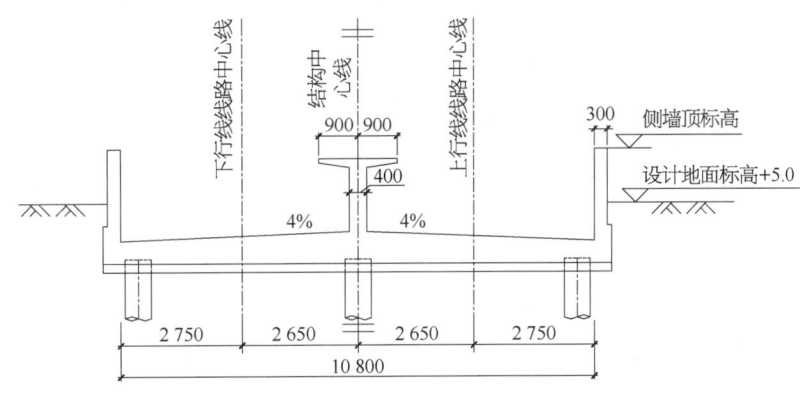

图 8-60 敞开段内部结构横剖面图

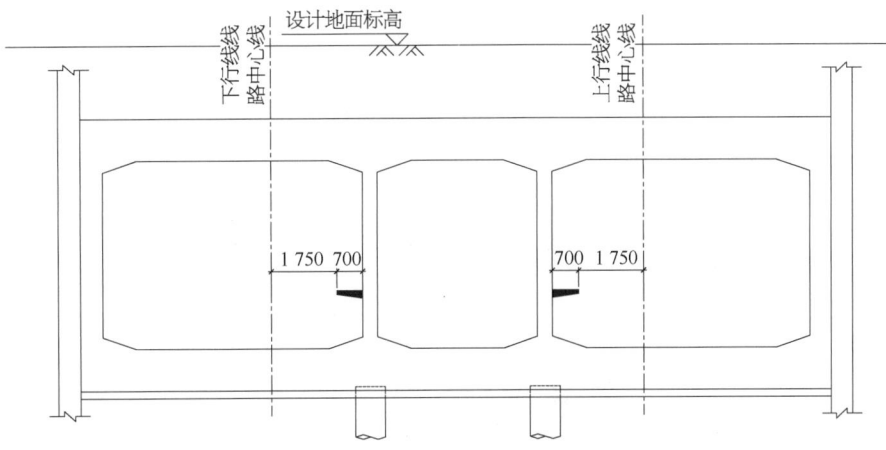

图 8-61 暗埋段内部结构横剖面图

图8-62 暗埋段、敞开段实景

中间风井工程主体为地下三层钢筋混凝土箱形框架结构(图8-63)。在满足工程内盾构施工要求的前提下,考虑中间风井使用阶段的功能要求,并结合工程围护支撑体系的布置,沿工程深度方向布置了三道水平框架:顶框架、地下一层框架和地下二层框架,沿工程纵向轴线位置设二榀竖框架,改善工程的空间受力性能。在盾构施工阶段,顶框架、地下一层框架、地下二层框架、侧墙、底板、竖框架这些主要的结构构件形成稳定的箱形空间受力体系。使用阶段工程主体内自下而上,布置底板、电缆夹层板、设备层板、风机设备板等,满足使用功能要求。

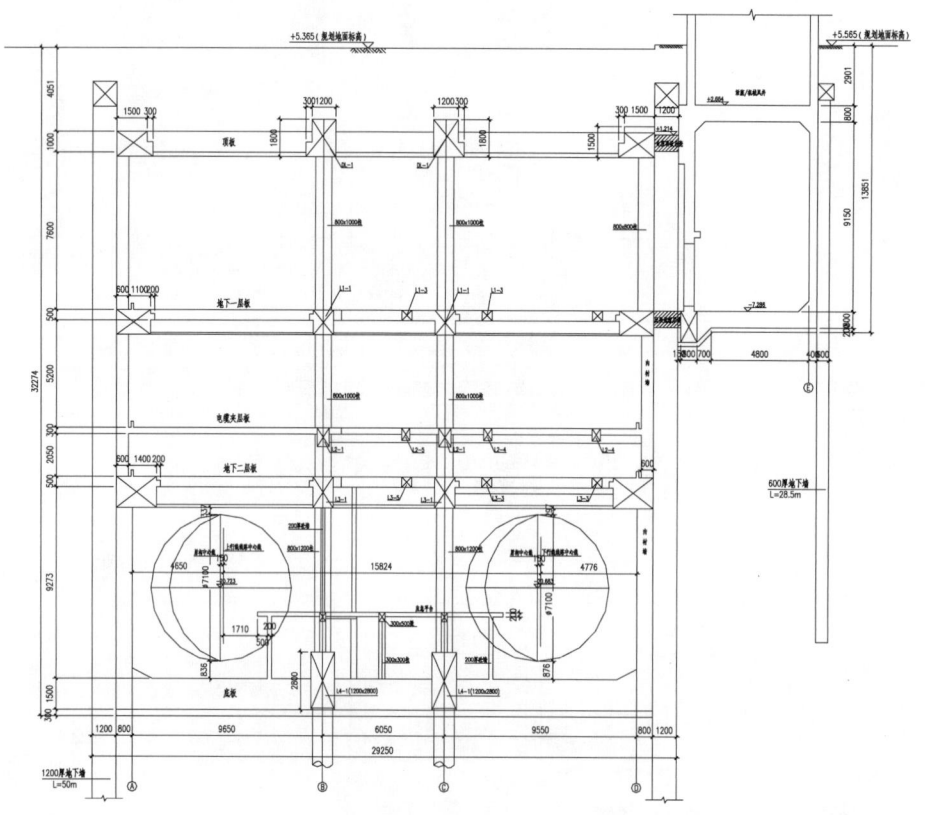

图8-63 中间风井内部结构剖面图

8 区间结构

虹桥火车站站—诸光路站中间风井顶板厚1.0 m、地下一层板厚0.5 m、电缆夹层板厚0.3 m、地下二层板厚0.5 m、底板厚1.5 m。附属结构为地下一层钢筋混凝土箱形框架结构,局部地面一层结构。地下一层顶、底板均厚0.8 m,内衬墙厚0.4 m。

漕盈路站—青浦新城站中间风井顶板厚1.0 m、地下一层板厚0.5 m、电缆夹层板厚0.3 m、地下二层板厚0.5 m、底板厚1.4 m。附属结构为地下一层钢筋混凝土箱形框架结构,局部地面一层结构。顶、底板均厚0.8 m,内衬墙厚0.4 m。

青浦新城站—汇金路站中间风井顶板厚0.9 m、地下一层板厚0.5 m、电缆夹层板厚0.3 m、地下二层板厚0.5 m、底板厚1.4 m。附属结构为地下一层钢筋混凝土箱形框架结构,局部地面一层结构。顶板厚0.5 m、底板厚0.8 m、内衬墙厚0.4 m。

淀山湖大道站—漕盈路站中间风井顶板厚0.9 m、地下一层板厚0.5 m、电缆夹层板厚0.3 m、地下二层板厚0.5 m、底板厚1.4 m。附属结构为地下一层钢筋混凝土箱形框架结构,局部地面一层结构。顶、底板均厚0.8 m,内衬墙厚0.4 m。

8.4 工程设计特点与难点

8.4.1 三跨一联"双U形+箱形"变截面连续梁桥的研究设计和施工

简支U形梁作为标准通用结构在高架区段中进行了大范围的使用,并取得了良好的效果。U形梁和大挑臂盖梁圆柱墩的结合一改以往轨道交通高架桥梁结构带给人们的笨重、沉闷的感觉,呈现出轻盈、明快的景观效果。

17号线所经过的地区分布有众多河流及道路,在跨越较宽的横向道路及河流等节点区域时,为满足桥下净空要求需采用40~70 m的桥跨布置,而该跨度已超过简支梁桥的经济合理适用范围,因此采用了连续梁桥的形式。当采用常规的连续箱形梁桥时,发现无法很好地解决以下问题:满足桥下净空和降低线路标高以节省造价之间的矛盾、连续箱形梁与简支U形梁外形不协调的矛盾等。

通过综合U形梁、箱形梁的外形、构造及力学性能特点,并结合轨道交通桥梁的桥面布置要求,提出"双U形+箱形"复合变截面梁桥,可以很好地解决上述问题。

采用了该截面后,由于中跨跨中及附近梁段均为开口双U形截面(图8-64),使得桥面到梁底的结构高度较常规箱形梁大幅降低,从而为线路标高的优化提供了充分的空间;其次,边跨端部梁段亦为开口双U形截面,其外形与相邻的简支单线U形梁完全一致,并且连续梁桥顺桥长方向,梁顶缘齐平,梁底缘高度按曲线变化,桥梁整体外观轻盈流畅,景观效果很好;最后,截面上部的开口双U形梁部分将受力构件腹板与桥梁栏板、疏散平台等附属构件完美地结合为一体,减去了栏板、疏散平台等构件的二次施工浇筑工序并避免了其与主梁之间的色差,有效地提升了桥梁结构外观质量。

"双U形+箱形"复合变截面连续梁桥相较于连续箱形梁桥有效地降低了结构建筑高度(桥面至梁底高差),桥梁强度、刚度、动力特性等方面均满足要求,在施工便易性、工程造价、运营维护工作量等方面优于传统连续箱形梁桥和U形梁桥。

"双U形+箱形"复合变截面连续梁桥与相邻U形梁连接处,其梁高及外立面完全统一,使得高架区间中的节点桥不再是整体景观中的突兀、瑕疵,而成为消除审美疲劳的亮点。因此,该连续梁桥

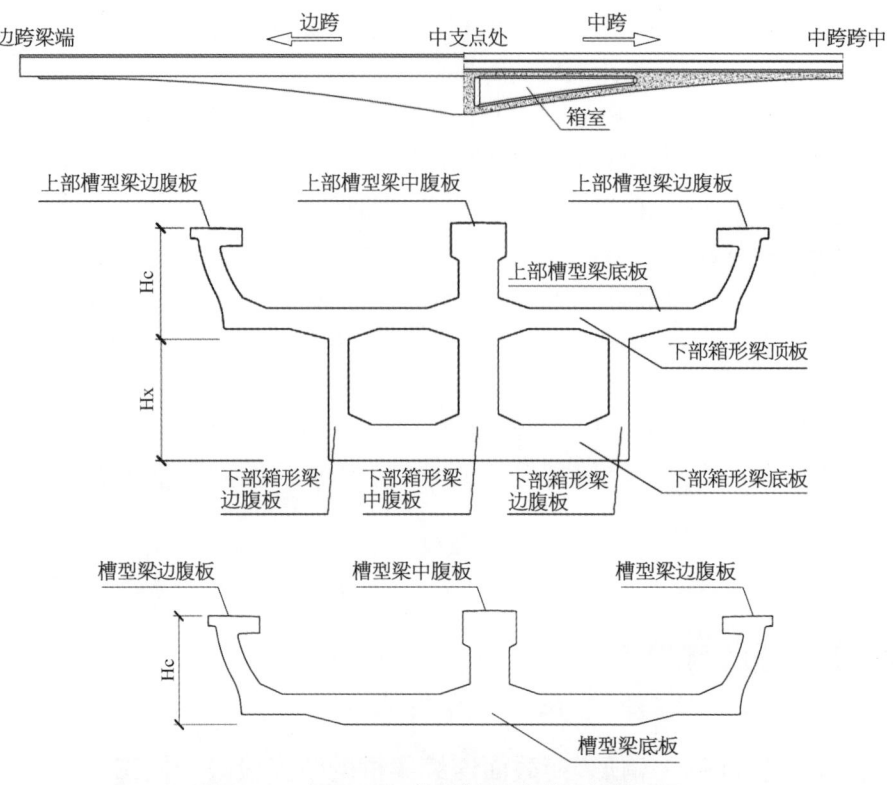

图 8-64 "双 U 形+箱形"复合变截面梁断面图

与 U 形梁桥配合使用,特别适用于景观要求高的城市轨道交通高架区间(图 8-65)。不同梁尺寸见表 8-10。

图 8-65 17 号线部分高架段实景

表 8-10 不同梁型尺寸数据对照

梁型	梁高(桥面至梁底高差)		
	中跨跨中	1/4 中跨	中支点
中跨 70 m 连续箱形梁	2 m	2.7 m	4.5 m
中跨 70 m "双 U 形+箱形"变截面梁	0.6 m	1.6 m	3.85 m
中跨 50 m 连续箱形梁	2 m	2.46 m	3.6 m
中跨 50 m "双 U 形+箱形"变截面梁	0.6 m	1.1 m	2.95 m

节段预制拼装技术是满足工厂化、标准化和快速化的制造工艺,是现代混凝土桥梁工业化发展方向之一。与传统的现浇梁相比,节段预制拼装桥梁在技术合理性、耐久性及造价等方面具有优势。"双U形+箱形"变截面梁桥适合采用节段拼装施工,并且由于梁体节段在工厂预制,施工质量易得到保证,同时节段的养护时间长,加载龄期晚,收缩徐变变形相对较小,这些都有利于成桥后梁体线性顺畅,外形美观。

节段预制拼装"双U形+箱形"变截面连续梁桥均为三跨一联,中跨跨径分50 m、55 m、70 m三种,边跨跨径27.5~42 m,分0#块现浇段、悬臂拼装段及边跨拼装段三部分,各段之间通过湿接缝连接。其中,箱形截面往跨中方向逐渐变小,如图8-66所示。最大预制节段重120 t。

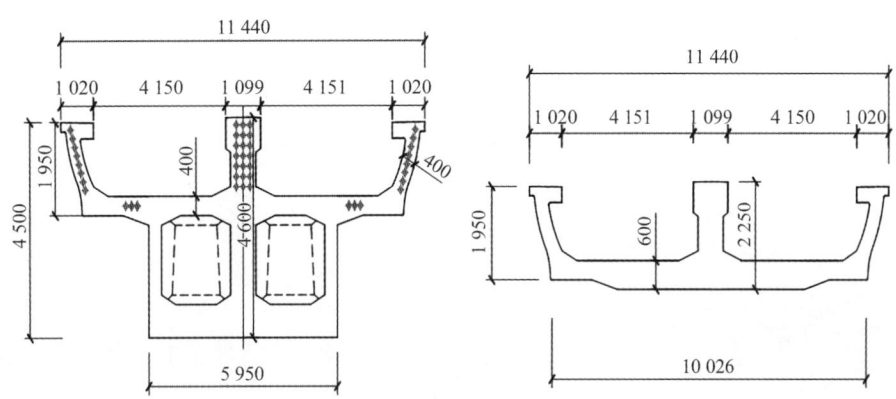

图8-66 节段截面示意图

桥梁节段中,除0#块现浇段采用支架现场浇筑外,其余节段均由在梁场预制完成。中跨55 m连续U形梁的主梁每个单悬臂分7个悬拼节段,节段划分3 m×5+3.5 m+2.5 m;中跨50 m连续U形梁的主梁每个单悬臂分6个悬拼节段,节段划分3 m×5+3.5 m;中跨70 m连续U形梁的主梁每个单悬臂分8个悬拼节段,节段划分3 m×5+3.5 m×2+2.9 m。

为了保证节段悬臂拼装时的安全、准确,本工程专门研发了"CQ120型桅杆式起重机",该起重机可以让待拼节段进行竖向、纵向和横向的平动,以及绕竖轴、纵轴、横轴的转动,尤其绕竖轴的转动范围可以达到360°。

由于节段的形状及悬臂拼装时的工况均很复杂,影响成桥线形的因素很多,因此预制及拼装过程中的施工监控就显得非常重要。节段梁预制安装全流程监控控制采用国内领先的SLCCS控制系统,该系统将桥梁基本信息、梁段分割信息、节段预制和节段安装的数据库整合在一起,集模型计算与预测、误差分析与修正、测量数据采集和输入等功能于一体,实现工前仿真模拟,节段梁预制、拼装施工误差能够及时反馈修正,有效准确地指导下一步施工。在线型控制中,该控制系统参与了整个控制监控环节,使得监控工作更加规范和有效。

8.4.2 诸光路站—虹桥火车站站区间下穿沪杭铁路路基段

诸光路站—虹桥火车站站区间为盾构法施工隧道,区间需下穿运营沪杭铁路路基段,为确保盾构推进过程中铁路的安全,控制沪杭铁路路基段的沉降变形,对盾构施工对沪杭铁路路基段的运行影响进行专项分析设计。

根据《上海市轨道交通17号线(东方绿舟站—虹桥火车站站)工程可行性研究阶段工程风险评估报告》所示,区间下穿沪杭铁路路基段风险等级为一级。

沪杭铁路保护要求：沉降、隆起≤5 mm；达到5 mm时应采取注浆加固等措施。

根据分析结果可知，17号线盾构施工在不进行地面预注浆加固的情况下，对沪杭铁路的位移影响在其沉降变形允许范围之内，对其影响可控，可以满足沪杭铁路正常运营的需要。但是考虑到铁路运输安全的重要性，对铁路轨道的保护要求较高，最终根据《诸光路站—虹桥火车站站区间隧道下穿沪杭铁路方案设计咨询报告》咨询意见的要求，并结合《17号线下穿沪杭外环线铁路设计方案、咨询方案评审会》专家意见，采取推进前进行预加固处理的措施对既有铁路进行变形控制。

首先，在铁路路基两侧距铁路中心线约10 m处打设旋喷桩体封闭路基段加固区；然后在封闭区域内打设斜管，对路基段下方土体进行注浆加固；考虑到盾构推进区域土体强度、刚度的过渡，在路基保护区外，盾构推进区域一定范围内对土体进行注浆加固。

最终区间隧道顺利穿越了沪杭铁路路基段。

8.4.3 泡沫混凝土进出洞

17号线在2号、3号中风井盾构进洞中，首次在上海创新采用了泡沫混凝土盾构进洞接收技术，研发了完全不同于传统工艺的盾构进洞新方法，并相应研制了配套的工装结构，通过在工作井内填充强度低、重量小、流动性佳的泡沫混凝土，结合预留可切削围护结构、井内双环箍止水、洞口液氮环保障、逐片钢板封闭井接头等一系列辅助措施，将盾构进洞过程由"先破后通"改为"先通后挖"，高风险的承压含水层进洞环节转化为"隧道常规推进"+"井内封堵"两项依次实施的低风险作业，成功规避了高水压高渗透条件下承压水突涌风险(图8-67和图8-68)。

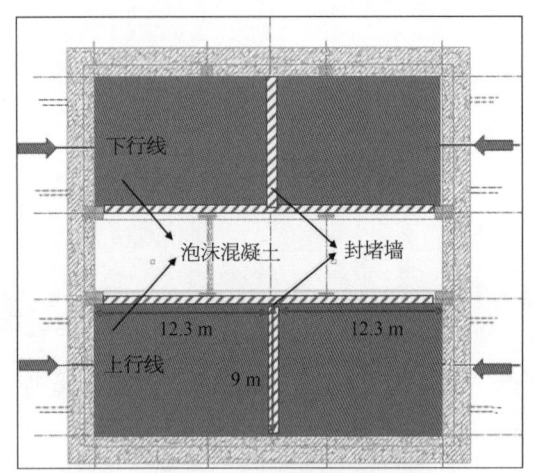

图8-67　井内平面布置图

图8-68　泡沫混凝土进出洞加固过程实拍

同时，避免了地面加固方式所需的管线搬迁和道路占用，减轻了对相应区域土壤生态条件的破坏，绿色环保，适合今后在地下管线密集、地面交通繁忙的城市中心城区或具有严格生态保护要求的绿化区内隧道进洞工程的推广应用。

轨　道

9.1 设计标准

轨道设计标准如下：
(1) 轨距：1435 mm，半径＜250 m 的曲线地段按要求设置加宽。
(2) 轨底坡：正线、配线、车场线采用 1∶40 轨底坡，道岔及两道岔间不足 50 m 地段不设轨底坡。
(3) 超高：高架线整体道床、U 形槽地段碎石道床、矩形隧道整体道床采用全超高方式设置，区间圆形隧道整体道床采用半超高方式设置。区间曲线最大超高值为 120 mm，允许有不大于 61 mm 的欠超高，车站曲线最大超高值为 15 mm；超高值应在缓和曲线内递减顺接，无缓和曲线时在圆曲线两端直线段内递减顺接。超高顺坡率不宜大于 2‰，困难时不应大于 2.5‰。
(4) 钢轨类型：正线、配线均采用 60 kg/m 钢轨，车场线采用 50 kg/m 钢轨。
(5) 扣件：采用弹性分开式扣件。
(6) 道床类型：高架线、地下线及车场库内线采用整体道床，U 形槽地段、车场库外线采用碎石道床。
(7) 道岔：正线、配线、试车线采用 60 kg/m 钢轨 9 号道岔，车场采用 50 kg/m 钢轨 7 号道岔。
(8) 正线、出入线、试车线及徐泾车辆段运用库采用无缝线路。

9.2 轨道结构设计

9.2.1 钢轨

本工程正线、出入线、车场试车线采用 60 kg/m、U75V 热轧钢轨，车场线采用 50 kg/m 钢轨 U71Mn 热轧钢轨。

9.2.2 扣件

1) 正线及辅助线扣件

考虑到保持上海轨道交通高架线扣件的一致性，便于养护维修，本工程高架线采用 WJ-2A 型小阻力扣件(图 9-1)，地下线采用了 DTⅢ2-A 型扣件(图 9-2)，出入线 U 形槽及地面线碎石道床地段采用了国铁通用弹条 Ⅰ 型扣件。

WJ-2A 型扣件为有螺栓弹性分开式扣件，该扣件结构新颖、技术成熟、性能良好、使用安全可靠，轨下垫板为实现小阻力，采用高分子复合垫板代替不锈钢垫板，解决了不锈钢垫板锈蚀带来的阻

图 9-1　WJ-2A 型扣件图　　　　图 9-2　DTⅢ2-A 型扣件

力增大等问题,同时采用聚酯材料,静刚度稳定,并延长使用寿命。

DTⅢ2-A 型扣件为弹性分开式扣件,无挡肩、有螺栓弹条,二阶减振,扣压件采用国铁Ⅱ型弹条,用于轨枕埋入式整体道床。DTⅢ2-A 型扣件调高、调距量大,能较好地适应结构沉降。

2) 车场线扣件

(1) 碎石道床地段。出入线碎石道床、试车线碎石道床、库外普通碎石道床、库前铺面板碎石道床地段采用国铁通用的弹条Ⅰ型扣件,岔间不足 50 m 地段采用普通岔枕配套扣件。

(2) 整体道床地段。库内检查坑地段、平过道整体道床、洗车线整体道床等采用 CK-1 型扣件(图 9-3);徐泾车辆段运用库库内减振整体道床地段,采用了双层非线性减振扣件(图 9-4);车场线试车线检查坑采用 CK-02 型扣件。

图 9-3　CK-1 型扣件　　　　图 9-4　双层非线性减振扣件

9.2.3　轨枕

1) 正线及辅助线、出入线轨枕

考虑上海地区工程地质的特点,并综合轨道施工、道床结构等因素,地下线一般地段采用无挡肩预应力长枕,采用 C50 混凝土,承轨面设置 1∶40 轨底坡,枕内预埋扣件套管,侧面预留道床纵向钢筋穿孔,轨枕在工厂预制。道岔间不足 50 m 地段采用道岔岔枕。

高架线、现浇浮置板轨道及浮置板梁端过渡道床地段,采用预制短枕,短轨枕均采用无挡肩外形、等截面设计,预埋套管及外形尺寸根据所配套使用扣件进行设计。轨枕下部为楔形,底部伸出钢筋钩,以加强与道床混凝土的联结。短轨枕采用 C50 混凝土。

2) 车场线轨枕

车场线库外碎石道床地段均采用国铁通用新Ⅱ型预应力钢筋混凝土枕,枕长 2.5 m,安装供电轨支架的轨枕预留锚栓孔。

3) 轨枕铺设标准

正线在 $R>400$m 曲线地段及坡度 $i<20‰$ 地段，轨枕铺设标准为1680根（对）/km；$R\leqslant400$m 曲线地段及坡度 $i>20‰$ 地段，轨枕铺设标准为1600根（对）/km。

车场线轨枕铺设标准见表9-1。

表9-1 车场线轨枕铺设标准

线别	道床类型		扣件及轨枕类型	铺设标准根（对）/km
出入线	碎石道床		弹条Ⅰ型扣件新Ⅱ型混凝土枕	1760
	桥梁承轨台式整体道床		高架线 WJ-2A 型扣件/高架线轨道减振器扣件短枕	1680
试车线	碎石道床		弹条Ⅰ型扣件新Ⅱ型混凝土枕	1760
	壁式检查坑		CK-02 型扣件短枕	1680
	高档钢弹簧浮置板整体道床		DTⅢ2-A 型扣件短枕	1680
场内其他线	碎石道床	一般地段	弹条Ⅰ型扣件新Ⅱ型混凝土枕	1440
		库外平过道	弹条Ⅰ型扣件新Ⅱ型混凝土枕	1820
		道岔间不足50m范围	普通岔枕及扣件	1680
	壁式检查坑		CK-1 型扣件短枕	1440
	柱式检查坑		双层非线性减振扣件/CK-1 型扣件无枕	700/800
	平过道型整体道床		CK-1 型扣件短枕	1440
	工艺轨道整体道床		CK-1 型扣件短枕	1440
	洗车线整体道床		CK-1 型扣件短枕	1440
	喷漆库作业坑道床		CK-1 型扣件短枕	1440

9.2.4 道床

1) 高架线普通无砟道床

本工程正线及出入线高架桥地段采用短枕承轨台式整体道床（图9-5）。

图9-5 高架线短枕承轨台式整体道床（高架段）

2) 地下线普通无砟道床

本工程地下线普通无砟轨道采用钢筋混凝土长轨枕整体道床(图 9-6)。

图 9-6　地下线长枕埋入式整体道床(地下段)

3) 地下线预制板道床

本工程在淀山湖大道站—漕盈路站区间铺设预制轨道板整体道床(图 9-7),预制轨道板采用申通集团通用图,包括适用于 DTⅢ2-A 型扣件和 Lord 扣件的 STI1 型轨道板和 STI2 型轨道板、适用于轨道减振器扣件的 STI3 型轨道板和 STI4 型轨道板。

图 9-7　预制轨道板整体道床

轨道板采用单元分块式结构,为无挡肩钢筋混凝土结构,混凝土强度等级为 C50,非预应力结构。标准轨道板长度为 4 700 mm、宽度为 2 300 mm、厚度为 200 mm,适用于半径 500 m 以上的曲线地段和直线地段;调整轨道板长度为 4 700 mm、宽度为 2 300 mm、厚度为 200 mm,适用于半径 500 m 以下的曲线及旁通道地段。

为安装三轨支架,轨道板预留支架安装孔,每块板预留 1 处。

4) 车场线碎石道床

出入线路基段、试车线碎石道床厚为 0.45 m(图 9-8)。采用双层道床:面层道砟厚 0.25 m,采用一级道砟;底砟厚 0.20 m。道床顶宽无缝线路为 3.3 m,非无缝线路为 3.1 m,道床边坡率为 1∶1.75;无缝线路碎石道床砟肩堆高 150 mm。

其他库外车场线碎石道床厚为 0.3 m(图 9-9)。采用双层道床(其中面砟 0.15 m,底砟 0.15 m),

图9-8 试车线碎石道床

图9-9 一般库外碎石道床

采用一级道砟。道床顶宽2.9 m,边坡率1:1.5。

橡胶铺面板平过道碎石道床地段采用单层道床,道砟厚0.25 m,道床宽2.6 m。

无缝线路曲线半径小于800 m,段内普通线路半径小于等于300 m的曲线地段道床外侧加宽0.1 m。

5) 车场线整体道床

(1) 检查坑地段。朱家角停车场1~20道、徐泾车辆段运用库内1~16道、检修库17~19道均采用柱式检查坑整体道床(图9-10);调机及工程车库检查坑、试车线检查坑、柱式检查坑两端阶梯踏步范围均采用壁式检查坑整体道床(图9-11)。

图9-10 柱式检查坑

图9-11 壁式检查坑

(2) 平过道型整体道床。朱家角停车场运用库内21道临修线、库内通道、运用库前1.6 m范围、小库库外,徐泾车辆段检修库内部分地段、库内通道、大库前部分地段、24道镟轮库内铺设平过道型整体道床。

(3) 嵌入式轨道整体道床。徐泾车辆段运用库库中通道、检修部分地段、工艺轨区部分地段铺设嵌入式轨道整体道床(图9-12)。

此外,洗车库采用洗车线短枕式整体道床(图9-13),喷漆库采用喷漆线短枕式整体道床。

9.2.5 道岔与道岔道床

考虑上海市轨道交通的道岔的通用性和标准化,正线、配线、车场线道岔采用申通集团标准图,包括60 kg/m钢轨9号单开道岔、60 kg/m钢轨9号对称三开道岔和60 kg/m钢轨9号4.6 m间距交叉渡线、50 kg/m钢轨7号单开道岔、50 kg/m钢轨7号5 m间距交叉渡线。

图9-12 徐泾车辆段嵌入式轨道整体道床

图9-13 朱家角停车场洗车库整体道床

正线、配线单开道岔及交叉渡线道床采用钢桁架长岔枕式整体道床。轨枕高出道床面30 mm,道床顶面设置横向排水坡。三开道岔转辙器部位轨下基础采用长岔枕,其余部位采用短轨枕。车场线单开道岔及交叉渡线采用混凝土枕碎石道床。

9.3 轨道减振降噪设计

9.3.1 减振降噪分级标准及措施

根据轨道交通线路所经过的地面建筑物的类型、振动敏感地段的分布,执行《城市区域环境振动标准》(GB 10070—88)和《声环境质量标准》(GB 3096—2008)中的规定,结合环评报告的要求,参照《轨道结构减振设计指导手册》(STB—GJ—010002)将减振地段划分为三个级别:

(1) 振动超标在0~5 dB范围的,为中等减振地段。
(2) 振动超标在5~10 dB范围的,为高等减振地段。
(3) 振动超标在10 dB以上,为特殊减振地段。

根据不同地段的减振降噪要求,需采取相应的减振降噪措施,从而达到最佳的技术和经济效果。

9.3.2 正线主要减振降噪措施

1) 轨道分级减振

(1) 中等减振措施。本工程正线中等减振地下线采用剪切型减振扣件和压缩型扣件,两种扣件的选用铺设主要依据敏感点的减振需求,并考虑一定的减振裕量选用。

① 剪切型减振扣件。剪切型减振扣件的工作原理是利用其承轨板橡胶的剪切变形取得较高的弹性,使钢轨在车轮荷载作用下有较大的挠曲,从而降低上部建筑的力学阻抗,减小振动的激发,与普通弹性扣件相比,减振效果为约8 dB,满足中等减振地段的要求。轨道减振器扣件(图9-14)属于剪切型减振扣件的一种,它是将椭圆锥形内圈(与钢轨相联)和外圈(与道床相联)用橡胶胶结在一起,扣件为弹性分开式,无挡肩。

② 压缩型减振扣件。压缩型减振扣件的工作原理是将带孔橡胶和底板硫化为整体,利用硫化垫板的橡胶孔变形进行减振,可通过硫化体内橡胶的形状来调节扣件的刚度,利用橡胶的压缩变形,满

图9-14 轨道减振器扣件

图9-15 Lord 扣件

足减振的性能,减振效果可达 6 dB。Lord 扣件(图 9-15)属于压缩型减振扣件的一种,其硫化垫板扣件直接支承钢轨,下面设置调高垫板。扣件调距通过调距扣板的齿纹移动铁垫板,利用铁垫板的长圆孔来实现"无级"调距的目的。

(2) 高等减振措施。本工程正线高等减振地下线采用中档钢弹簧浮置板道床,高架线根据实际情况采用梯形轨枕轨道或中档钢弹簧浮置板道床。

① 中档钢弹簧浮置板轨道。中档钢弹簧浮置板轨道(图 9-16)减振原理和结构形式与特殊减振地段的钢弹簧浮置板相同,同属于"质量-弹簧"体系,主要区别是对隔振器进行了改进,采用固体阻尼,使得隔振器材造价大大降低,其减振效果达到 10~20 dB。这种结构比较简单,没有橡胶老化问题,弹簧使用寿命很长,而且性能稳定,可达 50 年以上。

图9-16 中档钢弹簧浮置板轨道

图9-17 梯形轨枕轨道

② 梯形轨枕轨道。梯形轨枕轨道(图 9-17)系统由纵向 PC 轨枕、横向连接钢管和减振部件构成。纵向 PC 轨枕具有较高的纵向刚度,并与钢轨形成了具有较大纵向和横向刚度的复合轨道,从而减少了列车通过时的轨道动态变形,改善了轮轨的动力作用关系,改善车辆的运行动力效应,减轻轨道和车辆的部件机械磨损,延长轨道和车辆的维护周期和使用年限;梯形轨枕与支座通过减振部件相连接,形成浮置式的轨道结构,有较强的减振、降噪性能,该结构能满足较大减振范围的不同要求(10~15 dB)。

梯形轨枕是纵向轨枕的一种,具有既能够发挥轨枕的特性,大幅度提高荷重的分散能力,又可补充钢轨本身的刚性和质量的性能特点。梯形轨枕还使轨道构造具有充分的弹性,是一种"低噪声、低振动的轨道构造",利用减振材料等间隔支撑结构使其浮于混凝土整体道床上,应用于高架线可减少轨道自重和桥梁恒载。

(3) 特殊减振地段的减振措施。

本工程正线特殊减振地下线采用了高档钢弹簧浮置板道床。高档钢弹簧浮置板轨道(图9-18)套筒内采用液体阻尼。隔振系统是一个"质量-弹簧"体系,其参振质量越大、弹性越高,隔振效果就越好。为此增大振动体的振动质量和增加振动体的弹性,利用惯性力吸收冲击荷载起到隔振作用。钢弹簧浮置板可以提供足够的惯性质量来抵消车辆产生的动荷载,只有静荷载和少量残余动荷载会通过弹性元件传到基础结构上。

图9-18 高档钢弹簧浮置板轨道

由于钢弹簧浮置板轨道的固有振动频率很低,所以减振效果显著,18～25 dB。其结构比较简单,没有橡胶垫老化问题,弹簧使用寿命很长,可达50年以上。因此,正线特殊减振地段采用高档弹簧浮置板道床。

2) 轨道降噪

根据环评和环保要求,局部高架线地段噪声超标量较大,采用普通的声屏障措施无法使噪声降低到国家环保标准的要求,本工程高架线一般地段高等降噪地段配合声屏障采用全天候道床吸音板,小半径曲线地段采用阻尼钢轨。

3) 减振降噪措施统计

正线减振降噪措施见表9-2。

表9-2 正线减振降噪措施统计表

序号	措施	铺设长度(km)
1	高架线中等减振措施压缩型减振扣件	14.868
2	高架线高等减振措施梯形轨道	8.168
3	高架线高等减振措施中档钢弹簧浮置板道床	4.251
4	地下线中等减振措施压缩型减振扣件	4.928
5	地下线中等减振措施剪切型减振扣件	8.132
6	地下线高等减振措施中档浮置板道床	1.026
7	轨道吸音板	4.300

减振区段总计长度41.373 km,占全线总长度的58.5%。

4) 徐泾车辆段减振降噪设计及铺设

本工程徐泾车辆段考虑上盖物业开发,开发项目涵盖商业、办公和高层建筑住宅,车辆段轨道设计根据上盖物业业态分布情况采取相应的减振措施。

车辆段内线路与运营的特征,决定了列车运行产生的振动和噪声具有其独特性。车辆段内的不同区域、不同的轨道状态,均有着不同的振动和噪声源。列车在试车线之外的其他区域均相对低速运行,其产生的振动和噪声主要来源于经过咽喉区道岔群"有害空间"及钢轨接头时产生的冲击振动;通过咽喉区小半径曲线时也通常会因钢轨和车轮的相互挤压和摩擦产生摩擦啸叫声。当列车在试车线运行时,由于存在不同工况的运行车速,引起振动和噪声常常十分显著。因此,结合车辆业态分布及段车辆行车速度情况、不同工艺线路使用频率等因素,本次轨道减振设计的重点区域主要为出入线、试车线、咽喉区及牵出线、运用库、建筑敏感点受影响范围内的库外线等地段;轨道降噪的主要敏感点主要为落地开发居民建筑。针对梳理情况提出减振措施如下:

(1) 出入段线。出入线高架桥段位于落地开发地块范围内,且设有 400 m 小半径曲线,该段主要问题为轮轨振动噪声超标。为减少高架线噪声对周围建筑的影响,此段配合选用轨道减振器扣件;小半径曲线及前后缓和曲线采用阻尼钢轨,同时配合声屏障专业,降低轮轨异常接触引起的啸叫声。

出入段线地面段位于落地开发范围内,为减少早晚集中接发车引起的振动对上盖建筑影响,轨道增加道砟垫碎石道床设计。道床垫(图 9-19)其特点主要为面支承,橡胶减振垫采用三元异丙胶和氯丁胶等天然橡胶制成,耐水、耐磨、耐老化性能好,减振效果达 10~20 dB。

图 9-19 徐泾车辆段碎石道床道床垫

(2) 大小咽喉区。检修库库外、运用库及洗车镟轮库部分库外线路位于住宅落地开发范围内,该段道岔群密集且设置大量小半径曲线,车辆过道岔及小半径曲线地段会引起频繁振动及噪声。借鉴国内既有车场减振降噪设计经验并结合相关专家咨询意见,确定落地开发建筑敏感点 40 m 范围采用道砟垫碎石道床的减振形式,库前小半径曲线地段及曲线前后各 5 m 的直线段采用阻尼钢轨,减小噪声影响。

(3) 库内线。运用库位于开发地块,为减少车辆频繁经过普通线路钢轨接头引起的振动对上盖物业的影响,运用库库内采用无缝线路。同时,运用库内扣件采用双层非线性减振扣件。该扣件基于底板型扣件系统,并通过双层非线性弹性垫板以降低系统刚度和提高结构阻尼来控制二次噪声与振动。它由轨下橡胶垫、上铁垫板、中间橡胶垫、下铁垫板和自锁机构等组成,采用分离式结构,利用两层非线性弹性垫减振,扣件节点垂向静刚度为 12~18 kN/mm,减振效果达 5~8 dB。

(4) 试车线。试车线试车速度快,试车频繁,等级要求高,全线采用无缝线路。试车线西段处于建筑敏感点 40 m 影响范围内,为减少试车引起的振动影响,试车线西段 SSK0+025—SSK0+665 范围内(检查坑范围除外)铺设碎石道床道砟垫。试车线东段上盖开发建筑住宅,同时道床与上盖柱网距离近,容易将轮轨振动传导至上盖物业,对其影响很大。考虑试车线速度及业态分布及实际需求情况,试车线东段 SSK0+665.000—SSK1+039.409 范围铺设高档弹簧浮置板道床。减振降噪措施见表 9-3。

表 9-3 徐泾车辆段减振降噪措施统计表

序 号	措 施	铺设量
1	高架轨道减振器扣件	0.855 km
2	双层非线性减振扣件	4.583 km
3	道床垫碎石道床	2.157 km
4	高档钢弹簧浮置板	0.360 km
5	50 kg/m 钢轨 7 号单开道岔(道床垫碎石道床)	22 组
6	50 kg/m 钢轨 7 号道岔 5 m 交叉渡线(道床垫碎石道床)	2 组
7	60 kg/m 钢轨 9 号单开高档钢弹簧浮置板道岔	1 组
8	迷宫式阻尼钢轨	2.121 km

9.4 调线调坡设计

传统的调线调坡测量方法是基于调线调坡导线的调线调坡模式,该导线只是一个临时导线成果,调线调坡测量与设计完成后,建立完铺轨基标后就被道床板掩盖而失去作用,同时铺轨基标的精度下降了一个等级,使后期基于铺轨基标的轨道精调质量提高受到局限,使得竣工轨道的平顺性还存在较大的不足。

为了提高轨道交通旅客列车的安全性和舒适性,提高轨道的几何线性参数,使轨道在建设阶段达到高平顺性,将高铁精密测量技术引入城市轨道交通建设与运营管理中,并融合、改进和再创新传统的城市轨道交通的测量方法与轨道施工工艺,形成一套新的测量技术体系。根据轨道基础控制网的优势与特点,本线调线调坡工作采用技术方法是基于轨道基础控制网的调线调坡测量与设计。

9.5 主要技术难点及创新

9.5.1 正线主要技术难点及创新

本工程是重要的郊区干线,速度高,天窗时间段,因此,要求主要轨道部件选型要本着可靠、方便维护的原则,同时,结合轨道交通和高铁轨道技术的发展,采用了新的产品、结构和施工工艺。本工程的轨道系统设计具有以下创新及优化:

(1) 在本工程中在淀山湖大道站—漕盈路站区间采用了预制轨道板,长度 3.616 km,道岔道床采用预制道岔板技术,相比于传统的现浇道床,预制轨道板、预制道岔板整体道床大大提高了道床的铺设精度,减少道床病害,提高了轨道的平顺性,同时成型的预制道床观感也极大地提高。

(2) 本工程创新采用新型预制钢弹簧浮置板,相比于传统钢弹簧浮置板,新型浮置板增加参振质量、采用双隔振器布置及新型剪力铰结构,提高了浮置板的减振效果和浮置板强度。

(3) 本工程地下线扣件在DTⅢ2型扣件的基础上,优化改进为DTⅢ2-A型扣件,增大了扣件轨距调整量,同时优化结构设计,消除锚固螺栓与弹跳干涉,减少养护维修工作量。

由于17号线工程穿越朱家角、青浦城区、赵巷、徐泾、大虹桥地区,沿线分布医院、学校、住宅区等重点环境敏感地段,因此本工程的轨道系统减振降噪设计是重点,也是难点。本次设计综合考虑了线路沿线建筑物情况、环保要求和轨道工程施工对城市主要干道交通影响等因素,以期做到沿线重点建筑有效保护,满足环保要求。对于轨道减振降噪措施,除了采用减振扣件、钢弹簧浮置板、梯形轨枕外,对于降噪需求高的地段,还采用轨道吸音板和迷宫式约束阻尼钢轨。

9.5.2 车场主要技术难点及创新

本工程一段一场全部采用第三轨供电方式,同时徐泾车辆段为上海首次带住宅用途的上盖物业开发车场,可参考经验较少,轨道减振降噪设计方案为本工程重点与难点:

(1) 因采用第三轨供电方式,碎石道床地段、车场内道岔在接触轨支座预留位置采用接触轨安装用特殊轨枕,库内检查坑立柱在接触轨支座位置需开孔,每个特殊轨枕安装位置及开孔位置配合供电专业现场定位,确保精度。

(2) 为满足需求及设计优化,运用库检查坑通道改为1100 mm间距,立柱由350 mm优化改为400 mm;调整立柱设计分界,轨面以下-1 m以内范围由轨道设计,确保扣件安装、立柱浇筑及铺轨精度。

(3) 由于施工精度问题,库内检查坑立柱竖向钢筋预埋存在部分偏差情况,无法满足规范要求,需要及时调整以达到铺轨精度与结构强度。

(4) 目前国内车辆段上盖物业开发轨道减振降噪经验较少,尚处于起步研究阶段,通过调研国内上盖物业开发车辆段设计经验,结合徐泾车辆段情况,分析可能产生的主要振动源与主要噪声源,采取有针对性的轨道减振降噪措施:

① 减振问题研究。通过调研实例、查阅文献报告,基于对徐泾车辆段轮轨振动特性、行车工况、轨道形式特点的分析,车辆段轨道减振降噪的重点区域是:(a)出入线和咽喉区地段;(b)试车线区域;(c)具有上盖开发的库内线。因此,对应减振措施主要集中在以上地段:出入线地面段、咽喉区道岔群采用碎石道砟垫道岔道床;试车线东段设计采用碎石道床道砟垫减振方案,西段因减振要求较高而采用侧置式高档钢弹簧浮置板;库内线路选用扣件减振,且采用无缝线路,减少钢轨接头冲击影响;检修库架修线、工艺轨区轨道设计采用无扣件连续支撑嵌入式轨道结构等。

② 降噪问题研究。车辆段噪声主要集中在库外小半径曲线地段,降噪方案主要从减少噪声产生和抑制噪声扩散两个方面解决:设置合理的轨底坡,保证轮轨接触良好,以减少恶劣轮轨接触关系造成的振动噪声;小半径曲线地段合理设置钢轨涂油器,减少车辆频繁通过造成的钢轨磨耗及其引发的啸叫噪声;库外小半径曲线地段,在曲线及其前后5 m直线范围设置迷宫式阻尼钢轨。

Chapter 10 供电系统

10.1 设计原则和标准

供电系统设计原则和标准如下：

(1) 供电系统满足安全可靠、经济、运行灵活的要求。

(2) 供电系统设计在满足供电可靠性、投资合理的前提下，供电系统接线应尽量简单、统一，以利于工程实施及以后运营管理的方便。

(3) 供电系统容量按远期高峰小时负荷设计，并留有一定的裕度。

(4) 供电系统采用集中供电、110/35 kV 二级供电方式，主变电所进线采用 110 kV 电压等级，馈出线采用 35 kV 电压等级；牵引变电所及降压变电所进出线均采用 35 kV 电压等级；电动车组采用 DC 1 500 V 接触轨受电方式。

(5) 本工程设置漕盈路主变电所、徐泾主变电所 2 座主变电所。每座主变电所由城市公用电网 220 kV 变电所提供两回 110 kV 专用线路供电，内设两台 110 kV/35 kV 主变压器，保证供电的可靠性和供电质量。

(6) 不考虑一座主变电所事故解列，同时发生 35 kV 母线侧（包括环网电缆）故障的情况。

(7) 为保证供电可靠性，各牵引降压混合变电所及降压变电所由两回互为备用的电源供电。

(8) 一般每个车站设一座 35/0.4 kV 降压变电所，对于规模较大的车站可根据具体情况增设跟随式降压变电所。每座降压变电所设两台 35/0.4 kV 配电变压器。

(9) 在设牵引变电所的车站和停车场，牵引变电所与降压变电所尽量合设为牵引降压混合变电所。

(10) 牵引降压混合所及降压变电所 35 kV 侧采用单母线分段接线形式。

(11) 牵引变电所进线电压为交流 35 kV，设两套整流机组。为减少谐波影响，采用等效 24 脉波整流机组。

(12) 牵引变电所设备容量除应满足正常运行方式下高峰小时牵引负荷要求外，还应满足该所越区供电时高峰小时牵引负荷的需要。整流机组负荷等级为《地铁设计规范》(GB 50157—2013)规定的 Ⅵ 级负荷，即 100% 额定负荷——连续、150% 额定负荷——2 h、300% 额定负荷——1 min。

(13) 接触轨供电电压采用直流 1 500 V，接触轨最高、最低电压水平应满足《地铁设计规范》(GB 50157—2013)规定：

① 在任何运行方式下，接触轨最高电压不得高于 1 800 V。

② 在任何运行方式下（含当一个牵引变电所在远期高峰小时解列时，其相邻牵引变电所越区供电

时),接触轨任一点最低电压不得低于1 000 V。

(14) 正常运行方式下,牵引变电所供电效率不低于96%。

(15) 为保证旅客安全,每个车站、区间变电所和停车场(车辆段)应设钢轨电位限制装置。

(16) 各车站设置综合接地网,接地电阻不大于0.5 Ω。

(17) 低压无功补偿按就地平衡、分散补偿原则考虑,并应能随低压负荷无功大小进行动态补偿,即在各降压变电所0.4 kV侧进行无功补偿。

(18) 主变电所110 kV中性点接地方式根据城市电网运行状况,由电力系统确定,35 kV系统采用电阻接地系统,即主变电所35 kV侧通过接地变压器中性点连接小电阻的接地方式,低压0.4 kV配电系统采用TN-S供电方式。

(19) 供电系统继电保护应满足可靠性、选择性、速动性和灵敏性的要求,35 kV电缆线路以纵联差动保护为主保护,并设置数字通信电流、过电流及零序电流保护。变电所采用综合自动化方式实现保护、控制、测量、信号功能。

(20) 各变电所设备系统按无人值班设计。

(21) 在满足技术要求和功能要求的前提下,供电系统应尽量采用适合地铁特点、便于维护的优质国产化设备。

10.2 供电系统设计

10.2.1 系统构成

供电系统主要由主变电所、35 kV中压供电网络、牵引变电所系统、降压变电所系统、接触轨系统、电力监控、杂散电流防护及接地系统和区间动力照明等组成。

本工程交流系统构成如图10-1所示。

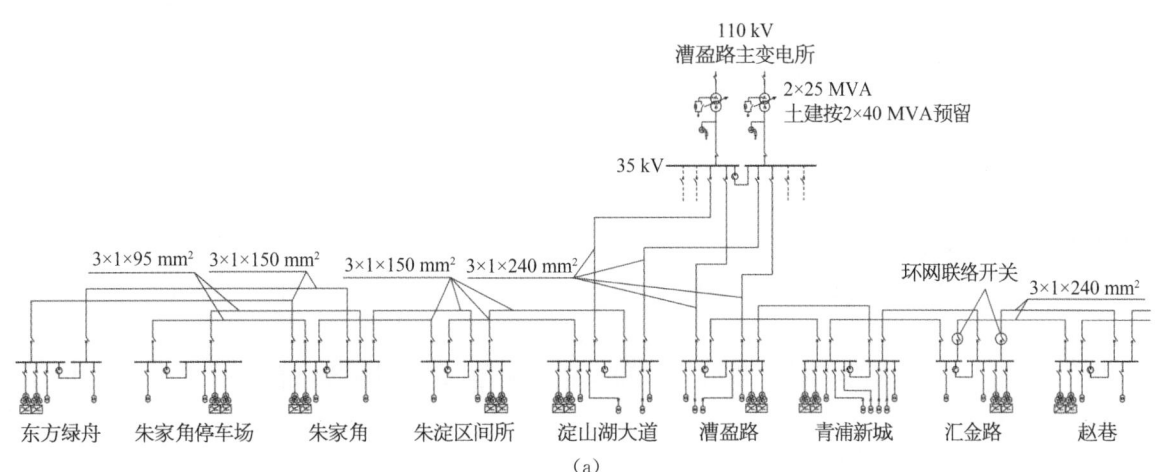

(a)

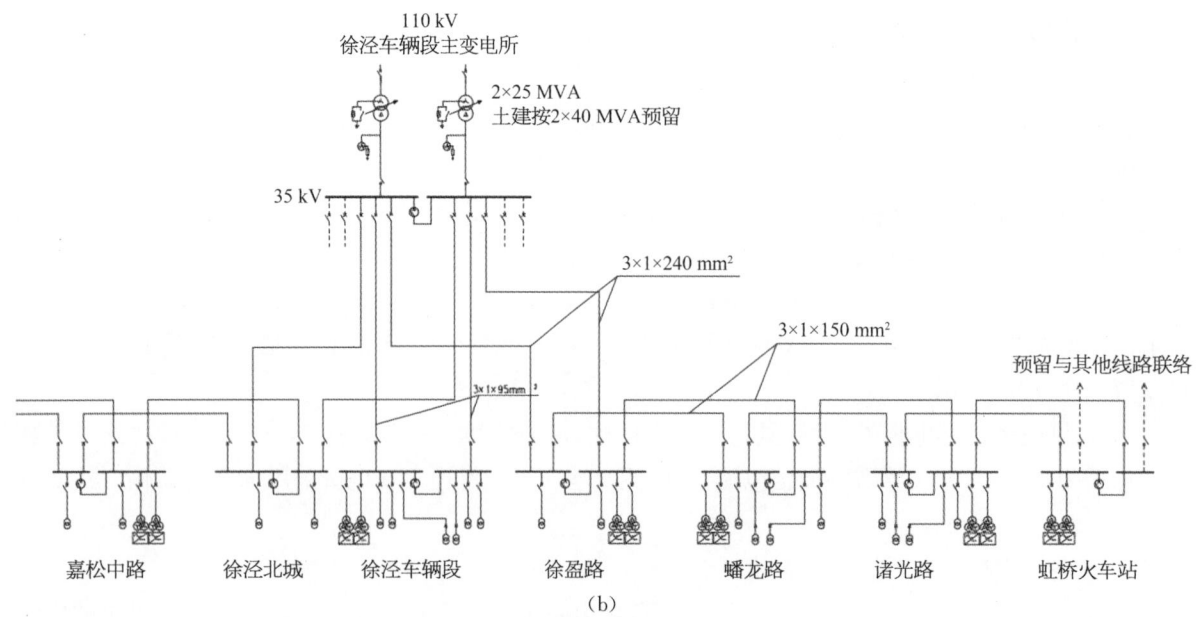

图 10-1 交流系统图

10.2.2 系统功能

1) 主变电所

主变电所接受电力系统提供的 110 kV 高压交流电,经主变压器降压至 35 kV 中压交流电,并通过地铁集中供电系统网络将电能分配到每一个车站、车辆段及停车场内的牵引变电所和降压变电所。

2) 35 kV 中压供电网络

中压供电网络由 35 kV 电缆及其附件组成,是主变电所向地铁变电所传送电能的载体。

3) 牵引变电所系统

牵引变电所的功能主要是对主变电所引来的 35 kV 交流电进行降压整流,使之变成 1 500 V 的直流电,再将 1 500 V 的直流电通过沿线架设的接触轨不间断地供给运行中的电动列车,以保证电动列车的安全、可靠、快速运行,准时地输送旅客。

4) 降压变电所系统

降压变电所的功能主要是将 35 kV 交流电降压成 380/220 V 的低压交流电,向车站和区间隧道的各种动力、照明和各系统设备供电,保证各种车站设备的正常运行,给乘客提供一个安全舒适的乘车环境。

5) 接触轨系统

直流 1 500 V 接触轨系统的功能主要是安全可靠地向列车提供电能,并满足对地绝缘的要求。

6) 电力监控系统

电力监控系统由控制中心电力调度端、变电所综合自动化系统及通信通道三部分构成。电力监控系统通过数据通道,实施对供电系统及设备运行状况的实时监控,及时掌握和处理供电系统的各种事故、警报事件、准确实施调度指挥、事故抢修和故障处理,为电力调度提供自动化管理手段,保证供电系统的安全可靠运行。

7) 杂散电流防护及接地系统

杂散电流防护:通过制定杂散电流防护方案,设置杂散电流监测系统以减少和监测地铁的杂散电流(迷流)对城市建筑和地铁本身产生腐蚀作用,降低与消除其不利影响。

接地：综合接地系统是将各变电所的接地网通过接地扁钢、电缆金属铠装、接触轨接地扁铝连接，使全线形成一个综合接地网。满足地铁内设备工作接地、安全接地及接触轨防雷接地的需求。

8) 区间动力照明

区间照明主要是向区间提供各种不同需要的照明，区间动力主要是为区间内各动力设备提供电源，满足列车平时的安全运营，并满足紧急及事故状态时的供电要求。

10.2.3 牵引变电所分布

牵引变电所布点方案见表 10-1。

表 10-1 牵引变电所布点方案

牵引变电所	东方绿舟	朱家角	朱淀区间牵引所	淀山湖大道	漕盈路	青浦新城	汇金路	赵巷	嘉松中路	徐盈路	蟠龙路	诸光路	虹桥火车站
牵引变电所间距(km)	2.81	3.47	2.38	3.87	2.81	2.51	3.88	3.06	3.45	2.53	1.53	2.50	

注：由于朱家角—淀山湖大道站区间过长，在区间增设朱淀区间变电所。

10.2.4 系统运行方式

1) 直流牵引供电系统的运行方式

（1）正常运行方式。

① 牵引变电所中的两套整流机组并联工作组成等效 24 脉波整流方式；正线相邻牵引变电所对正线接触轨实行双边供电。

② 朱家角停车场内接触轨由朱家角停车场内牵引变电所供电。

③ 徐泾车辆段内接触轨由徐泾车辆段内牵引变电所供电。

（2）任一座牵引变电所解列退出时的运行方式。

① 当正线任一座牵引变电所解列时（不含东方绿舟、虹桥火车站牵引变电所），由相邻的两座牵引变电所越区构成"大双边"供电。

② 当东方绿舟站牵引变电所解列时，由朱家角站牵引变电所单边支援供电。

③ 当虹桥火车站牵引变电所解列时，由诸光路牵引变电所单边支援供电。

④ 当朱家角停车场（或徐泾车辆段）牵引变电所解列时，由相邻正线牵引变电所（分别为朱家角站、徐盈路站牵引变电所）向朱家角停车场（或徐泾车辆段）的接触网进行支援供电。

（3）牵引所一套整流机组故障退出运行时，允许牵引变电所另一套整流机组继续运行（说明：不考虑相邻两座牵引变电所同时单机组运行的工况）。

2) 交流牵引供电系统的运行方式

（1）正常运行方式。

如图 8-1 和图 8-2 所示，17 号线工程全线由漕盈路主变电所、徐泾主变电所供电，在汇金路站变电所设置环网联络开关，2 座主变电所分别向各自供电区域内的牵引及动力照明负荷供电。每座主变电所的两路电源进线和两台主变压器同时分列运行，负担各自供电分区的牵引负荷和动力照明负荷。

（2）故障情况下运行方式（N-1）。

当主变电所的一台主变压器故障或一路 110 kV 进线电缆故障时，切除故障的主变压器或电缆，切除本所供电范围内的三级负荷，闭合 35 kV 母联断路器，由本主变电所另一台主变压器向本所供电范围内的牵引及动力照明一、二级负荷进行供电。

当牵引降压混合变电所或降压变电所任一路 35 kV 进线电缆故障退出运行时，合上该所的 35 kV 母联断路器，由另一路电缆负责本所全部负荷的供电。

当一台动力变压器故障退出运行时，切除该所的三级负荷，合上 400 V 侧的母联断路器，由另一台动力变压器负担本所范围内的动力照明一、二级负荷。

（3）其他运行方式（N-2）。

任一主变电所解列（不考虑 35 kV 母线及环网电缆同时故障）时，切除全线三级负荷，闭合汇金路站变电所环网联络开关，由另一座主变电所向 17 号线全线牵引及动力照明一、二级负荷进行供电。

不同区间的两回环网电缆故障时，隔离故障电缆，闭合故障电缆对应失电变电所的母联断路器，由另一回电缆负责本所及下级变电所全部负荷的供电。

10.2.5 主变电所容量校核

1）主变电所近、远期负荷计算

近期、远期主变电所各种运行方式下主变压器负荷见表 10-2～表 10-5。

表 10-2 漕盈路主变电所近期负荷

漕盈路主变电所负荷		漕盈路主变电所负荷	
		Ⅰ段母线	Ⅱ段母线
正常运行方式	牵引负荷（kVA）	9 309	9 900
	动力照明一、二、三级负荷（kVA）	6 135	6 135
	合计（kVA）	15 445	16 035
一台主变压器故障	牵引负荷（kVA）	19 209	
	动力照明一、二级负荷（kVA）	8 589	
	合计（kVA）	27 799	
徐泾主变电所解列	牵引负荷（kVA）	19 537	18 452
	动力照明一、二级负荷（kVA）	7 911	7 911
	合计（kVA）	27 448	26 363

表 10-3 漕盈路主变电所远期负荷

漕盈路主变电所负荷		漕盈路主变电所负荷	
		Ⅰ段母线	Ⅱ段母线
正常运行方式	牵引负荷（kVA）	10 491	11 157
	动力照明一、二、三级负荷（kVA）	6 135	6 135
	合计（kVA）	16 626	17 292

(续表)

漕盈路主变电所负荷		漕盈路主变电所负荷	
		Ⅰ段母线	Ⅱ段母线
一台主变压器故障	牵引负荷(kVA)	21 648	
	动力照明一、二级负荷(kVA)	8 589	
	合计(kVA)	30 237	
徐泾主变电所解列	牵引负荷(kVA)	21 342	20 825
	动力照明一、二级负荷(kVA)	7 911	7 911
	合计(kVA)	29 253	28 736

表 10-4 徐泾主变电所近期负荷

徐泾主变电所负荷		徐泾主变电所负荷	
		Ⅰ段母线	Ⅱ段母线
正常运行方式	牵引负荷(kVA)	10 228	8 552
	动力照明一、二、三级负荷(kVA)	5 166	5 166
	合计(kVA)	15 394	13 718
一台主变压器故障	牵引负荷(kVA)	18 779	
	动力照明一、二级负荷(kVA)	7 233	
	合计(kVA)	26 012	
漕盈路主变电所解列	牵引负荷(kVA)	19 537	18 452
	动力照明一、二级负荷(kVA)	7 911	7 911
	合计(kVA)	27 448	26 363

表 10-5 徐泾主变电所远期负荷

徐泾主变电所负荷		徐泾主变电所负荷	
		Ⅰ段母线	Ⅱ段母线
正常运行方式	牵引负荷(kVA)	10 851	9 668
	动力照明一、二、三级负荷(kVA)	5 166	5 166
	合计(kVA)	16 018	14 834
一台主变压器故障	牵引负荷(kVA)	20 519	
	动力照明一、二级负荷(kVA)	7 233	
	合计(kVA)	27 752	
漕盈路主变电所解列	牵引负荷(kVA)	21 342	20 825
	动力照明一、二级负荷(kVA)	7 911	7 911
	合计(kVA)	29 253	28 736

2) 变压器安装容量

漕盈路主变电所、徐泾主变电所近、远期负荷相差均不大,因此主变压器容量均选择为 2×

25 MVA。同时,远期系统能力本线将按 6 节 A 车 30 对/h 进行运营,因此两主变电所主变压器按 2× 40 MVA 预留土建安装条件。

10.3 接触轨

10.3.1 设计标准

1) 供电制式及电压等级

接触网系统采用直流、双边供电方式,接触网为正极、走行轨为负极,额定电压直流 1 500 V,允许电压波动范围为 1 000～1 800 V。

2) 空气绝缘间隙

根据《地铁设计规范》(GB 50157—2013),接触网带电部分与结构体、车体之间的最小净距应满足表 10-6 要求:

表 10-6 接触网带电部分和结构体、车体之间的最小净距表格

项目	静态	动态	绝对最小动态值
最小净距(mm)	150	100	60

注:在有条件的情况下应尽量加大绝缘距离,各类绝缘元件的爬电距离应不小于 250 mm。

3) 绝缘污秽等级

根据上海市污秽条件和相关绝缘标准,绝缘等级按重污区考虑。

10.3.2 设计方案

接触轨的授流方式主要分为下部授流、上部授流和侧面授流三种形式。由于侧面授流方式应用较少,主要在四轨系统中使用,因此本工程中不予考虑。上部授流接触轨和下部授流接触轨均为成熟的接触轨授流方式,两者在设备价格、施工安装、日常维护方面基本一致,其主要差别在于人身安全性方面。接触轨类型如图 10-2 和图 10-3 所示。

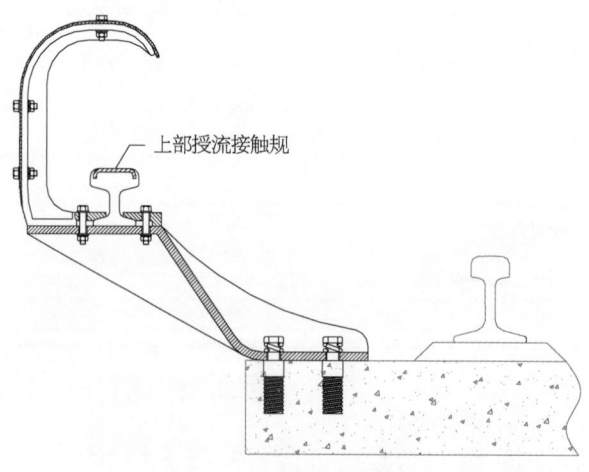

图 10-2 上部授流方式示意图

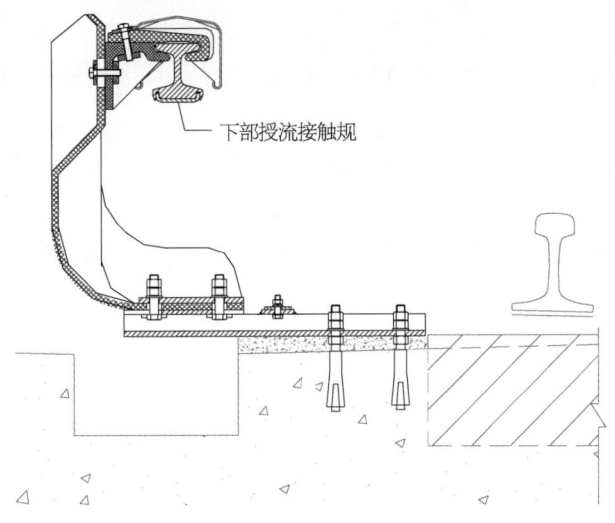

图 10-3 下部授流方式示意图

接触轨根据车辆集电靴架设,安装位置较低。下部授流方式的防护罩可以覆盖接触轨的3/4部位,仅仅外露接触面,人触及接触轨的可能性极低。上部授流方式中防护罩仅能保护接触轨的2/4部位。因此,下部授流方式与上部授流方式相比,具有比较好的设备安全性,对人身安全的保护也有所提高。

在经受周围环境、尘埃、雪雨的污染方面,下部授流的接触轨倒挂安装后表面受污染的概率要低于上部授流方式。在耐候方面,特别在冬季的雨雪天气条件下,接触轨表面夜间结冰的问题比较突出,影响机车的正常运行,而与上部授流方式相比,下部授流方式由于接触面始终处于底部,其他面均被防护罩所保护,因此结冰的概率极低,对雨雪天气的适应性明显增强。上海地铁的气候条件受冰雪天气的影响较小,但考虑到隧道内积水条件时,下部授流方式要优于上部授流方式。

综上所述,从提高人身安全的角度出发,并综合考虑上海目前既有线(16号线)的运行模式,本线采用DC1 500 V接触轨下部授流方式。

10.3.3 主要技术参数

1) 接触轨系统组成

接触轨及其附件包括接触轨、鱼尾板及紧固件、膨胀接头、防爬器(中心锚结)、端部弯头(高速和低速两种)、电缆连接板及电缆连接螺栓、绝缘支撑和防护罩及其支架等。

2) 接触轨安装位置

正线接触轨一般安装在线路行车方向的右侧,在遇到车站站台或紧急疏散通道时根据工程安装条件及安全性考虑进行换边敷设,接触轨的授流面与走行轨轨面连线始终保持平行。

接触轨安装位置根据车辆选型、受流器安装位置等因素确定,接触轨授流面距走行轨轨面连线的高度为200 mm,接触轨中心距线路中心距离为1 550 mm。

3) 接触轨安装类型

(1) 接触轨采用下部授流方式。

(2) 接触轨采用钢铝复合轨。

(3) 采用整体绝缘支架进行固定安装。

(4) 接触轨防护罩采用玻璃钢材质。

4) 接触轨支撑跨距

接触轨支撑跨距一般按 3~5 m 间隔进行布置,在端部弯头和膨胀接头处应根据实际需要进行布置。

5) 接触轨标准长度

接触轨的标准制造长度一般为 15 m,同时根据线路中的实际布置情况进行配轨,以减少切轨数量。

6) 接触轨普通连接接头

普通连接接头通过鱼尾板方式将标准成品接触轨及接触轨与端部弯头进行固定连接,连接处不留伸缩缝。

7) 膨胀接头

膨胀接头采用整体式结构,在锚段与锚段之间设置,并满足接触轨在环境温度和运行温度条件下的伸缩要求。

8) 接触轨锚段

(1) 地下段。标准成品轨通过鱼尾板连接后的总长度一般不超过 110 m。

(2) 地面、高架段。标准成品轨通过鱼尾板连接后的总长度一般不超过 90 m。

9) 防爬器(中心锚结)

防爬器(中心锚结)一般设置在两膨胀接头之间(即一个锚段)的中部。当线路坡度小于 20‰ 时,锚段中部设置一组防爬器;当线路坡度大于等于 20‰ 而小于 40‰ 时,设置两组防爬器。

10) 端部弯头

为保证列车集电靴平滑过渡,在接触轨的终端设置具有适量坡度的端部弯头。正线接触轨采用高速弯头,其坡度能够适应车速 100 km/h 的运行要求,端部弯头坡度应不大于 1∶50;低速区段采用低速弯头,弯头坡度应不小于 1∶20。

11) 断口设置原则

接触轨自然断开称之为断口,在接触轨断口处,接触轨端部均需安装端部弯头,正线区段安装高速端部弯头,其余区段安装低速端部弯头。接触轨在以下区段设置断口:电分段处;道岔区段;人防门处;区间隧道旁通道处;车辆段/停车场道路平交道口处。

12) 电连接设置原则

(1) 正线除电分段外,其余所有断口之间设电连接。

(2) 辅助线与正线之间的衔接处通过隔离开关柜设置电连接。

13) 均、回流设置

(1) 轨道均流:在有牵引变电所的车站不设置回流电缆的一端设置均流电缆,将上、下行线路的牵引轨相连。在无牵引变电所的车站两端分别设置均流电缆,将上、下行线路的牵引轨相连,其中一端经均流箱接至变电所的钢轨电位限制装置。

(2) 在区间(地下区段有上下行通道,地面段、高架段上下行间可以穿电缆)每隔约 600 m 用均流电缆将上、下行轨道连接。

(3) 轨道回流:在牵引变电所的车站或车辆段(或停车场),回流电缆一端与变电所负极柜相连,另一端上下行牵引轨连接,构成牵引回流通路。

10.3.4 供电分段及电连接

1) 正线接触轨供电分段

(1) 正线接触轨供电分段原则。接触轨各供电分区之间设电分段。电分段采用断口的方式进行设置。接触轨在以下区段设置电分段：

① 牵引变电所车站设置在进站端惰行处。

② 正线与停车线、折返线之间。

在接触轨的布置中，应体现少断轨原则。根据线路的实际情况，尽量选用道岔、人防门等处的断轨做电分段。

(2) 正线隔离开关柜设置原则：

① 电动隔离开关柜设置于有牵引变电所的车站站台层惰行侧房屋内，每端各一处。

② 正线各电分段之间设置电动隔离开关柜。

③ 辅助线与正线之间的电分段处设置电动隔离开关柜。

2) 车辆段接触轨供电分段

(1) 场段供电分段。本工程采用接触轨供电方式，由于接触轨是轨旁安装设施，其轨道养护作业与停送电范围密切相关。接触轨的电分段和电分区设置在保证供电安全性和灵活性的同时还应综合考虑对其他专业的影响，尽可能实现接触轨电分段设置、供电分区配置与工务和行车调度的功能需求相一致。

(2) 车辆段隔离开关柜设置原则。场段内接触轨馈电点及各供电分区之间设置电动隔离开关柜，车场库内每条需电化的股道均设置可视化接地电动隔离开关一体柜。场段内咽喉区的电动隔离开关柜设置在靠近线路的区域，集中布置，易于统一管理和操作；对于 2 列位的停车列检库，隔离开关柜宜设置在库内中段平交道两侧，利于运营检修时对 2 列位开关的操作。

10.3.5 接触轨系统防护措施

1) 系统防护措施

(1) 接地防护。全线接触轨所有不带电的金属部分与接地扁铝连接，接地扁铝接入牵引变电所内接地网，构成牵引网系统的接地保护回路。

(2) 防雷保护：

① 地面区段牵引变电所上网开关处设置避雷器。

② 隧道洞口处接触轨及走行轨处设置避雷器。

③ 地面区段牵引变电所负回流箱处设置避雷器。

④ 正线高架区段每隔 200 m 设置一处避雷器。

⑤ 避雷器接地电阻不大于 10 Ω。

(3) 接触轨防护罩。为保证人身安全，体现"以人为本"的工程理念，在正线、联络线、折返线及渡线等所有的接触轨上均设防护罩。在接触轨入库区段为防止维护人员接触集电靴触电，在没有加装接触轨的一侧设置集电靴防护罩。

(4) 站台区接触轨铺设。接触轨在车站站台范围内布置在站台的对侧，使得接触轨远离旅客，减少了旅客跌落在线路上发生电击事故的可能性。

2) 安全防护措施

(1) 安全警示标识的设置。为加强接触轨的安全防护，结合其他类似工程的建设和运营经验，在以下位置设置安全警示标识：

① 设备的防触电标识。设备的防触电标识除在隔离开关柜的外壳上设置外，还需在避雷器箱、均回流箱及接触轨的防护罩上进行设置，接触轨防护罩上的标识可每隔一段距离（20～40 m）进行设置。

② 接触轨供电分区标识。由于接触轨存在不同供电分区可能处于不同的停、供电状态，因此在线路上特别是在股道密集的车辆段和停车场中，为保证工作人员的人身安全，应对各供电分区进行编号，然后通过标志贴粘贴在各供电分区相应的隔离开关柜和接触轨防护罩的明显位置上，使作业人员能够在现场找到准确位置，避免误入带电区的情况发生。

③ 接触轨防护罩区分。在车辆段和停车场内相邻供电分区的接触轨防护罩采用不同鲜明颜色加以区分，使运营维护人员清楚了解所在区域和邻近区域的供电分区情况。

(2) 防护网栅的设置。本工程牵引供电采用接触轨方式，地面正线、车辆段出入线和车场线路的外侧设安全防护网栅，试车线封闭运行。在不同供电分区划分位置处设置防护网，但不能侵入限界。当供电一分区需要停电检修时，只需将该处馈电电源切断即可，检修人员在供电一分区内的检修不会影响供电二分区的车辆正常运行，同时也能保证在供电一分区检修区域的检修人员的人身安全。

(3) 在场段内设置接触轨带电显示装置。本工程车辆段、停车场内采用接触轨安装方式，由于接触轨安装位置较低，在检修人员穿行轨行区时存在一定的安全隐患，特别是在停车列检库等人员活动密集的区域设置带电显示装置是有必要的，可对运营维护人员起到提醒和警示作用。带电显示装置接入接触轨隔离开关的辅助触点信号源，以驱动LED数显信号灯来显示接触轨的带电与否状态。当接触轨带电时，LED数显信号灯亮红色；当接触轨不带电时，LED数显信号灯亮绿色。

10.3.6 设备选型

1) 接触轨

本线采用钢铝复合接触轨，载流量为3 000 A。不锈钢带的厚度为6 mm，钢带表面应平直、光滑、耐磨和耐腐蚀性良好。

2) 整体绝缘支架

接触轨支撑采用整体绝缘支架，整体绝缘支架由绝缘支架、接触轨扣板等组成。各部件均由玻璃纤维增强树脂制成，采用模压工艺制造。整体绝缘支架应承受接触轨的静态及动态负荷，并考虑冲击、振动或短路电流造成的力，其机械和电气性能应符合ASTM标准和IEC标准。成型后的支架应边缘整齐，表面光滑，没有气孔或裂痕，并应在火焰或高温条件下具有自熄、阻燃、低烟、无卤（户外低卤）等性能。整体绝缘支架的爬电距离不小于250 mm。

3) 防护罩

防护罩采用玻璃纤维增强树脂（GRP）材质，其机械性能在工作支撑条件下能够可承受较大垂直荷载，在干燥状态下，防护罩内外任意一点之间的耐受电压应不小于3 kV。在其外表面接地时，内表面任何一点应承受10 kV电压。机械性能在工作支撑条件下可承受100 kg垂直荷载，并应在高温下具有自熄、无毒、无烟和耐火的性能，整体无气泡、间隙及其他缺陷，表面应平整。户外防护罩抗紫外线和抗老化性能应良好。

4) 隔离开关柜

接触轨隔离开关选用额定电流为3 000 A带电动操作机构的隔离开关柜式开关，根据使用地点的不同选用户内型电动隔离开关柜或户外型电动隔离开关柜。

5) 避雷器

避雷器采用交流10 kV避雷器或直流氧化锌避雷器。

10.3.7 库内接触轨与建筑、结构预留及管线布置配合

接触轨专业向建筑专业提供隔离开关一体柜安装位置、隔离开关一体柜开孔需求、电缆根数及走

向,由土建专业负责预留位置及开孔。

10.4 杂散电流防护系统

10.4.1 杂散电流防护方案

杂散电流防护概念如图 10-4 所示。

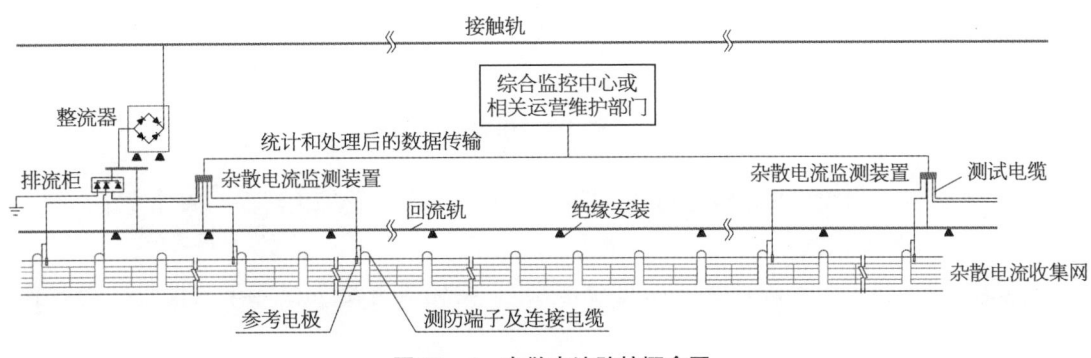

图 10-4 杂散电流防护概念图

1) 一般防护方案
(1) 限制杂散电流产生根源的措施:
① 通过均流电缆的恰当设置及对回流电缆、回流钢轨提出一定的要求,保证通畅的回流通路。
② 通过对钢轨采取绝缘法安装及其他附加措施,增大钢轨泄漏电阻。
(2) 杂散电流收集网设置方案:
① 将高架段承轨台和地下段整体道床内结构钢筋按一定要求焊接,作为杂散电流收集网。收集网应满足一定截面要求。
② 在牵引变电所附近杂散电流主、辅收集网中引出排流端子,以便将杂散电流收集网连接至牵引变电所内排流柜。
③ 牵引变电所设置排流柜。排流柜在地铁运营初期并不投入运行,而是在运营过程中,根据监测系统对杂散电流腐蚀状况的监测(极化电位超过 0.5 V)结果判断是否投入运行。
2) 特殊区段防护方案
(1) 高架区段防护方案:高价区段可以作为杂散电流收集网的钢筋有桥梁内的钢筋、轨道承轨台内的钢筋。由于《地铁设计规范》(GB 50157—2013)中不允许用结构钢筋作为杂散电流收集网,因此以往采用桥梁内的钢筋作为排流网的做法是不适用了,所以本工程最终选取承轨台内的钢筋作为杂散电流收集网,为了增大承轨台内杂散电流的排流通畅,还在承轨台内设置了扁铜作为排流网的一部分以增加排流网的截面积及导电率。具体做法如图 10-5 所示。
(2) 盾构区段防护方案:在盾构区间隧道内,每片管片的内部纵向和环向主钢筋全部焊接连通,管片与管片间的拼装连接应保证其内部钢筋电气连通。
(3) 车辆段、停车场杂散电流防护方法:
① 车辆段、停车场通过恰当设置回流点和均流电缆减少杂散电流的泄漏。

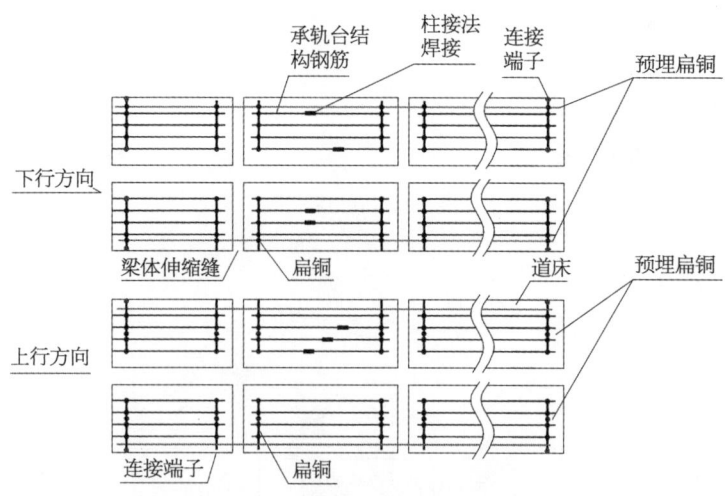

图 10-5 高架段杂散电流钢筋焊接图

② 车辆段、停车场内线路与正线之间及车辆段、停车场各种电化库内线路与库外线路之间设置绝缘轨缝并装设单向导通装置。

③ 车辆段、停车场内电化股道和非电化股道之间、电化股道尽头线与车挡设备之间设置绝缘轨缝。

3) 相关设备及管线的防护方法

地铁内相关设备、管线及屏蔽门(或安全门)应采取一定的防护措施。

屏蔽门(或安全门)及站台绝缘层的处理：沿车站站台设 2 m 宽绝缘层，屏蔽门(或安全门)安装在绝缘层之上，屏蔽门(或安全门)金属框架通过铜电缆与钢轨相连接。

10.4.2 杂散电流防护收集网的截面

根据相邻牵引所间距、远期及远景高峰小时钢轨中平均电流及结构钢筋实际布置情况确定的各区段每行(上行、下行)主收集网钢筋截面见表 10-7。

表 10-7 各区段每行(上行、下行)主收集网钢筋截面表

区段名称	每行道床(轨道梁)收集网钢筋截面(mm^2)	区段名称	每行道床(轨道梁)收集网钢筋截面(mm^2)
东方绿舟站—朱家角站	3 000	汇金路站—赵巷站	3 000
朱家角站—区间变电所	3 000	赵巷站—嘉松中路	3 000
区间变电所—淀山湖大道站	3 000	嘉松中路站—徐盈路站	3 000
淀山湖大道站—漕盈路站	3 000	徐盈路站—蟠龙路站	3 000
漕盈路站—青浦新城站	3 000	蟠龙路站—诸光路站	3 000
青浦新城站—汇金路站	3 000	诸光路站—虹桥火车站站	3 000

对应以上收集网钢筋截面情况，远期及远景高峰小时下收集网极化电位，数据校验了钢轨泄漏阻抗要求在 15 Ω·km 以上的情况下，收集网极化电位低于《地铁杂散电流腐蚀防护技术规程》(CJJ 49—92)中要求的 0.5 V 规定。

10.4.3 杂散电流监测系统

设置完备的杂散电流监测系统。监测系统可以检测结构钢筋、整体道床钢筋电位。通过变电所综合自动化系统将信息传送至微机管理系统,使运营人员可在办公室内直接查询各种统计信息,并可打印各种管理报表。运营人员可根据以上结果,及时对相关区段进行清扫和相应的维护管理。

杂散电流监测系统方案采用同既有运营线路相同的集中式综合监测系统,由参考电极、整体道床测量端子、明挖车站(隧道)测量端子、测量电缆、信号电缆、接线盒、监测装置及微机管理系统组成。

1) 杂散电流监测系统构成方案

杂散电流监测系统采用集中式综合测试系统,将结构钢筋极化电压数据(以每个车站为单位)传至变电所杂散电流监测装置,并将处理和统计后的数据经专用的上传通道传至相关运营维护部门或监控中心(图 10-6)。

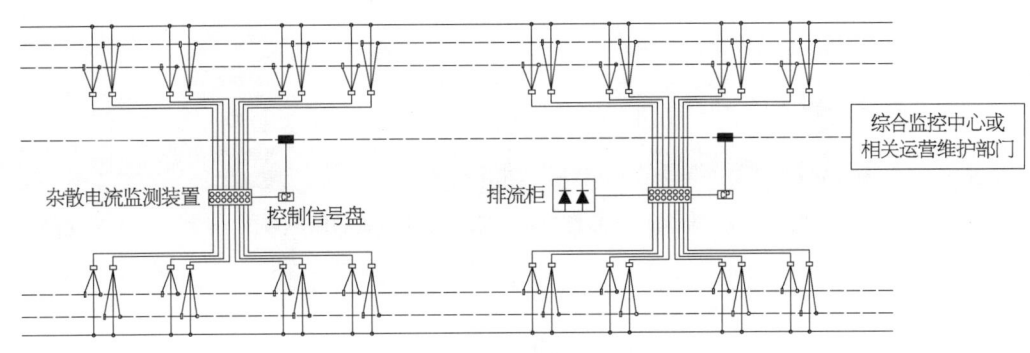

图 10-6 杂散电流监测系统构成方案

2) 测量端子的设置

(1) 在地下车站范围内,车站站台的两端进出站附近的道床和隧道壁上分别设置一个测量端子。

(2) 在隧道区间范围内,靠近车站有效站台端部 150 m 的道床和隧道壁上分别设置一个测量端子;在地下区间变电所的中心里程道床和隧道壁上设置一个测量端子。

(3) 高架车站范围内,车站站台的两端进出站附近的轨道梁上分别设置一个测量端子。

(4) 高架区间范围内,靠近车站有效站台端部 150 m 的轨道梁上设置一个测量端子;在高架区间变电所的中心里程轨道梁上设置一个测量端子。

10.5 朱家角停车场及徐泾车辆段可视化接地系统

轨道交通的安全运行离不开高质量的检修,接触轨检修作业是保障地铁运营安全和车辆安全的关键环节,虽然目前全国各地铁运营公司制定了详细、完善的规章制度与管理措施来保障检修作业的安全运行,但现行的规章制度完全依靠人来保障执行,需要投入大量的人力资源,效率不高,可靠性也不高。

根据对现场的调研和对轨道交通运营机制的了解,接触网/轨检修作业过程中已经具备了一些有效的安全管控措施和技术手段,但还是存在各种对人员和设备的安全隐患,也存在影响运维工作效率的因素,因此设置了可视化隔离接地装置、可视化验电接地装置及相应的管理系统,实现隔离刀闸、接地刀闸的远方可视化遥控操作、操作安全防范、刀闸地刀联锁、验电接地联锁、自动验放电接地、遥控操作闭锁、接触轨LED显示等功能,进一步提升安全生产水平,提高工作效率、降低运行成本,为实现轨道交通保安全、高效率、低成本的运营目标提供有效支持。

10.5.1 系统介绍

1) 系统组成

车辆段检修作业安全联锁管理系统(图10-7)由作业安全联锁、工作票/操作票管理、安全警示、调度反馈屏、可视化验电接地装置等功能模块组成,本系统为平台化、开放式系统,可以根据实际需求裁减或增加功能模块,不影响系统安全联锁核心功能的实现。

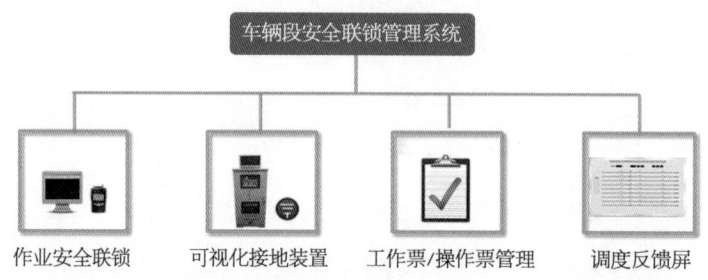

图10-7 车辆段检修作业安全联锁管理系统功能示意图

2) 系统概述

(1) 实现列检库区停送电操作全过程安全管理功能,从技术上保证了停送电操作过程中的人身安全和设备安全。

(2) 将现场操作流程转变为计算机逻辑控制规则,由系统后台根据现场实时状态进行整体的逻辑判断和控制。

(3) 系统可采集车辆段内作业相关设备的实时状态和操作信息,包括隔离开关、验电状态、接地状态等,并在后台显示。

(4) 实际操作前,可在系统工作站上模拟、开票,生成符合防误逻辑的操作序列并传送到电脑钥匙,操作人员拿电脑钥匙进行解锁和操作,保证作业过程正确。

(5) 调度反馈屏可在控制室直观显示接触轨刀闸、接地刀闸位置状况和接触轨带电情况。

(6) 可视化验电接地装置实现调度室、应用库两级接地操作及监控;支持调度遥控、就地电动、就地手动等多种操作方式;保证安全的情况下,可有效降低作业人员劳动强度,缩短作业时间,提高工作效率。

(7) 可视化验电接地装置通过高亮度LED可实时显示接触轨状态和直流电压测量值。

(8) 可视化验电接地装置具有柜门身份识别、操作机构强制闭锁、遥控闭锁等防误操作功能,防止现场走错位置或误操作。

(9) 可视化验电接地装置与工作票、操作票等流程环节技术关联,提供完善的接触轨接地作业安全解决方案。

(10) 可视化验电接地装置内置摄像机,能将接地刀闸视频信号上送至远方,实现远方监视,在操作时具有联动推送操作设备视频画面的功能。

(11) 实现段场咽喉区接触网可视化远动接地,上网隔离刀闸和联络开关的操作不属本系统管控范围。

3）系统网络

如图 10-8 布置车辆检修作业安全联锁管理系统网络。可视化验电接地装置与调度控制室设备之间采用光缆通信,为减少光缆数量和施工量,在现场增加通信接口柜,段场内所有接地装置的光缆都敷设到附近通信接口柜,再通过光缆连接到调度控制室的系统通信柜。调度室各设备之间采用以太网通信。

咽喉区的接地装置信号接入到 DCC 检调通信机柜,然后再转发到 17 号线正线 OCC 调度,实现 OCC 遥控操作。

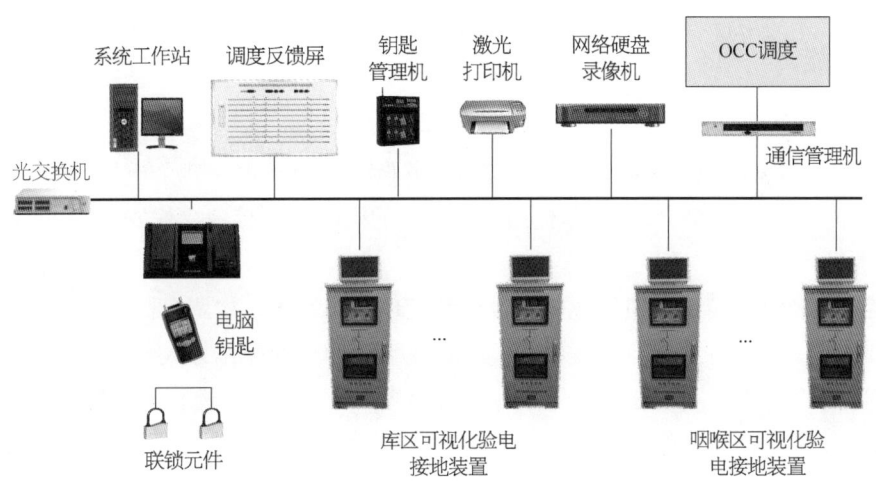

图 10-8 车辆段检修作业安全联锁管理系统网络结构图

10.5.2 系统配置

本系统为 17 号线朱家角停车场提供一套检修作业安全联锁管理系统,实施范围包括静调电源库、停车列检库,库内包括 18 条股道。

徐泾车辆段提供一套检修作业安全联锁管理系统,实施范围包括静调电源库、停车列检库,库内包括 24 条股道。

具体设备配置如下：

1）DCC 检调配置

（1）在停车场/车辆段的 DCC 控制室配置一套系统工作站,用于设备状态监视、作业信号监视、开操作票、安全联锁逻辑判断、数据分析和统计等。

（2）配置一台打印机用于打印开操作票及其他报表文件。

（3）配置一套传输适配器和四把电脑钥匙,接收系统开出的电子操作票,配合现场的各种联锁元件,实现作业安全联锁操作。

（4）配置一套调度反馈屏,用于直观显示库区内各股道、接触轨的各种信息。

（5）配置一套智能钥匙管理机用于对解锁钥匙进行授权管理。

（6）配置一台网络硬盘录像机(NVR),存储可视化验电接地装置内置摄像头录像,可以查询、回放、下载等。

（7）在 DCC 检调配置一面通信柜,安装智能钥匙管理机、网络硬盘录像机、通信管理机、光交换机及相关通信设备。

(8) 根据需要配置一套操作台。

2) 应用库配置

(1) 在库内隔离开关的柜门、刀闸操作机构安装安全联锁元件,结合可视化验电接地装置配套的柜门、操作机构、控制回路的安全联锁元件,实现操作安全联锁管理。

(2) 在每个隔离刀闸操作机构箱附近各安装一套可视化验电接地装置,配置相应的电缆,分别连接到接触轨、回流轨、接地排、交流电源、直流电源,同时采集隔离开关位置信号。

(3) 在适当位置配置 1 面通信接口柜,安装 19 套光纤附件,作为所有接地装置光缆的汇集点,并接到调度通信柜。

10.5.3 主要功能

1) 自动验电、放电、接地一体化功能

可视化验电接地装置接地操作时首先自动验电,当验明接触网存在残余电压,装置自动放电,放电成功后自动接地,整个过程全自动进行,提高工作效率的同时保证接地操作安全。

2) 接地作业管理

(1) 两级控制管理:可实现接地作业的两级控制管理,包括 DCC 检调、现场就地。

(2) 多种操作方式:支持远方遥控、就地电动、就地手动等多种操作方式。

(3) 基于整体的安全接地作业管控:系统基于库区整体工况信息,进行实时防误判断,还可与工作票、调令、操作票、作业分工单等流程环节技术关联,提供完善的接触轨接地作业安全解决方案。

3) 操作安全保障

(1) 防误逻辑判断:系统基于整体工况信息,进行整体防误逻辑判断,保障操作安全。

(2) 验电接地联锁:可视化直流验电接地装置内安装直流带电显示闭锁装置,无论远方遥控操作还是就地操作,都具有验电、接地联锁功能。

(3) 防止误遥控:远方操作具有系统逻辑闭锁和控制回路硬接点闭锁双重安全保障,有效防止误遥控。

(4) 就地操作闭锁:具有柜门身份识别和操作机构强制闭锁,防止现场走错位置或误操作。

(5) 远方/就地切换:柜内设置远方/就地切换按钮,实现远方遥控和就地操作的切换,保障操作权唯一。

(6) 紧急操作:系统配置紧急解锁钥匙,用于紧急情况下的解锁操作。

(7) 急停控制:现场发现问题可就地通过急停按钮,及时断开电机电源,能够保证操作的完整性和正确性。

(8) 检修安全防护:在周期性维护或故障检修状态下,设备被隔离闭锁,保障人员及设备安全。

4) 信息采集和监视

(1) 远方可视化:验电接地装置内置摄像机,能将视频信号上送至远方,实现接地刀闸的远方监视。

(2) 就地观察窗监视:装置正面、背面、侧面在适当位置均设置观察窗,能够查看柜内一、二次设备的状态。

(3) 装置信息采集监视:验电接地装置具有完善的二次设计,能够采集并远传接地刀闸状态、接触轨(轨)带电状态及远方/就地切换按钮状态。

(4) 上网刀闸状态采集监视:对上网隔离刀闸进行状态采集和视频监视,并作为接触轨(轨)能否接地的判断依据。

5）安全警示

（1）灯光警示：装置具有引出式信号灯或 LED 显示屏，用于直观显示接触轨带电及接地状态，起到安全警示作用。

（2）分合闸指示：装置面板上具有接地刀闸分合闸指示灯，直观显示接地状态。

（3）短信提醒：接地操作后，系统自动发送短信给相关负责人，让相关人员及时掌握接地动态。

6）装置运行监控

（1）柜内温湿度控制：验电接地装置安装有温湿度传感器，能够根据环境温度的变化自动调节柜内温湿度。温湿度信息可上送至系统后台，实现远程监视。

（2）故障自诊断：系统通过各种技术手段，在线检测接触轨引下线、接地电缆断线及装置异常等故障，并具有就地、远方双重警示功能。

10.6 工程设计特点与难点

17 号线建设过程中在供电系统方面具有的热点及难点如下：

（1）在国内首次采用 35 kV 非晶合金变压器，空载损耗是常规变压器的 30%，有效降低地铁停运时段、轻载时段能耗，节省运营成本，节能减排。

17 号线全线变电所的动力变压器采用非晶合金变压器。常规线路变压器形式为普通硅钢片的形式，17 号线采用新型的非晶合金变压器的形式可每年节电约 541 193 kW·h（按年带电小时数 8 760 h 计），按变压器最低运行年限 30 年计算，将节省节能约 1 624 万 kW·h。干式非晶合金铁心变压器不仅具有符合国家能效发展政策的优势，能带来较高的经济效益，而且能较好地体现绿色环保的特点，能给社会带来良好的社会效益。

（2）首次于钢轨承轨台设置杂散电流独立排流网，轨道内预埋贯通扁铜，最大限度地收集杂散电流，更有利于排流通畅、降低杂散电流对结构梁的电腐蚀。

城市轨道交通直流系统采用钢轨作为回流，由于钢轨与道床之间的绝缘不良会导致电流泄漏至道床钢筋内，从而引起道床及结构钢筋的电化学腐蚀。上海以往线路杂散电流收集网利用桥梁内钢筋作为收集网，由于桥梁内钢筋截面较大，能够很好地收集杂散电流并回流至变电所。由于设置的排流网不能完全地杜绝杂散电流的进一步扩散，所以结构钢筋会有一定的电化学腐蚀。本次 17 号线首次在上海工程中将排流网设置于轨道承轨台，既保证了排流网的电气畅通，能够很好地回收杂散电流，又能够将杂散电流对结构钢筋的腐蚀降低到最大化。

17 号线将杂散电流排流网设置于承轨台内的同时，又在承轨台内敷设一根 40 mm×4 mm 的扁铜条，扁铜条与排流条焊为一体，通过设置一根扁铜条来降低排流网整体的电阻，能够更好地收集杂散电流，极大地减少杂散电流的扩散。

（3）区间环网电缆支架的固定采用预埋套筒的形式，对 U 形梁结构及盾构区间零损伤。

本工程高架区间采用的是新型 U 形梁结构，该 U 形梁由于腹板较薄，而且采用的钢筋较密，不能像以往高架箱形梁现场钻孔用膨胀螺栓固定环网电缆支架。经方案比选，最终采用预埋套筒的形式固定环网电缆支架，这大大减少了施工时间、提高效率，并且基本做到对 U 形梁结构零损伤。

地下区间首次大规模采用预埋滑槽固定支架的技术，采用预埋滑槽＋T 型螺栓的形式固定电缆支架有效地保护了盾构管片的损伤及保证了各个专业在区间支架的安装位置，避免安装位置打架。

Chapter 11 通信系统

11.1 设计原则和标准

11.1.1 设计原则

(1) 通信系统应建成一个高可靠、易扩充、组网灵活和相对独立的专用综合数字通信网。系统方案应以网络化、信息化、维修管理智能化的角度综合考虑,满足先进合理性。在达到实际使用要求的基础上,通信系统应保证安全可靠、维护方便并具备良好的性价比。

(2) 本系统应能满足轨道交通运营管理部门传送宽带语音、数据和图像等信息的需求,同时应能够满足其他各专业系统信息传输要求,如信号系统、EMCS 系统、AFC 系统等。

(3) 本系统应充分考虑外部的各种电磁干扰影响,采取必要的防护措施。同时具备足够的系统后续扩展能力,降低系统复杂性以提升系统性价比。

(4) 系统所有设备均应能满足不间断连续工作的要求。

(5) 通信系统接口应标准,能够与其他相关系统或业务部门实现可靠的互联,系统设计应具有一定的前瞻性,能够最大限度地保护现有投资。

(6) 系统的设备选型在满足功能的前提下应优先采用国产化设备。整体系统功能性能应符合地方轨道交通企业相关建设指导意见和标准。

(7) 通信系统所采用的设备应适配轨道交通场景及上海地区的环境,应采用体积小、重量轻、能耗低、防雷击、防尘、防锈、防震、防潮的设备和材料,区间内设备不得侵入限界。

11.1.2 设计标准

1) 传输系统

(1) 通道容量:$\geqslant-10\,\text{Gbps}$。

(2) 环网自愈保护时间:$\leqslant 50\,\text{ms}$。

(3) IP 网接口指标:满足 IEEE 802.3 体系标准要求。

(4) 系统的可用性:$\geqslant 99.99\%$。

2) 公务电话系统

(1) 系统制式:基于 SIP 协议/H.323 协议的系统内核,支持 H.248 边缘接入协议。

(2) 系统可用性:$\geqslant 99.99\%$。

3) 专用电话系统

(1) 单个用户中断：每年不超过 30 min。
(2) 单个中继中断：每年不超过 30 min。
(3) 系统中断：不得超过 1 h(20 年内)。
(4) 系统可用性：≥99.99%。

4) 专用无线系统

(1) 场强覆盖范围内通信概率：≥95%。
(2) 话音质量：3～4 级(信纳比≥20 dB)。
(3) 系统入网时间：≤500 ms。
(4) 越区切换时间：≤800 ms。
(5) 车载台通信概率：≥95%，且话音质量≥3.0。
(6) 系统可用性：≥99.99%。

5) 技术防范系统

(1) 图像分辨率：≥1 920×1 080。
(2) 图像刷新率：≥25 帧/s。
(3) 有效像素：≥200 万。
(4) 图像质量主观评价：≥4 级。
(5) 系统延时：≤400 ms。
(6) 图像切换时延：<1 000 ms(从控制键盘命令发完至切换完成)。
(7) 系统可用性：≥99.99%。

6) 广播系统

(1) 频率特性(40 Hz～16 kHz)：≤±2 dB(不含扬声器)。
(2) 谐波失真(40 Hz～16 kHz)：≤2%(不含扬声器)。
(3) 系统无故障时间：>30 000 h。

7) 乘客信息系统

(1) 图像质量主观评价：≥4 级。
(2) 分辨率：≥1 920×1 080。
(3) 系统无故障时间：≥13 000 h。
(4) 显示屏无故障时间性：≥60 000 h。

8) 时间系统

(1) 一级母钟计时精度：±1 s/年。
(2) 二级母钟计时精度：±0.005 s/天。
(3) 设备无故障时间性：≥80 000 h。

9) 电源及接地系统

(1) 直流高频开关电源稳压精度：≤±1%。
(2) 整流器模块输出最大功率：≥0.85。
(3) 设备无故障时间性：≥100 000 h。

11.2 系统构成

11.2.1 传输系统

本线传输系统采用 20 Gbps 增强型 MSTP 的传输设备组网(图 11-1),采用隔站跳接方式组环,提供以太网通道和 E1 数据通道,并能同时提供低速数据和模拟音频信道。

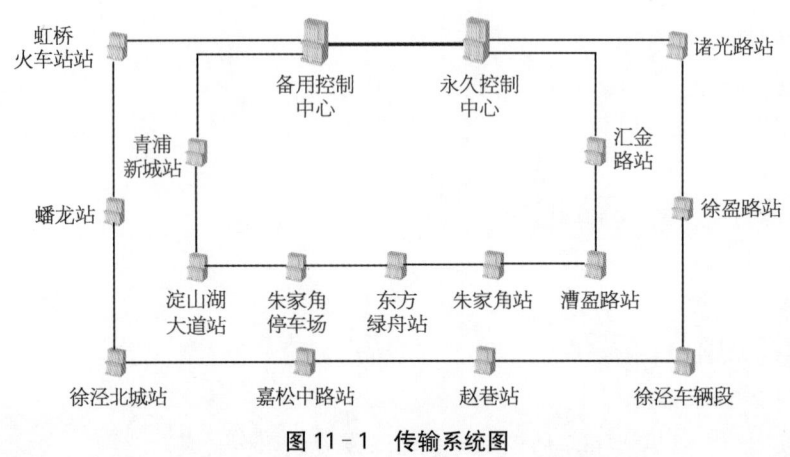

图 11-1 传输系统图

全线以主用及备用控制中心为相交节点,虹桥火车站站、诸光路站、蟠龙路站、徐盈路站、徐泾北城站、徐泾车辆段、嘉松中路站、赵巷站组成第 1 个传输环网;汇金路站、青浦新城站、漕盈路站、淀山湖大道站、朱家角站、朱家角停车场、东方绿舟站组成第 2 个传输环网。

11.2.2 公务电话系统

本线公务电话系统(图 11-2)采用基于统一通信的 IP 架构软交换系统制式,接入本轮新建的线

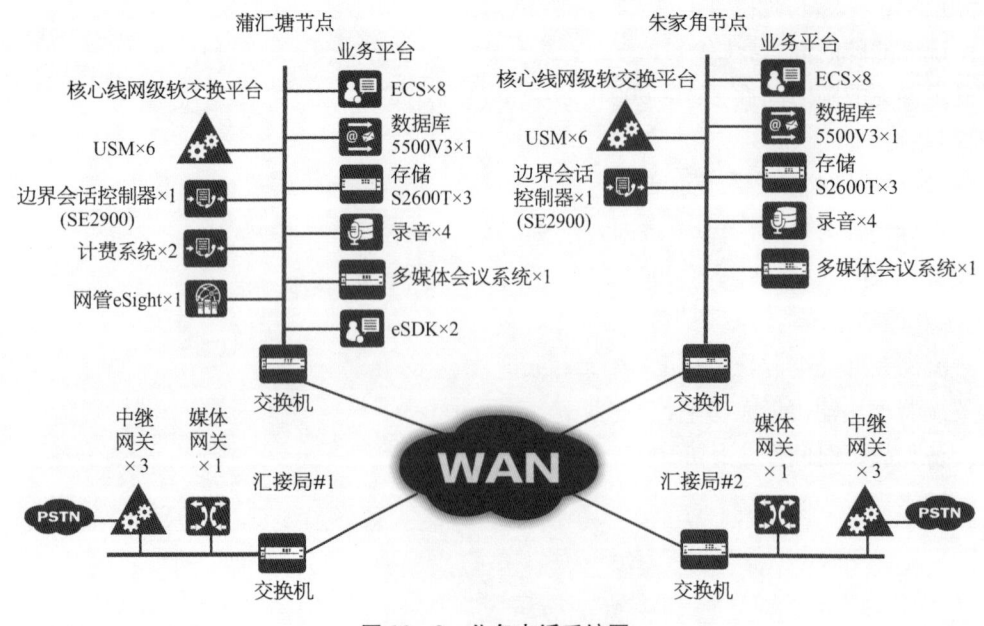

图 11-2 公务电话系统图

网级公务电话系统。在主备控制中心、车站、车辆段、停车场设置综合接入网关。车站和车辆段、停车场综合接入网关通过传输系统的以太网通道连接到线网软交换系统平台。

在徐盈路站、青浦新城站和朱家角站分别设置1套备用调度电话的光传输设备，并通过独立的光物理通道与控制中心设备连接。各工点的备用调度电话通过干线电缆连接至上述光传输设备，满足本线调度电话在主设备及传输失效时的后备使用要求。

11.2.3 专用电话系统

本线专用电话系统(图11-3)采用基于E1点对点的调度交换系统。在主备控制中心分别设置1套调度主系统，在13个车站和车辆段、停车场分别设置1套调度分系统。

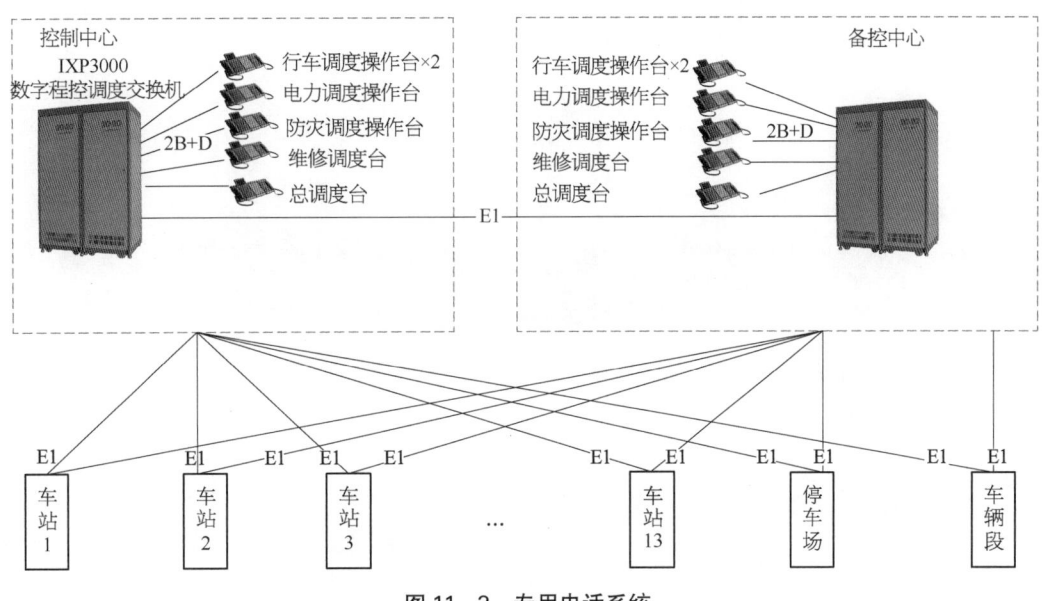

图11-3 专用电话系统

在主备控制中心设置1个总调度台、2个列调台、1个电力调度台和1个防灾调度台。在车站和停车场、主变电所、区间变电所设置值班台(含主用站间行车电话功能)、电调分机、防灾调分机和站内模拟分机。所有调度台的作业语音均进行录音。

11.2.4 专用无线系统

本线专用无线系统采用基于TETRA协议的800MHz无线数字集群系统。在主备控制中心设置调度及网管服务器，并在调度大厅设置4套调度台、2套调度台录音设备、CAD服务器、集群分网管终端、数据库服务器、光纤直放站监控终端和传输设备等。

在全线各车站(除诸光路站)分别设置数字集群基站和光纤直放站主机，诸光路站设光纤直放站远端站主机。在高架区间和上下行隧道区间分别设置光纤直放站远端机，区间采用同轴漏缆敷设，高架站采用单边进行覆盖，地下站采用双边覆盖，每台光纤直放站远端机单独供电。

在车辆段、停车场分别设置1套数字集群基站和光纤直放站主机、若干套光纤直放站远端机，在DCC调度席设调度台1套。

11.2.5 公安及消防无线系统

本线公安无线系统(图11-4)采用基于TETRA协议的350 MHz无线数字集群系统。本线消防无线系统采用基于专用信道的350 MHz无线数字系统。消防无线系统在调度大厅环调席位桌面设置控制台,在控制中心机柜设置控制设备,并在网管室设置基站及直放站网管终端。

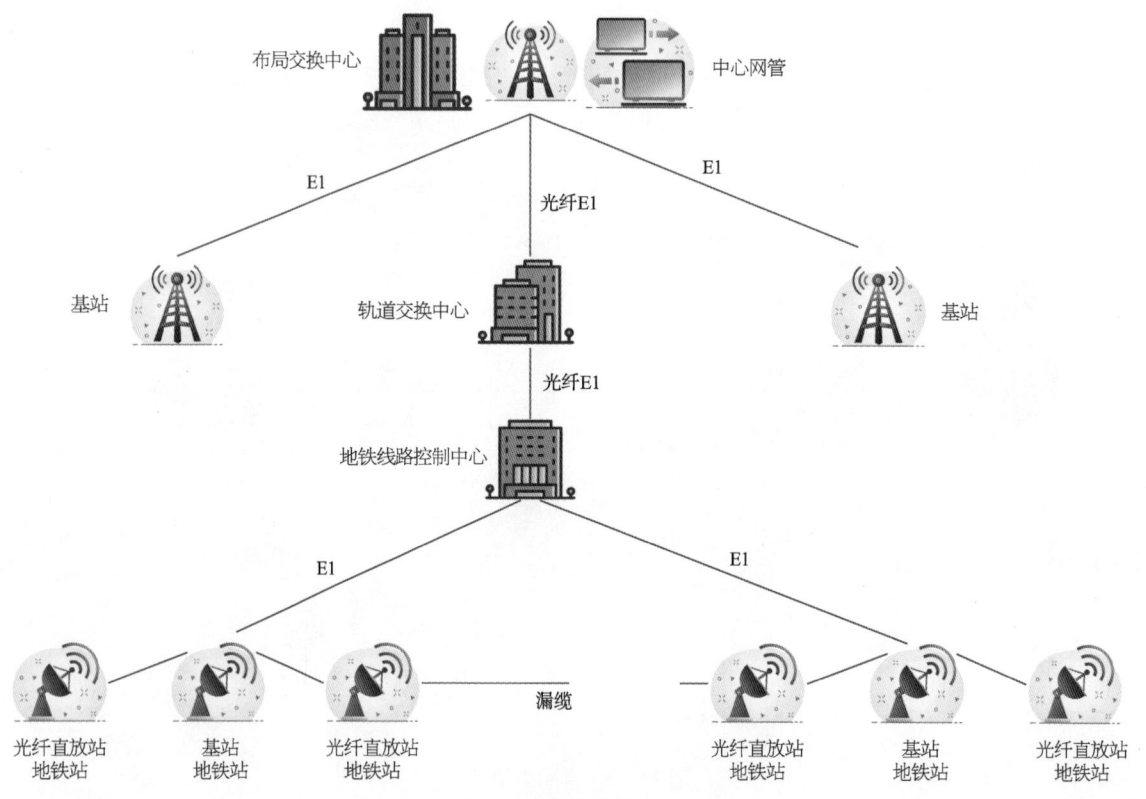

图11-4 公安及消防无线系统

公安、消防无线通信系统在地下区域进行覆盖,区间采用合设的泄漏同轴电缆进行覆盖,光纤直放站远端机分别设置。消防无线通信系统与公安无线通信系统共用一套分合路平台,分合路平台由公安无线系统提供。

11.2.6 技术防范系统

本线技术防范系统(图11-5)包括视频监控系统、入侵报警系统、电子巡查系统。

本线视频监控系统采用基于H.264的全高清数字视频监控制式,在各车站及控制中心均设有高清数字视频设备,包括前端摄像机、智能安防箱、存储设备、视频监控平台、以太网交换机、操作键盘、监视器等,且各级数字视频设备间通过传输系统提供的以太网传输通道连接。

入侵报警系统由前端探测及告警装置、报警控制设备、报警输出装置三部分组成。其中,前端探测及告警装置主要包括紧急告警按钮、红外/微波双鉴探测器、激光探测器、高压脉冲电子围栏等设备;当前端设备探测到入侵行为时,在现场及相应的值班室(车控室、值班室等)产生报警,并联动相应区域摄像机图像在监视器上显示。

电子巡查系统采用离线式架构,包括巡棒、电子巡查主机等设备。

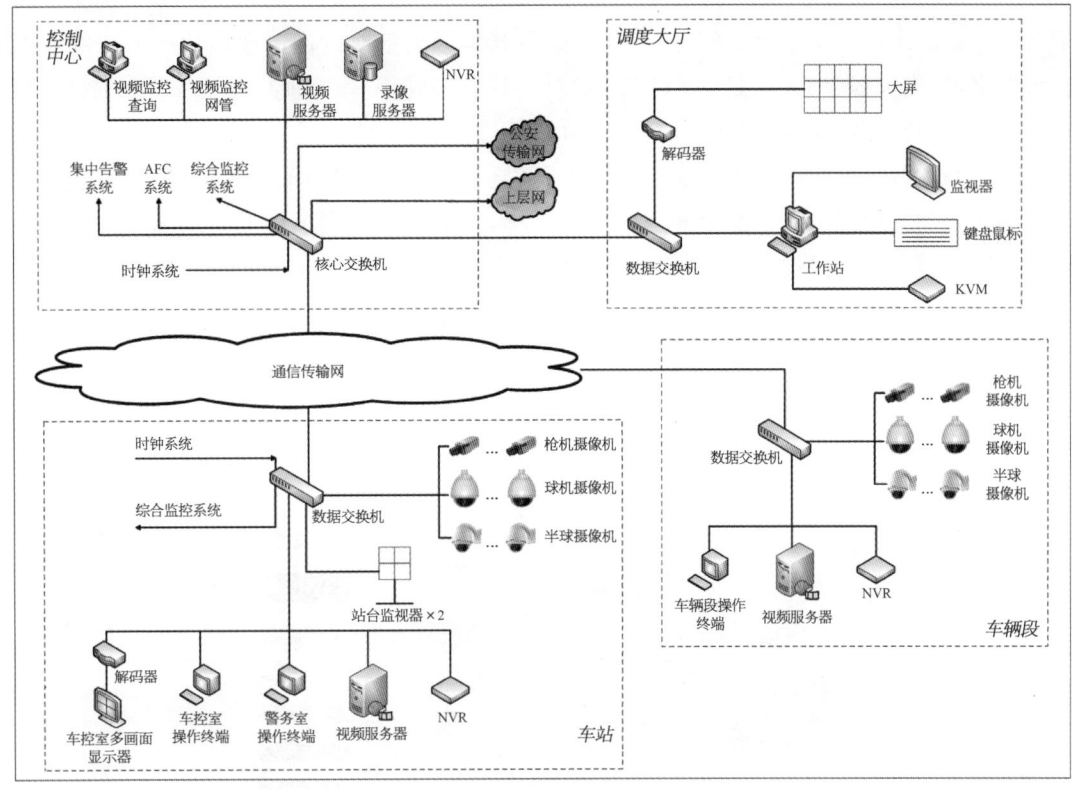

图 11-5 技术防范系统

11.2.7 乘客信息系统

本线乘客信息系统(图 11-6)采用基于高清数字视频的乘客信息系统。

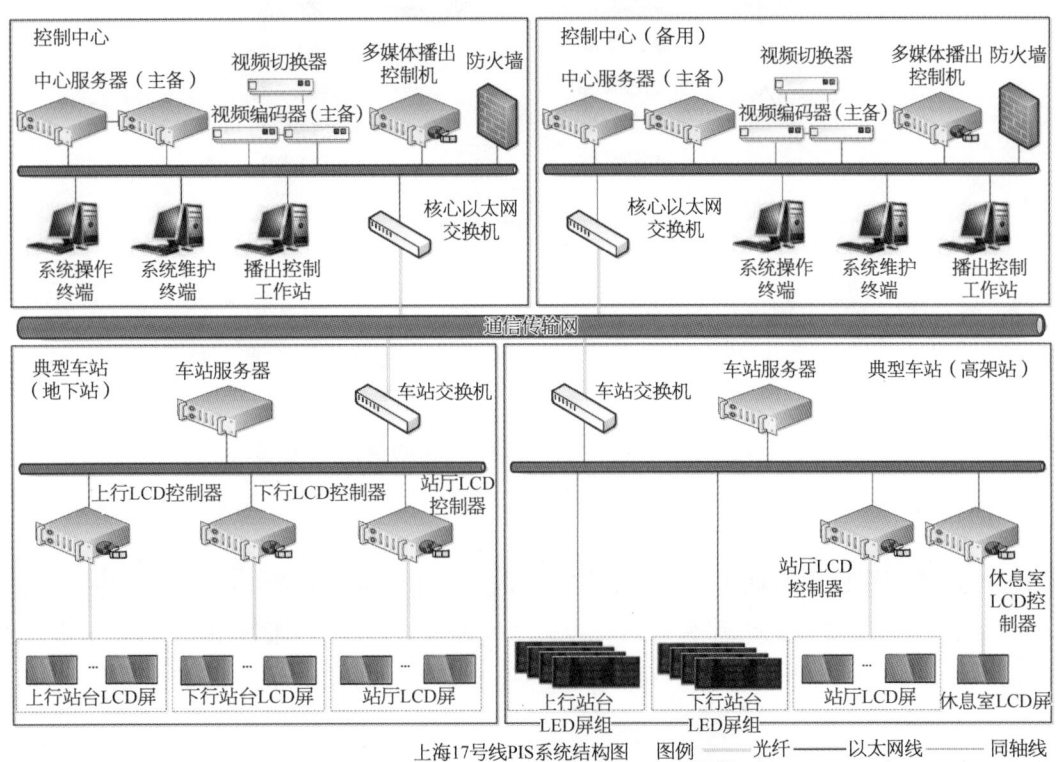

图 11-6 乘客信息系统

乘客信息系统由控制中心乘客信息设备、车站乘客信息设备通过传输通道构成的二级控制乘客信息系统网络,完成在线路 OCC 处与 COCC 的联网对接,完成基本的图像和文字信息的接收存储、定时下载、定时发布及播放权限管理等设备、接口的配置。

在高架车站站台上下行候车区各设置若干 LED 显示板,在站台候车室内设置 1 块液晶显示屏;在地下车站站台上下行候车区各设置 6 块液晶显示屏,为乘客提供列车到发信息及其他可以了解的信息,包括地铁全网交通流量、突发故障等信息,引导客流出行。在站厅每处售票机处设置 1 块液晶显示屏,显示地铁全网交通流量、突发故障等信息,引导客流出行。

11.2.8 广播系统

本线广播系统(图 11-7)采用基于以太网组网的广播系统。

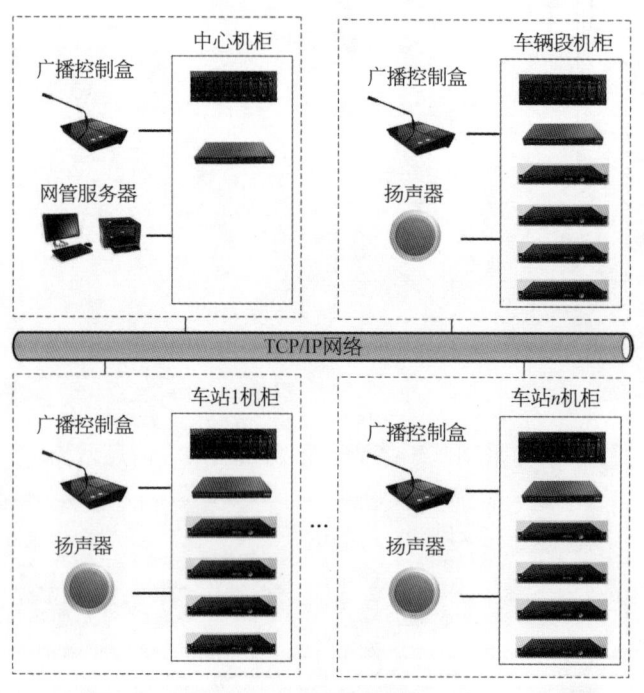

图 11-7 广播系统

本线广播系统由两部分组成:正线各车站及控制中心广播系统、停车场广播系统。在车站站台每侧候车区各设置 2 路广播区,在站厅公共区设置 2 路广播区,在设备区设置 2 路广播区,在车站出入口处设置 1 路广播区,在主变电所设置 2 路广播区。每个广播区都可以分别进行广播。

广播系统能通过联动接口接收 FAS 火灾报警信息,并能同步播放紧急广播。

11.2.9 时间系统

本线时间系统(图 11-8)采用基于 NTP 协议的时间显示及同步系统。时间系统由一级母钟、网管设备、二级母钟、输出接口设备、子钟等组成。一级母钟接收来自共用信息传输网时间同步系统的标准时间信号,一级母钟与二级母钟间利用通信传输网络数据通道总线连接,母钟与子钟间通过电缆连接。

数字式日历子钟安装在各车站的车控室及控制中心调度大厅;数字式子钟安装在相关设备机房、

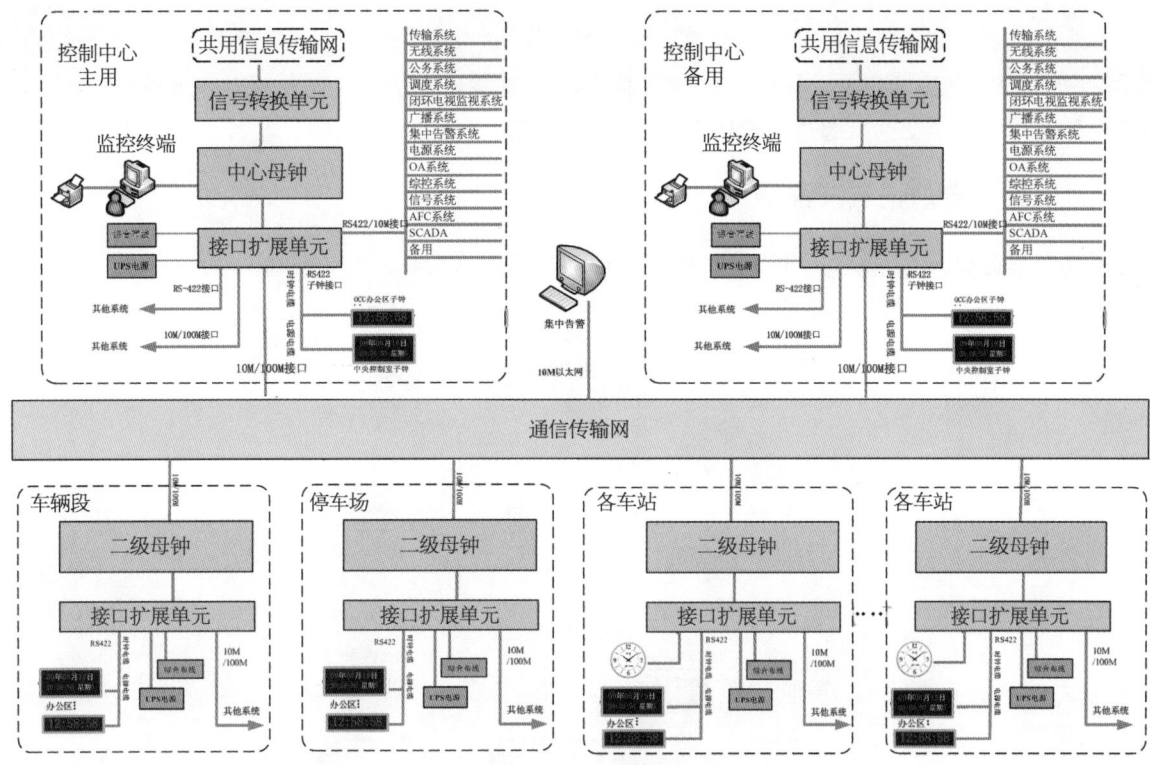

图 11-8　时间系统

站长室、票务室和交接班室等；模拟式子钟安装在站厅公共区。

共用信息传输网时间系统在控制中心提供 NTP 时间信号给本系统作为时间同步源。

11.2.10　信息资源接入网系统

本线信息资源接入网(图 11-9)采用基于以太网交换设备和综合布线的整体网络系统。

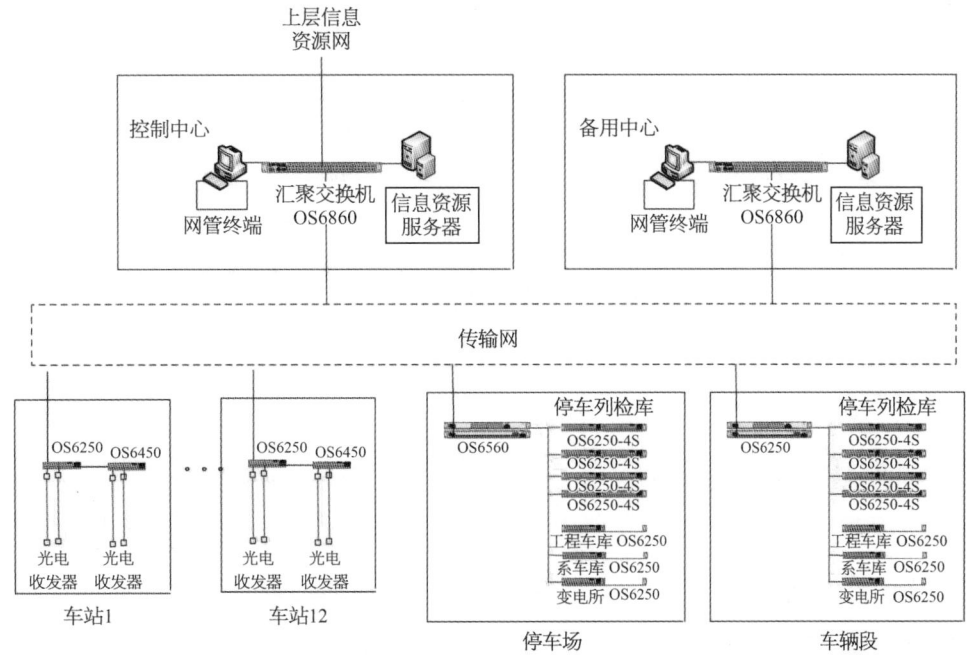

图 11-9　信息资源接入网系统

本线信息资源网系统在控制中心设置三层汇聚交换机,在车站设置接入交换机,在停车场综合楼设置汇聚交换机,在主变电所和区间变电所设置光纤收发器接入邻近车站的接入交换机。车站接入交换机和停车场汇聚交换机通过传输接入控制中心汇聚交换机。

11.2.11 列车自动记点系统

本线列车自动记点系统(图 11-10)采用 RFID 制式的有源标签和阅读器。采用车站、控制中心两层架构,控制中心设中央级设备,车站设车站级设备,通过传输系统提供的通道进行联网。

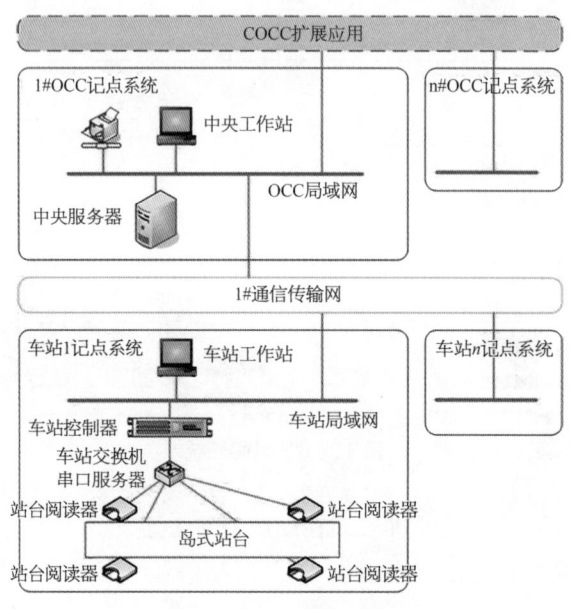

图 11-10 列车自动记点系统

在每个车站端头、存车线、折返道岔处均设置阅读器,并在车站通信机房设置处理设备,车控室设操作终端。

11.2.12 电源(含电源监控)系统

本线电源(含电源监控)系统采用交流及直流供电系统设备。在车站、车辆基地、控制中心各设置 1 套壁挂式交流配电箱、高频直流开关电源(含蓄电池)、交流配电柜、弱电地线箱等设备,为通信各子系统提供电源。

电源监控系统除了监控交流配电柜、高频直流开关电源、蓄电池的运行状态外,还需要探测各个通信设备机柜的温度及风扇的运行状态,同时还需要对弱电综合机房或通信机房的温湿度进行检测,最后上传至控制中心进行统一监测管理。

11.3 工程设计特点与难点

11.3.1 工程设计特点

本工程通信系统在轨道交通整体信息化、智能化的整体趋势下,利用信息技术革新对通信系统的

各种制式进行了整体提升。其中主要体现在以下几个方面:

(1) 传输系统:在上海地区首次采用了 20 Gbps 大容量增强型 MSTP 传输设备(图 11-11),能够整体承载大小颗粒的 IP 业务,并兼容低速数据业务,提高了设备集成度,降低设备的维护数量和成本。

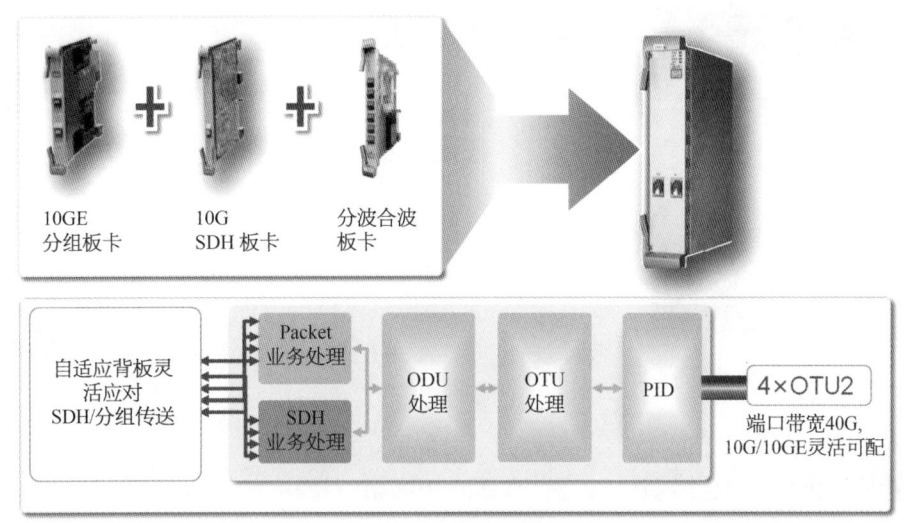

图 11-11 传输系统

(2) 公务电话系统:以本工程为建设契机,建立了上海线网化软交换平台(图 11-12),采用当前最先进的软交换架构,业务、控制、媒体全面分离,可在不新增硬件的情况下支撑 10 万门终端的使用。在关键岗位均设置的 IP 网络公务电话设备,除了满足日常语音通话外,还具备企业通信录协同、电子邮件及视频网络会议等常用功能。

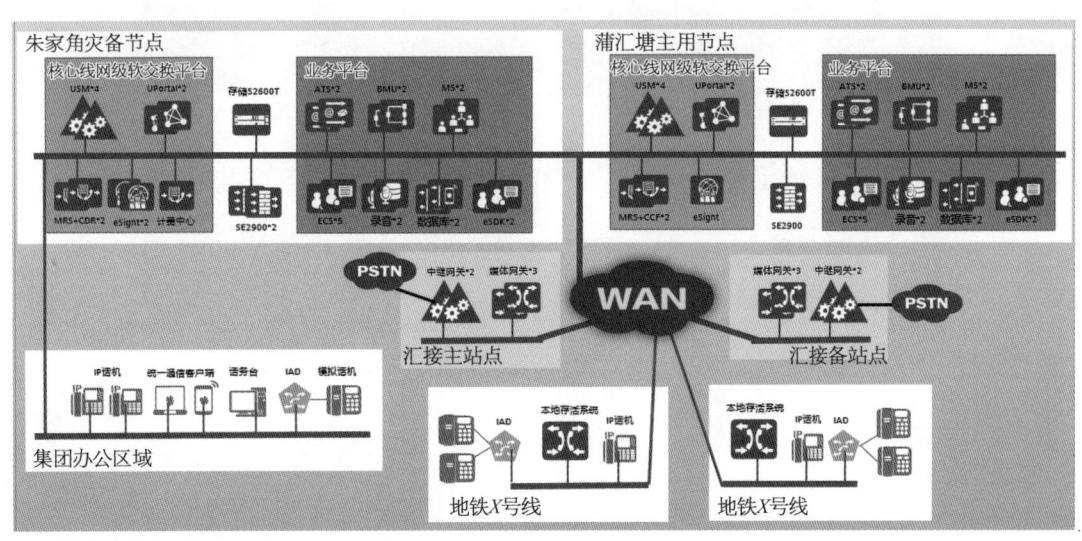

图 11-12 线网化软交换平台系统

(3) 技术防范系统:在上海地区首次采用了全高清视频监控架构,以 H.264+SIP 架构方式进行系统组网,前端首次采用 EPON 区域汇聚方式结合智能安防箱进行现场组网,优化现场布线拓扑,利于后期维护和维护扩容。

（4）弱电用房上走线：对通信系统的工艺、布线也进行了优化，在所有弱电综合机房内采用了上走线布线工艺，并取消了架空地板，提升机房的整洁度（图 11-13）。与此同时，结合整体项目 BIM 试点推进的进程，通信专业作为车站弱电桥架的牵头单位，在车站管线综合协调推进上，结合 BIM 建模软件平台进行协作，提高了管线布置精度，减少现场频繁返工情况的出现。

11.3.2 工程难点及对策

1）通信终端安装优化

本工程装修及外观要求越来越高，各类通信终端尤其是视频监控系统的摄像机点位一方面要符合技术防范图像摄录的要求，另一方面要尽可能满足装修美观的需要。在项目实施过程

图 11-13 通信机房上走线现场

中，前期的摄像机安装都采用独立生根立杆方式，后期设计、施工各方根据要求综合优化，一方面结合车站综合支吊架、导向牌支架等结构设施进行结合安装（图 11-14），既满足功能要求，又美观整洁；另一方面对于高架钢结构车站站台特殊造型，在满足功能要求的前提下优化点位布局，减少结构立杆数量，满足了各方要求。

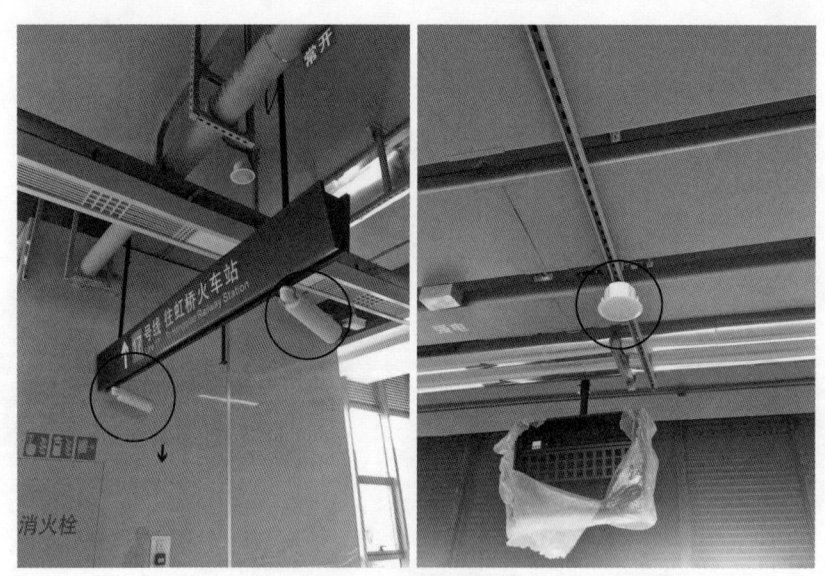

图 11-14 通信终端安装优化情况

2）上走线架试点实践

本工程上走线架是首次在上海地区试点，因此在实际安装过程中，结合 BIM 外部管线进行精细化设计（图 11-15），对通信专业各类缆线的性质进行上走线架结构设计优化，经过反复讨论、论证和试安装（图 11-16），保证功能的同时也注重美观，达到预期效果。

3）虹桥火车站车控室改造

（1）数字车站全景拼接应用。虹桥火车站作为 17 号线与其他轨道交通线路、虹桥枢纽其他交通方式换乘的重要节点，大客流预案及实时监测尤其重要。本工程在虹桥火车站站设置了一套基于 BIM

11 通信系统

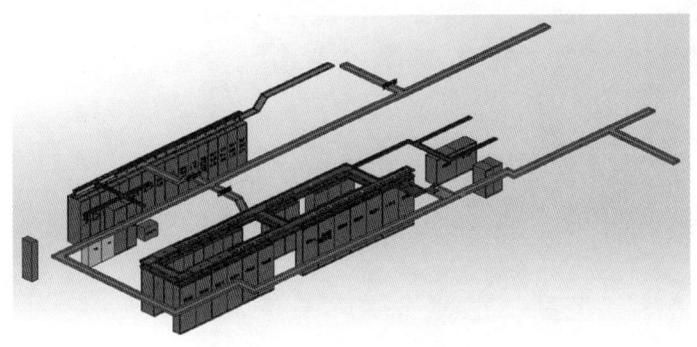

图 11-15 通信机房上走线 BIM 精细化设计模型

图 11-16 通信机房上走线架安装现场

数字建模的视频全景拼接系统,目的是更加有效地监控虹桥火车站站本工程范围内客流疏散实施情况。由于是首次结合全景摄像机进行图像拼接,项目成员前期通过现场试验、现场建模、实际安装微调等大量工作(图 11-17),确保最终交付成果满足预期功能要求,为虹桥车控室改造增添重要功能。

图 11-17 视频全景拼接系统现场调试

(2) 显示大屏设计及优化。虹桥火车站改造车控室根据工艺布置,由通信专业增加了一套 1.27mm 点间距的显示大屏,为了达到车控室整体效果,通信专业设计人员对显示大屏的位置、与车控室控制台间距、整体用房层高宽度进行了定量化测算(图 11-18),同时密切配合现场施工,保证整体效果(图 11-19)。

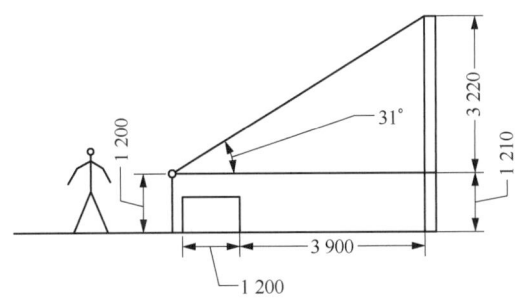

- 经建筑核实,本层用房顶部最不利点为 6.7 m,吊顶下可用层高为 5.5 m。同时架空地板上抬 0.3 m,推荐整体大屏尺寸控制在 4.25 m 高,底座为 1.2 m,保证人员整体可视范围最大。
- 显示屏宽 7.3 m,高 2.7 m,宽高比为 2.7,能够在有效室内墙体面积下,提供最大的显示空间,并整体尺寸比例较为协调。

图 11-18 显示大屏定量化测算

图 11-19 显示大屏

Chapter 12 信号系统

12.1 设计原则和标准

（1）应符合《地铁设计规范》(GB 50157—2013)及《城市轨道交通设计规范》(DGJ 08—109—2004)等国家和地方相关标准规范的要求。

（2）选用的系统应符合国内外轨道交通信号技术发展方向，具有成熟的运营经验。系统设备选型应结合上海市轨道交通线网规划统筹考虑，并满足系统扩展的要求。

（3）系统构成应经济合理、安全可靠、易于扩展、操作方便、维修简单，并具有较高的性能价格比。

（4）应满足初、近、远期 6 辆编组，初期行车间隔 3.75 min、近期行车间隔 3 min、远期行车间隔 2.5 min、远景年行车间隔 2 min 的运营要求，信号系统设计列车追踪间隔不大于 90 s。折返站的折返能力按远景年最大行车密度设计，并留有 10% 的余量。出入段/场单线正向能力不大于 3 min。

（5）正线区段按双线双方向运行设计，正常运行时线路按双线单方向右侧行车，特殊情况下能组织反方向行车，反方向行车应具有与正向行车一致的 ATP 防护功能。折返线、出入段/场线及试车线均按双方向运行设计。

（6）信号系统应具有高可靠性和高可用性，涉及行车安全的设备必须满足故障-安全原则。主要行车设备的计算机系统应采用必要的冗余，联锁、ATP 系统等安全设备的计算机系统采用二乘二取二安全性冗余结构。

（7）信号系统设备配置应有利于行车组织和运营管理，实现行车指挥自动化、网络化和智能化。所有对列车运行控制指令的实施过程及结果应有清晰明了的表示和必要的记录。

（8）信号系统平时采用中心自动控制，必要时中心调度员可实现人工控制，中心设备或通道故障及运行需要时可转为车站自动控制或车站人工控制。

（9）用于行车控制的操作设备应具备操作员身份识别及记录功能，防止非法操作，合法操作应有防止误操作措施。

（10）信号系统的设备配置应有利于上海城市轨道交通的行车组织和运营管理。正线区段的室内信号设备尽可能设于设备集中站。设备集中站的确定要综合考虑 CI、ATP、ATO、ATS 车站设备的控制要求，兼顾系统运营维护的便利性原则和系统接口的有利性原则。

（11）信号系统设备配置应有利于实现行车指挥自动化和智能化。正线信号系统应具有安全、可靠、灵活、多样的降级控制模式，以减小设备故障时对行车安全和运营效率的影响；信号系统应具有控制中心、车站的自动和人工控制模式，当中央设备发生故障时，能够进行本地控制；当 ATP/ATO 或无线通信发生故障时，能以降级模式进行运营。

(12) 正线在道岔及需防护的特殊位置设置防护信号机。正常运营时,正线列车按车载信号的指示运行;工程车及系统进入降级模式情况下,列车以地面信号机显示行车;车辆基地设出入段/场信号机和调车信号机,以地面信号机显示作为行车信号。

(13) 车站两端正反双方向运行停车位置前方的适当位置设置发车表示器。在每侧站台及车站控制室设紧急停车按钮。

(14) 地下区段电缆应采用无卤、阻燃、低烟、防腐蚀综合护套电缆;地面及高架区段宜采用低卤、阻燃、低烟、抗老化综合护套电缆。电缆电气性能指标应符合相关规定。

(15) 所有室外设备的安装必须满足17号线设备限界的要求,设置于站台区域的设备在满足运营要求的前提下应尽量与车站的装修布置相协调。

(16) 室内外设备应设置接地、防雷装置。

(17) 信号系统设备按24 h不间断运行设计,供电制式为交流三相四线TN-S制,380/220 V 50 Hz,一级负荷两路独立电源。在控制中心、车站、停车场、车辆段、试车线、培训中心设备室均设智能化电源屏,并配置独立的UPS电源,蓄电池持续供电时间应不少于30 min。

(18) 信号系统应具有良好的电磁兼容性,在供电系统产生的电磁干扰条件下,信号系统应能安全可靠工作。信号设备电磁骚扰发射指标应满足GB 9254—1998、IEC 61000—3—2、IEC 61000—3—3的要求。

(19) 信号系统所采用的设备、器材宜适应上海市轨道交通网络联通联运的要求,适应于上海地区的自然环境。

12.2 系统选型及组成

12.2.1 ATC制式选取方案

17号线工程ATC系统制式的选择应遵循以下原则:

(1) 应符合运营要求,为今后运能增长留有一定余量。

(2) 系统适应性好、成熟度高,技术先进,可选面广。

(3) 应根据目前技术发展的趋势,选择主流技术产品。

从17号线工程初、近、远期的行车密度来看准移动闭塞满足运营要求,可作为17号线工程正线信号系统的选择方案。但考虑到本工程客流预测的不确定性,准移动闭塞的固定闭塞分区的划分限制了系统运能调整的灵活性,同时本工程信号系统制式的选取也要考虑上海市地铁建设的长远发展规划和远期列车在网络线路间互联互通的要求。根据上述分析,17号线工程正线信号系统采用基于通信的移动闭塞ATC系统。

12.2.2 无线通信技术方案

基于无线通信的移动闭塞系统车-地通信数据传输方式主要有漏泄电缆传输方式、裂缝波导管传输方式、无线电台传输方式(表12-1)。

表12-1 三种传输方式比较一览表

传输媒介特性		无线电台	漏泄电缆	裂缝波导管
理论传输距离		最大400 m	最大600 m	最大1 600 m
实际传输距离	地面区段	300 m左右	最大400 m	最大900 m(-90 dB)
	地下区段	200 m左右		
漫游切换		频繁	较少	少
安装精度要求		低	低	高
场强覆盖特性		近强远弱	均匀	均匀
衰减特性		较快	较缓	缓和
适用环境		地面及高架,无建筑物遮挡	地下隧道、地面及高架区段,影响美观	地下隧道、地面及高架
维护方便程度		方便	方便	相对困难
价格		低	中	高

如上所述,各种无线车地通信传输媒介各有特点。从理论上分析无线天线、漏缆和波导管三种车—地信息传输方式,均可满足移动闭塞车—地信息传输的要求;目前三种传输方式在实际工程中均有应用。结合本工程线路特点,车—地无线通信采用自由无线和波导管混合方案。正线地下段、停车场、车辆段、试车线(部分)区段采用自由无线天线作为车地通信传输媒介;地面、高架段和试车线(部分)区段采用波导管作为车地通信传输媒介。

12.2.3 车辆段/停车场方案

为提高列车运行效率,加快列车出入车辆段能力,便于运营管理,提升信号自动化水平,朱家角停车场和徐泾车辆段采用ATC车辆基地方案。

车辆段和停车场的列车出入停车库的作业采用与正线ATC一致的监控方案,将列车出入停车库线的范围纳入ATC系统的监控区,列车在进入正线前在库内测试投入正线运行的功能,在转换轨自动实现列车运行时刻表上传。车辆段和停车场除设置联锁设备外还设置一定的ATP/ATO设备。朱家角停车场和徐泾车辆段分为ATO/ATP-CBTC控制区域及非ATO/ATP控制区域,ATO/ATP控制区域为大库(停车列检库)至出入段场/线;其余区域为非ATO/ATP控制区域。停车场和车辆段不设置点式ATP降级运用模式,当ATC系统故障时,采用联锁级降级方案。车辆基地轨道空闲/占用检测设备采用计轴设备。

12.2.4 降级系统方案

通常情况下,降级模式包括点式ATP/ATO控制方式和仅基于联锁级的控制方式两种模式。点式ATP/ATO降级方式适用于地面设备故障情况下的行车控制,其利用轨旁与信号机发生联系的可变数据应答器定点向列车发射前方轨道空闲信息,可以让列车根据自身存储的线路数据信息控制列车按照ATP/ATO方式行车。而基于联锁级的降级方式既适用于地面设备故障情况,又能适用于车载设备故障或未装备ATP的列车情况下的行车控制。在没有车载设备工作的情况下,司机采用人工驾驶方式,按照轨旁信号机的显示和线路限速信息行车。

考虑到当轨旁 ATP/ATO 设备故障导致系统失去车地间双向通信、故障区域内的列车不能按移动闭塞方式运行而启用降级系统时，为充分发挥车载 ATP/ATO 设备功能，减小车载设备完好情况时降级模式下调度人员的劳动强度、提高降级系统的自动化程度及安全性，通过在线路上特定地点设置点式 ATP 设备（如可变数据应答器），向车载 ATP/ATO 设备发送基于地面信号显示的运行权限信息，实现该情况下的简单 ATO 或 ATP 模式驾驶。同时，点式 ATP/ATO 降级可以不依赖于车地通信系统，即使在车—地通信系统不具备开通条件，以点式降级开通的线路，仍具备 ATP/ATO 功能。

因此，本工程信号系统采用设置地面信号机、计轴设备及点式 ATP/ATO 设备，与联锁设备共同构成的降级系统，即采用计轴＋联锁＋点式 ATP/ATO 系统作为本工程的降级系统，以实现在主系统无线通信故障情况下或开通期过渡期间，信号系统仍能具备点式 ATP/ATO 防护下列车运营的基本保障条件。在降级运行控制方式下，可采用信号机至信号机之间的进路闭塞方式。

12.2.5　试车线方案

在车辆段、停车场各设置一条试车线，在试车线装设与正线相同的 ATP/ATO 室内设备、轨旁设备及相应的试验设备，并适应双向试车的需要，用于对 ATC 车载设备进行静、动态试验，试车线控制室内设置试车线控制台，用于改变试车线的运行方向和完成速度指令编码的功能。试车线联锁受停车场/车辆段 DCC 控制，试车前后必须与停车场/车辆段联锁进行授、受权转换。

12.3　工程设计特点与难点

12.3.1　工程设计特点

17 号线采用准全自动驾驶功能(Driverless Train Operation, DTO)，列车出入库、正线运行、折返等作业均由信号系统自动控制完成。DTO 信号系统增加主要新功能如下：

（1）DTO 的定义是从库内发车到收车全过程不需要人工操作的有司机监视的自动驾驶模式。
（2）具有准全自动驾驶模式的列车也应具有 ATO、ATPM 等常规 CBTC 驾驶模式。
（3）DTO 相对 ATO 的新增功能：
① 自动发车：DTO 模式下无需人工按压发车按钮，列车根据时刻表自动发车。
② 列车自动开关门：当满足开/关门条件后，系统控制列车自动开/关门，站台门与车门联动。
③ 全自动折返：全过程自动折返，无需人工干预。
④ 列车自动出入库：列车执行车库和正线之间的自动运行功能，转换轨处可不停车。
⑤ SPKS：作业人员进入轨行区作业前，使用该钥匙防止列车进入该区域，以保护作业人员安全。

12.3.2　工程难点及对策

17 号线建设初期信号系统采用 ATO 自动控制列车运行方案。在后期招标过程中，根据申通集团的要求，信号系统须按照准全自动驾驶 DTO 方案进行设计。

针对准全自动驾驶 DTO 全新的理念，需结合本工程的实际情况，在保证信号系统安全性、可靠性的前提下梳理新功能及可行的实施方案。经过与信号供应商、集团相关部门多次研究讨论，最终确定

DTO 主要新功能。

根据新的功能要求,在工程设计及方案实施过程中面临很多实际问题和困难。要求信号系统不但要满足运营及维护等部门的实际需求,同时还要对系统方案的可行性、可靠性、安全性进行评估。

1) 车辆段/停车场运用库库线安全防护距离设计

由于停车场/车辆段土建条件限制,运用库内的库线长度不满足安全防护距离要求,可能存在列车 ATO 自动入库停车停不准的情况。为了解决此问题,一方面与信号供应商对此工况模式进行模拟仿真计算,一方面与停车场设计人员对停车点位置进行位置调整方案研究。通过多次仿真计算研究,在保证安全的情况下,最终通过改变入库速度及改变 ATP 安全防护点等措施保证列车在 DTO 控制级别下进入运用库并能实现精准停车要求。

2) SPKS 防护区域设计

为了保护进入正线区间作业的维修人员的安全,在正线进入轨道的站台端头处设置作业封锁开关(SPKS)。维修人员进入正线区间作业前,转动并拔下 SPKS 钥匙,相应的站台、区间将被封锁,正驶向该区域的列车的移动授权撤回至该区域边缘。维修人员完成维修工作后将 SPKS 钥匙重新插回锁孔并转动至原位置,被封锁的区域解除封锁。

由于设备集中站、非设备集中站、车辆段/停车场的 SPKS 防护区域范围都不一样。如果 SPKS 防护范围过大,紧急检修时,可能会影响列车实际运行效率。如果 SPKS 防护范围过小,列车自动运行通过时对维护人员存在一定安全风险。为了解决上述问题,每个车站的配线情况不仅要考虑信号供应商自动进路设置方案,还要与维护部门检修作业流程相匹配,最后针对每个车站设置合理、安全、可靠的 SPKS 防护范围。

第13章 通风空调系统

13.1 设计原则和标准

13.1.1 设计原则

（1）正常运行时，通风空调系统应保证地铁内空气环境的空气质量、温度、湿度、气流组织、气流流速和噪声等均能满足人员舒适感的要求和各种设备正常运转的需要；对外环境的噪声、进排风应满足环评报告的要求。

（2）列车发生阻塞事故时，通风空调系统应能向阻塞区间提供一定的送、排风量，确保列车通风空调设备正常运行，维持列车内乘客能接受的热环境条件。

（3）当车站、隧道或附属建筑设施内发生火灾时，通风空调系统应具备有效的防排烟功能，为乘客安全撤离事故现场和消防人员灭火创造条件。

（4）一条线路的车站、换乘车站及相邻区间按同一时间发生一次火灾设计。

（5）全封闭地下线采用站台设置屏蔽门的通风空调系统，地上线主要采用自然通风方式。通风空调设计方案应在 SES 程序或其他有效程序模拟计算的基础上研究分析确定。

（6）通风空调系统应按远期的晚高峰运营条件进行负荷计算。

（7）通风空调系统的相关土建设施须一次到位，设备安装则考虑近期与远期分期实施的经济价值及工程实施的可能与需要。

（8）通风空调系统应综合考虑节能措施，设备选型应符合安全可靠、工艺成熟、技术先进、经济节能和国产化的原则，部分设备还应满足消防和环保要求。

（9）通风空调系统各运转设备对外、对内的噪声及振动必须符合国家标准及环境影响报告书的要求。

（10）换乘车站应优先考虑资源共享，统筹设置系统设备。

13.1.2 设计标准

13.1.2.1 室外设计计算参数

地理纬度：北纬 $31°10'$；

大气压力：冬季 1 025.1 hPa；夏季 1 005.3 hPa。

1）地下车站

（1）室外空调计算干球温度：

公共区夏季空调：31.9 ℃（晚高峰）；

设备管理、办公用房夏季空调：34.4℃；

夏季通风：31.2℃；

冬季通风：4.2℃。

(2) 夏季空调室外计算湿球温度：

车站公共区：27.0℃（晚高峰）；

设备管理、办公用房：27.9℃。

2) 高架车站及停车场、控制中心各类附属建筑

(1) 夏季空调室外计算干球温度：34.4℃。

(2) 夏季空调室外计算湿球温度：27.9℃。

(3) 夏季通风室外空气计算温度：31.2℃。

(4) 冬季通风室外空气计算温度：4.2℃。

13.1.2.2 通风空调设计标准

1) 车站计算参数

地下车站站厅夏季空调设计参数：干球温度不大于29℃，相对湿度45%～70%；

地下车站站台夏季空调设计参数：干球温度不大于28℃，相对湿度45%～70%；

列车内夏季空调设计参数：干球温度不大于27℃，相对湿度40%～65%；

高架站厅公共区采用通风时干球温度：≤35℃；站台公共区设局部空调房间。夏季空调计算温度28～30℃，相对湿度40%～65%；冬季空调计算温度12～16℃。

设备、管理及办公用房设计参数按具体工艺要求确定或参照《上海城市轨道交通工程技术标准》第16.2.3条的有关规定。

2) 区间隧道设计参数

区间允许最高干球温度：

正常运行时区段最高温度：≤40.0℃；

阻塞运行时区段最高温度：≤40.0℃；

列车空调冷凝器附近：≤45.0℃。

3) 新风设计参数

地下车站站厅、站台空调季节每位乘客新风量≥20 m^3/h，应按早、晚高峰客流量大者计算新风量，且总新风量不应小于空调送风量的10%，并考虑渗透风量引起的新风负荷。

非空调季节新风量为30 m^3/(h·人)，且换气次数不小于5次/h。

车站设备管理用房区、控制中心、车辆段空调系统人员新风量按30 m^3/(人·h)计。

4) 空气质量标准

地下车站二氧化碳浓度：<1.5‰；

地下车站含尘浓度（日平均）：<0.25 mg/m^3。

5) 风速设计标准

区间隧道风速：2.0≤V≤11.0 m/s；

金属风道最大排烟风速：≤20 m/s；

非金属风道最大排烟风速：≤15 m/s；

钢制风管：主风管风速≤8 m/s；支风管风速：4～6 m/s；

一般情况混凝土风道风速：≤6 m/s；

风亭百叶迎面风速：3~5 m/s；

消音器迎面风速：≤6 m/s 且片间风速≤12 m/s；

方形风道的最大宽高比：≤4∶1。

6) 人员散热量和散湿量

地下站站厅(设计温度 29 ℃)：显热量 38 W，散湿量 201 g/h；

地下站站台(设计温度 28 ℃)：显热量 45 W，散湿量 193 g/h；

结构壁面散湿量：车站侧墙、顶板、底板按 1~2 g/(m²·h)计算；

车辆段：根据人员所处的环境条件和活动情况，参照相关空调设计手册执行。

7) 通风空调计算人数

(1) 根据乘客在地下车站停留时间和车站客流情况，通过停留时间与小时高峰客流的关系计算得出站厅、站台的通风空调计算人员数量。

乘客在站厅逗留时间：进站 3 min，出站 1.5 min。

乘客在站台逗留时间：进站时间为行车间隔，出站为 1.5 min。

(2) 车站管理、设备用房：按室内实际人数计算，但每个房间计算总人数不得少于 2 人。

(3) 车辆段、控制中心：根据管理模式及维修情况，按室内实际人数计算。

8) 噪声标准

车站内站厅、站台：≤70 dB(A)(无列车运行时)；

通风及空调机房：≤90 dB(A)；

非通风空调设备用房：≤60 dB(A)；

管理用房：≤60 dB(A)。

车辆段应符合《工业企业设计卫生标准》(GBZ 1—2010)要求。

地面风亭：通风空调设备传至地面风亭的噪声应符合《声环境质量标准》(GB 3096—2008)的要求。

9) 防排烟系统设计参数

(1) 该线线路、换乘车站及相邻区间按同一时间发生一次火灾考虑。

(2) 地下区间两风井间火灾时仅按滞留一列车设计。

(3) 地铁列车火灾规模按 10.5 MW 计。

(4) 列车发生火灾而停在区间隧道内时，其控制烟气流动的风速应根据隧道内烟气控制模型的临界风速计算确定。通常阻挡烟气回流的临界风速不应小于 2.0 m/s，隧道内最大风速不得大于 11.0 m/s。

(5) 地面、高架车站防排烟按《建筑防排烟技术规程》(DGJ 08—88—2006/J 10035—2006)设计。

(6) 地下车站站厅、站台公共区和设备及管理用房应划分防烟分区，且防烟分区不应跨越防火分区。站厅、站台公共区每个防烟分区的建筑面积不应超过 2 000 m²，设备及管理用房每个防烟分区的建筑面积不应超过 750 m²。

(7) 地下车站站台、站厅火灾时的排烟量应根据一个防烟分区的建筑面积按 1 m³/(m²·min)计算。当排烟设备负担两个或两个以上防烟分区时，其排烟能力应按各防烟分区中最大防烟分区的排烟量、风管(道)的漏风量及其他防烟分区的排烟口或排烟阀的漏风量之和计算。

(8) 当车站站台发生火灾时，应保证站厅到站台的楼梯和扶梯出口处具有不小于 1.5 m/s 的向下气流速度。

(9) 地下车站同一防火分区内的设备管理用房的总面积超过 200 m² 或面积大于 50 m² 且经常有人停留的单个房间,应设置机械排烟设施;消防泵房、污水泵房、厕所、盥洗室、茶水间、清扫室、设置自动气体灭火系统装置的房间,可不设置机械排烟设施。排烟风机的风量应符合下列规定:担负一个防烟分区排烟时,应按每平方米不小于 60 m³/h 计算(单台风机最小排烟量不应小于 7 200 m³/h)。担负两个或两个以上防烟分区排烟时,应按最大防烟分区面积每平方米不小于 120 m³/h 计算。

(10) 长度超过 20 m 的内走道及长度超过 60 m 的地下通道,应设置机械排烟系统,其机械排烟量不应小于 13 000 m³/h,排烟口距最不利排烟点的距离不应超过 30 m。

(11) 采用自然排烟的区域,自然排烟窗有效开窗面积应不小于排烟区域建筑面积的 5%,且设置高度不应低于储烟仓的下沿或室内净高度的 1/2,并应沿火灾气流方向开启。

(12) 地面及高架车站公共区和设备及管理用房排烟风机应保证在 280 ℃ 时能连续有效工作 0.5 h;区间隧道事故风机、射流风机、地下车站公共区和车站设备及管理用房排烟风机应保证在 280 ℃ 时能连续有效工作 1 h;烟气流经的辅助设备如风阀及消声器等应与风机耐高温等级相同。

(13) 设备管理用房区火灾排烟时应有一定的补风措施,其补风量不小于排烟量的 50%。

13.2 工程设计方案

13.2.1 地下线区间隧道通风系统设计

(1) 地下车站一般两端上下行线各设一座活塞(兼事故)通风井,风井净面积≥16 m²,整个车站共设 4 座活塞风井。每端设两台事故通风机,整个车站共设 4 台隧道事故通风机。

(2) 对于设有折返线或渡线的配线车站,区间断面发生变化,上、下行线或两条地铁线区间部分连通,事故情况下气流将相互影响。为提供有效的通风系统,一般的隧道机械通风口设于站台至隧道 100 m 的范围内。如隧道机械通风口与站台的距离过长(如超过一列车的长度),应考虑在站台至隧道机械通风口之间设置轨道上排热/排烟风道及上排热系统的方案,通过车站排热风机和事故风机联合运行的形式,以确保配线区域不同工况下的运作要求。

洞口至淀山湖大道站区间长约 1 200 m(其中暗埋段约 330 m),汇金路站至洞口区间长约 400 m,洞口至蟠龙路站区间长约 945 m(其中暗埋段约 255 m),为保证在区间停车时要求的断面风速以控制烟气流向或阻塞区段隧道温度,根据分析,需在每处洞口附近离洞口一定距离的暗埋段内上下行线侧面各设置 2 组双向射流风机,直径 1 400 mm,全线共设 12 台射流风机。

13.2.2 地下车站排热系统设计

地下车站排热风道设在车行道上部和站台下部,采用结构风道。车行道上部排热风道风口正对列车空调冷凝散热器,站台下部排热风道风口正对列车制动电阻,有效排除列车停站散热。

排热风机一般选用 2 台,车站每端 1 台,风机计算风量约 50 m³/s,耐高温要求在 250 ℃ 下连续运行 1 h,功率为 75 kW/台,约占车站空调通风运行费用的 20%。因此,需要采取有效措施降低排热运行费用,排热风机采用变频风机,根据季节和客流的变化分季节、分时段运行。在车站隧道设温感探头,根据区间温度控制设备频率以调节风机风量,减少风机运行费用。

13.2.3 地下车站公共区通风空调系统设计

车站公共区一般设 2 个空调系统,每个系统负担一半站厅负荷和一半站台负荷。系统采用全空气低速系统,由组合式空调器、空调新风机、回/排风机及相应的管道、风道、新风井(亭)、排风井(亭)和各种阀门组成。

根据本线车站负荷大小特点,每端设 1 台组合式空调箱,每个车站设 2 台组合式空调箱,单台计算风量为 $7.5\times10^4 \sim 9\times10^4 \ m^3/h$。空调箱风机采用变频风机,以方便负荷调节,节省运行费用。每端设 1 台回/排风机,回排风机同样采用变频风机。车站回排风机原则上考虑兼排烟,如车站公共区空调排风风量、风压与排烟风量、风压相差较大时,应设专用的排烟风机。

车站公共区通风空调系统气流组织采用上送上排形式。

13.2.4 地下车站设备管理用房通风空调系统设计

设备管理用房需考虑夏季排热、过渡季及冬季通风。当采用通风夏季室内温度标准不能达标或通风量过大时,应设制冷空调系统。

设备管理用房排烟宜由通风系统兼容。

各站根据车站建筑布局和房间环境要求,划分通风空调和防排烟系统,系统在满足功能前提下,应力求简洁。根据 VRV 系统在上海地铁多个车站的试点运行所取得的较好节能效果,本工程对小系统提出 24 h 全天候运行房间设备用 VRV 系统的优化方案,以便于夜间运行管理,节省运营费用,达到节能的目的。

地下车站变电所(包括降压变电所、牵引变电所的整流变压器室、直流开关柜室、10 kV 开关柜室、0.4 kV 开关柜室等房间)全天候运营,变电所内发热量较大,一般采用全空气空调系统,本工程增设夜间 VRV 备用空调系统。

弱电设备用房室内空气温度要求较高,夏季 24 ℃,冬季 12 ℃。因此,仅靠机械通风不能保证室内温度标准,须设置空调系统,采用全空气集中空调系统,并设置夜间 VRV 备用空调系统。

管理人员房间采用全空气集中空调系统,满足温度要求和新风需求。

通风空调机房、泵房、车站备品库、茶水间、清扫工具间等房间室内温度要求不太高,设置机械通风系统即可。排风系统兼容排烟。厕所、污水泵房设独立排风系统。

13.2.5 空调水系统设计

大小系统合设冷源,空调冷源采用螺杆式水冷冷水机组。冷量调节范围在 15%～100% 范围,可以适应该冷量区段的负荷变化。在车站的一端设置冷冻机房,采用 2 台容量相等的可相互备用的冷水机组,并一一对应配置相应的冷冻水泵、冷却水泵和冷却塔。

冷水机组负责大小系统的日间负荷,此外,24 h 运行的设备房间,增设 VRV 系统,以应对夜间负荷。两种系统结合运行,节能效果显著。

13.2.6 地面及高架线通风空调系统设计

高架车站、地面车站站厅公共区自然通风,站台公共区采用自然通风与设空调候车室的局部空调相结合的通风空调系统。设备管理用房设自然通风与机械通风相结合的通风系统及局部空调系统。

高架车站站厅公共区自然通风，站台公共区采用自然通风与设空调候车室的局部空调相结合的通风空调系统。设备管理用房设自然通风与机械通风相结合的通风系统及局部空调系统。

停车场、控制中心各类附属建筑设备管理用房根据工艺要求分别设置多联体(VRV)空调系统或机械通风系统。

火灾时，自然排烟。列车阻塞在站台上，自然通风排热。

Chapter 14 给排水与消防系统

14.1 设计原则和标准

14.1.1 设计原则

(1) 给水设计必须贯彻节约用水,综合利用的设计原则;消防设计应贯彻"预防为主,防消结合"的方针。

(2) 车站、区间的各项用水水源均采用城市自来水,不设备用水源。

(3) 地下区间隧道仅设消火栓系统。

(4) 地下变电所、通信设备室、信号设备室、公共无线引入室、环控电控室、屏蔽门设备室、地下主变电站等无人值守的重要电气设备用房均设自动灭火系统。

(5) 排水系统应满足各类排水要求,污(废)水排放应符合国家和上海市现行有关排放标准。地下区间最低点设废水泵房,隧道洞口设雨水泵房。各类污、废水采取分类集中,分别接入城市污、废水系统或合流管道。

(6) 给排水设备采用技术先进、安全可靠、经济合理并经过实践运营考验的产品,规格尽可能统一,便于安装和维修。

14.1.2 设计标准

1) 区间排水系统

消防废水量同消防用水量。

隧道敞开引道段的雨水量按 50 年暴雨重现期计算。

地下区间结构渗漏水量为 $1 L/(m^2 \cdot d)$ 计。

2) 消防给水系统

地下区间室内消火栓用水量为 $10 L/s$,消火栓系统火灾延续时间均为 $2 h$,水压按最不利点消火栓的充实水柱$\geqslant 10 m$ 计。

3) 气体灭火系统

(1) 组合分配系统的灭火储存量应按储存量最大的防护区确定,每套系统保护的防护区不应大于 8 个。

(2) 防护区宜以单个封闭空间划分,采用管网灭火系统时,一个防护区的面积不宜大于 $800 m^2$,且容积不宜大于 $3600 m^3$。

(3) 各气体灭火系统(含保护区)自成独立系统,控制室可以对任一个系统进行常规状态的监视。

(4) 保护区内的固定设备体积及非永久固定但又超过保护区总体的 25% 时，应扣除。

4）高压细水雾灭火系统

(1) 系统持续喷雾时间 30 min。

(2) 开式系统的响应时间不大于 30 s。

(3) 最不利点喷头工作压力不低于 10 MPa。

(4) 细水雾粒径 Dv0.5 为 50～100 μm、Dv0.99 小于 100 μm。

14.2 消防及给水系统设计

14.2.1 消防系统设计

1）消火栓系统

车站及地下区间隧道内设消火栓灭火系统，该系统主要供给车站、区间隧道的消火栓用水。站厅层一般采用单栓消火栓箱，站台层采用双栓消火栓箱。Ⅰ型消火栓箱内设单口单阀消火栓 1 只及水枪、水带等配套设施；Ⅱ型消火栓箱内设 2 只单口单阀消火栓及水枪、水带等配套设施。在消火栓管网上，每隔 5 个消火栓设蝶阀 1 只，在车站两端与区间连通管处设手电两用蝶阀。

区间隧道的消火栓间距为不大于 50 m，为单头单阀消火栓，不设水带及水枪。设计时校核区间最低点消火栓口的静水压力不超过 0.8 MPa，消火栓栓口处水压力不大于 0.5 MPa，如超过该值，则采取减压措施。

地下车站消火栓给水系统在地面适当地点设水泵接合器。水泵接合器宜设在出入口或风亭附近，其数量根据室内消防水量确定，并在 15～40 m 范围内应有相配套的室外消火栓。

2）自动喷水灭火系统设计

在地下车站站厅、站台层公共区及长度大于 100 m 的出入口通道，均设置自动喷水灭火系统。自动喷水灭火系统按中危险Ⅱ级设计。系统总管由车站消防泵房引出，经过湿式报警阀、信号蝶阀、水流指示器接至保护区域。喷头布置在顶板或吊顶下易于接触到火灾热气流并有利于均匀布水的位置，吊顶内喷头采用直立型标准喷头，吊顶下采用吊顶型喷头。

14.2.2 生活给水系统设计

全线车站均采用生产、生活合用的给水管网系统，在站内呈枝状布置。地下车站的生产、生活给水系统一般可直接利用市政给水管网压力供给；地面车站、高架车站及附属建筑，当市政给水管网压力不能满足生产、生活用水压力要求时，采用变频供水方式，以节约能耗。生产、生活给水系统的水泵，应设备用泵。

地下车站内设有冷却循环给水系统，其主要功能是通过设在地面的冷却设备使循环冷却水降温后，再通过冷冻机组的冷凝器对冷凝介质进行降温冷却，从而达到车站空调的技术要求。车站空调补充水的用水量应满足空调循环冷却水量的要求。

冷却循环水选择以冷却塔为主的冷却水循环系统，冷却塔数量与冷水机组、冷却循环泵均一一对应，不考虑备用。自生产、生活用水管引出一根支管到冷却塔作为冷却循环补充用水。冷却塔一般选用超低噪声钢制冷却塔。

为了更好地解决循环冷却水系统的腐蚀、结垢现象及控制致病微生物的繁殖,对循环冷却水系统采取一定的处理措施,本次设计采用AOP法,改善水质且减少对环境造成的二次污染。

14.3 气体灭火系统

气体灭火系统设置范围如下:

(1) 1座既有改造车站:虹桥火车站站。

(2) 4座中间风井:淀山湖大道站—漕盈路站中间风井、漕盈路站—青浦新城站中间风井、青浦新城站—汇金路站中间风井、诸光路站—虹桥火车站站中间风井。

(3) 2座与雨水泵房结合的盾构井:桥路分界点—西段盾构工作井雨水泵、桥路分界点—东段盾构工作井雨水泵。

(4) 朱家角备用控制中心。

气体灭火系统采用IG-541气体(52%N_2、40%Ar和8%CO_2)作为灭火介质。组合分配的灭火储存量应按储存量最大的防护区确定。防护区宜以单个封闭空间划分,采用管网灭火系统时,一个防护区的面积不宜大于800 m^2,且容积不宜大于3 600 m^3。各气体灭火系统(含保护区)自成独立系统,控制室可以对任意一个系统进行各种常规状态的监视。

14.4 高压细水雾灭火系统

设置范围:诸光路站、蟠龙路站、汇金路站、青浦新城站、漕盈路站、淀山湖大道站。

在新建地下车站环控电控室、民用通信机房、通信设备室、信号设备室、UPS电源室、变电所控制室、高压开关柜室、整流变压器室、400 V开关柜室、35 kV开关柜室、直流开关柜室、蓄电池室、屏蔽门管理室、低压开关柜室、信号电源室等重要电气设备用房设置高压细水雾灭火系统。

高压细水雾系统主要由高压泵组、区域控制阀组、高压细水雾喷头、补水增压装置、高压不锈钢管道等组成。

14.5 工程设计特点

14.5.1 高压细水雾灭火系统创新技术

17号线在地下车站重要电气设备用房使用高压细水雾灭火系统。以往的地铁车站重要电气设备用房多采用了IG-541气体灭火系统,作为新技术的使用,高压细水雾灭火系统的选择与设计综合考虑了防护对象的火灾危险性与火灾类型、设计防火目标、防护对象的特征与环境条件和喷头的喷雾特性等因素,本次采用了快速灭火的开式系统,性能比较见表14-1。

表 14-1 常用灭火系统对比表

性质或要求		CO₂	FM200	IG-541	高压细水雾
灭 A、B 类和电气火灾的有效性		可以有效灭火,但灭火的不确定性因素较多。最大的问题在于空间密闭条件被破坏情况下的灭火失效率较高。另外对于电气深位火灾,复燃的概率较高			可以有效灭火,能够承受一定的自然或主动通风,可有效抑制深位火复燃
有无毒性		人体致命浓度20%,灭火的最低浓度34%	热态下产生FH物质,具有腐蚀性,有毒	主要由少量 CO_2 和惰性气体组成,其中 NOAEL=43%,LOAEL=52%	无毒,且可以降低火灾场所的烟尘、CO_2 和 CO 含量
对环境的影响		有影响	有影响	有很少影响	无影响
对设备的影响		影响较小	灭火时产生的FH具有腐蚀性	无影响	影响很小,通过采用可靠工艺,影响会降到最低
灭火的可持续性与浸湿作用		灭火介质受限,不能保证持续灭火,对燃烧物没有浸湿作用,对于很多可能出现复燃的固体深位火灾无法确保可靠灭火。一般气体喷放时间 60 s。灭火的设计浓度在34%~50%范围,施放后浓度保持时间气绝于空间的密闭性			水源易获取,可重复启动持续灭火,对燃烧物有较强的浸湿作用。系统基本储水 3 m³,在提设市政补水,持续时间不少于 600 s
灭火的二次效应	灭火的二次损失	二次损失很小	腐蚀性物质将造成二次损失	无二次损失	用水量极小,水渍损失易控制
	灭火后的可再用性	包括备用灭火介质在内气体一旦喷放,不可再用,不便于针对复燃或蔓延火灾的扑救			可再用,通过市政补水可以长时间控制灭火或降温
吸热、辐射热阻隔及除烟性能		有很少的冷却作用,无辐射热阻隔及除烟性能	无吸热、辐射热阻隔及除烟性能		具有强的吸热、辐射热阻隔性能
人员疏散计划及时间要求		必须及时疏散	冷态时人体可接触,应及时疏散	可短时处于释放空间内,但也应及时疏散	有除烟和 CO 的能力,有疏散冗余时间,人可处于细水雾喷放空间内
使用维护的方便性、安全性		系统涉及高压储气装置、高压气体输送管路和泄露灌装问题,维护复杂,专业性强,成本高。灭火剂储存压力高达 15~20 MPa			主管道正常运行工作压力较低,一般低于 1 MPa,区域阀后往往没有水或水压很低,使用维护安全、简单
配套工程成本、维护使用成本		必须有配套工程保证空间密闭条件,成本高			对空间密闭条件要求低,成本较低

14.5.2 废水系统设计优化技术

在车站诱导缝及施工缝上游 500 mm 左右处设 DN50 排水管,排水管是针对分缝薄弱点的渗漏水而设置的。

垂直电梯基坑底设置 DN100 排水地漏,地漏排水管引入附近的集水坑内,坡度不小于 2.0%。

站台板下找坡并增加排水沟,保证板下的渗漏水能有组织地排入废水池。

过轨电缆通道、道岔区、人防洗消集水坑等低洼处可能存在渗漏水隐患,配置排水泵。

14.5.3 区间排水系统优化设计

轨道交通入地前的高架桥段坡度普遍较大,超标暴雨时通过桥面排水孔很难截流全部雨水,因此在入地点前增设横截沟,进一步拦截桥梁段雨水,排放到路面雨水系统,贯彻了高水高排、低水低排的原则,同时也减少了流入洞口雨水泵房的水量,降低泵房造价。利用本工程范围内河系发达的特点,雨水经泵提升后至压力井,通过专用管道收集纳入规划保留河道,不再按常规接入市政雨水管道,减少集中流量对街坊雨水排水的影响。雨水泵房配置4台排水泵,其中1台备用,并考虑了备用泵在超标暴雨时开启的措施。

高架桥面很多区域为平坡设计或坡度较小,因此增设桥面应急排水孔,当积水达到一定深度时通过应急排水孔迅速排水。采用专用排水管道收集,将高重现期的桥面雨水系统和低重现期的地面雨水系统完全分开,更好地保证了排水效果。由于管道采用自排方式,因此采用低粗糙系数的HDPE双壁缠绕管减少水头损失。

14.5.4 先进的虹吸雨水排水系统

近年来特大暴雨频频出现,高架车站屋面的排水不畅问题引起了人们的重视,考虑到高架车站的重要性,17号线车站屋面作为重要屋面考虑采用了高标准的设计,采用$P=10$年暴雨重现期,加上溢流设施可达到$P=50$年的设计标准。高架车站屋面雨水一般通过排水立管以重力流方式纳入排水点;在屋面面积大时,部分车站采用虹吸式雨水排水系统,虹吸系统管道可以根据需要设计,管径小且可以减少立管数量,使管道布置隐蔽美观、系统安全性高、虹吸雨水斗排量大、屋面开孔少,减少了屋面漏水的概率。

Chapter 15 火灾报警系统

15.1 设计原则和标准

15.1.1 设计原则

(1) 火灾报警系统(FAS)以安全、可靠、实用为前提,体现"以人为本"的设计指导思想。

(2) 火灾报警系统(FAS)贯彻"预防为主、防消结合"的方针,遵循国家的有关法规和规范,符合上海市消防局的有关规定。FAS系统按照全线同一时间内发生一次火灾设计。

(3) 本线火灾报警系统采用控制中心和车站二级管理模式。

(4) 本线火灾报警系统在控制中心深度集成至中央一体化操作系统,在车站深度集成至车站一体化操作系统,从而实现全线火灾报警系统统一监控及管理。

(5) 全线的火灾指挥中心设在控制指挥中心内,车站、车辆段/停车场等各级防灾指挥中心分别设在车站控制室、车辆段/停车场综合楼控制室。

(6) 对防排烟与送排风系统共用的风机及风阀等设备采用正常工况与事故工况两种运行模式,正常工况由设备监控系统实施监控管理,事故工况模式由火灾报警系统发出控制指令给EMCS;EMCS接收到此指令后,根据指令内容,启动相关的火灾模式,实现对相关设备的火灾模式控制,同时反馈指令执行信号,显示在救灾指挥画面上,帮助救灾指挥的开展。

(7) 采用气体灭火系统保护的电气设备用房,由气体灭火系统完成火灾报警和控制联动(气体灭火系统保护区内的防火阀由气灭系统完成监控及复位;FAS系统通过气灭系统转发的信号实现对气灭保护区内每个防火阀的状态进行监视,且FAS系统还需将防火阀状态信息传递至EMCS系统)。FAS系统通过与气体灭火系统的接口,接收火灾预警信号、火灾报警信号、系统故障信号、防火阀状态信号、手动/自动状态信号和气体喷放等相关信号,并可根据需要向气灭系统发出关闭气体灭火系统保护区内防火阀的控制指令。

(8) 采用高压细水雾灭火系统保护的电气设备用房,由FAS系统设置保护区内火灾探测器(整流变压器室采用空气采样和红外对射火灾探测器)及警铃、声光报警器、喷放指示灯等设备,并按照相关消防联动规则完成对高压细水雾灭火系统及保护区内防火阀的控制;由FAS系统设置细水雾灭火系统保护区内防火阀的复位箱。

(9) 消防水泵、专用排烟风机的控制设备除了采用总线编码模块控制时,还应在消防控制室设置紧急手动直接控制装置。紧急手动直接控制装置由设备监控系统IBP盘统一设置。

(10) 消防广播与车站广播系统合用,设有火灾紧急广播功能,火灾时可强行转入紧急广播状态;车辆段/停车场等通信系统未设置公共广播场所,由本系统设置消防广播或警铃。

(11) 接收主时钟同步信息,实现全线时间同步。
(12) 各个车站的 FAS 消防主机直接构成环网,全线形成专用的独立系统。
(13) 火灾报警系统所采用的设备必须是经国家有关产品质量监督检测单位检验合格的产品,并得到上海市消防部门通报认定产品。
(14) 火灾报警系统电源为一级负荷的消防电源,由动力专业提供二路独立电源。系统接地电阻及接地应符合消防规范及有关规程的要求。

15.1.2 主要设计标准

(1) 控制中心中央级控制响应时间:小于 2 s。
(2) 控制中心中央级信息响应时间:小于 2 s。
(3) 站点控制响应时间:小于 1 s。
(4) 站点信息响应时间:小于 1 s。
(5) 火灾报警回路响应时间:小于 0.85 s。
(6) 火灾报警系统主要设备平均无故障时间(MTBF):不小于 100 000 h。
(7) 火灾报警系统监控系统单台设备装置故障恢复时间:MTTR<30 min。
(8) 回路导线截面在 1.5 mm² 的条件下,每个总线回路长度不小于 1 500 m。
(9) 接地电阻:≤1 Ω。

15.2 系统构成

15.2.1 全线系统构成

全线系统构成如图 15-1 所示。
(1) 火灾报警系统采用控制中心(中央级)、车站(车站级)二级监控与管理方式,由控制中心实现全线火灾报警系统的集中监控和管理。
(2) 控制中心调度大厅内设置中央级火灾报警控制器,作为全线火灾报警系统的控制主机。
(3) 中央级不单独设置 FAS 专用图形监控终端,相关功能集成至中央一体化操作系统(CIOS)中。
(4) 中央级火灾报警控制器与全线各车站、车辆基地、主变电所、区间变电所和控制中心大楼的火灾报警控制器,通过通信专业提供的专用 6 芯单模光纤(4 用 2 备)相连,构成环网并进行信息传输,组成全线火灾报警系统。
(5) 火灾报警系统网络采用环形网络拓扑结构方式。每一台火灾报警控制器都能独立完成所管辖区域内设备的监视与控制,并且在网络通信中具有同等的地位。无论哪个节点出现新的报警点,在网络上都有优先权。如果在节点之间出现短路、开路等故障及控制器节点自身故障,节点应自动隔离,网络通信不应中断。任意节点的控制器通过软件设置后,应可实现对整个网络的监视与控制功能。
(6) 控制中心配置 FAS 远程维护终端,可对全线站级控制器和图形监控终端进行远程维护。
(7) 在朱家角停车场备用控制中心先行设置一套完整的中央级系统设备,以满足中央监控功能。待蒲汇塘网络控制中心大楼建成,需要在蒲汇塘控制中心新设置一套完整的 FAS 中央级监控设备并

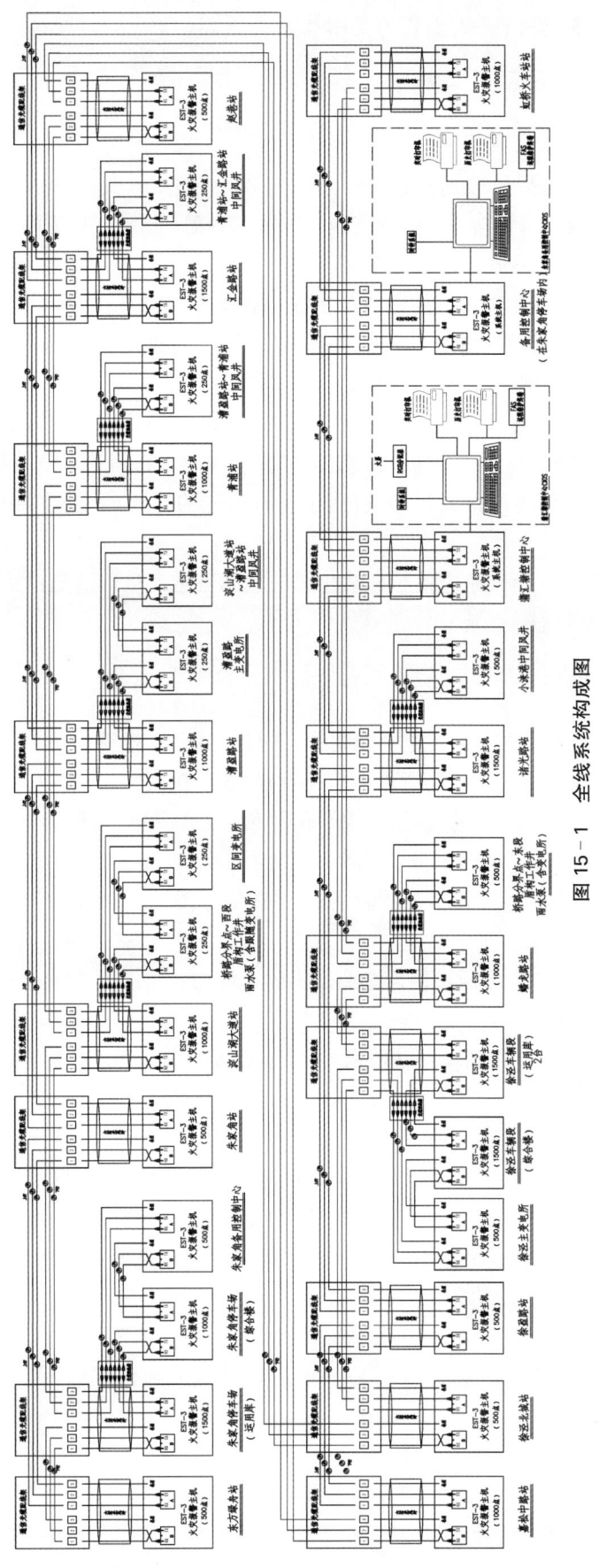

图 15-1 全线系统构成图

作为主用系统,朱家角停车场控制中心调整作为备用系统。

15.2.2 车站级系统构成

典型车站系统构成如图15-2所示。

(1) 车站级在各车站、车辆基地、控制中心大楼、主变电所、区间变电所、区间风井等部位的消防控制室设火灾报警控制器,能对其所管辖的范围独立执行消防监控管理。其中,区间变电所、区间风井、区间泵房的消防监控管理功能分别托管在附近车站。

(2) 火灾报警控制器、图形监控终端(各车站不单独设置FAS图形监控终端,由SIOS专业集成实现监控功能)和本管辖区域内的各种探测器、手动报警按钮、电话插孔、消防专用电话、控制联动设备、信号输入和信号输出模块等现场设备构成车站级火灾报警系统。

(3) 火灾报警控制器通过通信接口与机电设备监控系统PLC控制器相连接,完成对兼用环控设备的联动控制。同时火灾报警控制器通过通信系统提供的光纤媒质,将信息送至控制中心。

(4) 车站火灾报警系统设置专用针式打印机,用于实时信息的打印;另通过共享SIOS系统配置的激光打印机打印各类报表。

(5) 车站火灾报警系统工程范围还包括与车站相邻的区间隧道。区间隧道的火灾报警系统设备接入相邻车站的火灾报警控制器。

15.2.3 车辆基地系统构成

(1) 车辆基地的DCC控制室设火灾报警控制器,并与全线火灾报警系统直接联网。综合楼等建筑单体设置区域火灾报警控制器,其消防管理功能托管在DCC控制室,即DCC控制室火灾报警控制器可对整个车辆基地内FAS系统设备进行监控。信号楼、混合变电所、综合楼、检修库及材料总库、运行库、联合车库等设备用房及管理用房设置各类探测器。

(2) 车辆基地的DCC控制室应设置消防电话主机,并在信号楼、综合楼、检修库、混合变电所等场所设置消防电话分机及电话插孔。

(3) DCC控制室火灾报警控制器通过通信专业提供的光纤与各车站及控制中心火灾报警控制器组成的全线火灾报警系统联网。

(4) 在通信系统未设置公共广播的车辆基地相关区域,火灾报警系统应根据具体情况增设消防广播,广播控制台设在DCC控制室。消防应急广播须符合火灾报警系统规范要求。

(5) 车辆基地的联合车库、混合变电所、降压变电所等用房设置声光报警装置。

(6) DCC控制室的火灾报警控制器、图形监控终端与综合楼等建筑内的区域火灾报警控制器及管辖范围内的各类探测器、手动报警按钮、输入和输出模块等现场设备构成车辆基地火灾报警系统。

(7) 车辆基地的火灾报警系统设置专用针式打印机,用于实时信息的打印;另通过共享由门禁系统设置的网络打印机,实现报表打印功能。

(8) 徐泾车辆段主变电所设置区域主机并接入车辆段DCC控制室FAS系统,朱家角停车场临时控制中心大楼设置区域主机并接入停车场DCC控制室FAS系统;徐泾车辆段主变电所和朱家角停车场备用控制中心大楼均设置FAS系统图形监控工作站。

15.2.4 主变电所系统构成

(1) 漕盈路主变电所设置车站级的火灾报警控制器,通过光缆在相邻车站与全线火灾报警系统直

15 火灾报警系统

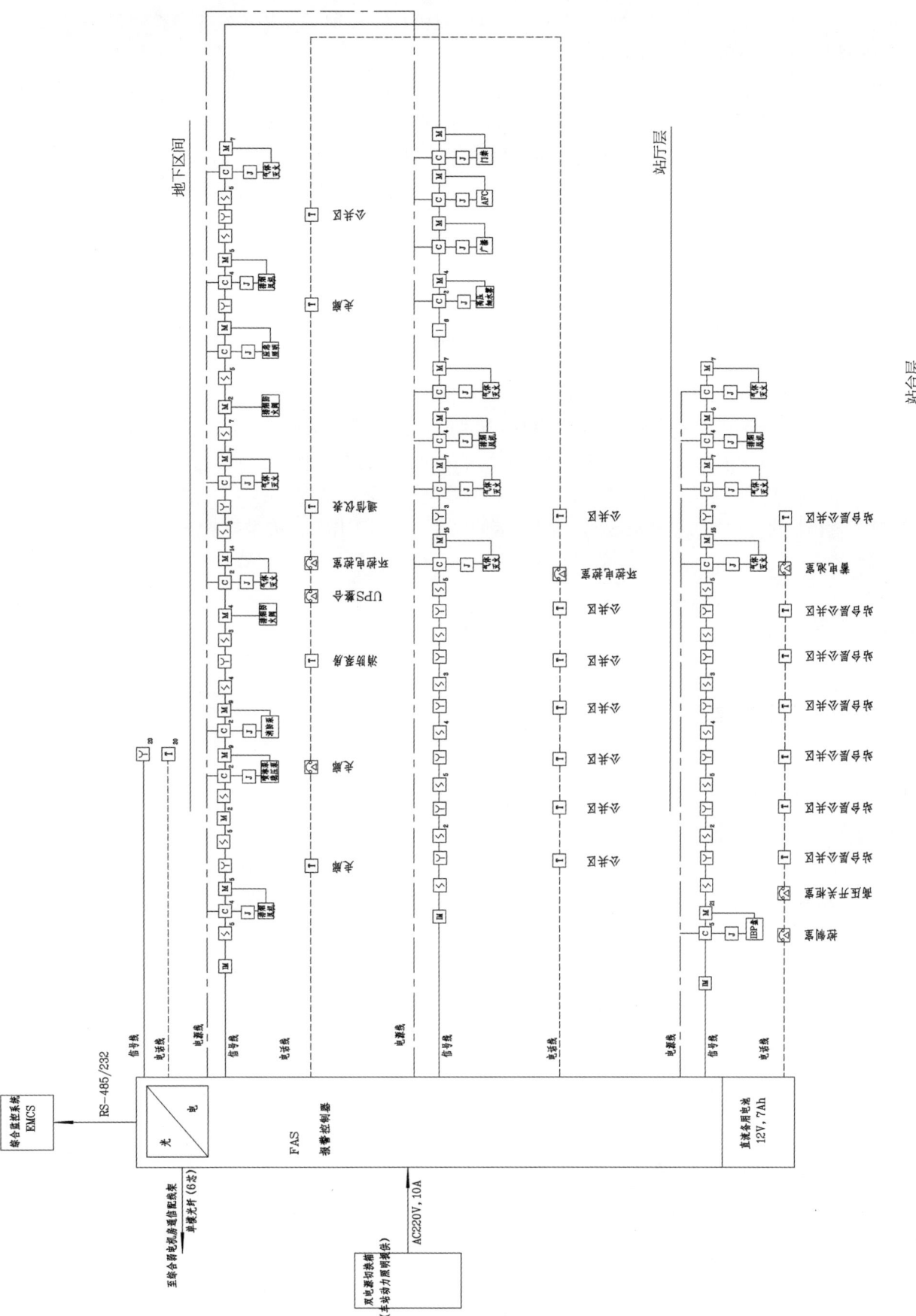

图 15-2 典型车站系统构成图

接联网。徐泾车辆段主变电所设置火灾报警控制器(区域机),接入 DCC 室内火灾报警控制器,并在主变电所内设置火灾报警系统监控工作站。

(2) 主变电所的火灾报警范围包括连接相邻车站的电缆通道。

(3) 地面主变电所的 GIS 室、主变压器室等高大空间设空气采样式感烟探测器,以干接点通过模块方式接入 FAS 报警回路,FAS 主机接收每个探测区域预警信号、火警信号和探测器故障信号。

(4) 主变电所设固定消防电话。

(5) 主变电所火灾报警控制器、图形监控终端与管辖范围内的各类探测器、手动报警按钮、声光报警装置、输入和输出模块等现场设备构成主变电所火灾报警系统。

15.2.5 区间变电所、区间风井与区间泵房系统构成

(1) 区间变电所、区间风井与区间泵房设置车站级的火灾报警控制器(不设图形监控工作站),通过光缆在相邻车站与全线火灾报警系统直接联网,其消防监控管理功能分别托管在相邻车站。邻近车站的图形监控终端应能显示区间变电所、区间风井和区间泵房的火灾报警系统信息。

(2) 区间变电所、区间风井与区间工作井火灾报警控制器与管辖范围内的各类探测器、手动报警按钮、输入输出模块等现场设备构成区间变电所、区间风井与区间工作井火灾报警系统。

15.3 工程设计特点与难点

15.3.1 工程设计特点

1) 车站及中央采用一体化集成方案

详见第 16 章中中央及车控室一体化操作系统相关内容。

2) 车站空气采样设置方案

(1) 以往地铁车站整流变压器室采用感烟探测器进行火灾报警探测设备,但考虑到整流变压器室内探测设备检修不便,本次设计车站整流变压器室采用多样探测器组合方式,设置红外探测烟感及空气采样监测,有利于设备维护及精确探测火灾情况。

(2) 本线工程诸光路站及蟠龙路站站厅公共区部分采用中庭形式,由于层高超过点式感烟探测器安装限制,而红外探测烟感会受到紫外线等多种情况干扰,易产生误报。因此,本次设计诸光路站及蟠龙路站站厅公共区 FAS 采用空气采样监测系统实现火灾探测。这也是上海地铁车站首次在站厅公共区采用空气采样监测系统。

3) 高压细水雾联动方案

本线工程车站设备机房采用高压细水雾灭火系统,相较于传统气体灭火系统,保护区内探测器由 FAS 设置,阀门由 FAS 监控及复位。

15.3.2 工程设计难点

1) 虹桥火车站站换乘方案

详见第 16 章 16.5 节内容。

2) 徐泾车辆段方案

本线工程设有一段一场,其中,徐泾车辆段采用上盖开发模式建设,由于建设周期的原因,徐泾车辆段的建设采用新的建筑防火规范,车辆基地通风空调专业根据新规范在盖下室外区域增加了大量的消防设备及联动风阀,为满足消防联动要求,车辆段 DCC 控制室内的消防主机进行了扩容升级,由于回路限制,由原有 1 台火灾报警主控制器增加至 3 台火灾报警主控制器。

同时,车辆段盖下区域采用预作用消防喷淋系统,根据规范要求,需设火灾探测器进行联动,由于盖下室外区域无封闭围墙遮挡,如采用感烟探测器或空气采用探测系统将有误报的可能。因此,经过多种探测方案比选,盖下区域布设红外探测烟感实现预作用消防喷淋系统的联动。

Chapter 16 机电设备监控系统

16.1 设计原则和标准

16.1.1 设计原则

(1) 设备监控系统采用控制中心、车站2级管理和控制中心、车站、现场3级控制的模式,监控对象主要包括通风、空调、给排水、照明、自动扶梯等设备,按功能分散、信息集中的原则,采用分层分布式结构,以车站控制为基本单位。

(2) 本线设备监控系统在控制中心深度集成至中央一体化操作系统,在车站深度集成至车站一体化操作系统,从而实现全线设备监控系统统一监控及管理。

(3) 系统以安全、可靠、实用、经济为前提,体现"以人为本"的指导思想。

(4) 控制中心调度大厅设环控及防灾调度台,车控室设监控工作站。

(5) 车辆段/停车场不设机电设备监控系统。

(6) 利用通信系统提供的传输条件组网,不设专用的传输通道。

(7) 主要设备采用冗余配置,所有设备均能满足不间断连续运行的要求,在任一单点故障的情况下,系统仍能正常运行。

(8) 控制中心故障时,车站控制系统能独立运行;车站控制系统故障时,底层(设备层)仍具有基本的控制能力。

(9) 车站通风系统设备在正常运行模式下由机电设备监控系统控制,火灾时按FAS系统的控制信号运行。

(10) 在车控室设置综合后备应急控制盘(IBP)对防灾有关设备直接控制。

(11) 机电设备监控系统按一级负荷要求供电,采用集中UPS后备,UPS供电时间不小于1h。

(12) 采用综合接地,接地电阻不大于1Ω。

(13) SIOS对火灾报警系统(FAS)、设备监控系统(EMCS)、门禁系统(ACS)、智能照明系统(ILS)实施深度集成,对自动售检票系统(AFC)、站台门系统(PSD)、乘客信息系统(PIS)等实施操作集成。

(14) 控制中心设中央一体化操作系统,对电力监控系统(SCADA)、EMCS、FAS进行深度集成,对PSD、AFC、视频监视系统(CCTV)、广播系统(PA)进行操作集成,对信号系统(ATS)、时钟系统(CLK)进行互联。

(15) 中央及车控室一体化操作系统采用控制中心、车站2级管理和控制中心、车站、现场3级控制的模式。

(16) 中央及车控室一体化操作系统遵循集中管理、分散控制、资源共享的设计原则。

(17) 中央及车控室一体化操作系统采用统一的运营管理平台,实现各种基础数据的统一管理及相关系统之间的数据共享,进而增强系统之间业务关联的效率,提高轨道交通监控系统的自动化程度及突发事件联动处置能力和处置速度。

(18) 中央及车控室一体化操作系统采用冗余结构,系统主要设备和网络采用冗余热备份方式运行,确保单点故障不影响系统正常的使用功能,提高系统的可靠性和可用性。

(19) 中央及车控室一体化操作系统网络采用成熟、通用的开放式结构,组网灵活、易于扩充、可靠性高。

(20) 中央及车控室一体化操作系统的软件采用模块化结构设计,组态灵活、配置方便,满足系统集成范围优化和运营管理模式调整的要求。

(21) 中央及车控室一体化操作系统的接口遵循国际标准和行业规范,支持物理接口与通信协议无关的特性,提高接口配置的灵活性和现场调试的便捷性。

(22) 设备或网络故障时,中央及车控室一体化操作系统具有对重要功能的后备控制手段。

16.1.2 主要设计标准

1) 响应性指标

(1) EMCS 的响应性指标应满足 CIOS 及 SIOS 系统性能指标的要求。

(2) 对于车站级(主变电所 EMCS 专用监控工作站):所有数据变化刷新时间应≤2 s;重要数据变化刷新时间应≤1 s;重要报警信息的响应时间应≤1 s;数字量信息更新时间应≤1 s;模拟及脉冲量信息更新时间应≤2 s;操作站上画面刷新时间应≤1 s。

2) 系统可靠性指标

系统可靠率≥99.99%;

系统平均无故障时间(MTBF)≥10 000 h;

平均修复时间(MTTR)<0.5 h;

系统整体使用年限:20 年;

单台设备平均无故障时间(MTBF)>100 000 h。

3) 主要性能指标

车站及车控室一体化操作系统控制系统应满足实际使用条件下的性能需求,主要性能指标如下:

(1) 系统响应时间不大于 2 s。

(2) 遥测传送时间不大于 3 s。

(3) 遥信变位传送时间不大于 2 s。

(4) 遥控、遥调命令传送时间不大于 3 s。

(5) 系统实时数据扫描周期不大于 1 s。

(6) 画面实时数据刷新周期不大于 1 s。

(7) 画面点击响应时间不大于 0.3 s。

(8) 画面切换时间不大于 1 s。

(9) 冗余服务器切换时间不大于 2 s。

(10) 网络通信速率不小于 100 Mbits/s。

(11) 串行通道传输速率不小于9 600 bits/s。
(12) 现场总线通信速率不小于1 Mbits/s。
(13) 系统平均无故障工作时间不小于10 000 h。
(14) 系统平均修复时间(MTTR)不大于0.5 h。
(15) 系统可用率不小于99.95%。
(16) 车站网络负荷正常情况下不大于10%；高峰时不大于30%。
(17) 系统重启的时间不大于15 min。
(18) 历史数据保存时间不少于1年。
(19) 操作记录保存时间不少于1年。
(20) 系统中使用的软件符合EN 50128中最低安全完善度等级SIL 2标准。

16.2 车站级系统构成

16.2.1 地下车站系统构成

典型地下车站系统构成如图16-1所示。

(1) 地下车站的站级EMCS为带有监控工作站的PLC控制系统，主要设备包括监控工作站(由SIOS系统提供工作站并集成监控功能及界面)、网络交换机(车站级交换机由SIOS系统设置)、打印机(由SIOS系统设置)、PLC控制器、远程I/O装置、IBP盘、传感器和光电缆等。

(2) 站级监控工作站设置在车站控制室，由SIOS系统提供工作站硬件并集成监控功能及图形显示界面。冗余设置的车站级网络交换机(由SIOS系统设置)连接至PLC控制器，构成车站级信息层网络，并通过通信传输系统提供的两个共享以太网通道连接中央CIOS系统。

(3) 地下车站PLC控制系统采用两台相同配置的PLC，分别设在车站两端的环控电控室，并以同步光缆相互连接。两台PLC的任务能实现无缝切换，任何一台PLC的故障均不能造成设备监控系统功能的下降。车站级PLC系统采用工业以太环网连接远程I/O装置，站内的风水电设备和检测仪表分别采用通信线或硬线I/O接口连接。车站级PLC系统同时采用双向通信接口连接FAS控制器，实现火灾状态下各种机电设备的运行协调。

16.2.2 高架车站系统构成

典型高架车站系统构成如图16-2所示。

(1) 高架车站的站级EMCS为带有监控工作站的PLC控制系统，主要设备包括监控工作站(由SIOS系统提供工作站并集成监控功能及界面)、网络交换机(车站级交换机由SIOS系统设置)、打印机(由SIOS系统设置)、PLC控制器、远程I/O装置、IBP盘、传感器和光电缆等。

(2) 站级监控工作站设置在车站控制室，由SIOS系统提供工作站硬件并集成监控功能及图形显示界面。冗余设置的车站级网络交换机(由SIOS系统设置)连接至PLC控制器，构成车站级信息层网络，并通过通信传输系统提供的两个共享以太网通道连接中央CIOS系统。

(3) 高架车站PLC控制系统采用两台相同配置的PLC，设置在车站通信机房，并以同步光缆相互连接。两台PLC的任务能实现无缝切换，任何一台PLC的故障均不能造成机电设备监控系统功能的

16 机电设备监控系统

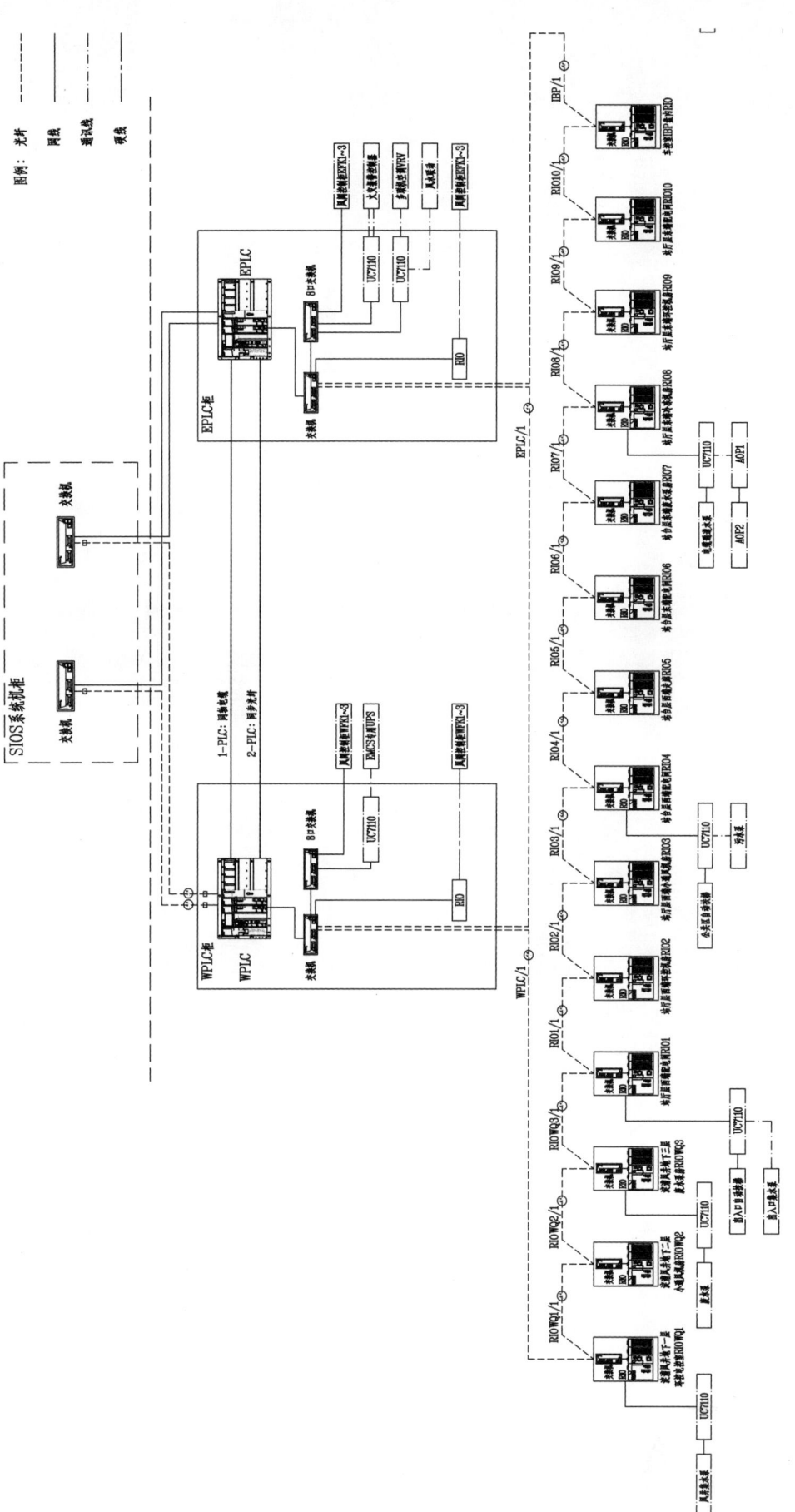

图 16-1 典型地下车站系统构成图

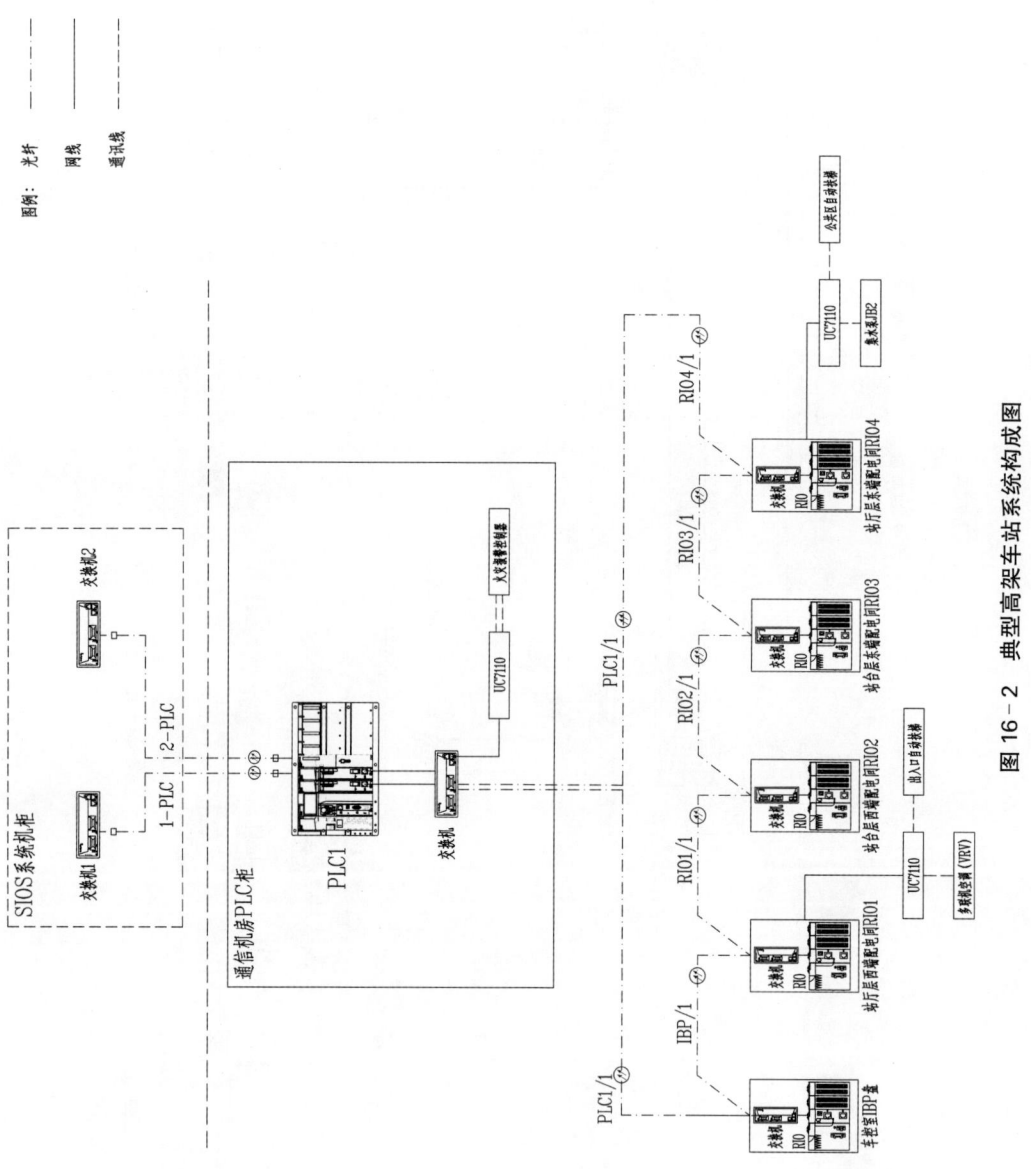

图 16-2 典型高架车站系统构成图

下降。车站级控制PLC冗余配置,采用双网络接口连接到全线EMCS系统中,采用工业以太环网连接输入输出设备或远程I/O装置,承担站内各相关系统的控制协调及设备的控制操作和状态检查,站内的风水电设备和监测仪表分别采用通信线或硬线I/O接口连接。车站级PLC系统同时采用双向通信接口连接FAS控制器,实现火灾状态下各种机电设备的运行协调。

16.2.3 控制中心大楼、主变电所系统构成

控制中心大楼系统构成如图16-3所示。

(1) 控制中心大楼、主变电所的EMCS为带有监控工作站的PLC控制系统,主要设备包括监控工作站、网络交换机、打印机、PLC控制器、远程I/O装置、IBP盘、传感器和现场总线等。

(2) 监控工作站设置在值班室,以冗余设置的网络交换机连接PLC。控制中心大楼的EMCS交换机经由电缆直接连接至控制中心中央CIOS网络交换机;漕盈主变电所的EMCS交换机采用光缆连接到附近车站的SIOS网络交换机,徐泾车辆段主变电所的EMCS交换机采用光缆连接到车辆段通信系统传输系统配线架,分别经车站网络和通信传输系统以太网通道连接中央CIOS系统(朱家角停车场DCC控制室设置控制中心大楼EMCS系统复视监控工作站;徐泾车辆段DCC控制室设置徐泾主变电所EMCS系统复视监控工作站)。

(3) 控制中心大楼、主变电所的EMCS控制PLC冗余配置,采用双网络接口连接到全线EMCS系统中,采用工业以太环网连接输入输出设备或远程I/O装置,承担楼(所)内各相关系统的控制协调

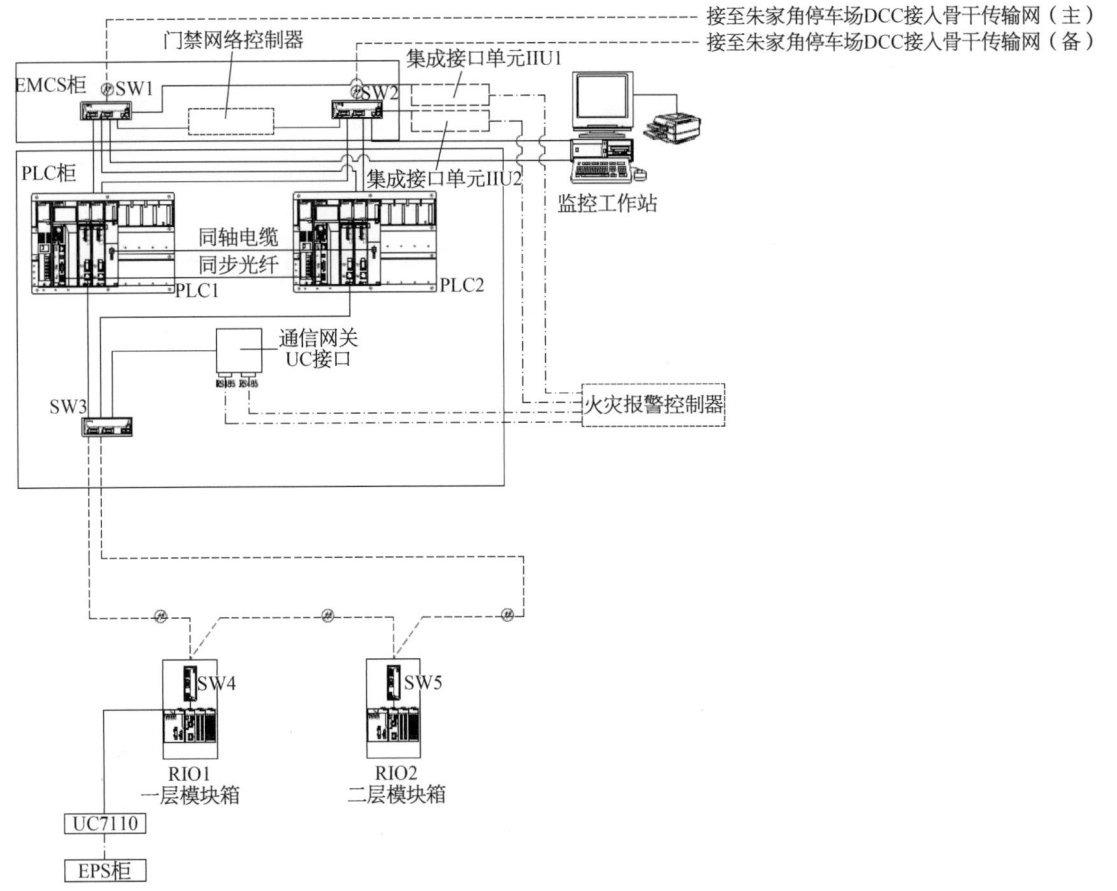

图16-3 控制中心大楼系统构成图

及设备的控制操作和状态检查。楼(所)内的各种机电设备和检测仪表分别采用通信线或硬线 I/O 接口连接。该站级 PLC 系统同时采用双向通信接口连接值班室内的 FAS 控制器,实现火灾状态下各种机电设备的运行协调。

16.2.4　区间风井、区间泵房、区间变电所系统构成

(1) 区间风井、区间泵房、区间变电所的 EMCS 就近接入相邻车站 EMCS 系统中,由相邻车站统一监控,区间风井、区间泵房、区间变电所内不设置监控工作站。

(2) 区间风井、区间泵房、区间变电所的 EMCS 仅设置远程 I/O 装置,通过光缆与相邻车站相联,接入相邻车站 PLC,由相邻车站的 SIOS 监控工作站承担所辖区间风井、区间泵房、区间变电所内各相关设备的监控。区间风井、区间泵房、区间变电所内的各种机电设备分别采用通信线或硬线与 I/O 接口连接。

16.2.5　远程 I/O 设置

在部分设备机房设置远程 I/O 装置(RI/O),负责与附近的被监控设备接口,以减少控制电缆的配置。RI/O 装置应根据设备的监控点数和通信要求配置相应的接口模块。在表 16-1 位置(包括但不限于)应设置 RI/O 装置。

表 16-1　远程 I/O 设置位置表

序号	位置	典型车站数量		接口对象	RI/O 装置供电
		地下	高架/地面		
1	照明配电室	4	4	照明总配电箱、区间照明配电箱、附近其他机电设备	EMCS 系统自行供电
2	冷冻机房	1	—	冷水机组、仪表、阀门、水泵等	EMCS 系统自行供电
3	空调机房	6	—	组合式空调箱、仪表、阀门、水泵等	EMCS 系统自行供电
4	区间风井	2	—	风机、风阀、水泵、区间照明配电箱等	FAS 系统提供
5	区间泵房	1	—	水泵、区间照明配电箱等	FAS 系统提供
6	区间变电所	—	1	风机、风阀、水泵等	FAS 系统提供

16.3　风水联动系统

16.3.1　系统构成

车站"风-水"联动智能化控制系统的设计体现"集中管理、分散控制"的控制思想(图 16-4)。系统根据被控对象或区域的划分不同,可分为多个功能子系统:

(1) "风-水联动"智能化节能控制主系统(集中监控平台)。

(2) 空调水系统的变流量智能控制子系统。

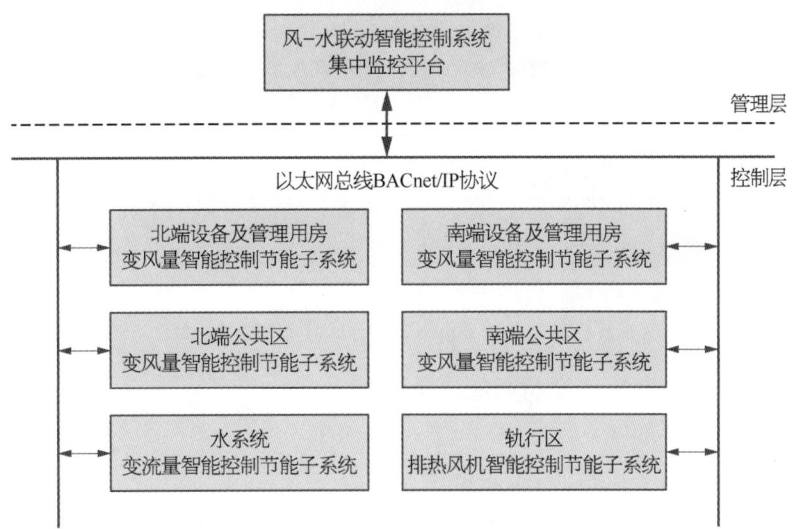

图 16-4 系统总体架构图

(3) 公共区通风空调系统(简称"大系统")的变风量智能控制子系统。

(4) 车站轨行区排热风机智能控制子系统。

"风-水联动"智能化节能控制系统通过通信接口与 EMCS 系统进行连接,实现数据共享及 EMCS 对节能控制系统的集成。

通过网络可实现"风-水联动"智能化节能控制主系统(集中监控平台)与变流量智能控制子系统、变风量智能控制子系统、轨行区排热风机智能控制子系统之间的通信连接,实现对车站通风空调设备的全局协调控制和节能管理功能,并将车站通风空调系统中的主要过程参数、各子系统中设备的运行状态在统一的软件监视界面上分别显示出来,进行集中监视,为系统的运行管理提供便利。

同时,各控制子系统运行相对独立,每个控制子系统拥有一个独立的控制器,内置有专用的系统控制策略;通过控制器与子系统内各智能控制箱之间的通信连接或通过控制器自身独立完成对通风空调系统相关设备的节能控制、调节、保护及监视等功能。

各子系统的每个智能控制箱内均内置有智能控制单元,可在智能控制箱上实现本地逻辑联锁及保护控制,控制动作的执行分散到各个智能控制箱上执行,可有效避免因通信中断、管理平台失效等因素而造成系统控制失效的问题。

1) "风-水联动"智能化节能控制主系统(集中监控平台)构成

"风-水联动"智能化节能控制主系统(集中监控平台)通过以太网将主系统与各子系统连接,实现信息的集成、集中监视、联动控制。

主系统主要由计算机、系统软件及网络设备等构成。

2) 变流量智能控制子系统构成

根据空调水系统(冷水机组、冷冻水泵、冷却水泵、冷却塔等)设备情况,车站变流量智能控制子系统主要由以下设备组成:

(1) 变流量智能控制子系统控制器。

(2) 冷水机组、冷冻水泵、冷却水泵、冷却塔风机智能控制箱柜。

(3) 现场设备配套控制箱。

(4) 现场执行设备(各类电动水阀)。

(5) 现场数据采集设备(各类传感器、流量计)。

变流量智能控制子系统设备与安装于环控电控室的"风-水联动"智能化节能控制主系统(集中监控平台)通过以太网连接并进行数据传输。

3) 变风量智能控制子系统构成

该子系统主要针对车站内通风空调的风系统设备进行控制,控制对象主要为大系统和小系统中的部分设备,主要由以下设备组成:

(1) 变风量智能控制子系统控制器。
(2) 大系统组合空调箱/回排风机智能控制箱柜。
(3) 小系统空调处理机组/回排风机智能控制箱。
(4) 现场设备配套控制箱。
(5) 现场数据采集设备(各类传感器、流量计)。

变风量智能控制子系统设备与安装于环控电控室的"风-水联动"智能化节能控制主系统(集中监控平台)通过以太网连接并进行数据传输。

4) 排热风机智能控制子系统构成

排热风机智能控制子系统主要针对车站轨行区排热系统设备进行控制,控制对象为轨行区排热风机等,主要由以下设备组成:

(1) 排热风机智能控制子系统控制器。
(2) 排热风机智能控制箱柜。
(3) 现场设备配套控制箱。
(4) 现场数据采集设备(各类传感器)。

排热风机智能控制子系统设备与安装于环控电控室的"风-水联动"智能化节能控制主系统(集中监控平台)通过以太网连接并进行数据的传输。

16.3.2 系统功能

1) 系统监视功能

监视空调水系统中冷水机组、冷冻水泵、冷却水泵、冷却塔风机的运行状态和机组对应的传感器/电动阀门/流量计参数(如流量、温度、压差等)。

监视通风空调大系统组合式空调箱、回排风机的运行状态及相关的流量计参数、水阀开度、CO_2浓度、回风温湿度、混风温湿度、新风温湿度、送风温湿度、区域温湿度等。

监视通风空调小系统空调箱风机的运行状态及相关的流量计参数、水阀开度、混风温湿度、送风温湿度、设备及管理用房温湿度等。

监视轨行区排热风机的运行状态、车站轨行区温湿度和CO_2浓度等。

2) 控制功能

(1) 全局协调控制。集中监控平台将风系统变风量控制与水系统变流量控制进行关联,实现全局协调控制,使整个通风空调系统的各个环节能协调工作、高效运行。

(2) 动态水力平衡控制。集中监控平台根据各个末端负荷变化,动态调节冷量供给,有效满足末端负荷需求。

(3) 系统参数设置及远程控制。在集中监控平台的流程监视界面上实现对通风空调大/小系统、空调水系统及车站轨行区排热风机系统中的各设备直接进行参数设置和启停操作,如启停风机、设置风机运行频率、设置冷水阀开度、冷水机组冷冻水出口温度等。

3）异常报警功能

为了能及时发现系统存在的问题，集中监控平台软件能够对设备、传感器及参数的异常进行自动诊断，且发现异常后会自动给出提示，如温度过高、温度过低、压力过高、压力过低、设备故障等。

4）数据查询及分析功能

为了能对系统的历史运行情况进行跟踪，可查询系统的各种历史记录数据，如操作记录、传感器记录、设备状态记录、能耗记录等。查询条件可按需自行定制。

16.4 中央级车控室一体化操作系统

16.4.1 集成定义

1）深度集成

深度集成是指将被集成子系统的监控设备（包括现场级监控设备）全部整合到集成系统之中，除必需的设备级联锁及运转外，其他系统性功能均在集成系统中实现；集成系统与被集成子系统之间的耦合程度最高，关联密切且不可分割。在特殊情况下，被集成子系统可实现最基本的底层操作。被集成子系统的建设是完全服务于集成系统建设实施的要求。

2）操作集成

操作集成是指将被集成子系统操作管理层面的监控功能整合到集成系统之中，被集成子系统不再设置监控工作站和操作键盘；被集成子系统可独立建设；除上位监控功能外，被集成子系统应具备独立工作的能力。集成系统通过数据接口获取被集成子系统的信息，并有机整合成上位应用系统。

3）系统互联

系统互联是指建立关系的双方，均按各自系统特点独立建设，系统双方存在接口关系，按信息资源共享的原则，通过接口互换所需的业务数据与信息来满足自身的系统功能建设。双方均独立工作，没有依赖关系。互联系统耦合程度低。

16.4.2 集成方案

本线在车站设有车站一体化操作系统（SIOS），SIOS系统集成范围包括火灾报警系统（FAS）、机电设备监控系统（EMCS）、门禁系统（ACS）、站台门系统（PSD）、自动售检票系统（AFC）、智能照明系统（ILS）、乘客信息系统（PIS）等，其中对FAS、EMCS、ACS、ILS实施深度集成，对AFC、PSD、PIS等实施操作集成。车站一体化操作系统（SIOS）结构详见图16-5。

本线在控制中心设有中央一体化操作系统（CIOS），CIOS系统集成范围包括电力监控系统（SCADA）、火灾报警系统（FAS）、机电设备监控系统（EMCS）、门禁系统（ACS）、站台门系统（PSD）、自动售检票系统（AFC）、信号系统（ATS）、视频监视系统（CCTV）、广播系统（PA）、时钟系统（CLK）等，其中对SCADA、FAS、EMCS、ACS实施深度集成，对AFC、PSD、CCTV、PA实施操作集成，对ATS、CLK实施系统互联。控制中心一体化操作系统（CIOS）总体网络结构如图16-6所示，系统监控对象见表16-2。

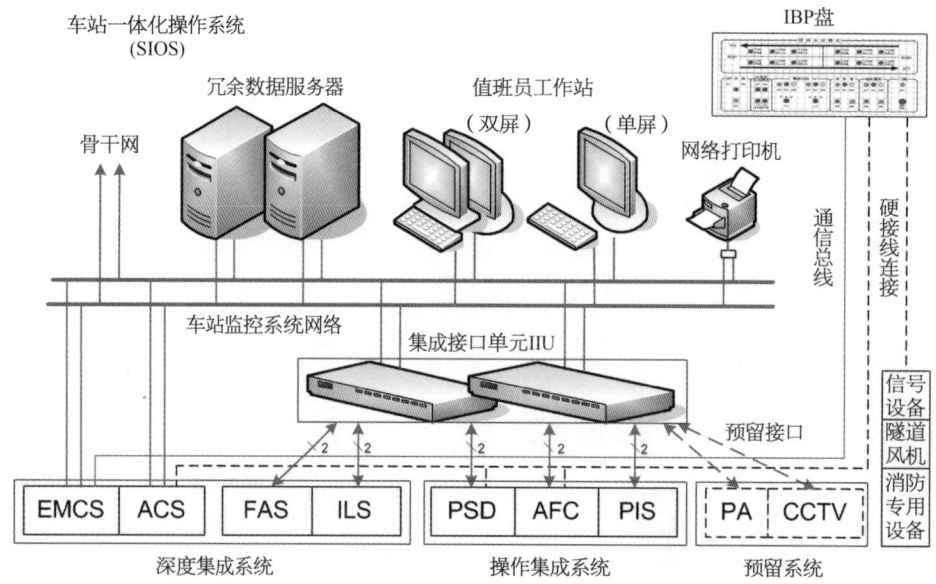

图 16-5 车站一体化操作系统(SIOS)结构示意图

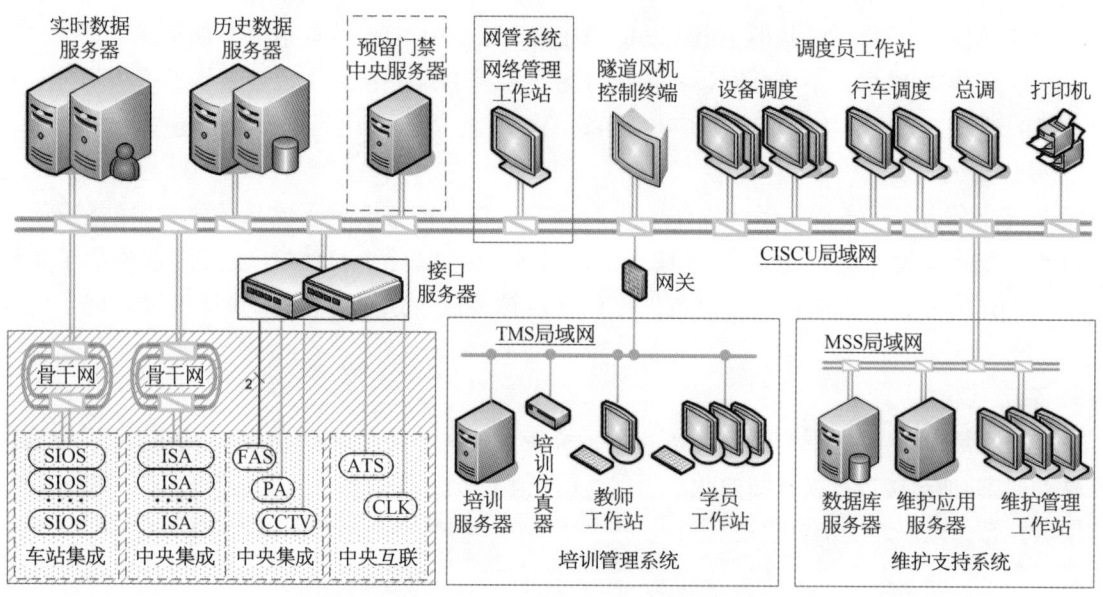

图 16-6 CIOS 系统总体网络结构示意图

表 16-2 系统监控对象表

序号	专业名称	车站			线路控制中心		
		监视	控制	IBP	监视	控制	事故风机盘
1	SCADA				√	√	
2	EMCS	√	√	√	√	√	√
3	FAS	√	√	√	√	√	
4	ACS	√	√	√	√	√	
5	ILS	√	√				

(续表)

序号	专业名称	车站			线路控制中心		
		监视	控制	IBP	监视	控制	事故风机盘
6	PSD	√		√	√		
7	CCTV	√	√		√	√	
8	PA	√	√		√	√	
9	PIS	√	√				
10	AFC	√	√	√	√		
11	ATS	√		√	√	√	
12	CLK	√			√		

16.5 工程设计特点与难点

16.5.1 工程设计特点

1) 车站及中央采用一体化集成方案

本线工程首次全线对车站级及中央级机电设备系统进行集成,其中车站级系统深度集成FAS/EMCS/ACS系统,中央级系统深度集成PSCADA/FAS/EMCS/ACS系统。

车站及中央的一体化集成方案是上海地铁由机电系统独立设置迈向机电系统集成化管理的一个过渡阶段,通过一体化集成,优化了车站及中央的操作设备布置,布局美观整洁,在不降低功能的情况下提升了车站及中央运营效率。

2) 风水联动方案

本线工程地下车站设置风水联动系统,并作为子系统接入EMCS系统,车站值班员可通过车控室SIOS系统工作站对各风水联动系统设备实时监控,并实现节能数据的统计。正常工况下,大系统设备智能变频运行,减少能耗,节约能源。

本次是上海地铁首次在全线地下车站采用节能控制方案,经过上海市质量监督检验技术研究院现场监测及评估,节能成果显著,水系统节能20%、风系统节能50%、综合节能30%。

16.5.2 工程设计难点

相较于上海以往的地铁线路,本次设计CIOS系统深度集成PSCADA系统,即PSCADA所有中央级功能及设备均由CIOS系统实现。对于上海首次实施电力监控深度集成方式,不管是建设单位还是运管单位都是头一次,经过与供电专业的接口对接及点表梳理,CIOS系统顺利完成了对PSCADA系统的深度集成。

第17章 门禁系统

17.1 设计原则和标准

17.1.1 设计原则

（1）门禁系统采用集中管理、分级控制模式，设中央管理级、车站管理级和现场设备三层网络架构。

（2）本线门禁系统在控制中心深度集成至中央一体化操作系统，在车站深度集成至车站一体化操作系统，从而实现全线门禁系统统一监控及管理，门禁授权功能由门禁系统实现。

（3）门禁系统的门禁卡与地铁员工卡合用，采用非接触式IC卡。

（4）员工身份和权限设定由控制中心统一管理。

（5）车站、控制中心、车辆段/停车场、主变电所及中间风井的主要通道、管理用房、办公用房、重要设备用房、调度大厅、电梯及敏感场所设置门禁设备（表17-1）。

表17-1 门禁设置场所一览表

序号	控制中心	车站	车辆段/停车场	主变电所	中间风井
1	降压变电所	弱电设备综合机房	维修中心主要用房	变电所控制室	通道总门
2	变电所控制室	管理用房、设备区主通道	综合楼主要用房	管理用房	
3	各系统工区、管理用房	信号设备机房	库房	设备区主通道	
4	各系统设备机房	环控电控室	变电所		
5	维修室	变电所	通信机房		
6	值班室	车控室	信号机房		
7	电话总机房	站务员室	控制室		
8	会议室	AFC票务管理室			
9	车库	AFC维修室			
10	仪表室	屏蔽门管理室			
11	调度大厅	收款室			
12	调度所主任室	站长室			

(续表)

序号	控制中心	车站	车辆段/停车场	主变电所	中间风井
13	调度员办公室	付费区员工出入口			
14	控制中心主要通道				
15	AFC 终端室				
16	AFC 票务工作室				
17	AFC 票库				

（6）门禁系统能够实现员工考勤功能。

（7）车站级门禁设备与中央级门禁设备利用通信系统传输通道进行信息传输。车站级与现场设备间采用现场总线连接。

（8）门禁系统运行模式采用在线、离线、灾害三种，并且可根据不同情况自动转换，可根据运营需要设置多种门禁管理方案。

（9）门禁系统采用开放性控制系统，系统设计具有高可靠性及稳定性，技术先进，组网灵活，容易维护及扩展，并遵循模块化原则设计。

（10）门禁系统设备配备根据车站环境特点，考虑抗电磁干扰、防尘、防潮、防霉、防震等性能，确保系统可靠运行。

17.1.2 主要设计标准

（1）平均无故障次数：MCBF≥100 000 次。

（2）平均无故障运行时间：MTBF≥50 000 h。

（3）平均故障恢复维修时间：MTTR≤30 min。

（4）中央工作站应自动对系统所有硬件进行 24 h 不间断监测，在系统遭到破坏或硬件监测失去响应时，系统应立即自动报警。

（5）门禁控制设备应具有防拆报警功能，在打开或拆除门禁控制设备时，系统应立即报警。

（6）读卡器、锁具、开门按钮、破玻按钮等就地设备与门禁现场控制器之间信号的传输距离应不小于 100 m，门禁现场控制器之间的信号传输距离应不小于 1 500 m。

（7）门开/闭状态变化上传时间不大于 2 s，上传时间是指从门开/闭状态变化开始，到车站级门禁工作站屏幕更新为止的时间。

（8）门控制命令响应时间不大于 2 s，响应时间是指从车站级门禁工作站上发出控制命令开始，到门锁执行控制命令为止的时间。

（9）刷卡记录数据上传至中央门禁数据库时间不大于 2 s。

（10）单卡授权信息从中央下载就地设备的生效时间不大于 2 s。

（11）10 000 张卡（带有门禁级别及其他相关授权信息）下传生效时间应不超过 5 min。

17.2 系统构成

17.2.1 系统架构

(1) 门禁系统设中央级和车站级二层管理(图17-1)。

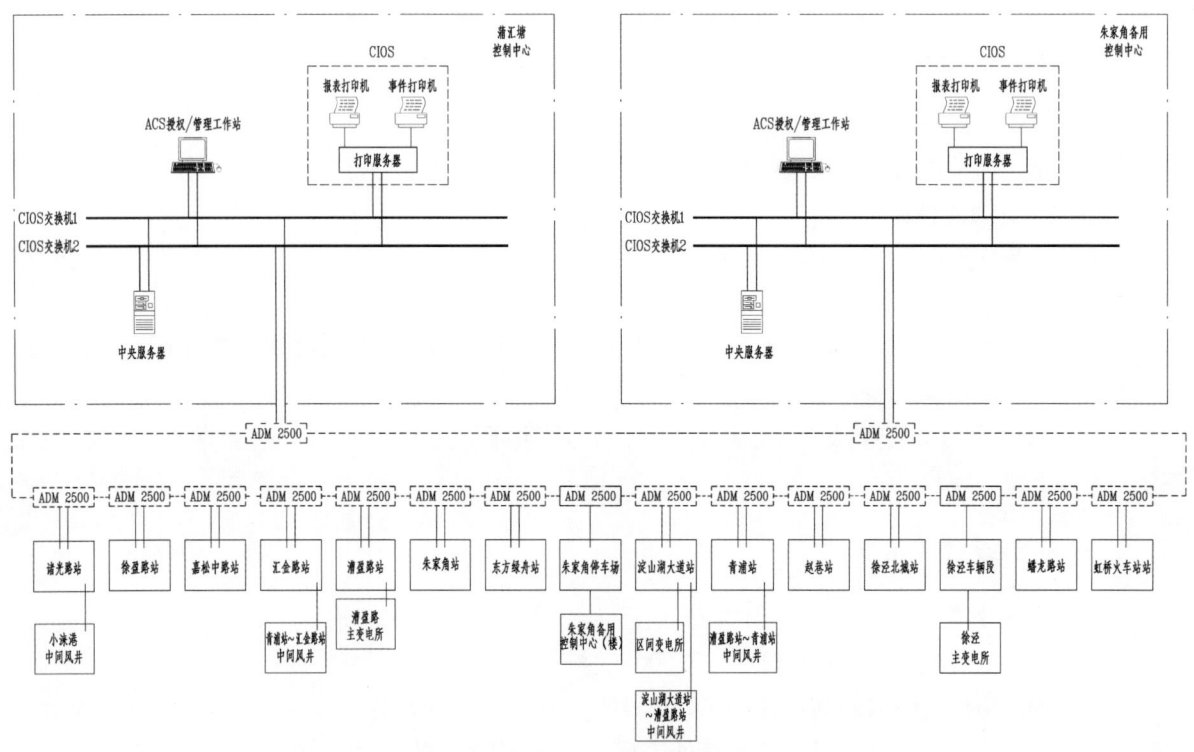

图17-1 门禁系统架构图

(2) 中央级门禁管理层、发卡授权中心设置在控制中心,车站级门禁管理层设置在车站、车辆基地、停车场、主变电所、控制中心大楼等处的控制室,各个管理区域设置现场设备层。

(3) 中央管理级与车站管理级(包括车辆基地、停车场、控制中心大楼)通过通信传输专业提供的信道连接(共享CIOS/SIOS网络通道);车站管理级与现场(就地)控制器间通过以太网方式连接。

17.2.2 中央管理级系统构成

(1) 中央管理级采用C/S结构,设于控制中心,包括中央服务器、授权/监控管理工作站及相关软件系统。

(2) 中央服务器、授权/监控管理工作站应单独设置,布设在CIOS机房(朱家角停车场备用控制大楼设置于弱电综合机房、综合网管室)。

17.2.3 车站、控制中心大楼、主变电所门禁系统构成

(1) 车站、控制中心大楼、主变电所门禁系统由门禁主控制器、现场(就地)控制器、读卡器、门禁锁具、出门按钮、紧急破玻按钮、电源及网络等设备组成。各车站由SIOS系统设置监控工作站实现门禁

系统的监控及管理,控制中心大楼及主变电所由 ACS 系统设置门禁专用监控工作站。

(2) 车站、控制中心大楼、主变电所门禁系统的网络接入设备(包括门禁主控制器)安装在 EMCS 机柜内。EMCS 系统在其机柜内为本专业预留设备安装空间。

17.2.4 车辆基地门禁系统构成

(1) 车辆基地门禁系统包括门禁主控制器、现场(就地)控制器、读卡器、门禁锁具、出门按钮、紧急破玻按钮、电源及网络等设备,监控管理工作站设于车辆基地 DCC 控制室内。门禁监控工作站应根据 DCC 统一要求布置在操作控制台上。

(2) 车辆基地门禁系统的网络接入设备(包括门禁主控制器)安装在 19 in 专用机柜内,机柜设置于运用库通信设备机房。

(3) 车辆基地门禁系统设置网络打印机,供本系统和 FAS 系统打印报表用。

(4) 车辆基地生产区/生活区、带电区/非带电区的安全隔离栏通道门设置门禁点并纳入车辆基地门禁系统,并根据隔离栏通道门的形式采用相配套的锁具。

(5) 朱家角停车场备用控制中心大楼门禁设备接入朱家角停车场 DCC 门禁系统(DCC 可对备用控制中心大楼门禁系统进行监控),并通过通信系统提供的传输网络与全线门禁系统联网;徐泾车辆段主变电所门禁设备接入徐泾车辆段 DCC 门禁系统(DCC 可对徐泾主变电所门禁系统进行监控),并通过通信系统提供的传输网络与全线门禁系统联网。

17.2.5 区间变电所、区间风井、区间泵房门禁系统构成

区间变电所、区间风井、区间泵房作为现场设备层,以总线或环网方式接入相邻车站的门禁系统网络。当传输距离较长时,采用光端机和光缆接续。

17.2.6 现场设备

(1) 现场设备由门禁现场(就地)控制器、读卡器、门禁锁具、出门按钮、紧急破玻按钮等组成。

(2) 车站票务室设进出双向读卡器,进门读卡器带密码键盘;在票务室内设置可视对讲电话主机,在票务室外设置可视对讲电话分机;票务室内设置读卡器,可通过刷卡打开票务室门。

(3) 在车站控制室内设置可视对讲电话主机,在管理用房通道门外设置可视对讲电话分机;车控室内设置带键盘读卡器,可通过刷卡和输入数字选择打开不同管理用房通道门。可视电话主机与带键盘读卡器需根据控制室综合布置要求,采用适当工艺安装于操作台上。

(4) 在主变电所值班室内设置可视对讲电话主机,在主变电所最外层大门外设置可视对讲电话分机;值班室内设置读卡器,可通过刷卡选择打开最外层大门。

(5) 进入 OCC 调度大厅的通道门应设双向读卡器,进门侧设密码键盘,并与 CCTV 联动,总调度台上设门铃、开门按钮及可视对讲装置。

(6) 车辆基地生产区/生活区、带电区/非带电区的安全隔离栏通道门设置门禁点产生延时不关/强行闯入报警时,联动相应部位 CCTV 设备。

(7) 设备管理区直通隧道区间的通道门设双向读卡器门禁。

17.3 工程设计特点与难点

本线工程全线采用第三轨供电方案,车辆基地内同样为第三轨供电。因此,为区分带电区与非带电区,场段运营管理单位划分了分段管理方案,并对门禁系统设备的设置提出了更高的要求,在运用库内设有各股道隔断门,为保证运维人员的安全,各隔断门均设有双向门禁,并配置可视对讲设备,可根据运维人员检修区域分段解锁各股道的隔断门。

Chapter 18 自动售检票系统

18.1 设计原则和标准

18.1.1 设计原则

（1）AFC 系统设计应符合国家相关标准和规范、上海市地方标准和规范及申通集团企业标准和规定，满足上海市轨道交通网络的联网收费和上海市"公交与轨道交通联乘优惠技术方案"等技术文档的要求，实现轨道交通网络内地铁专用车票、上海城市公共交通卡等的"一票换乘"及申通集团互联网云支付的应用需求。

（2）采用非接触式 IC 卡收费系统，实行封闭式计程、计次、限时票价制。票务处理规则应符合上海轨道交通票务中心的相关规定。

（3）单程票采用上海城市轨道交通"一票通"规定的薄型非接触 IC 卡；储值票采用上海城市公共交通"一卡通"规定的标准非接触 IC 卡。

（4）采用以无人售票方式为主，并辅以客运服务中心设置半自动售票机的票务处理方式，进出站检票采用自动检票方式。

（5）系统设计容量应满足远期高峰小时预测客流的处理需求；车站终端设备数量按近期高峰小时预测客流进行配置，并预留远期扩容设备的安装和接入条件。

（6）系统应按多层架构进行设计，应遵循集中管理、分级控制、资源共享原则，各层级应具有独立的运行能力。

（7）采用轨道交通清分中心、线网区域票卡配送点（运营公司）及沿线各车站的三级票务管理模式。

（8）本工程除既有换乘车站——虹桥火车站站外，其他车站的车站计算机系统均需通过线路中央数据汇聚节点接入多线中央计算机系统，通过多线中央计算机系统与轨道交通清分系统互联，实现全网 AFC 系统的统一监控、运营管理，以及各线路之间、与外部系统之间的票务清分和结算工作。

（9）系统设计应满足轨道交通网络各种运行模式的需求，为票务管理、客流疏导等提供技术保障。

（10）系统设计应符合目前《上海轨道交通票务信息管理系统》的相关技术要求。

（11）系统应以可靠性、安全性、可维护性和可扩展性为设计原则，应保证系统数据的完整性、保密性、真实性和一致性。

（12）系统应具备用户权限设置和管理功能，具有安全防范机制，符合信息安全技术、信息系统安全等级保护要求，确保物理安全、网络安全、主机安全、应用安全、数据安全及防止计算机病毒入侵等。

（13）系统应满足《信息安全技术信息系统安全等级保护基本要求》（GB/T 22239）中第二级安全保护要求，并通过国家权威部门的安全评估。

(14) 系统应具备自诊断功能,包括系统自诊断、设备整机自诊断及设备内部关键模块的自诊断。

(15) 系统设备应适应 7×24 h 不间断连续运营需求,应具备抗电磁干扰能力,适应上海市自然环境条件和车站环境条件要求。

(16) 车站终端设备的金属外壳应具备漏电保护及可靠接地措施,确保乘客、运营及维修人员的使用安全。

(17) 换乘车站 AFC 系统设计方案应综合考虑车站建筑形式、建设时序及运营管理方式等因素,采用灵活的组网方式进行统筹设计。

18.1.2 主要设计标准

1) 车站计算机系统

(1) 系统可用性应达到 99.9%。

(2) 车站计算机系统容量应能满足车站内最多 256 个终端设备的接入及每日处理不少于 50 万客流(125 万笔交易数据)的能力。

(3) 在通信正常的情况下,车站终端设备的故障信息应可在 2 s 内主动上传到车站计算机。

(4) 车站计算机应能实时查询车站终端设备的状态数据,应能在 5 s 内下达查询命令并返回及显示查询结果。

(5) 车站计算机系统应能即时查询 10 s(参数设置)以前的客流及交易统计报表。

(6) 车站计算机应可在 3 min 内将系统运行参数下达到所有车站终端设备;应能在 5 s 内,将控制命令下达到所有车站终端设备。

(7) SC 上传的交易数据准实时地传输至清分系统时间:≤2 min。

2) 自动售票机

(1) 车票处理速度:≤1 s/张(从票盒至出票口)。

(2) 硬币发售速度:≤3 s/张(从最后一枚硬币投入到出票)。

(3) 纸币发售速度:≤6 s/张(从最后一枚纸币投入到出票,无纸币找零)。

(4) 硬币检测准确率:≥99.9%。

(5) 纸币检测准确率:≥99.99%。

(6) 纸币识别速度:<2 s/张。

(7) 整机防护等级满足 IP54(功能口除外)。

(8) 与车站计算机通信接口:工业级以太网接口,时钟同步误差≤2 s。

(9) 可靠性:MCBF≥100 000 次,MTTR≤30 min。

3) 自动检票机

(1) 单程票读写处理速度:≤0.2 s/张。

(2) 公共交通卡(M1)读写处理速度:≤0.3 s/张。

(3) 公共交通卡(CPU)读写处理速度:≤0.4 s/张。

(4) 基于 PBOC 3.0 规范的 NFC 手机支付应用读写处理速度:≤0.4 s/张。

(5) 单程票回收处理速度:≤0.5 s/张。

(6) 乘客通过能力理论值(门式):

(7) 进站:≥55 人/min。

出站:≥60 人/min(全部不回收);

≥55 人/min(全部回收);

≥50 人/min(部分回收)。

(8) 与车站计算机的通信接口:以太网接口,通信速率:100 Mbps,时钟同步误差≤2 s。

(9) 读到一张有效车票之后,旋转门的完全打开时间应<0.3 s,当检测到乘客已经通过后旋转门完全关闭的时间<0.3 s。

(10) 整机可靠性:MCBF≥10 万次,MTTR≤30 min。

18.2 系统设计方案

18.2.1 系统构架

目前,上海城市轨道交通线网 AFC 系统的总体架构由以下五层构成:

第一层:轨道交通清分系统(CCHS);

第二层:多线中央计算机系统(MCC);

第三层:车站计算机系统(SC);

第四层:车站终端设备(SLE);

第五层:车票(TICKET)。

AFC 系统总体架构如图 18-1 所示:

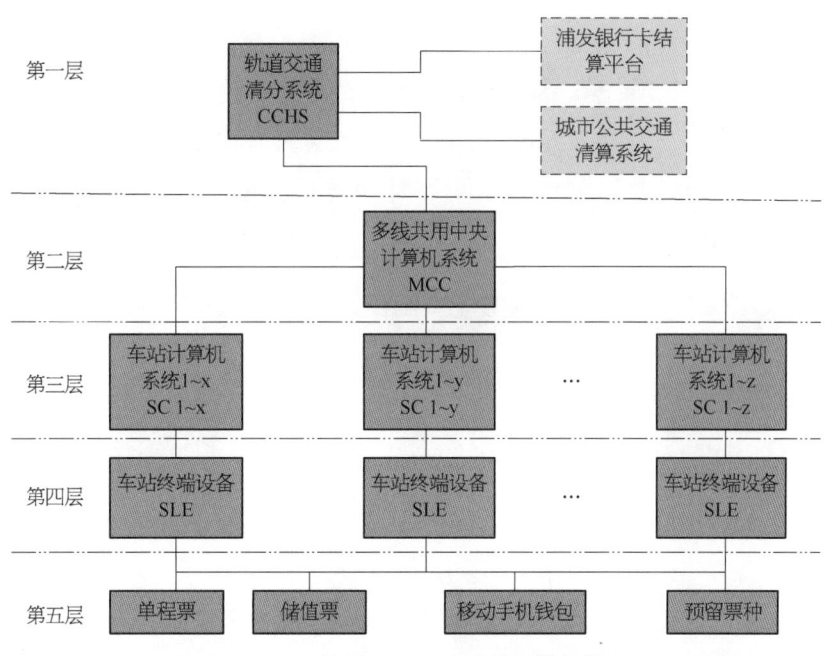

图 18-1 轨道交通 AFC 系统总体架构图

18.2.2 系统组成

17 号线工程自动售检票(AFC)系统由多线中央计算机系统、线路数据汇聚节点、车站计算机系统、车站终端设备及配电设备等构成。

1) 多线中央计算机系统

根据 MCC 系统工程建设规划，MCC 将设置主用和备用两个中心。主用中心位于蒲汇塘基地的 C3 大楼（在建），考虑到 C3 大楼的工程建设周期，本工程须在备用中心先行建设 MCC 的备用系统和测试系统，满足本轮新建线路 17 号线和 5 号线南延伸的 AFC 系统接入需求，待 C3 大楼建成后开始主用系统的建设。

MCC 备用系统由主用数据库服务器、备份数据库服务器、刀笼及刀片服务器、高速存储系统、中高速存储系统、磁带机、虚拟带库、核心交换机、SAN 交换机、负载均衡器、入侵检测设备、堡垒机、高性能防火墙、外联链路交换机、操作工作站、机房微模块系统、UPS 电源及配电柜/箱等构成。MCC 备用系统接入轨道交通清分系统，实现轨道交通线网内单程票、上海城市公共交通卡及中移动浦发手机钱包等的"一票换乘"。MCC 测试系统由测试通信服务器、测试应用服务器及接入交换等组成。

2) 线路数据汇聚节点

线路数据汇聚节点的网络设备包括数据汇聚交换机、路由器、入侵检测设备及防火墙。

3) 车站计算机系统

车站计算机系统主要由车站服务器、系统监控工作站、票务管理工作站、网络设备、紧急按钮控制器、激光打印机及防火墙等组成。

车站计算机系统（图 18-2）通过通信传输系统提供的 2×100 M 共享型以太网通道，与线路中央计算机系统进行通信；通过车站 AFC 工业级 100 M 环形以太网与车站终端设备进行通信。

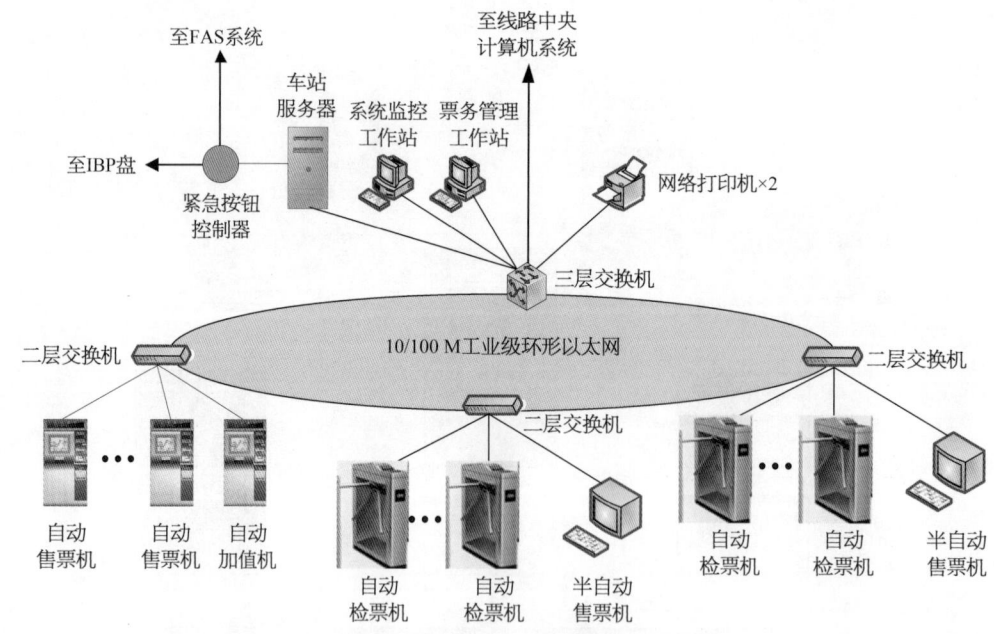

图 18-2 车站计算机系统构成示意图

4) 车站终端设备

本工程车站终端设备主要包括自动售票机、自动充值机、半自动售票机、自动检票机（含进站检票机、出站检票机、双向检票机、宽通道检票机）及便携式检票机等。

根据申通集团统一部署，自动充值机由上海东方卡股份有限公司出资制造，本工程负责提供设备的安装位置及电源和网络接口。

5）配电设备

AFC系统配电设备主要包括AFC双电源自切箱和现场配电箱。

MCC备用中心设备采用一类负荷电源供电，其中除机房微模块系统中的行级空调采用一类负荷电源直接供电外，其他IT设备均采用UPS电源进行供电。

18.2.3 换乘车站计算机系统设置方案

目前上海轨道交通AFC系统均已按照标准化、网络化要求进行建设和运营，换乘车站计算机系统合设方案已不存在技术障碍；从网络化运营管理层面来看，同站厅换乘的车站宜由一家运营单位负责管理，通道换乘的车站可由一家或多家运营单位负责管理。综合考虑系统投资、运营管理模式及申通集团对于换乘车站机电设备资源共享要求。

本工程换乘车仅一座虹桥火车站站，车站计算机系统设置方案采用合设方案，车站计算机系统由先期建设的线路负责实施，同时预留后期线路车站终端设备的接入条件。

18.2.4 票制及票务管理

1）票制

（1）车票种类

上海轨道交通全路网使用的车票主要分为轨道交通专用票和储值票两大类。

轨道交通专用车票主要包括单程票、应急票、乘次票、优惠票、旅游票、纪念票、出站票、员工票、测试票、志愿者服务卡及预留票等类型。轨道交通专用车票的具体定义及运用方式应符合上海轨道交通清分系统的统一规定。

储值票采用上海城市公共交通卡，储值票的具体定义及运用方式应符合上海城市公共交通一卡通的统一规定。

目前，中移动浦发手机钱包可作为储值类车票在轨道交通内使用，其应用方式应符合上海浦发银行、中移动及上海票务中心之间共同制定的技术标准要求。

（2）车票标准

本工程AFC系统采用非接触式IC卡作为车票媒介，其中单程票采用薄型非接触式IC卡，其技术标准应符合《城市轨道交通单程票非接触集成电路(IC)卡通用技术规范》(DGJ 08—1102)，满足上海轨道交通线网内"一票换乘"要求；储值票采用标准非接触IC卡（包括M1卡和CPU卡），其技术标准应符合《城市公共交通非接触集成电路(IC)卡通用技术规范》(DGJ 08—1103)，满足上海城市公共交通"一卡通"要求。

手机钱包作为储值票使用，利用NFC技术实现的支付形式，使用13.56 MHz作为通信频率，支持脱机消费、复合应用、STK余额查询/交易明细查询、STK充值等业务功能，符合PBOC 3.0规范。

2）票务管理

采用轨道交通票务清分中心、线网区域配票点和车站收款室三级管理模式。

轨道交通票务清分中心负责整个线网的车票流通，包括车票的采购、库存管理、初始化、销毁、配票至线网区域配票点、车票调配、车票回收、车票清洗和消毒、车票账户管理及预赋值车票的发行等工作。

线网区域配票点负责线网区域内各车站的车票流通，包括接受票务清分中心的配票、对区域内各车站进行配票、对区域内车票进行调配和库存管理。

车站收款室负责管理本车站内的车票流通,包括车票站内库存监控、车站暂存票保管、车站间调配及车票上缴等工作。

18.3 工程设计特点与难点

18.3.1 工程设计特点

1) 采用新型自动售票机与自动检票机

为响应申通地铁集团关于规范 AFC 设备新线 AFC 设备外形、安装形式的要求,本工程在各车站(虹桥火车站站除外)采用新型自动售票机(图 18-3)及新型自动检票机(图 18-4),设备规格尺寸及外形均按照新一轮《上海市轨道交通网络建设标准化技术文件：票务设施造型设计指导手册》中的要求执行。

图 18-3 新型自动售票机

 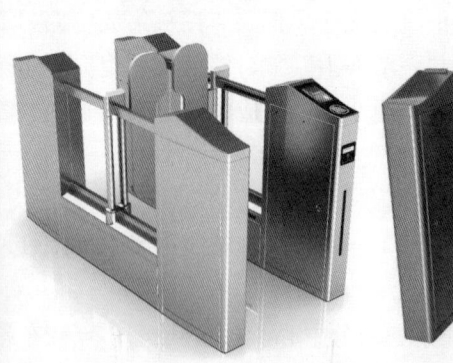 

图 18-4 新型自动检票机

新型检票机的阻挡形式采用拍打门,相比传统的三杆检票机,在通行能力及乘客使用体验上有较大的提升。

新型自动售票机及自动检票机的外形尺寸较传统设备均有大幅优化,自动检票机机体从传统的280 mm优化至180 mm,自动售票机设备宽度从既传统的900 mm优化到750 mm,设备整体显得纤薄、简约,更具现代感,从而提升了整个车站站厅的美观性。

2) 最优化的AFC车站终端设备布置方案

本工程车站共13座,其中1座换乘车站,与之相适应的车站AFC终端设备布置也是经过多方案比选,多次讨论后的最优布置方案,每座换乘车站进、出站检票机及自动售票机布置合理,客流流线顺畅,特别是换乘车站,可与目前线网内所有线路轻松实现无障碍换乘。

18.3.2 工程难点及对策

1) 与清分中心联调测试及联合走票测试

为满足轨道交通路网内地铁专用票"一票通"和城市公共交通"一卡通",本工程在完成线路内部的联调测试后,必须按照路网联网运营的要求进行一系列联调测试,特别是本线路与清分中心的联调测试以及全路网联合走票测试,这是确保本线路能与线网内其他线路互联互通,实现AFC系统网络化运营的关键步骤,具有测试范围广、参与方众多的特点。参与各方通力合作,克服重重困难,圆满完成了与清分中心的联调测试及联合走票测试,为12号线全线按期通车试运行创造了良好条件。

2) 既有线车站改造工程量大

由于本工程换乘站虹桥火车站站为三线换乘车站,车站既有设备布置形式复杂,车站建设年限较早,且车站已经过多次改造,设备位置及系统组网方式等均已与建设初期大相径庭,为此在设计方案前,首当其冲的就是到实地踏勘,现场排摸,对系统现状,如系统设备组成、网络结构、设备配电方式等进行详细的调研,然后再结合系统使用年限及集团建设标准采用合理的系统改造方案。其次,在管线路径设计时尽可能地避免破坏既有地坪及墙面,采用吊顶内敷设的方式为主。另外,改造运营车站的施工时间及施工工序也有特殊要求,施工必须要在晚间停运以后进行,并且是分区域逐步实施的一个过程,这就需要设计一套完整合理的施工临时方案,以便在第二天运营的时候系统能迅速恢复正常运行,过渡时期的售检票设备布置位置也要能应对客流,确保运营不受影响。

车 站 设 备

19.1 站台门

19.1.1 设备组成及选型

17号线共设13座车站，其中7座地下站采用全高封闭型站台门（青浦新城站和汇金站设置有电动通风窗），6座高架车站采用全高站台门。站台门主要由门体结构（包括上下部连接件和顶盒）、门机系统、控制系统和供电系统四大部门组成，青浦和汇金路站还包括电动通风窗系统。

19.1.2 工程设计方案

（1）站台门系统的设置满足轨道交通17号线工程车辆编组、限界条件、信号条件、安装条件、运营要求及列车停车精度±300 mm的要求。

（2）在最大叠加载荷工况下，全高封闭型站台门门体最大变形量不超过±10 mm，全高站台门为±13 mm。站台门轨侧最外缘在任何情况下均不得侵入站台门限界，以保证列车的行车安全。

（3）站台门设置在车站有效站台长度范围内，以有效站台中心线为中心向站台两端布置。

（4）站台门门体框架采用氟碳喷涂铝合金（三涂）并喷涂耐磨绝缘凝胶和无色透明铯钾玻璃，门框材料和门板材料均属于A级不燃材料。

（5）全高非封闭式站台门上部悬臂，与车站土建无任何连接。

（6）可调通风型站台门顶箱上部设置转换装置，可调通风型站台门电动通风窗自身尺寸应满足限界要求。

（7）控制系统的工作模式分为系统级控制工作模式、站台级控制工作模式和手动操作工作模式。三种控制模式中以手动操作优先级最高，系统级控制最低。

（8）供电专业按一级负荷标准向站台门系统供电，即向站台门系统提供两路独立的三相380 V交流电源和配电箱。当输入的两路380 V交流电源都发生故障时，可切换至蓄电池供电。备用电源的容量满足外电源停电后，站台门控制系统持续工作1 h，并在1 h内能对每侧滑动门开/关操作5次。

（9）在青浦新城站和汇金路站2个地下车站封闭式站台门的门体上部和固定门的下部设有电动通风窗。电动通风窗采用百叶式风阀，单体电动通风窗由百叶阀体、电动执行机构、限位器等组成，实现"开""关"双位控制，0°和90°开启，全行程时间≤30 s。

19.2 自动扶梯与垂直电梯

19.2.1 设备组成及选型

1) 自动扶梯

本工程选用的自动扶梯为公共交通重载型自动扶梯,分室内型和室外型。设备主要由桁架、驱动系统、梯级、护手壁、梳齿板、扶手带系统、制动装置、电气装置、润滑系统、节能装置等组成,其中室外型自动扶梯需增加加热装置和油水分离器。

2) 垂直电梯

本工程选用的垂直电梯为无机房曳引电梯,设备主要由轿厢、轿门、门机系统、曳引机驱动系统、钢丝绳牵引系统、配重系统、导轨系统等组成。

19.2.2 工程设计方案

自动扶梯选用公共交通重载型产品。梯宽 1 000 mm,额定运行速度 0.65 m/s,扶梯倾角 30°,上下可逆转,采用变频器控制启动,达到额定运行速度后自动切换至工频状态运行。自动扶梯分室内型与室外型两种。室内型扶梯用于地下车站主体内,一级负荷供电,可参与消防疏散。高架站主体内自动扶梯采用室外型扶梯,一级负荷供电,可参与消防疏散。所有车站的出入口自动扶梯均采用室外型,出入口扶梯内增设油水分离机及加热器,在扶梯底坑旁设集水坑,并配排水泵,用于排除底坑内集水。供电负荷为二级,不作为消防疏散扶梯。自动扶梯与 BAS 系统留有信号接口,可监视自动扶梯的运行状态,接口采用 485 通信接口。

垂直电梯选用客、货两用无机房电梯。额定载重量 1 000 kg(13 人),提升速度 1.0 m/s,开门方式为中分双扇,开门速度控制为 VVVF,驱动方式为井道上置曳引驱动,轿厢净尺寸为 1 600 mm×1 400 mm×2 300 mm(宽×深×高),轿厢开门尺寸为 1 000 mm×2 100 mm(净宽×净高)。电梯在轿厢内设置残疾人专用的扶栏及带有盲文按钮控制面板,并具有语音报站功能,电梯的轿厢内设置摄像头与 CCTV 系统相连,电梯具有在停电时自动平层的功能。轿厢内设电话,具有轿厢内、轿顶、井道底坑、电梯控制柜和车站控制室五方对讲功能。电梯预留与 EMCS、FAS 系统信号接口,接口形式采用无源干触点方式。在火灾情况下,垂直电梯具有自动迫降到基站层的功能。电梯井道有混凝土井道、钢结构井道及地下部分采用混凝土井道,出地面部分采用钢结构 3 种井道形式。

19.3 工程设计特点与难点

19.3.1 高架全高站台门

为更好地满足 17 号线 DTO 驾驶模式的要求,沿线 6 个高架车站均采用全高站台门(图 19 - 1),门体高度与地下站保持一致,约为 2 600 mm。

全高站台门采用下部刚接的悬臂安装方式,因高度的增加底部连接点的负载较大,不论从土建结构上还是站台门自身连接件上都做了特殊设计。

图 19-1　嘉松中路站全高站台门

另外，为了保证站台门门体的整体变形控制要求，门体立柱采用了 150 mm×75 mm×6 mm 的规格，在主受力方向上的高度比之前的 80 mm 增加了约 1 倍，整体变形量控制在 ±13 mm 之内。确保了门体开关门的顺畅，也解决了门体变形过大引起侵限的问题。

19.3.2　有可调通风窗的站台门

可调通风型站台门系统是以通风空调专业为基础，密切结合站台门专业而构建的一种新型节能环控系统，该系统不仅能够满足轨道交通中的传统通风空调系统的功能要求，而且可以适应不同地区的气象参数（图 19-2）。

在空调季节，与传统的站台门通风空调系统运行模式一致；在非空调季节，可以通过开启站台门上部的可调通风窗，将站台门转换为安全门。外界空气不经冷却处理直接送至车站公共区，排风则全部排至车站外，充分利用室外温度较低的空气，节约风机运行能耗，以达到节能的目的。

图 19-2　汇金路站站台门（含电动通风窗）

声 屏 障

20.1 工程设计方案

20.1.1 设计范围

本工程沿线地区执行《上海市"城市区域环境噪声标准"适用区划》。根据《上海市轨道交通 17 号线工程环境影响报告书》(2013 年 11 月),通过预测沿线声敏感目标在工程建成后的噪声级,在设置符合技术要求的声屏障后,满足环保要求。

20.1.2 声屏障选型

声屏障产品的结构形式

(1) 高架段 1.55 m 高侧墙吸声板。

(2) 高架段 2.5 m 高直立式声屏障,从下至上组成形式为:0.5 m 高金属复合吸声板+0.5 m 高金属复合吸声板+1.0 m 高透光玻璃屏+0.5 m 高边缘干涉型声屏障。

(3) 敞开段 3 m 高直立式声屏障,其形式为:3.0 m 高金属复合吸声板。

(4) 徐泾车辆段 3 m 高直立式声屏障,从下至上组成形式为:0.5 m 高金属复合吸声板+0.5 m 高金属复合吸声板+1.0 m 高透光玻璃屏+0.5 m 高金属复合吸声板+0.5 m 高边缘干涉型声屏障。

(5) 高架段 4.05 m 高直立式声屏障,从下至上组成形式为:1.55 m 高侧墙吸声板+0.5 m 高金属复合吸声板+0.5 m 高金属复合吸声板+1.0 m 高透光玻璃屏+0.5 m 高边缘干涉型声屏障。

(6) 高架段 4.55 m 高直立式声屏障,从下至上组成形式为:1.55 m 高侧墙吸声板+0.5 m 高金属复合吸声板+0.5 m 高金属复合吸声板+1.0 m 高透光玻璃屏+0.5 m 高金属复合吸声板+0.5 m 高边缘干涉型声屏障。

(7) 高架段 5.05 m 高直立式声屏障,从下至上组成形式为:1.55 m 高侧墙吸声板+0.5 m 高金属复合吸声板+0.5 m 高金属复合吸声板+1.0 m 高透光玻璃屏+0.5 m 高金属复合吸声板+0.5 m 高金属复合吸声板+0.5 m 高边缘干涉型声屏障。

20.1.3 屏体结构设计

金属复合吸声板屏体结构采用钣金扣合技术,组装需准备两张板,用作面板与背板的加工;用冲缺模具配合转塔冲床对面板及背板的四个角冲缺口以形成十字装;对面板中心区域进行冲孔处理(根据噪声特性用以调整冲孔特性,一般可为圆孔、微穿孔、百叶孔、蜂窝孔等,并满足相应的冲孔率要求),对背板中心进行强度加强处理以防止薄板变形;通过钣金折弯或辊压等类似工艺对面板与背板至少两侧做止退凸槽的成型处理,再通过专用模具对面板、背板四侧做成型处理,利用钣金工艺提高结构板的各向刚度;再将经过专门声学设计的声学吸声构件通过柔性连接固定于金属板内腔,最后通过薄板的弹性进行扣合,依靠预先加工好的止退凸槽进行紧固的扣合。工艺在静态刚度上较铆固、焊接等刚性连接工艺略低,但整体无疲劳点、无应力集中点,抗疲劳性能优异,符合声屏障受动态荷载的特性,加工工艺简便,组装快捷且不破坏漆层,可实现自动机械化加工,加工成本较其他工艺节省10%以上。

通过采用最新的无铆钉连接技术(利用板材压接机和专用连接模具,通过一个瞬间强高压加工过程,依据板件本身材料的冷挤压变形,形成一个具有一定抗拉力和抗剪强度的无应力集中内部镶嵌圆点,将不同材质不同厚度的两层或多层板件连接起来;连接过程自动化程度高,可单点或多点同时连接,并能进行无损伤连接强度检测及全过程自动监控,生产效率极高)来实现复杂造型的连接,再结合既有的扣合式连接技术,实现高质量的金属声学构件结构,解决了复杂声屏障外观的结构安全问题。

20.2 工程设计特点与难点

20.2.1 工程设计特点

目前,国内已建成多条城市轨道交通线路,为掌握进口车辆、国产车辆在国内既有轨道交通上运行产生的噪声特性,同济大学做了大量的监测工作,测量了国内现有的轨道交通噪声声源情况。监测结果见表20-1。经分析知在距离轨道中心线7.5 m处,列车噪声均值接近甚至超过90 dB(A),噪声影响较大。

表20-1 轨道交通噪声源监测

交通线	车辆型号及产地	运行方向	列车速度(km/h)	测量距离(m)	声级dB(A)	备注
天津地铁	TD3011~TD3013 长春车辆厂制造	近轨	70	7.5	90.8	碎石道床、木枕、短轨
北京地铁线	长春车辆厂制造	近轨	42	7.5	85.1	碎石道床、水泥枕、长轨
			58.4	7.5	91.8	
上海明珠线	德国制造	近轨	50~60	7.5	86.1~89.8	碎石道床、水泥枕、长轨
广州地铁线	德国制造	近轨	67	7.5	90.5	碎石道床、水泥枕、长轨
伊朗地铁		近轨	60		89.5	碎石道床、木枕、长轨

通过对上海轨道交通5号线及上海轨道交通6号线噪声特性进行研究,其噪声特性类似之处在于噪声的主要频率范围为中低频,在1000 Hz以下,如图20-1所示。

而上海轨道交通6号线(时速80 km/h)的噪声特性如图20-2所示。

轨道交通噪声的不同成分引起的噪声频率范围不同。图18-2较图18-1中高频成分有所增加,随着列车运行速度的提高,噪声级有所增加,且高频成分有所增加。在对轨道交通噪声特性的研究中发现高架轨道交通因桥架振动而引起"二次辐射噪声",该噪声呈现低频特性。测试中的低频噪声峰

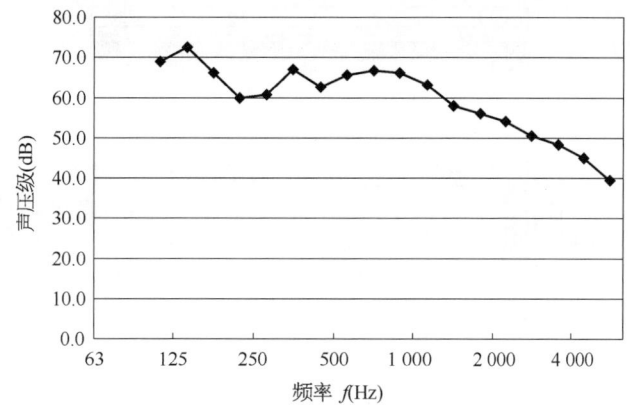

图 20‑1　上海轨道交通 5 号线噪声频谱（$d=20\,\text{m}, h_\text{r}=1.5\,\text{m}$）

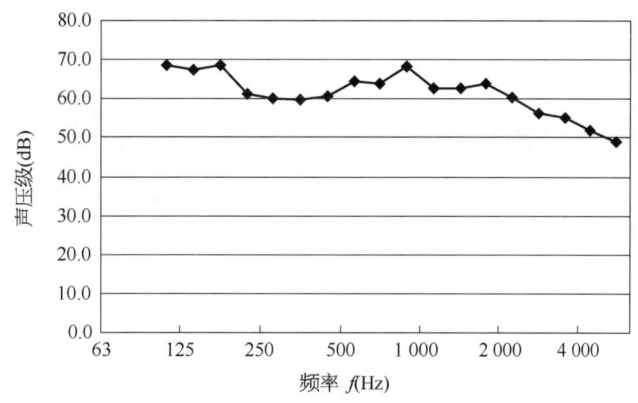

图 20‑2　上海轨道交通 6 号线噪声频谱（$d=20\,\text{m}, h_\text{r}=1.5\,\text{m}$）

值当为桥架振动带来的二次辐射噪声所引起。

17 号线最高运行速度按 100 km/h 设计，类比铁路噪声源强与列车运行速度的关系研究成果显示，在列车运行速度低于 300 km/h 时，噪声源强随着列车的运行速度增加而增大，且随着速度的提高，高频噪声的贡献值将逐步增大。

金属复合吸声板腔体内部中间设置一层吸声材料与两层空腔，利用双空腔再次对噪声进行能量削弱，依据 cadna‑A 理论模型对金属复合吸声板降噪效果进行模拟预测。由预测可知：金属复合吸声板低频吸声系数 NRC 达 0.5～0.7，是常规声屏障吸声系数的 2 倍，整体 NRC 可达 0.9 以上，声学性能在行业中处于领先地位。

20.2.2　工程设计难点

随着上海市轨道交通新线建设的快速推进，高架区间声屏障的建设规模也相应快速增长。针对声屏障屏体在安装过程中常会用到卡簧、螺栓等紧固件发生松动甚至连接件脱落及屏体在制作过程中常采用铆钉连接，整体性不强的问题。本工程综合考虑金属屏体（图 20‑3）在制造、安装、使用、养护、安全及降噪等方面的因素，金属屏体采用金属复合吸声板，金属复合吸声板由穿孔面板＋多孔吸声材料＋铝合金背板组成，屏体组装采用无铆钉扣合的方式，跟传统屏体相比，屏体面密度更小，防腐性能更佳，结构安全、降噪效果好且便于后期维护保养（图 20‑4）。

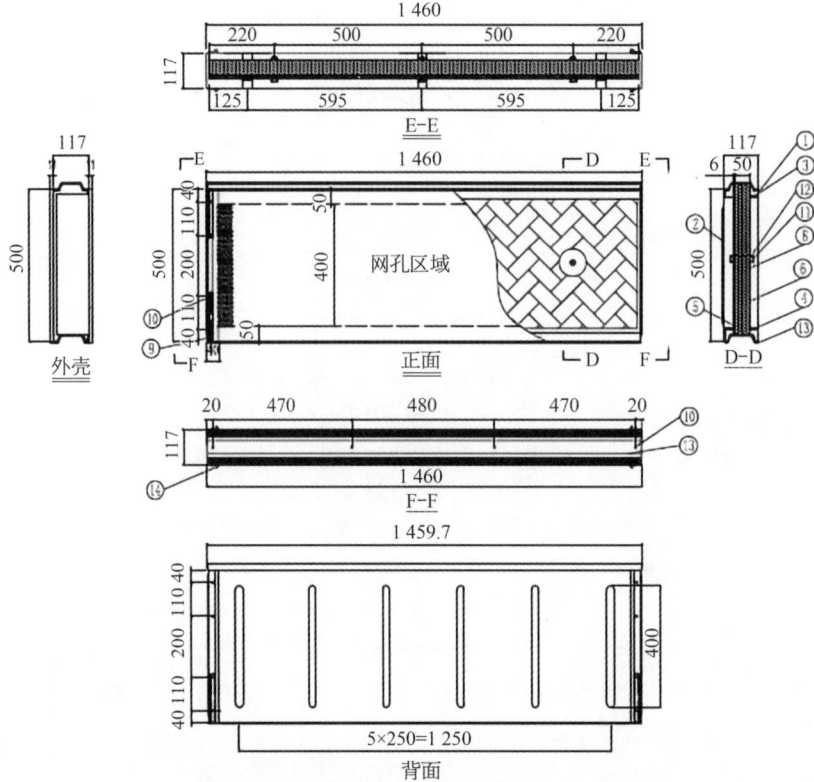

图 20-3 屏体构造图

图 20-4 现场情况

Chapter 21 控 制 中 心

21.1 控制中心功能定位

21.1.1 控制中心基本功能定位

(1) 对本线全线所有运行车辆、车站/段/场和区间实施集中的指挥、调度、监视、协调、控制和管理等工作。

(2) 对正线运行列车的实现行车指挥自动化,并实时做好列车运行与车站客运作业过程的协调、列车运行与段/场有关作业的协调等工作。

(3) 实现在控制中心内进出站检验票、统计和财务集中核算等业务。

(4) 对全线的环境状况及车站设备的运行状态实现监视;在紧急情况下,系统可根据应急中心的相应决策及系统预案的提示向车站发出控制指令,辅助抢险和救援等工作。

(5) 实现对轨道交通本线电力系统的远程集中监控等工作,并完成中心级统一的电力调度工作。

(6) 实现线路内(含车和地)、与路网、与外界相关系统的信息联系、汇集、处理、交换和转发等工作,直接服务于运营管理和乘客服务。

21.1.2 主、备控制中心功能分工及切换

(1) 依托信号、CIOS、通信等高度集成核心系统在控制中心级系统及控制终端设备的配置,在系统授权的情况下,本线主、备控制中心均具有相同的基本功能。

(2) 正常情况下:主用控制中心实现本线的基本功能,备用控制中心实现在线监视、培训及模拟仿真、演练等功能,同时根据运营负荷和调度工作强度,可分摊主用控制中心乘客调度和设备调度相关工作。

(3) 在故障或灾害情况下:通过主、备控制中心工作交接规程和细则,完成两个中心工作移交,由备用控制中心临时接管全线调度指挥工作,实现本线控制中心的基本功能。待故障和灾害处理完成后,利用停运时间切换回主用控制中心。

21.2 工程设计方案

21.2.1 大楼工艺方案

1) 蒲汇塘控制中心方案

(1) 网络运营指挥调度大楼概况。

上海市轨道交通网络运营指挥调度大楼位于4号线蒲汇塘停车场的西北侧地块内,大楼划分为运营监控区、运营管理区、设备区、维修区及辅助设备区。各功能区的划分应结合实际的运作模式和管理模式设置。本工程土建及配套辅助机电系统、楼宇智能化系统等由网络运营指挥调度大楼工程统一建设,且一并考虑本线控制中心并入的需求,因此本线仅需根据其预留条件并入即可。

(2) 蒲汇塘控制中心大楼工艺方案。

根据上海市轨道交通网络运营指挥调度大楼总体工艺方案,结合接入时序、资源共享及规模控制等考虑,设备用房按线路设置,各系统用房整合为OCC综合机房(图21-1)及OCC综合电源室,管理用房按多线整合设置,管理用房与设备用房分开,实现资源、管理机构和人员的整合最大化。所有OCC的网管用房及工区用房按专业合并设置,并满足远期线路的运营、维护管理需求,基本满足本工程各系统建设需求。其中机房采用微模块机柜布置。

图21-1 OCC机房布置示意图

17号线OCC光缆在换乘车站虹桥火车站站接入10号线,再在换乘车站虹桥路站接入4号线环线,最后经4号线环线接入至C3大楼。

2) 朱家角停车场控制中心大楼工艺方案

备用控制中心设置于朱家角停车场,为一栋2层,建筑面积为1 477 m² 的地上建筑。朱家角停车场控制中心主要包括调度大厅、系统设备用房、管理用房,大楼建筑配套机电设备用房、配电间、电缆井等。

鉴于此处为备用控制中心,用房在满足系统需求的基础上,仅可能实现资源共享最大化以及规模控制,精简系统用房面积。考虑到弱电系统(通信、CIOS、AFC及能耗监测)电源采用整合UPS方案,将弱电系统(通信、CIOS、AFC及能耗监测)设备机房整合设置为一间弱电综合机房,与弱电UPS机房毗邻设置,方便系统敷设线缆;考虑到信号系统的重要性,单独设置信号机房及信号电源机房。弱电系统(通信、信号、CIOS、AFC及能耗监测)网管室推荐采用整合设置弱电网管室,实现资源共享的最大化。系统维修工区按专业分设,与其管理模式相配套,集中在一个区域统一布置。系统机房与调度大厅上、下层或毗邻设置;调度管理用房(办公室、会议室)、辅助机房与调度大厅同层相邻设置。

21.2.2 调度大厅工艺方案

1) 蒲汇塘控制中心调度大厅工艺方案

根据上海市轨道交通网络运营指挥调度大楼总体工艺方案,统一设置OCC、COCC、电网调度、安全联合监视的调度指挥大厅,大厅内主要设置综合显示系统、操作控制台、打印操作台、通信设备等(图21-2)。

图21-2 蒲汇塘控制中心调度大厅图

本工程仅考虑本线OCC调度运营区域部分。根据总体工艺方案,17号线设置一组调度操作台,其中设置3席行车调度操作台;另设置总调及综合调度操作台,各1席工位;综合显示屏采用桌面屏。具体布置如图21-3所示。

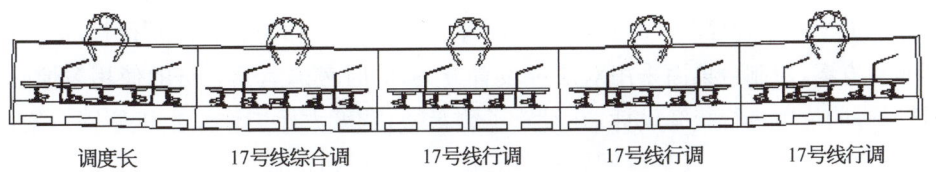

| 调度长 | 17号线综合调 | 17号线行调 | 17号线行调 | 17号线行调 |

图21-3 线路调度操作席位平面布置示意图

2)朱家角停车场控制中心调度大厅工艺方案

朱家角停车场控制中心调度大厅按前后排布置(图21-4),前排设置行调2席、后排设置总调1席及综合设备调1席。

图21-4 朱家角停车场控制中心调度大厅

21.3 工程设计特点与难点

21.3.1 工程设计特点

1) 主、备控制中心的设置

因17号线建成开通时间早于蒲汇塘网络运营指挥调度大楼,所以在朱家角停车场另设置一处控制中心。在蒲汇塘控制中心启用前,朱家角停车场控制中心作为全线唯一一处控制中心,应具备主用控制中心的所有功能。待在蒲汇塘控制中心启用后,朱家角停车场控制中心作为备用控制中心。

在主用控制中心系统出现故障或者因不可抗力自然灾害或火灾等情况下,而引起主用控制中心失效,无法正常运营调度。备用控制中心接管主用控制中心的各项工作,线路运能和服务质量没有明显的下降,但主、备控制中心的交接工作实际操作性还需进一步深化研究,需尽快研究、制订及细化主备用控制中心工作交接内容和规程。

2) 培训、仿真

因设置了备用控制中心,为了实现资源共享,其备用控制中心具备对调度人员进行培训、仿真操作、在线演练等功能,同时在实现上述功能定位时不应影响线路的正常的行车指挥工作。

3) 中央调度大厅人体工程学考虑

本次控制中心中央调度大厅基于"人体工程学"角度及规模控制,提出了详细的设计方案。综合考虑调度大厅的面积并结合控制台布置与尺寸,本着"节能环保"和"实用可靠"设计理念,综合显示屏采用桌面屏布置方案,控制台桌面采用双层屏设置方案,同时考虑运营人员的使用习惯,对于桌面的屏幕、操作键盘等的位置进行统筹设计,并设置了键盘架;调度大厅工作站主机原则上均设置在辅助机房,减少调度大厅内的噪声、发热等问题;照明、环境、消防、机电设施、色调与装修风格协调一致问题;从"以人为本"方面综合统筹上述问题,为调度人员创造良好的工作条件、提供工作效率。

21.3.2 工程设计难点

鉴于本线作为新一轮规划建设线路,从前期规划到后期实施阶段,其控制中心的选址一直在跟着上海线网规划在不断地进行调整。特别是在施工阶段,明确了17号线建成开通时间早于蒲汇塘网络运营指挥调度大楼启用前,需另外对控制中心进行选址。基于资源共享、项目可实施性、建设工期等综合因素考虑,因此将控制中心设置于线路车辆基地。其中朱家角停车场具备设置控制中心的条件,为了减小对于朱家角停车场前期设计方案的调整,单独设置一栋控制中心楼宇,并对控制中心的规模进行适当控制。

结合《轨道交通线路控制中心集成操作平台(CIOP)建设指导意见》及根据施工设计阶段的深度要求,与运营、维保单位进行多次沟通、优化设计方案。特别是对于调度大厅席位的设置、控制台桌面设备的布置及辅助机房的设置,均进行了多次设计方案的征询、反馈,形成最终设计方案。

车辆基地

22.1 朱家角停车场

22.1.1 工程概况

朱家角停车场位于青浦区沪青平公路以南、A9高速公路以北、朱枫公路与复兴路之间的地块内，占地面积16.30公顷。设计规模为停车列检18列位、周月检2列位、临修1列位。

受徐泾车辆段综合开发工程建设进度的影响，17号线试运营通车所需新车到场和新车调试工作均由朱家角停车场承担，共计接纳新车22列，可以满足全线双交路12对/h的开行要求。

朱家角停车场于2015年12月全面开工，于2017年10月完成竣工验收。在整个设计过程中，项目组始终坚持技术领先、服务为本、精心设计的设计理念，力求打造工艺合理、安全舒适、经济实用的首座结合三轨入库的全自动驾驶停车场，设计质量得到有效保证。

22.1.2 停车场设计方案

1) 设计规模

设计规模见表22-1和表22-2。

表22-1 车辆配属

设计年度	初期（2020年）	近期（2027年）	远期（2042年）
运用车（列/辆）	22/132	28/168	34/204
备用车（列/辆）	3/18	3/18	2/12
检修车（列/辆）	3/18	3/18	3/18
配属车（列/辆）	28/168	34/204	39/234

表22-2 设计规模及安排

设计年度		近期（2027年）	远期（2042年）
停车列检（列位）	徐泾车辆段	24	24
	朱家角停车场	18	18

(续表)

设计年度		近期(2027年)	远期(2042年)
周月检(列位)	徐泾车辆段	4	4
	朱家角停车场	2	2
定临修(列位)	徐泾车辆段	2	2
	朱家角停车场	1(临修)	1(临修)
大架修(列位)	徐泾车辆段	2	2

注：大修与架修列位通用，双月检与双周检列位通用。停车列检总计42个列位，按全线系统能力考虑。

2) 总平面布置

停车场周月检线、临修线与停车列检线组合为运用库，设置于地块西南角，按6辆编组列车长度1线1列位布置。内燃机、工程车库布置于运用库西北侧。洗车库于出入线西北侧八字接轨布置。

为满足车辆均衡修及正线换轨需求，朱家角停车场设置试车线1股，长约878 m。另在内燃机、工程车库西侧设置长钢轨焊接、存放线(兼材料线)各1股。

停车场设出入口两处，主出入口设于北端，与沪青平公路连接，次出入口设于东端，与东侧地块内的道路连接，并需设跨金家桥江的桥梁。

整个车场占地面积约16.30公顷，总平面布置如图22-1所示。

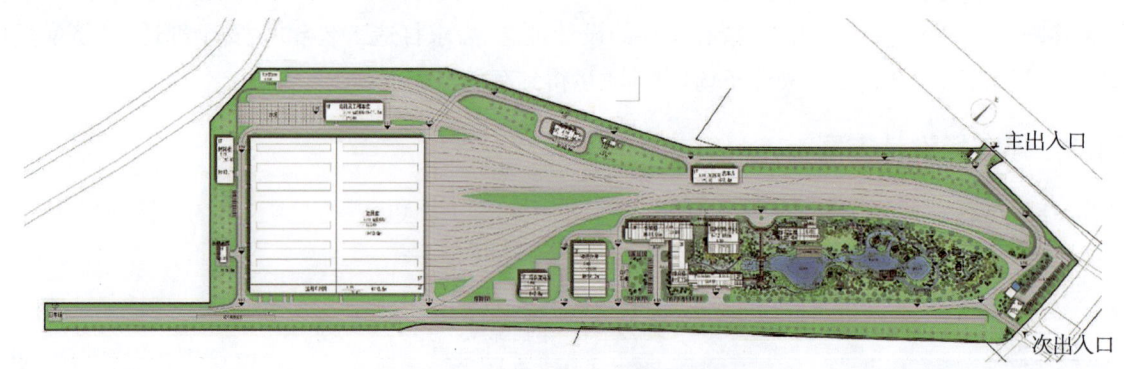

图22-1 朱家角停车场总平面布置图

3) 工艺设计

(1) 运用库。根据作业性质相近的生产库房宜集中设置的原则，结合全自动驾驶停车场的功能要求，将停车列检库、双周双月检库及生产附跨组合在一起，构建多连跨运用库组合，建筑面积25 869 m²。运用库组合由南往北依次为生产附跨、临修库、双周双月检库、停车列检库，库内线路均为1线1列位布置。

① 停车列检库(图22-2)。停车列检库由6个3线跨组成，一次建成使用。库宽108 m、长168.1 m，库内梁底净空6.9 m。库内股道轨面、通道标高均为+0.00，股道两侧地面标高为-1.00，股道间设柱式检查坑，坑宽1.1 m、深1.45 m、长149.5 m。检查坑内设照明灯带、安全电压照明插座及动力插座。每个停车位对应于司机门的位置设置登司机室平台，方便司机登乘。库内适当位置设水槽，方便车内清扫及库内地面清洁作业。

库内前后端的横向通道地面标高及停车列检线中间的消防通道地面标高均与轨顶等高，均为

图 22-2 停车列检库内景

±0.00 m。

每个停车位均设供电隔离开关及其联锁装置、报警音响和标志灯,对现场有电与无电状态进行声光提示。库内设语音广播系统。库内人员与车场运转值班人员的联络采用无线对讲设备。

② 双周双月检库(图 22-3)。双周双月检库为跨度 15 m 的两线尽端式车库,库长 168.1 m。库内设起重量 2 t 的电动单梁悬挂起重机。库内股道的轨面、通道标高均为+0.00,股道两侧地面标高为−1.00,每条股道均设柱式检查坑,坑宽 1.2 m、深 1.45 m、长 156 m。检查坑内设照明灯带、安全电压照明插座及动力插座。股道两侧设标高为 1.10 和+3.50 的双层作业平台。列车由调机推送入库。

图 22-3 月检库内景

③ 临修库(图 22-4)。临修线单独设置于 12 m 宽单线跨内,库长 168.1 m,净空按照架车时不进行吊装作业的原则设计。库内设置起重量为 10 t 的电动单梁桥式起重机 1 台,走行轨轨面标高+9.50。临修线配套三车位地下固定式架车机。

④ 辅助车间。辅助车间设于运用库东侧生产附跨内,宽 8.5 m、长 168.1 m,为两层建筑。辅助车间一层设置出乘室、交接班室、DCC、信号机械、信号设备、信号电源、月检班组、蓄电池间等用房。二层设置列检班组、司机更衣室、车载通信测试、车载信号测试、紧固件存放区、售后服务部、会议室等

图 22-4 临修库内景

用房。

(2) 洗车库。由洗车库和附跨两部分组成,其中洗车库长 42 m、宽 12.6 m、梁底标高 7 m。附跨设于洗车库北侧,长 42 m、宽 3.6 m,内设洗车机控制室、机械室和材料间等。

(3) 调机及工程车库。车库为长 55 m、宽 16 m 的双线库。库内每股道均设长 40 m、宽 1.2 m、深 1.45 m 的壁式检查坑。车库端部设值班室和整备间等辅助用房。

4) 综合维修与物资仓库

根据全线各系统、设备沿线巡检和养护维修的需要,在徐泾车辆段设置综合维修中心,承担全线系统巡检和定期检修工作,朱家角停车场设置维修工班及材料库房。结合目前管理体制实际情况,综合维修按专业划分为供电、通信信号、工务三大类划分。

各车间工区用房设置于综合楼内,1 层主要为各专业材料库和工器具存放室,2 层布置工务工区用房,通号工区用房布置于 3 层。各专业用房分层设置,分区明确、相对独立、生活设施相应集中。

物资仓库位于运用库的东北角,库房梁底净空高 6.0 m,采用多层货架仓储、电动单梁悬挂起重机与电瓶叉车相结合实现货物取送的工艺方案。另在平板车线及堆场附近设置材料棚,长 42 m、宽 15 m。

5) 其他设施

试车线沿改移后的上荡村江布置,铺轨长 878.70 m,可满足列车最高速度 60 km/h 的试车要求。停车场内还设置了平板车线、牵出线、救援设备等设施,以及维修工区和物资仓库。

22.1.3 接触轨供电停车场的安全设计

本线车辆段和停车场供电方式与正线统一,均采用 DC 1 500 V 接触轨供电。停车列检线接触轨敷设至库内,其余电化股道接触轨均敷设至库前。停车列检库内根据停车位置,接触轨分段布置,接触轨及防护罩均安装于柱式检查坑立柱上。库内接触轨及受电靴部位设防护罩,库内外接触轨防护罩根据供电分区划分以不同颜色区分,如图 22-5 所示。

根据供电系统设计方案考虑停车场安全设计。库外咽喉区划分为四个供电分区,并涂以不同的接触轨防护罩颜色,形成鲜明的"供电分区标识色";将带电区和不带电区通过铁丝网分离,保证人员安全。

图 22-5 接触轨防护罩

在道路交叉处设门禁,防止工作人员误入;同时在门禁处和咽喉区设摄像头,进行实时监控。

库内停车列检轨道地面画设作业安全警示线,距离线路中心线为 2.15 m。工作人员沿股道走行于安全警示线划定的区域内,以利安全。

根据库跨结构,将停车列检库设计为无人区,并设围栏和门禁。列检人员通过库房末端通道(3 m 宽)刷卡进入工作区,保证作业安全。

无人区门禁纳入整个段、场门禁系统,在 DCC 内设置监控管理工作站。同时,提高安全等级:仅对 DCC 控制室授权过的工作人员开放,且有开放时间限制,到时间后通过库内广播对工作人员进行广播,待检修负责人向 DCC 控制室确认工作人员已全部撤离后,方可并取消授权,相应股道上电。

接触轨处地面设置绝缘垫,即使工作人员不慎接触到带电体,亦可以防止或减少事故的发生;检修人员配置劳动防护用品,如绝缘鞋、绝缘刷、有电警示手表等。

运营公司、维保公司单位根据接触轨入库后的工作特点,制订安全制度规定,做好现场安全管理。

22.1.4 运营使用效果与设计特点

朱家角停车场于 2017 年 11 月底完成试运营评审,经过近一年的试运营实践,使用效果良好,能够满足 17 号线工程列车存放、检查和运营调整等功能,工艺设计合理,车辆场内走行顺畅、便捷,检修设施配置齐全,库线作业方便,使用效果良好。首次使用的列车 ATO 入库功能,提高了车辆入库和运营的效率。

朱家角停车场设计特点:

(1)总平面布置采用顺向尽端式布置,场内作业流程顺畅,使用方便。停车场设临修线和试车线,提供故障应对能力,便于列车均衡修作业开展。优化厂房组合,库线设备利用率高。根据集团公司分级管理要求,合理布置建筑功能分区,方便管理。

(2)上海地铁首次段场采用接触轨供电方案

车辆基地在上海首次全面采用 DC 1 500 V 接触轨供电技术。与正线接触轨+车辆段架空接触网的双制式方案相比,全接触轨供电制式降低了车辆的复杂度,缩短车辆接发车作业时间,车辆受电设备器件和库内土建更好地结合,更有利于改善厂房的建筑效果。

(3)朱家角停车场首次采用园林化设计,忠实地贯彻 17 号线景观设计的精神,对站场中停车列检库、检修库、综合楼、宿舍、物资仓库等建筑,均遵循朱家角江南水乡的风韵采用景观设计的精神。同时,在建筑周边进行绿化园林景观设计,整个设计很好地实现了车场功能与景观环境的融合,并且基本不增加造价,为停车场设计创新了一套更人性化、更尊重环境的秀美模式(图22-6)。

图22-6 园林设计

(4) 出入场线首次配备采用了车辆轨旁综合在线检测设备系统(图22-7),当列车通过相关区域时,在线检测设备会自动启动,检测车辆走行部、外观等各方面的状态,从而减轻人工日常检查工作压力,提高车辆安全与维护保障能力。

图22-7 车辆轨旁综合在线检测设备系统

(5) 设备专业重视节能技术的应用,提供完善的节能设计,能够有效降低后期运营成本。

22.2 徐泾车辆段

17号线徐泾车辆段是一座承担列车架大修任务、功能齐备的综合性基地。其设计中引入城市综合用地的概念,利用车辆段上盖进行综合物业开发,与区域整体详细规划相呼应,符合上海市轨道交通车辆基地开发的总体思路。车辆段上盖开发利于地块周边区域开发和城市景观协调,改善轨道交通场站用地切割城市地块的现状和提高土地利用率。

徐泾车辆段场地东西两端接徐泾北城站、徐盈路站两个高架车站,车场北面临城市主干道崧泽大道,交通及预留开发条件良好。主要库房轨线平行崧泽大道,采用尽端式顺向布置,线束尽可能向北压,布局紧凑,节约并充分利用土地资源。基地在崧泽大道沿线绿地、上达河北侧试车线、线路出入段线之间留出扇形用地,该地块预留落地开发,实现约4.5公顷用地、19万 m² 建筑面积的落地开发条件,创造了土地增量的重大经济价值。在有限的地块长度内,对各股道精细化设置纵断面,采用缓坡过渡设计场坪标高,极大优化站场土地方工程,实现良好的技术经济性。合理的总图设计和站场线路纵断面设计,为上盖综合开发一体化设计创造了良好的条件。

首次实现具备上盖开发条件的检修库大架修功能设计。结合开发柱网设计,开展多个单线跨的厂房组合,实现车体定位修和部件流水线修理。按照开发柱网布置,大架修采用车辆定位修工艺,借助固定式地下架车机,车体在原位进行车体解体、组装、修理工作。转向架检修间设置于大架修线的末端,轮轴检修间平行布置于转向架检修间南侧。两大生产区域之间通过轮对转盘和车间通道相互联系,检修工艺流程合理,部件运输距离短,作业效率高。

根据综合开发的消防、环保要求,采用了水性漆喷涂工艺进行车体外观的整修,气雾处理设备增设制冷除湿模块。在优化工艺的同时降低了建筑火灾危险性类别,还可改善环境。

徐泾车辆段兼顾上盖综合开发需求,按照现有的工艺和技术条件对车辆基地布局进行整合和优化(图22-8)。车辆段运用库、检修库、洗车库、镟轮库、咽喉岔区、试车线等区域预留上盖物业开发条件,将车辆段综合楼设于盖上。利用车辆基地做立体开发,对地面、库房上盖统一考虑,使基地内的建筑与周边环境协调,与周边环境相呼应。

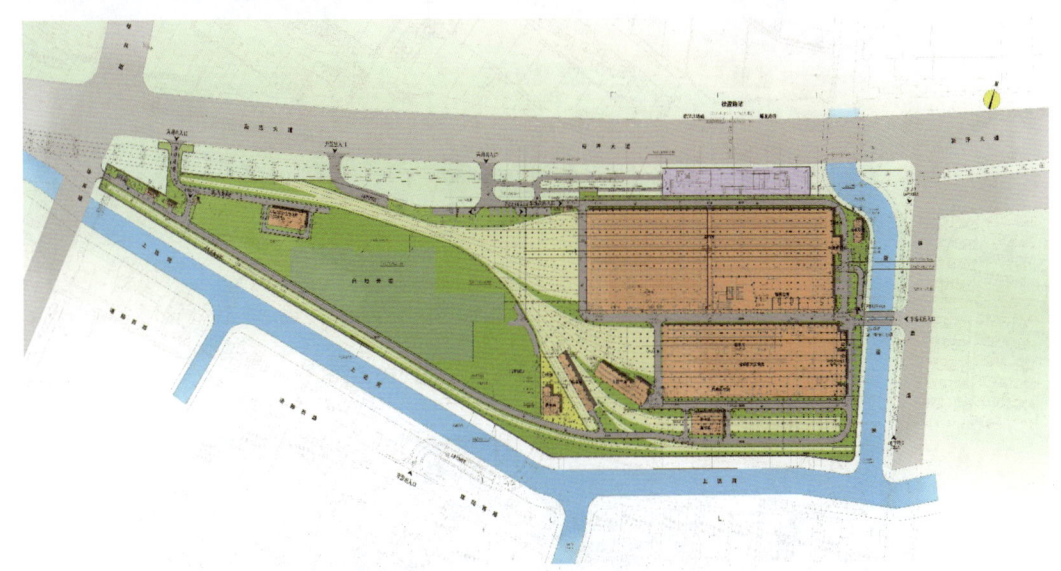

图22-8 徐泾车辆段总平面图

由于开发项目建设与车辆段建成使用在时间上有差距,总平面布置在满足车辆段功能要求的基础上,预留开发条件。综合开发建筑与车辆基地现已独立设置人员疏散通道,互不借用。板地无建筑物区域及上盖平台对于综合楼及综合开发的上盖建筑可视为室外安全区域。车辆基地工艺管线与综合开发管线原则为分开设置,系统独立,方便后期的计量、管理和维修。

上盖平台总预留开发量约32万 m²;开发容积率及建筑密度由详规控制(图22-11)。上盖物业名为"天空之城",是基于TOD模式开发的地铁上盖城市综合体,物业开发业态有商业、住宅、办公、停车库。总体定位集办公、商业、居住、公园为一体的超大规模的复合型城市街区,总建设用地26.01万 m²。主体建筑包括白地及大平台上住宅、商业、办公、夹层车库及相关配套等,开发总计容建筑面积约 45.42 万 m²（含落地开发）。如图 22-8～图 22-11 所示。

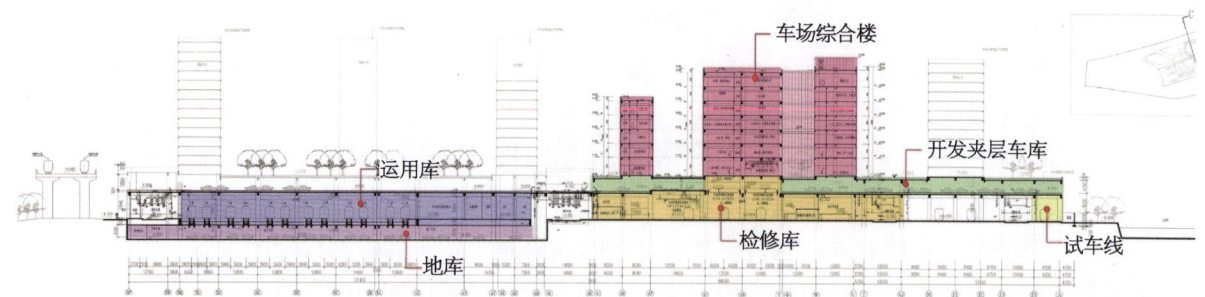

图 22-9　徐泾车辆段剖面图

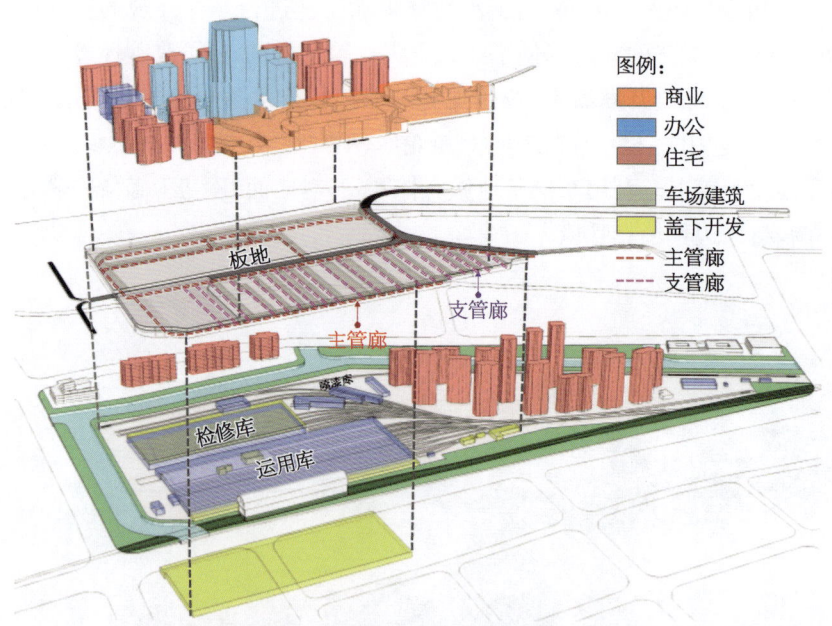

图 22-10　徐泾车辆段与开发竖向关系图

图 22-11　徐泾车辆段上盖开发示意图

工程设计管理篇

设计总体管理

轨道交通工程是一项投资规模大、专业性强、技术复杂、涉及面广的多学科综合性系统工程。轨道交通设计是轨道交通工程建设中发轫的一环,扣好这第一个纽扣,对轨道交通的项目建设形成良性循环具有重要的作用。17 号线全线的设计工作由十几家专业设计单位分别承担各工点和各系统的分项设计任务,为此业主建立设计总体总包管理机制,由总体总包设计单位运用现代化的管理手段,全面负责各设计阶段、各项任务和各个环节的设计技术管理和设计管理工作。

本着以人为本,满足功能的宗旨,以技术创新、设计优化和执行集团技术标准为手段,结合工程实践,超前研究并制定工程的各项设计原则、设计标准和统一的技术要求;统一设备选型;提出重大技术难题的设计方案;协调内部、外部的技术接口;配合施工阶段解决和处理有关设计的技术问题;在实施过程中,组织、指导、协调、检查、督促各分项单位按计划有序地开展工作,确保工程设计的总体性、系统性、完整性。

按照目前国内外的建设经验,轨道交通设计项目的管理分为设计总承包模式和设计总体管理模式。设计总承包模式是指设计总承包单位受业主委托对曾参与本项目设计工作的各设计单位的设计过程和设计成果实施全方位的管理和控制,对业主负责。设计总体管理模式是设计总体单位受业主委托,对参与本项目设计工作的设计单位的设计成果,实施技术上的管理和协调。本项目的设计管理模式介于设计总承包管理和设计总体管理两种模式之间。

23.1 设计总体总包目标及其任务

1) 设计总体总包管理目标

总体总包设计工作必须符合城市建设总体规划和轨道交通网络规划,促进城市经济发展和现代化建设需要,围绕工程设计的质量、进度、投资三控制管理,使工程设计达到技术先进、功能完善、安全可靠、投资和效益统一的目标管理,并按期保质地完成各项设计任务。

2) 设计总体总包任务

设计总体总包工作是贯穿工程各设计阶段的设计工作,包括:总体设计阶段→初步设计阶段→施工图设计阶段→施工配合、竣工验收及试运营阶段,并配合业主做好前期工作、施工、安装及设备招投标工作。

(1) 根据需要,配合业主完善"工程可行性研究"报告的报审工作。

(2) 配合业主进行分项设计单位的招投标工作,明确分项设计分工界面。

(3) 在"工程可行性研究"报告及专家评审意见和国家批准文件的基础上,开展总体设计阶段的设计工作,并在业主规定的时间内,完成总体设计文件的编制。

(4) 在已经审查批准的"总体设计"文件的基础上,组织各分项单位完成工程项目"初步设计"

文件。

（5）在已经审查批准的"初步设计"文件基础上，组织各分项单位完成工程项目的"施工图"设计文件。

（6）配合业主会同相关分项设计单位参与市、区规划和自然资源局、交警、管线等有关部门及物业开发单位联系协调，稳定落实设计边界条件，并配合业主实现设计方案规划落地和工程前期三证办理工作，提供有关的图纸资料。

（7）总体总包单位负责组织各分项单位配合施工、安装、调试、竣工验收及试运营并进行检查、督促和协调。

23.2 设计分工

2013年2月4日，申通地铁集团、上海青浦轨道交通投资开发建设有限公司共同组建了"上海轨道交通十七号线发展有限公司"（简称"17号线项目公司"）为项目法人公司，负责项目的策划、资金筹措、建设实施、生产经营、债务偿还和资产的保值增值、设计各阶段的程序性和日常管理等工作。

上海市隧道工程轨道交通设计研究院为设计总体单位，承担设计总体技术管理及相应的设计管理工作。各分项设计单位承担车站或系统设计分项工作及相关专业接口设计，负责配合项目设计管理工作。

本工程的勘察、设计主要有16家单位承担，分别为上海市隧道工程轨道交通设计研究院（简称"上海隧道院"）、上海市政工程设计研究总院（简称"市政院"）、上海市城市建设设计研究总院（集团）有限公司（简称"城建院"）、上海市地下建筑设计研究院（简称"地下院"）、中铁上海设计院集团有限公司（简称"上铁院"）、现代设计集团华东建筑设计研究院有限公司（简称"华东院"）、上海电力设计院有限公司（简称"电力院"）、中铁电气化勘测设计研究院有限公司（简称"电化院"）、中铁工程设计咨询集团有限公司（简称"中铁咨询"）、深圳市利德行投资建设顾问有限公司（简称"利德行"）、上海岩土工程勘察设计研究院有限公司（简称"岩土院"）、上海市民防地基勘察院有限公司、上海广联建设发展有限公司、上海市地质调查研究院、上海市测绘院、上海市岩土工程检测中心。各参与单位及分工情况详见表23-1。

表23-1 各参与单位及分工情况

编号	项目名称	17号线工程	
		分项名称	设计单位
1	线路	—	上海市隧道工程轨道交通设计研究院
2	行车组织与运营	—	
3	车辆	—	
4	限界	—	
5	总概算	—	
6	车站	东方绿舟站	华东建筑设计研究院有限公司
		朱家角站	

(续表)

编号	项目名称	17号线工程	
		分项名称	设计单位
		淀山湖大道站	上海市城市建设设计研究总院(集团)有限公司
		漕盈路站	
		青浦新城站	
		汇金路站	
		赵巷站	华东建筑设计研究院有限公司
		嘉松中路站	
		徐泾北城站	
		徐盈路站	
		蟠龙路站	上海市隧道工程轨道交通设计研究院
		诸光路站	
		虹桥火车站站(改造)	
7	区间隧道	路桥分界点—西段盾构工作井	上海市城市建设设计研究总院(集团)有限公司
		汇金路站—路桥分界点	
		桥路分界点—东段盾构工作井	上海市隧道工程轨道交通设计研究院
		淀山湖大道站—漕盈路站中间风井	上海市城市建设设计研究总院(集团)有限公司
		漕盈路站—青浦新城站	
		青浦新城站—汇金路站中间风井	
		诸光路站—虹桥火车站站中间风井	上海市隧道工程轨道交通设计研究院
		西段盾构工作井—汇金路站区间结构	上海市城市建设设计研究总院(集团)有限公司
		东段盾构工作井—虹桥火车站站区间结构	上海市隧道工程轨道交通设计研究院
8	高架区间	—	上海市政工程设计研究总院(集团)有限公司
9	轨道	—	中铁工程设计咨询集团有限公司
			上海市隧道工程轨道交通设计研究院
10	供电系统	牵引降压混合变电所	中铁电气化勘测设计研究院有限公司
		干线电缆	
		杂散电流腐蚀防护与接地	
		电力监控	
		牵引网	
		接地装置图	
		区间动照	
		安装通用图	
11	通风空调系统	—	上海市城市建设设计研究总院(集团)有限公司

(续表)

编号	项目名称	17号线工程 分项名称	17号线工程 设计单位
12	通信系统	—	中铁上海设计院集团有限公司
13	信号系统	—	上海市隧道工程轨道交通设计研究院
14	给排水与消防系统	—	上海市城市建设设计研究总院(集团)有限公司
15	综合监控系统	—	上海市城市建设设计研究总院(集团)有限公司
16	防灾报警系统	—	上海市城市建设设计研究总院(集团)有限公司
17	设备监控系统	—	上海市城市建设设计研究总院(集团)有限公司
18	门禁系统	—	上海市城市建设设计研究总院(集团)有限公司
19	自动售检票系统	—	上海市隧道工程轨道交通设计研究院
20	站台门	—	上海市隧道工程轨道交通设计研究院
21	车站设备	自动扶梯、垂直电梯	上海市城市建设设计研究总院(集团)有限公司
22	朱家角停车场	—	上海市隧道工程轨道交通设计研究院
23	徐泾车辆段	—	上海市隧道工程轨道交通设计研究院
24	控制中心	—	上海市隧道工程轨道交通设计研究院
25	区间变电所	—	上海市隧道工程轨道交通设计研究院
26	主变电所	—	上海电力设计院有限公司
27	人防	—	上海市地下空间设计研究总院有限公司
28	装修总体	—	深圳利德行投资建设顾问有限公司
29	工程测量	—	上海市隧道工程轨道交通设计研究院
30	地质钻探、物探	—	上海市隧道工程轨道交通设计研究院、上海市民防地基勘察院有限公司、上海市政工程设计研究总院(集团)有限公司、上海岩土工程勘察设计研究院有限公司、上海市城市建设设计研究总院(集团)有限公司、上海广联建设发展有限公司、上海市地质调查研究院、上海市测绘院、上海市岩土工程检测中心

23.3 设计总体组织架构和工作流程

为了确保优质、高效地完成轨道交通工程设计总体总包任务,设计总体总包单位须根据规定程序组建总体总包部,作为项目的实施和管理机构,明确机构组成和主要人员配置。总体总包部组织机构采用专业与职能相结合的垂向管理模式,共同构成项目的技术决策层和管理层,对业主全面负责。设计总体总包组的组织机构如图23-1所示。

1) 总体总包院领导小组

负责作出重大决策,与业主高层次沟通,协调落实开展设计工作的各项资源,根据业主及其他外部信息,领导项目设计总体总包部门的工作。

23 设计总体管理

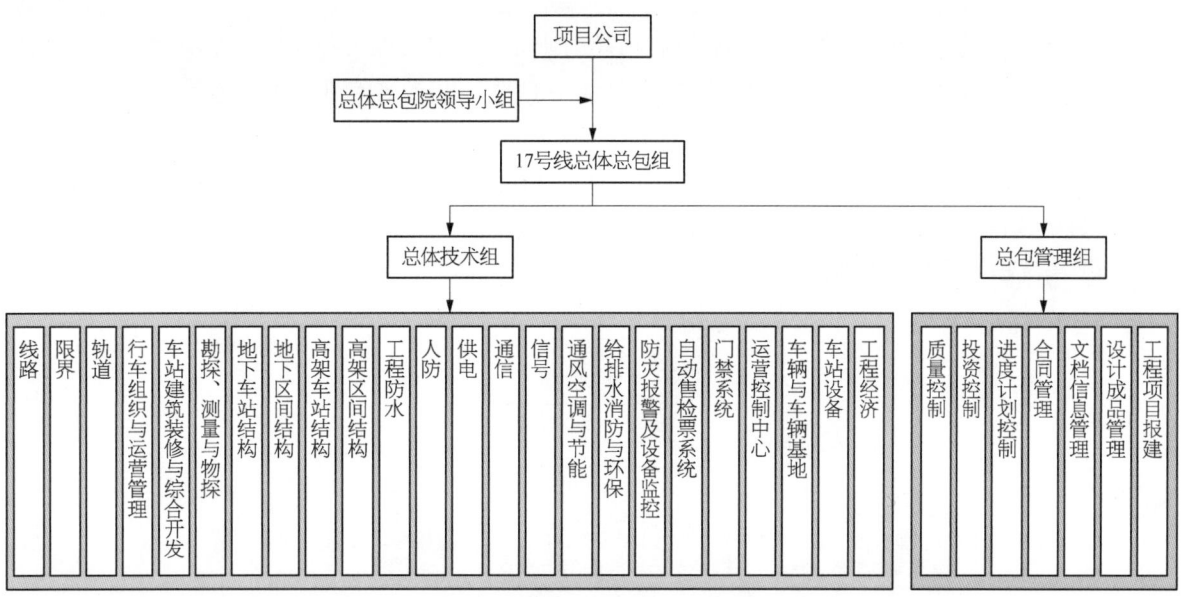

图 23-1 设计总体总包组织机构图

2）总体总包组

17号线总体总包组设总体负责人一名、副总体负责人四名、总包负责人一名，全面负责项目的设计总体总包工作，指导、管理和协调设计工作，组织编制和落实设计工作大纲和实施细则，确保设计管理人员的配备和工作程序，做好项目内、外关系的协调，提交满足要求的成果。

3）总体技术组

总体技术组对各专业技术方案负责，对各专业的设计接口负责，对工程实施技术指导和管理；进行各专业设计方案研究，并对设计文件进行总体和系统审查，控制设计质量。

编制各阶段设计的指导性文件，各单项设计方案的技术管理，组织编制设计通用图，协助业主编制相关招标文件，编写相关的技术接口管理文件，通过互提资料、会签等手段对专业技术接口进行管理和控制。

在配合施工过程中，协助业主组织各分项单位做好技术交底工作，参与变更设计的确认，组织分项单位及时协调处理施工过程中出现的有关设计方面的问题；协助业主确定全线的标准化设计和科研课题及全线设计技术总结的编制。

4）总包管理组

总包管理组由总包负责人牵头，负责制定各种有效的设计管理办法，规范设计管理和对工程设计实施全过程管理，主要包括质量管理、进度管理、投资管理、合同管理、信息文档管理、设计分包与考核管理；负责设计过程中日常的内、外联络和协调工作，负责设计过程中的信息收集及各单位之间资往返、负责编制设计月报、编写设计例会会议纪要、负责设计工作量的结算工作、负责设计变更的上报、配合业主办理工程项目报建工作、协助业主进行合同付费和设计考核等设计管理工作。

23.4 设计总体总包工作流程

23.4.1 设计总体工作流程

设计总体工作是围绕工程的设计质量、进度、投资三控制目标，负责解决工程全过程的设计技术问题,在开展各阶段设计之前,结合集团的技术标准,超前研究并制定工程的各项设计原则、设计标准和统一的技术要求,在设计过程中,结合政府职能部门和业主的要求,以及各专业间的技术接口和分工界面,进行技术协调,贯彻落实执行各项技术要求;审查设计方案和总体审定各专业的设计图纸;配合业主进行工程前期、施工、安装招投标和统一设备选型工作,配合施工现场解决和处理有关设计的重大问题,在实施过程中,领衔、指导、检查、督促各分项(分包)单位设计工作的开展,确保工程的系统性、统一性、完整性。

其工作流程如图23-2所示。

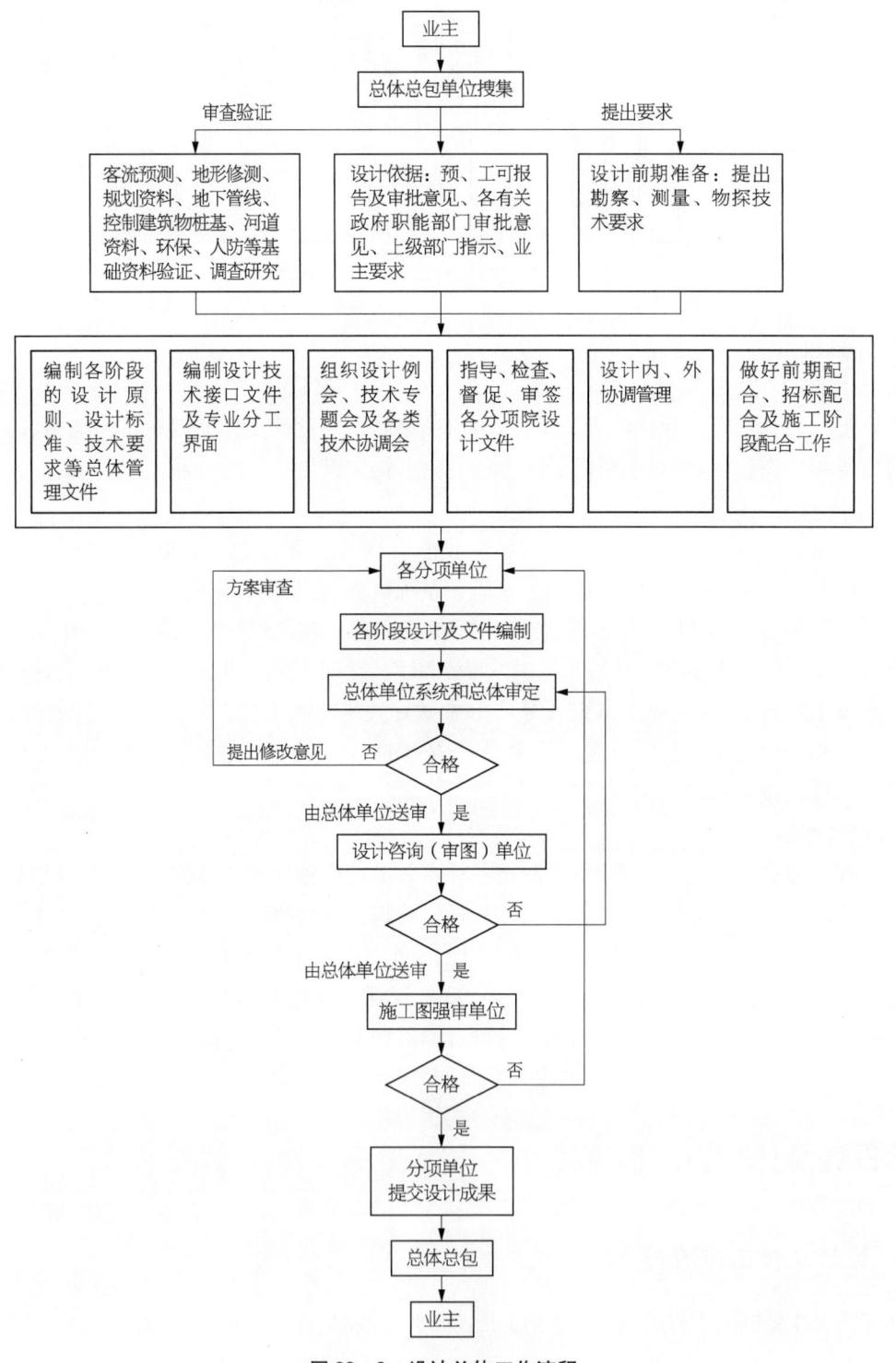

图23-2 设计总体工作流程

23.4.2 设计总包工作流程

总包管理工作是对工程设计工作的资源、工期、质量、投资、合同、信息等实行全面管理,制订设计管理和控制所需的各项详细的实施细则或办法,并建立各项工作制度;在设计过程中负责检查、督促、控制各系统、各分项计划进度、质量和投资控制,协调解决设计工作中出现的问题,检查设计单位进度计划的执行完成情况,督促在规定时间顺利完成设计文件;对设计全过程信息和成品进行管理;组织分项单位配合业主招标及设备选型工作,组织配合业主报建工作,组织全过程配合施工,组织设计考核工作,组织配合业主做好竣工验收方面的工作,组织完成设计总结。

其工作流程如图23-3所示。

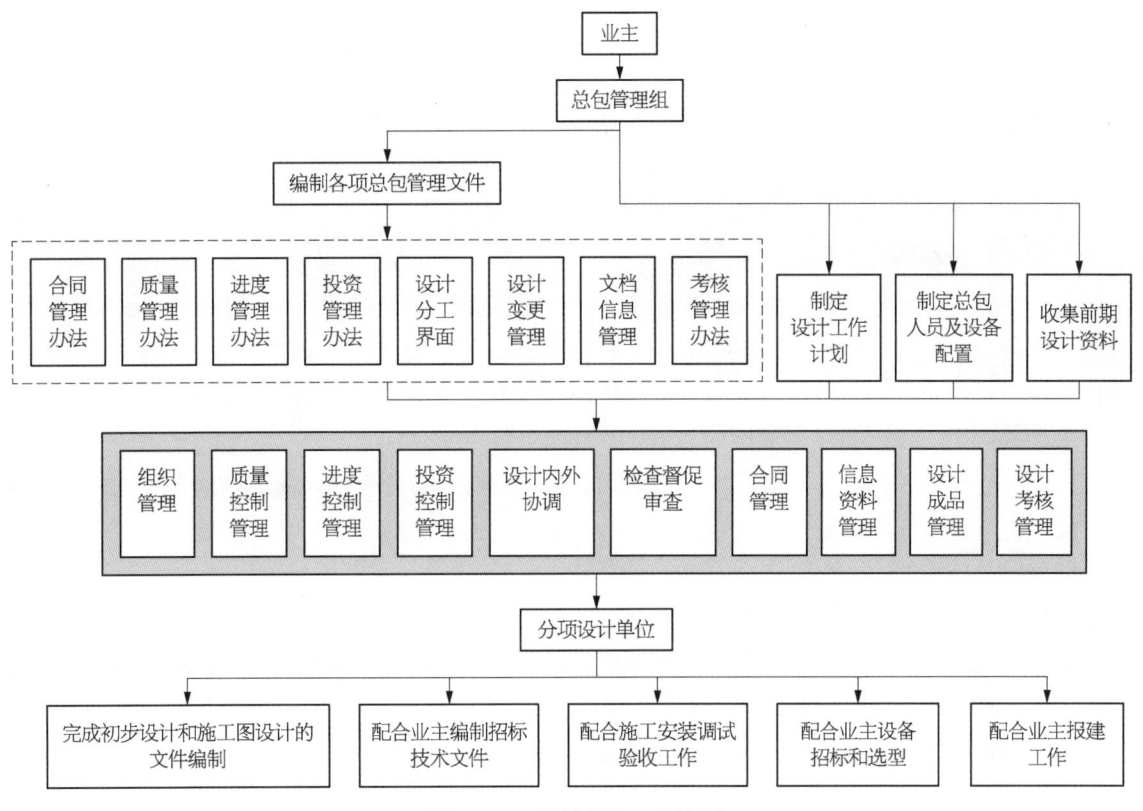

图23-3 设计总包工作流程

23.5 各阶段总体总包技术管理重点

23.5.1 总体设计阶段设计总体总包管理工作内容

1)总体设计阶段的工作重点
(1)确定总体设计方案,为初步设计和工程实施奠定良好基础。
(2)确定建设标准和建设规模。
(3)明确线路走向和敷设方式,基本稳定线位与站位。

(4) 稳定行车组织方案与运营管理模式。

(5) 控制车站规模、确定车站方案,选好结构形式和工法。

(6) 认定车辆与系统设备标准,不断提高国产化水平。

(7) 明确设计界面和技术接口,理顺各系统、各专业之间关系。

(8) 控制工程投资、实现城市轨道交通建设项目合理造价。

2) 编制17号线总体总包管理文件

根据集团要求和合同约定,17号线设计总体组编制了《设计总体总包管理办法》《设计质量管理办法》《文件资料管理办法》《信息交换管理办法》《设计计划和进度控制管理办法》《投资控制管理办法》《总体设计大纲》《详勘技术要求》等各类技术管理和设计管理文件。

3) 总体设计阶段开展的专题研究

针对17号线总体技术方案的特殊性,在总体设计阶段同步开展了9个专题研究,以专题研究的结果指导工程设计和建设,使17号线工程的建设与线网规划有机结合,以加强17号线工程的可实施性和可操作性,为后续建设扫清技术上的障碍。

(1) 控制中心选址。

对新闸路控制中心改造从外部路由、工艺方案、大楼改造方案、变电所现状条件分析、各设备系统方案等方面进行分析研究。

研究认为,17号线控制中心并入新闸路控制中心,改造的工程风险和投资均较高,结构抗震等级较难满足现行规范要求,且变电所用房和用电条件均较难落实,因此综合考虑工程投资、工程风险、可实施性及对1号线、2号线运营工作影响等方面的因素,不推荐本线并入新闸路控制中心的方案。总体设计采用控制中心设于徐泾车辆段的方案。

根据新一轮线网控制中心规划调整的要求,17号线控制中心最终接入蒲汇塘运营指挥调度大楼。实施阶段,由于蒲汇塘运营指挥调度大楼及徐泾车辆段的投运滞后于17号线通车节点,在朱家角停车场设置临时控制中心。

(2) 车辆段和停车场牵引网方案。

以17号线工程正线牵引网采用接触轨供电方式为前提,结合国内外轨道交通现状,通过对车辆段采用不同牵引网形式(架空接触网、接触轨、接触轨/滑触线组合)下对安全性、段内作业效率、车辆配置成本、事故抢修、施工、运营维护、建设投资等方面的影响进行技术经济综合论证,确定车辆段采用架空接触网方案。

(3) 3+3灵活编组方案研究。围绕两大方案展开展研究工作:分期灵活编组、全天灵活编组。研究认为:

① 本线客流预测敏感性分析表明,影响各期客流发展的因素较多,客流波动性大,采用灵活编组有利于抵御初期未达预测客流的风险。

② 本线高峰系数16%,早晚高峰中的平峰时间为7 h,较适合采用全天灵活编组的运营方案。

③ 灵活编组带来车辆重联、架控等方面的要求,车辆技术标准随之提高,采购成本同比增加。本线速度目标值100 km/h,将增加一种既不同于11号线北段,也不同于16号线的新的车辆类型。

④ 采用灵活编组可以降低牵引能耗,但是运营管理强度加大,建设成本略有增加,尤其是长期车辆购置费用、车载信号设备费用增加,总费用不节省。

⑤ 建议本线采用分期灵活编组方案。

(4) 围护结构形式。17号线沿线部分地下车站建于空旷地带,用地宽裕,且青浦区地下水丰富,故选取蟠龙路站进行叠合墙、复合墙、离壁墙三种围护结构形式的受力、造价、防水、施工等几个方面的比选,探讨采用各种形式的可行性和经济性。

① 防水性能离壁墙优于复合墙,复合墙优于叠合墙。

② 造价上复合墙、离壁墙加桩方案、离壁墙底板加宽方案分别比叠合墙不换撑方案增加造价分别为329万元、980万元、1 382万元。

③ 占地上复合墙、离壁墙加桩方案、离壁墙底板加宽方案分别比叠合墙不换撑方案估计增加占地面积分别为138 m^2、644 m^2、1 196 m^2。

④ 鉴于本站用地宽裕,在不增加太多造价的前提下可尝试采用复合墙方案。

(5) 防水及耐久性。总结以往经验,结合17号线工程情况,有针对性地在设计上改进与优化。

① 复合结构全包防水层:结合复合墙形式在车站围护结构中的使用,对车站全包防水设计与施工做全面的研究与探索,采用全包防水体系加强结构耐久性和防水。

② 接缝构造与防水:诱导缝通过结构优化、确保中埋式钢边橡胶止水带的设置深度,确保诱导缝处混凝土的浇筑密实性和止水带的防水效果;出入口通道变形缝通过对构造形式的优化,限制结构的相对沉降、控制受拉区裂缝的产生,提高止水带的密封效果,可对变形缝防水起至关重要的作用。

③ 站厅隔离墙、车站与区间接缝:要求墙基与楼板混凝土同步浇筑,完善施工条件及模板工艺;优化盾构区间与车站接口的方形钢筋混凝土保护圈,同时在防护门内外结合给排水专业及时疏排底板上的积水,改善该衔接处的反复渗漏的状况。

④ 高强度钢筋混凝土保护层定位件的规范设计及应用:在设计上为高强度垫块在地下车站与区间隧道的应用制定技术规程和相应细则,同时借鉴相关工程的经验以规范垫块的制作加工和实际应用。

⑤ 杂散电流腐蚀防护:需要土建结构钢筋在纵向上焊接导通,形成一个等位体从而限制杂散电流无规则的流通。

(6) 高架区间节点桥梁。

① 由于本线节点桥梁众多(共计约30座),故需从设计、施工、景观、经济效应等方面从全线角度统筹考虑,力争标准化设计。

② 中跨为50~55 m的一般节点桥梁占多数,故从质量、景观、环境、施工等方面考虑,推荐采用节段预制、拼装的设计施工方法。

③ 从与周边环境协调和景观角度考虑,跨淀浦河桥推荐采用拱桥形式。实施阶段经技术经济比较,改为连续梁桥方案。

④ 为满足高压线、通航、景观等要求,跨油墩港桥拟采用连续梁桥方案。

(7) 高架车站装修概念及景观方案。

① 一线一景、整体统一、突出重点。

② 突出地域特色、与城市景观和谐共融。

③ 车站主体以我为主、强调与周边地块及市政设施的对接。

④ 车站内部强化建筑空间、弱化装饰装修。

(8) 市政管线配套调查。通过梳理现状给排水管线及收集相关给排水规划,明确车站、高架区间、地下区间敞开段、车辆段及停车场排水出路方案及给水接入点方案。

① 雨水出路。东方绿舟站和朱家角站站点排水与高架排水合并考虑设置一根专用雨水管,就近

排入河道;漕盈路站、青浦新城站、赵巷站、嘉松中路站站点附近道路上排水管径偏小,建议结合道路排水改造时考虑接纳车站排水,设计和建设进度衔接好;淀山湖站等其余6个站雨水可就近排入市政雨水管内。

② 污水出路。东方绿舟站、徐泾北城站分别铺设污水压力管排入复兴路西侧及徐乐路交叉口上已建污水管内,管道偏长;淀山湖大道站污水向西倒虹穿越丁家港排入规划青湖大道上已建DN600污水管内,预计青湖大道2014年建成后污水才有出路,因此污水就地处理方案备选;朱家角站等其余9个站污水就近排入市政污水管内。

③ 给水管梳理。朱家角站供水由沪青平公路北侧DN600给水管线提供,但目前水量不足,预计2013年年底青浦第二水厂建成后可以达到设计值满足供水,需进一步协调推进;东方绿舟站等其余11个站供水可由就近市政给水管提供,能满足要求。

(9) 盾构穿越桥梁桩基改造设计。

① 通过对西大盈港桥P7墩利用旧桩方案(新旧桩混合)和采用新桩方案的对比分析,可以得出,采用新桩方案时,基础各构件弯矩均较小,桩基轴向压力也较小,而且新旧桩沉降差将增大旧桩的竖向力,建议采用新桩方案进行桥梁基础改造。

② 在盾构穿越经过的两侧桩基,由于开挖土体引起应力释放,使桩基产生较大的附加内力,建议适当增加桩体直径及抗弯、抗剪钢筋配置,以增强桩身侧向刚度和强度。

③ 拔除桩基后,应回填密实,保证均匀性,不形成渗水通道。回填材料可采用:水泥土、低标号水泥砂浆、高比重单液浆。

④ 通过对西大盈港桥的分析,在盾构穿越过后,桩基沉降约为4.4 mm,地表沉降最大约为20 mm,盾构影响范围以上的土体对桩身产生了负摩阻力,摩擦桩的承载能力须考虑这种影响。

⑤ 盾构穿越桥梁桩基时,关键要使盾构掘进对桩基周围土体的扰动最小化。因此,在盾构推进期间须采取施工措施,同时进行实时数据监测以指导盾构掘进参数的设置,进行信息化施工。

总体设计完成后,申通集团技术中心于2013年9月3日组织召开了总体设计专家评审会,会上,业内专家对17号线总体设计成果给予了一致好评,并对总体设计中专题研究的内容给予了充分的肯定。

23.5.2 初步设计阶段设计总体总包管理工作内容

总体设计评审结束后,依据总体设计文件的专家评审意见,17号线总体总包组组织各分项设计院开展初步设计工作,并编制和升级了相关技术管理和设计管理文件作为各分项院的设计指导和依据,并建立设计例会和专题研究会等制度,检查、督促、指导、审查各分项院按计划完成初步设计文件编制,协助业主做好文件的上报工作。

1) 编制文件

总体总包组编制了《17号线初步设计技术要求》《17号线初步设计文件编制深度、内容规定》,升级了《文件资料管理办法》《17号线初步设计计划》。

2) 召开设计启动会

总体总包组组织各设计分项单位分管领导、项目负责人召开初步设计工作启动会议,对初步设计工作进行统一布置和安排,并将上述技术管理和设计管理文件分发给相关方。这些技术要求和管理文件为此后的设计总体管理工作奠定了坚实的基础,也为各设计分项单位正常开展设计工作及各分项单位、各专业间的沟通协调提供了书面的技术、管理指导依据,对保证工程设计进度与设计质量总体性、可操作性起到重要作用。

3) 设计前期资料管理

总体总包组收集并下发设计前期客流预测报告、环境评估报告、初勘、详勘、物探、地形图及与水系等相关基础资料,为各专业设计工作的顺利开展创造条件;建立了基于百度云的网上资料共享文件平台,配置专人负责维护和更新,为17号线设计资料的同意和共享提供了较好的条件。

4) 建立会议制度

(1) 视设计工作情况,每两周或一周召开一次设计例会。通过设计例会平台,业主、总体组共同检查和督促各设计分项单位设计工作情况,贯彻执行业主和设计总体组下达的技术指令和进度安排,检查各设计分项单位设计质量和进度完成情况,并对设计中存在的问题及时商讨解决,确保设计工作顺利推进。

(2) 根据需要召开专业协调会和专题研究会。对于设计过程中遇到各专业技术接口问题和较重大的方案性技术问题,设计总体组及时召开专题研讨会或相关专业协调会。专题研究会是解决重大技术方案问题和投资变化等,请业主参加,必要时请有关专家参加会议。会议由设计总体单位主持,相关分项单位负责人参加,会议通知中应明确议题,参加人员相关专业要求,事先做好准备,会后形成会议纪要,发送各参会单位,作为下一步设计工作的依据。

5) 设计质量管理

负责对各车站建筑设计总体性指导、检查,使各工点设计在满足各相关机电设备系统功能、运营管理、限界等综合要求的前提下趋于技术合理,尽量减小车站规模,节省工程投资,并由总体组组织建筑设计图纸的集中会签工作。项目系统、总体负责人负责指导和检查各分项设计的设计方案,提出审查和修改意见,进行系统和总体审查签署。

6) 设计进度管理

检查、督促并催办各设计分项单位的设计进度,落实初步设计计划进度要求,按期完成初步设计编制。

7) 协助业主做好评审准备工作

协助业主与评审单位联系,根据评审要求和业主要求统计各类专业文本的数量,并负责向各设计分项单位落实,设计文件汇总后,分发给各评审专家、相关单位和业主。

8) 初步设计评审意见的优化设计

根据初步设计专家评审意见,总体组组织各相关分项院,对专家的意见进行回复,可分为同意修改、进一步研究、不同意修改三种意见,对不同意修改的意见,要分析和说明原因;负责组织各设计分项单位对初步设计专家评审意见的回复。

9) 初步设计评审意见的优化设计

负责完善补充或修改初步设计阶段的各项总体设计内容,组织和指导各分项院根据专家评审意见和业主等有关部门的要求,进行设计优化和修改过程,以更好地满足工程的使用功能,降低工程造价和减少工程施工难度。对优化后的设计成果同样需进行审查确认,为工程的施工图设计工作开展打好基础。

10) 初步设计调整

本工程于2013年12月完成了全线整套初步设计文件,并通过了上海市城乡建设和交通委员会科学技术委员会组织的专家审查。由于初步设计审查后,在施工图设计阶段中,因前期变化、规划调整、开发结合、方案深化等各种因素的影响,共计进行了三次初步设计调整,其中包括:

(1) 朱家角停车场初步设计调整。

① 供电方式的改变带来线间距和库跨分布的调整。根据《上海申通地铁集团有限公司会议纪要（会议【2014】46号）》（关于17号线车辆段停车场供电方式协调会会议纪要），本线车辆段和停车场供电方式与正线统一，均采用DC 1500 V接触轨供电。停车列检库线间距需由4.6 m调整为5.0 m。根据大库结构选型为排架结构所要求的建筑模数，停车列检库由原来的3个6线跨调（30 m跨度）调整为6个3线跨（18 m跨度）。

② 建筑布局的优化带来总平面和综合楼的调整。朱家角停车场地处古镇风貌区。在传统停车场建筑设计理念基础上，需优化建筑布局和景观设计，整合厂前区办公、生活设施，变零散绿化为集中绿化；将分散建筑集合为综合楼群，融合在集中绿化中，建筑风格上体现江南水乡的庭院和园林特点，与古镇风貌交相辉映，打造一座兼具现代气息和绿色环保的停车场。

③ 增加员工宿舍楼，方便郊区线上职工的生活和管理。本线车场在上海轨交首次采用DC 1500 V接触轨供电方式，将承担今后接触轨系统培训的任务。同时，17号线远离中心城，是服务于青浦区的郊区线，朱家角停车场又在线路末端，职工及学员上下班多有不便。对于所面临的实际问题，本次设计增加了一栋员工宿舍楼，并作为综合楼群的一部分，邻近车场生活、办公中心，方便管理。

④ 场区雨水由自排改强排，增加雨水泵房。按目前水系调整结果，场地周边河道位置在西北和东南角，位于狭长地形的两端，雨水收集管末端标高较难完全满足自排要求，如增加排放口数量需相应增加雨水沉砂池，如采用部分自排部分泵排的方案又增加系统的复杂性，对运营后的管理均增加难度。经综合考虑，为提高排水可靠性，采用全场雨水汇集后设雨水泵房提升排放的方案。

(2) 徐泾车辆段初步设计调整。

① 供电方式的改变带来线间距的调整。根据《上海申通地铁集团有限公司会议纪要（会议【2014】46号）》（关于17号线车辆段停车场供电方式协调会会议纪要），本线车辆段和停车场供电方式与正线统一，均采用DC 1500 V接触轨供电。停车列检库线间距需由4.6 m调整为5.0 m。

② 结合物业开发带来总平面和各单体设计的调整。根据市府关于同意《上海市青浦区徐泾镇QPS8-0101单元轨道交通17号线徐盈路站车辆段街坊控制性详细规划》的批复意见，结合综合开发设计方案，对徐泾车辆段内总图及各单体的初步设计方案进行相应调整。

为了充分利用土地资源，17号线徐泾车辆段需进行综合开发，打造一处以轨道交通为导向的综合社区中心。根据综合开发的建筑方案，需对地面车辆段、上盖及库房下方地下车库统一规划。

原初步设计已为综合开发预留总平面布置条件。在此基础上，本次设计根据已明确的开发建筑方案，完成上盖平台、匝道、地下通道、地下车库、物业管廊等土建设计，为综合开发预留工程实施条件。

运用库、检修库、轨行区上盖预留开发建筑空间，规划建筑开发总量约53万 m²。

车辆段整体位于地面层，自成体系，独立管理。

车辆段内部交通严格控制，独立循环，不与开发交通相互干扰，车辆段和开发各有三个车行出入口和内部环通的消防车道。

车辆段上盖平台标高为8.40 m、9.30 m和13.00 m。

(3) 控制中心初步设计方案调整。

原17号线控制中心设于徐泾车辆段，根据《上海申通地铁集团有限公司会议纪要（会议【2015】63号）蒲汇塘指挥调度大楼项目专题会会议纪要》内容，本线控制中心选址由原徐泾车辆段调整至蒲汇塘指挥调度大楼。

另根据《上海申通地铁集团有限公司会议纪要》（会议【2015】100号）新线工程建设专题会纪要相关内容，原17号线徐泾车辆段控制中心待蒲汇塘网络控制中心启用后作为备用控制中心使用。蒲汇塘网络控制中心启用前，徐泾车辆段控制中心暂作为17号线主用控制中心使用，以满足17号线正常运营。

因徐泾车辆段涉及上盖开发，施工周期较长，为保证蒲汇塘指挥调度大楼投入使用前17号线正常运营，故于建设过程中搬迁至朱家角停车场内。

综上，在蒲汇塘指挥调度大楼启用前，在朱家角停车场设置一座控制中心，按照满足初期运营需求设置，进行相关工艺、土建、机电系统等设计，与DCC分立设置；待蒲汇塘网络控制中心启用后，朱家角停车场控制中心作为备用控制中心使用。

23.5.3 施工图设计阶段设计总体总包管理工作内容

根据初步设计评审意见，总体院组织各分项院进行设计方案优化，落实专家意见，经申通集团审查通过后，组织开展施工图设计。首先，总体院编制施工图技术和管理文件和编制通用图，设计过程中，开展设计协调和技术接口管理、总体审查。要求各分项院按照设计进度和投资控制，保证质量地完成各项施工图、设计任务，并建立施工阶段（包括施工验收、调试和试运营）的设计配合规定，参加施工现场服务，协调处理施工阶段出现的设计问题。

1）组织落实初步设计专家评审意见

17号线设计总体单位根据调整初步设计评审意见，组织各分项设计单位落实初步设计与调整初步设计专家评审意见，及时优化设计，并落实到施工图设计中。

2）编制总体技术文件和设计管理文件

在落实初步设计评审意见和优化设计的基础上，17号线设计总体编制《施工图设计技术要求》，为各分项设计院提供施工图设计原则、技术标准、技术要求及各专业间的接口要求，以控制各专业系统的设计成果质量，并在2014年因为规范的更新的原因进行了一次升版。

3）编制《施工图图册目录》和"施工图设计计划"

编制《施工图图册目录》和"施工图设计计划"，其中施工图图册目录根据设计的进展在施工图设计阶段升版了四次，施工图设计计划按照执行和变化的跟踪情况每周更新，施行动态管理的策略。

4）配合项目公司开展土建、装修、机电系统施工招标工作

根据本工程的施工招标节点和业主的要求，协助业主组织提供施工、安装及设备招标图纸资料；根据17号线工程特点，协助业主编写招标技术文件，将核心系统对其他系统设备接口的技术要求，落实到招标技术文件；协助业主开展设备调查研究和设备选型工作；协助业主组织编写设备技术规格书，明确设备的性能、规格、技术参数及用户需求；配合业主设备系统安装招标工作，组织提供相应设备系统招标图纸资料。

5）编制通用图

为了确保轨道交通工程施工文件的统一性和完整性，提高设计效率，对车站建筑、结构、防水、环控、给排水、动力照明、综合接地、杂散电流防护、人防等专业的共性内容由总体院负责进行施工设计通用图的编制工作，并制定通用图的使用管理办法，各分项院必须按照通用图的模式结合各自承担的分项设计的实际消化应用，并按照管理办法的要求贯彻执行。在施工图设计过程中，设计总体组根据业主要求和结合设计方案变化、施工现场情况，补充《车站出入口加盖通用图》和《上排热风道结构通用图》。

6) 做好系统、总体审查

为了保证施工图设计文件的总体性、系统性和完整性，适应工程设计单位多、专业系统复杂和边设计边施工的建设程序及主体结构施工图与建筑机电设备系统不能同步出图的情况，尽量避免设计中的重大错、漏、碰、缺现象和专业间的接口矛盾，对各分项设计单位施工图进行系统、总体审定签署，以保证工程的设计质量。

7) 编制《变更设计管理办法》

设计总体单位要求各分项设计单位按此办法执行，对涉及超出投资指标的设计变更方案严格控制。总体组对需变更设计的内容进行审查，并报业主批准，按规定程序进行操作。

8) 加强设计协调和内、外接口管理

17号线设计总体单位不仅从设计质量、设计进度、设计投资方面的设计工作严格把关，发挥综合技术专长，内部协调好各分项院、各系统、工点之间的技术和接口处理，外部根据政府各职能部门的意见，进行协调工作和提出符合要求的设计方案，并落实到各分项设计单位进行监督和指导。

9) 配合业主参与协调工作。对站周边地块综合开发结合问题，配合业主参与技术协调，同时对协调结果负责落实执行。在不影响地铁功能的前提下，尽量促成开发结合，如朱家角站、淀山湖大道站、漕盈路站、青浦新城站、汇金路站、嘉松中路站、徐泾北城站、徐盈路站、蟠龙路站、诸光路站等车站与周边地块空间相结合，不仅有效地利用土地资源，方便乘客，社会效益明显，而且增强了客流的服务性和吸引力，达到空间利用的双赢效果。

10) 配合业主参与报建工作

17号线设计总体总包根据业主拟订的报建计划，组织各分项设计单位办理规划建筑许可、消防、环保、卫生、交通、人防、绿化等报建工作。

11) 加强施工现场服务，配合施工安装调试

组织设计人员，加强施工现场服务，及时解决施工过程中发生的设计问题。在把握设计标准和原则的前提下，从设计方案与工程实际的最优结合为出发点，给予全力的帮助，解决实际问题。设计通过加强现场服务，深入现场，及时有效解决施工过程中的设计问题，确保工程顺利完成，同时设计人员的安全意识也得以进一步加强，对运营、维保单位的相关需求的理解和认识也有加深，对提高轨道交通建设水平，消除部分存在的隐患起到了积极有效的促进作用。

12) 做好工程验收工作

配合业主，组织分项设计院参加工程验收工作，督促分项设计院提交符合竣工验收要求的相关设计资料，对验收单位或部门提出的设计整改意见，及时进行设计修改，完成整改任务。

13) 组织开展综合设计大检查

为保证17号线工程顺利开通试运营，由总体院牵头，组织各分项院建筑、装修、结构、风、水、电等专业设计与土建、装修、安装施工单位共同对车站进行现场踏勘及综合设计大检查。各设计单位相关专业对各个车站进行认真、仔细地检查并提出意见和建议，让施工单位进行适时调整；对于施工单位所提的一些问题，双方进行了沟通，部分需要现场消化解决的问题由施工单位一一落实，需要设计出图的部分由设计单位在规定时间内完成。

14) 试运营期间服务工作

配合项目公司梳理并提供各车站、系统的资产移交资料；组织各分项设计开展设计自查，并对运营和维保单位进行设计回访；组织分项设计院编写设计总结。通过这些工作开展、总结，能深层次、多角度地反映问题，为以后工程设计提供技术指导和启发新的管理思路。

Chapter 24 设计管理特色

24.1 全过程 BIM 设计管理

在设计、施工、建设管理及运维对接等各个环节中,全面运用 BIM 技术提升管理水平及精细化程度。17 号线开展了多项 BIM 应用,除工程量复核、装修方案表现等常规应用外,还结合项目特点探索了多项 BIM 特色应用,如三维管线综合设计与出图、二次结构预留孔洞出图、多专业整合与优化、设备供应商产品族库等应用(图 24-1)。实现精细化设计、施工和交付,最终应用于运维的目的,保障项目建设的顺利完成。

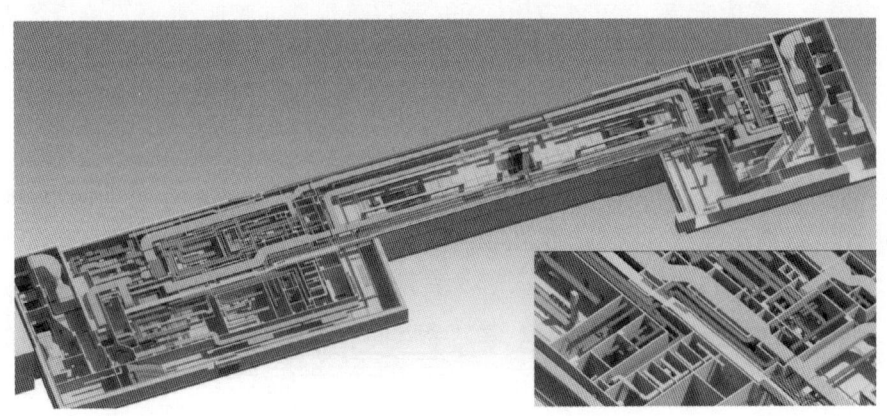

图 24-1 BIM 效果图

在初步设计阶段,建立车站、区间、场地、周边环境、市政管线等模型。通过管线搬迁与道路翻交模拟的应用,分阶段模拟管线搬迁,模拟站外交通疏解过程,优化管线搬迁方案,检查方案的可行性;基于场地现状仿真应用,检查车站主体、出入口、地面建筑部分与红线、绿线、河道蓝线、高压黄线及周边建筑物的距离关系,重点配合稳定车站设计方案。

在施工图设计阶段,建立轨道交通建筑、结构、机电等各专业模型,结合项目特点探索了多项 BIM 特色应用。通过三维管线综合设计及出图,竖向净空优化,有助于优化车站净空高度,合理规划机电管线布局,提高设计质量;同时 17 号线为上海首条将三维管线综合纳入设计流程的线路,规定正向三维管线综合设计流程、研发出图插件,导出符合规范的二维表达方式及图层分类的图纸,BIM 参与会签等手段。在管线综合稳定后,探索了二次结构预留孔洞出图应用。导出每面砌体墙的管线孔洞剖面图,减少施工时乱敲墙体孔洞的现场,提高设计精度和施工质量。此外基于车站 BIM 模型,将 FAS、ACS、EMCS、气灭、信号、屏蔽门、通信、动照、给排水 9 个专业的各墙面箱柜(设备)进行整合。

结合BIM技术对各专业墙面箱柜(设备)布置进行优化,明确安装方式及安装位置,使其满足车站功能要求、装修原则,达到墙面箱柜(设备)布置美观、整齐。

在施工准备阶段和施工实施阶段,通过各类模拟优化比选施工方案,以达到施工场地布置、立体交叉施工、工期、各工序间的逻辑关系的清晰合理;通过机电模型深化设计,指导现场具体施工,减少返工。通过3D扫描技术获取外挂PC板的点云数据;通过与设计阶段BIM模型进行比对,对车站外挂PC板的施工安装质量进行复核,并固化安装验收完成时的原始状态,为后期车站外挂PC板可能存在的扭曲变形、沉降监测等提供初始值,便于车站外挂PC板的维修保养;通过设备供应商族库收集及审核,实现设备产品族模型按照运营养护的最小单元拆分,并添加运维所需的主要技术参数。另外,除产品族模型外还汇总了一套完整的设备数据信息,如技术规格书、设备说明书、验收文件等资料。将这些数据存放于运维管理平台,实现模型与数据的关联,为运维阶段基于BIM的运维管理平台奠定数据基础。

在竣工交付阶段,在施工模型的基础上,对工程竣工模型的竣工信息进行补充完善,形成以竣工BIM模型为中心的数字资产库。该数字资产库已于2018年12月完成交付,为后续轨道交通智能化、数字化运维提供基础。

另外,17号线以标准化BIM模型为载体,开发了协同管理平台,预制构件信息管理系统,运维管理平台等基于BIM的项目管理平台。项目协同管理平台的上线使用,实现协同作业管理、设计模型及文档管理、权限管理等功能,固化BIM应用标准体系以确保标准落地,整合设施设备构件库以确保数据统一,集中管理项目数据源以确保数据源唯一,支撑并规范建设期的提资、设计、校审、发布等业务流程,加强各参与方的协同作业,提高轨道交通建设项目管理质量和效率。通过开发轨道交通预制构件通用性的预制构件生产、施工以及运营维护的信息管理与分析系统,使轨道交通预制构件的数据互通共享和集中管理,并运用于各预制构件生产、施工及运营维护企业,实现了对轨道交通预制构件生产、施工、运维数据的实时采集与上传,从而增加了轨道交通预制构件进度及质量的科学化管理与分析,其管理过程更加自动化。基于BIM的车站级运维管理平台,采集运维阶段实时动态数据,及时掌握设施设备的健康及运行状况、车站的空间客流密度等信息,开展基于BIM模型的轨道交通的日常巡检和维护管理,动态跟踪及预警突发事件等问题,实现轨道交通车站的科学高效运维。

上海轨道交通17号线各阶段BIM应用的探索及落地,取得了较好的应用效果,为后续新建线路中推广应用打通了技术路线。

24.2 深入的设计接口管理

轨道交通工程是一项多专业协调的系统性工程,各专业各工点均有不同的设计单位承担设计工作,其内部的接口管理在各设计院内部能够得到很好的协调管理,而各系统之间、各工点之间的接口管理往往是整个系统的薄弱环节。

以各专业接口内容为纲要,建立接口矩阵表和接口资料汇总表(表24-1),接口内容除常规的专业和内容外,还按照接口的重要性、是否存在提资和适用的设计阶段进行分类,作为后期设计接口精细化管理的基础。

表 24-1　各专业接口表

受资专业	提资专业	接口内容	接口重要性	是否书面提资	适用设计阶段	备注
线路	建筑	1. 车站建筑总平面图及线、站位优化意见	A	是	全阶段	
线路	建筑	2. 站台层平面图和车站纵剖面图	A	是	全阶段	
线路	结构	1. 高架桥梁区间及车站的梁类型、结构高度及交叉跨越要求	A	是	全阶段	
线路	结构	2. 地下区间旁通道及泵站或中间风井平面的位置、线路与控制性建构筑物安全距离要求，线路穿越地层要求，并反馈线路平、纵优化调整意见	A	是	全阶段	
线路	结构	3. 车站线、站位优化意见	A	是	全阶段	
线路	限界	1. 限界图、曲线加宽量	A	是	全阶段	
线路	轨道	1. 轨道结构图、轨道高度	A	是	全阶段	
线路	轨道	2. 道岔选型和长度、距离要素	A	是	全阶段	
线路	轨道	3. 曲线超高	C	是	全阶段	

为了强化接口管理 17 号线总体总包组专门制订了《设计会签管理办法》，并按照初步设计、招标设计和施工图设计三个阶段分别编制了设计接口会签内容表(表 24-2)，将设计接口中需要专业间明确的能容逐条纳入会签内容表中，让设计人员在会签的时候能够逐条确认接口内容(接口管理流程如图 24-2 所示)，确保关键接口不漏签，形成初步设计会签内容表 22 张，招标设计会签内容表 14 张，施工图设计会签内容表 43 个。以这些会签内容表为抓手，高质量地完成了各专业间会签，为 17 号线按期交付、通车打好了坚实的基础。

表 24-2　设计会签内容表样表

车站各专业设计接口校审会签检查内容

序号	被签专业	会签专业	检查接口内容	有无意见		姓名	单位
				有	无		
1	建筑专业	线路	1. 线路平面及曲线要素、交点和设计起终点坐标(包括存车线、折返线)				
			2. 线路纵坡				
			3. 轨面高程				
			4. 其他意见见会签记录单				
2		限界	1. 线路中线至侧墙距离				
			2. 线路中线至站台板边距离				
			3. 站台层结构风道底至轨面距离				
			4. 其他意见见会签记录单				

(续表)

序号	被签专业	会签专业	检查接口内容	有无意见 有	有无意见 无	姓名	单位
3		给排水与消防	1. 废水泵房是否处于车站最低端，泵房和水池的位置和平面尺寸、高度是否满足要求				
			2. 污水泵房的位置是否与卫生间用房对应				
			3. 污水池的容积、尺寸是否满足要求				
			4. 消防泵房位置和尺寸是否满足要求				
			5. 其他意见见会签记录单				
4		低压配电与照明	1. 设计要求为下出线的低压配电柜是否预留相应接口				
			2. 电缆井的设置是否满足要求				
			3. 站台板预留的检修人孔是否满足要求				
			4. 设计要求穿中板的，是否预留相应的穿孔洞				
			5. 其他意见见会签记录单				

图 24-2　接口管理流程图

24.3 动态设计计划管理

轨道交通设计周期漫长,各专业设计过程中的输入条件复杂,故而其设计计划管理一定是一个动态的过程管理,17号线总体总包组以总体设计例会为形式载体,每周讨论并更新设计计划;把计划管理精确到每一册的每一个环节,并通过总包各环节流转过程的实时登记,全面掌握各专业设计的进展情况和拖延情况。

另外,为确保各专业设计能够按期启动设计工作,事先组织各专业梳理提资需求和厂家设计联络需求等设计前置,以工作联系单形式正式提交相关专业、业主和总体总包组。总体总包组将提资、厂家联络与设计计划联动,确定设计延误追责制,明确设计延误的责任方,尽量避免计划延误发生时的各方扯皮现象。

通过实时登记的计划管理制度,统计各分项的设计延误情况,并提出量化的设计延误指标,为对各分项设计的设计考核提供更加精确的依据。

通过精确的计划管理,提前预报各设计内容的节点,便于组织设计人员按照计划完成计划要求的设计任务。

附录　大事记

2010 年

8月18日,申通地铁集团委托上海市隧道工程轨道交通设计研究院承担上海轨道交通20号线工程总体设计、总包管理及分项设计的全部工作内容,签订建设工程设计合同。

12月30日,《上海市城市轨道交通近期建设规划(2010—2015年)》获国家发展和改革委员会批复(发改基础[2010]3151号)。根据批复文件,20号线自虹桥枢纽至东方绿舟,长度为35.2公里,投资139亿元。

2011 年

1月11日,根据《上海市交通运输和港口管理局关于轨道交通14—18号线线路名称命名的复函》(沪交规[2011]43号),原规划轨道交通20号线命名为轨道交通17号线。

2月,上海市隧道工程轨道交通设计研究院完成《17号线工程可行性研究报告(初稿)》内部评审。

2012 年

6月7日,上海市发展和改革委员会签发"关于青浦区盈港路与轨道交通17号线墩台基础同步建设协调意见的请示",建议同意结合道路同步实施轨道交通17号线局部基础工程。

7月16日,市规划国土资源局地名处组织召开轨道交通17号线工程车站站名研讨会,根据轨道交通17号线站位规划情况,与会部门对13座车站站名进行了认真细致的讨论,初步确定命名方案。

9月20日,上海市隧道工程轨道交通设计研究院编制完成《上海市轨道交通17号线工程可行性研究报告》。

9月28日,申通地铁集团以沪地铁[2012]397号文向上海市发展和改革委员会上报"关于《上海市轨道交通17号线工程可行性研究报告》的请示"。

10月25日,上海市城市规划设计研究院以沪规院发字(2012)第185号文上报"关于《上海市轨道交通17号线(虹桥枢纽—东方绿舟)选线专项规划(调整)》的请示"。

11月19日,《上海市轨道交通17号线(虹桥枢纽—东方绿舟)选线专项规划(调整)》获上海市人民政府批复(沪府规[2012]214号)。原则同意在原规划控制方案的基础上,结合地区发展动态和工程设计深化,局部调整17号线规划。

11月28日,上海市水务局以沪水务[2012]1188号文下发"关于《轨道交通17号线水系调整及蓝线方案》的审核意见"。

12月20日,上海市青浦区航务管理所下发"关于轨道交通17号线沿线范围航道通航技术要求的复函"。

2013 年

1月11日，上海市地震局以沪震函[2013]8号文下发"关于上海市轨道交通17号线工程场地地震安全性评价报告审定结果的通知"。

2月4日，上海市轨道交通17号线项目公司成立。

3月8日—12日，受国家发展和改革委员会、上海市发展和改革委员会委托，铁道第三勘察设计院集团有限公司组织完成了对《上海市轨道交通17号线工程可行性研究报告》的评估。

8月28日，上海市隧道工程轨道交通设计研究院完成《上海市轨道交通17号线工程可行性研究报告》补充报告。

9月2日，上海市安全监管局下发"关于同意上海市轨道交通17号线（东方绿舟站—虹桥火车站站）安全预评价报告备案的函"。

9月3日，上海市隧道工程轨道交通设计研究院完成《上海市轨道交通17号线工程总体设计》编制工作，上海申通地铁集团有限公司组织召开专家评审会，17号线总体设计采用全专业技术研究和重点方案专题研究的形式，得到一致好评。

12月9日，《上海市轨道交通17号线工程环境影响报告书》获上海市环境保护局批复（沪环保许评[2013]693号），批复文件原则同意项目建设。

12月20日，上海市隧道工程轨道交通设计研究院设计轨道交通17号线总体组组织各设计分项单位完成《上海市轨道交通17号线工程初步设计》编制。

12月26—27日，上海市城乡建设和交通委员会科学技术委员会邀请城市规划、地铁运营、建筑、地下结构、桥梁、电力、环控及工程经济等方面的专家，以及市发改委、市建设交通委、青浦区人民政府等单位的领导和代表，对《上海市轨道交通17号线工程初步设计》进行了预评审。

2014 年

1月23日，上海市城乡建设和交通委员会科学技术委员会下发《上海市轨道交通17号线工程初步设计评审报告》。

1月27日，上海市隧道工程轨道交通设计研究院组织各设计分项单位召开17号线全线施工图设计动员大会。

1月30日，《上海市轨道交通17号线工程可行性研究报告》获上海市发展和改革委员会批复（沪发改城[2014]16号）。根据批复，轨道交通17号线线路全长35.3 km，设13座车站，其中地下车站7座、高架车站6座，新建徐泾车辆段和朱家角停车场，批复工程总投资174.74亿元。

3月7日，上海市民防办公室批复"上海市轨道交通17号线工程兼顾设防的意见"（沪民防工批[2014]9号）。

4月22日，上海市城乡建设和管理委员会下发"关于上海市轨道交通17号线初步设计的批复"（沪建管2014[358]号）。批复线路全长35.341 km，设13座车站，其中新建12座车站，改造一座既有车站，设徐泾车辆段和朱家角停车场各一处，批复概算173.62亿元。

9月，轨道交通17号线举行开工典礼，正式开工建设。

11月，上海市隧道工程轨道交通设计研究院完成《上海市轨道交通17号线工程朱家角停车场调整初步设计报告》。车场的供电方式由接触网调整为接触轨，对车场的建筑布局进行了优化调整，车场排水由自排改为强排。

12月9日，上海铁路局以上铁师函[2014]2094号文下发"关于上海市轨道交通17号线盾构穿越沪昆铁路技术方案审查意见的函",在确保沪昆铁路运输安全的前提下,支持上海市轨道交通17号线工程建设。

12月11日,上海市隧道工程轨道交通设计研究院、上海市轨道交通17号线荣获中国科学技术协会、国家发展和改革委员会、国家科学技术部、国务院国有资产监督管理委员会、全国总工会联合颁发的2013—2014年度全国"讲比活动创新团体"荣誉称号。

12月19日,《上海市轨道交通17号线工程可行性研究报告》项目荣获上海市优秀工程咨询成果二等奖。

2015年

1月,上海市隧道工程轨道交通设计研究院完成《上海市轨道交通17号线工程调整初步设计报告》,徐泾车辆段的供电方式由接触网改为接触轨,徐泾车辆段新增上盖开发相关内容。

7月,17号线首台盾构于1号风井—漕盈路站上行线区间工程始发。

8月25日,上海市城乡建设和管理委员会下发"关于轨道交通17号线朱家角停车场工程设计方案调整的批复"(沪建管[2015]626号),原则同意将车辆基地供电方式调整为接触轨方式,并对朱家角停车场方案进行相应调整。

10月16日,上海市住房和城乡建设管理委员会下发"关于调整轨道交通17号线徐泾车辆段工程设计方案的批复"(沪建管[2015]786号),原则同意对轨道交通17号线徐泾车辆段方案进行调整。

12月,朱家角停车场动工建设。

2016年

3月,轨道交通17号线总体设计管理项目组在2015年上半年度上海轨道交通建设立功竞赛"施工图设计管理"专项竞赛中被评为"优秀集体"。

11月,对正线区间、车站、出入线、朱家角停车场开展限界测量,其中正线区间采用限界检测车检查,站台板、站台门、疏散平台等采用人工检查,均满足限界设计要求。

12月,全线结构封顶。

12月,轨道交通17号线的BIM技术应用在AEC全球BIM大赛(AEC Excellence Awards)中荣获基础设施类全球第二名。

12月,轨道交通17号线朱家角停车场项目荣获上海市建筑施工行业协会颁发的2016年上海市建设工程优秀项目管理成果一等奖。

2017年

1月6日,朱家角停车场首列电客列车进场。

1月18日,漕盈路主变受电。

4月27日,徐泾主变受电。

5月12日,全线轨道贯通。

5月19日,上海市交通委员会下发"发关于轨道交通17号线工程各车站中英文站名命名的复函"(沪交规[2017]543号)。

6月,本工程正线轨道设备状态完成验收工作,验收结果符合设计要求。

6月,通车段变电所、接触轨全部受电,完成验收工作,系统的各项功能满足试运营通车条件的要求,并交付运营方接管。

7月,声屏障工程通过验收并移交运营单位。

7—11月,设计总体组配合轨道交通17号线项目公司完成《上海市轨道交通17号线工程建设报告》的编制。

8月,12座新建车站、2座主变电所及朱家角停车场完成建设项目防雷装置的检测,检测项目评定结果均合格,并取得《建设项目防雷装置检测报告》。

9月5日,第一批6座高架车站和朱家角停车场现房验收。

9月30日,信号工程通过通车条件验收,系统各项功能和接口测试满足试运营通车条件的要求,并取得试运行安全认证证书。

9月30日,正式移交运营单位开展运营演练。

10月18日,6座地下车站和4座中间风井完成消防验收。

10月,经过信号系统功能调试,轨道交通17号线获得信号系统安全证书,开始全线运营"跑图"演练。

11月13日,召开了安全验收专家评审会,专家一致同意通过安全验收,并取得《上海市轨道交通17号线工程试运营前安全评价报告》。

11月15日,上海市交通建设工程安全质量监督站下发"关于轨道交通17号线东方绿舟站—虹桥火车站站工程质量监督意见"(沪交安质监[2017]54号),17号线通车范围各车站、区间、机电设备系统各单位工程完成通车条件验收。

11月20日,申通检测认证有限公司(中铁检验认证中心)出具"17号线信号系统第三方独立安全评估证书",信号工程取得第三方安全评估证书,系统设备交付运营方接管。

11月23日,上海疾病控制中心对通车段的卫生状况进行了检测,结果合格。上海市卫生和计划生育委员会下发"关于上海轨道交通17号线东方绿舟站—虹桥火车站站工程试运营卫生监督意见书"(沪工监[2017]0004号)。

11月30日,轨道交通17号线工程(东方绿舟站—虹桥火车站站)试运营范围的消防测试全部合格,并已通过消防验收,获得了上海市消防局"建设工程消防验收意见书"。

11月30日—12月3日,受上海市交通委员会委托上海市交通运输行业协会和上海上交协轨道交通咨询有限公司邀请总体、运营、土建、线路、限界、机电各系统专业等专家召开上海市轨道交通17号线工程试运营基本条件专家评审会,并进行了现场踏勘及测试检验,对照国标及上海市地标,专家组一致认为本工程具备试运营基本条件。

12月30日,轨道交通17号线工程正式载客试运营。

2018年

1月4日,轨道交通17号线BIM技术应用在第一届上海轨道交通BIM技术应用大赛中成绩显著,被上海市土木工程学会和申通地铁集团授予"设计、咨询"组一等奖。

4月,轨道交通17号线总体设计管理项目组在2017年度上海轨道交通建设立功竞赛"施工图设计管理"专项竞赛中成绩显著,被评为"优胜集体"。

9月,上海市轨道交通17号线工程全生命期BIM技术应用荣获中国勘察设计协会和欧特克软件(中国)有限公司颁发的第九届"创新杯"建筑信息模型(BIM)应用大赛工程全生命周期类BIM应用第一名。

2019 年

4月,上海市轨道交通17号线诸光路地铁站成为亚洲首个荣获美国绿色建筑协会LEED认证的地铁站。

4月,上海市轨道交通17号线工程荣获上海市土木工程学会颁发的上海市土木工程学会工程奖一等奖。

7月,上海市轨道交通17号线工程总体设计项目荣获上海市勘察设计行业协会颁发的2019年度上海市优秀工程设计一等奖。

10月,上海市轨道交通17号线工程诸光路站项目荣获上海市建筑学会第八届建筑创作奖佳作奖。

11月,上海市轨道交通17号线工程总体设计项目荣获中国勘察设计协会颁发的2019年度行业优秀勘察设计奖优秀市政公用工程设计一等奖。